「戦後労働法学」の理論転換

遠藤昇三 著
Endo Shozo

法律文化社

　　　　　　　　は し が き

　私が本書の元となった最初の論文を出した頃は，研究の中心は社会保障法であり，労働法は研究に費やす時間あるいは時間配分としては「片手間」仕事であったが，いずれにしても両方の研究は，密接に関わっている。その最初の論文の一部を活用出来たため，私の最初の社会保障法の著作は，著作としての完成度が高まったし，社会保障法の研究を経ることで，著者なりの「「戦後労働法学」の見直し・転換の試み」への参加，さらには理論転換まで果たしえたと，今では確信している。あらゆる問題に共通していると思われるが，別の角度や視点から問題を見る・検討することの大事さを，改めて感じている。
　著者にとっては，「「戦後労働法学」の理論転換」の作業を労働権保障法（労働者保護法）分野でも継続して行っているので，本書が扱う「団結権保障法」で完結する訳ではない。しかし，問題のメインがこれであることが明確であるので，本書の出版により著者としての「「戦後労働法学」の理論転換」は，完結したと言える。それを本書の表題とした所以である。
　私は，社会保障法の最後の著作そして上記論文の刊行までは，社会保障法，労働法ともに，恩師である故沼田稲次郎先生の理論の継承・発展という立場で，研究を進めて来た。しかし本書は，その沼田理論からの離脱という極めて重大で痛切な決断を媒介として，初めてなったものである。本書を沼田先生に評価して頂くことが出来ないのが，残念で堪らない——生前においても御病気後の言語障害のため，本書の元となった論文全てにつき，直接の評価を頂けなかった上に——が，もし沼田先生が生前に御自分の理論の転換を図られていれば，本書の理論と一致するのではと，密かに自負しているところである。
　本書は，当然のこととして，「戦後労働法学」の形成・定着・発展に寄与されて来た方々，その教えを受けてきた方々，「戦後労働法学」を批判されて来た方々，「戦後労働法学」の洗礼を全く受けて来なかった方々，いずれにしても労働法学界への問題提起である。しかし著者が，最も本書の理論を知りかつ

i

活用してほしいと思っているのは，労働者個人である。本書が，徹底して労働者個人の「団結権論」を展開しているからである。勿論，こうした研究書を労働者が手に取る，見る，またその存在を知るという機会は，──ホワイトカラーが労働者の過半数を占めているとしても──ないかも知れない。いずれにしても，主観的には本書は，労働法学界と労働者への二重のメッセージを発したものとなっている。

「「戦後労働法学」の見直し・転換の試み」を提唱されたのは，私のもう一人の恩師である籾井常喜先生であり，「見直し・転換」を著作として労働法学界に問われたのは，私の大先輩である西谷敏先生（近畿大学教授）であり，本書は，お二人の業績を乗り超えようとする言わば不遜な試みである。本書の元となった論文の抜刷は，これまでと同様多くの方に寄贈したが，読んだ上で批評して頂いたり学会の折りに励まして頂いたのはごく少数の方であり，半数以上の方からは受け取ったという連絡さえ頂けないという状況で反響がなく，それだけに孤独な作業であったが，お二人の業績を乗り超えるという動機が，バネとなってここまで来られたと思っている。その意味で，お二人に感謝申し上げたい。また，本書につながる「組合民主主義」論に理解を示しこうしたものが今労働者・労働組合に必要という認識の下に『組合民主主義と法』を出版して頂いた窓社の西山俊一氏にも，感謝申し上げたい。本書を「労働者へのメッセージとする」という通常ではありえないことに関し，確信を与えて下さったからである。

こうした想いを持った本書の出版を引き受けて頂いた法律文化社の秋山泰氏に，感謝申し上げる。科研の申請のため，私としては初めてワープロを使用し──従来の全ての論文・著作は，原稿用紙に鉛筆書きというやり方であり，それでは出来た思考が殆ど出来なかった──かつ時間的余裕がないため，初出論文にその後のとりわけ最近の動向等につき，最小限加筆，部分的手直し，誤植の訂正をしたに止まっている。そのため，読点の打ち方，段落変更等不揃いであるし，内容的重複があるが，著者の苦闘の跡を確認出来る意味があるのではとは，思っている。しかしそれ故に，またワープロの変換ミスを含む原稿のミスも多々あり，編集作業は大変だっただろうと推測し，担当頂いた尾﨑和浩氏

に感謝申し上げる。

　最後に，本書を――社会保障法の最初の著作と同様に――故沼田先生とご存命の奥様，私の妻と息子たちに捧げたい。

2008年7月13日

遠藤　昇三

目　次

はしがき
初出一覧

第1章　「労働の従属性」論と「人間の尊厳の原理」……………1
第1節　「労働の従属性」論の真義について……………………1
第2節　「労働者権」の正当性の根拠＝「人間の尊厳の原理」………5

第2章　「戦後労働法学」の見直し・転換の試みと
　　　　「人間の尊厳の原理」…………………………………9
第1節　「戦後労働法学」の枠組みとそれを支えた要因………9
　　1　「戦後労働法学」の特徴と問題点（9）　2　「戦後労働法学」を支えた要因（22）
第2節　「戦後労働法学」の変動要因とその見直し・転換の試み……26
　　1　「戦後労働法学」を支えた要因の変動（26）　2　「戦後労働法学」の見直し・転換の視点（28）
第3節　「人間の尊厳の原理」と「戦後労働法学」の見直し・
　　　　転換の試み………………………………………………35

第3章　「自由の優位」と自由のジレンマの克服……………43
第1節　「自由の優位」の根拠……………………………………43
第2節　自由のジレンマの克服……………………………………48

目　次

第4章　個人法理と集団法理の統合 ………………………53
第1節　「集団法理の後退，個人法理の重視」を促したもの ………53
第2節　個人法理・集団法理の問題点克服の方向 ……………………57
　　1　個人法理について（57）　2　集団法理について（60）
第3節　個人法理と集団法理の統合 …………………………………60
第4節　「人間の尊厳の原理」からの評価 …………………………66

第5章　社会変革と「労働者権」・労働法の展望 …………71
第1節　社会変革と「労働者権」・労働法の関わり ………………71
第2節　「人間の尊厳の原理」との関わり …………………………74

第6章　現代における労働者・労働組合像 …………………77
第1節　問題の意味と問題意識 ………………………………………77
第2節　労働者像探求の視点 …………………………………………86
　　1　労働者の多様性（86）　2　団結の基盤の多様性と複雑性（92）
　　3　平等主義と階級脱出志向——労働者像のせめぎ合い（99）
　　4　個人主義と集団主義の射程距離（104）　5　団結志向性の主体的契機（110）　6　主体的労働者像の現実化への道（117）
　　7　小　括（124）
第3節　労働組合像を規律する視点 …………………………………124
　　1　労働組合像探求の独自性——団結の唯一性・価値的優劣の否定（124）　2　労働組合の階級性と大衆性の否定（127）　3　団結神話からの脱却（132）　4　現代における組織・集団の一環としての労働組合（137）　5　団結の多段階的・多元的形成（140）
　　6　労働組合の常識の転換（142）　7　新しい社会運動の取入れ・包摂（147）　8　小　括（150）

第7章　団結権論の再構築 ……………………………… 152

第1節　問題の所在 ……………………………………… 152
第2節　団結権の理念の複合性と射程距離 …………… 157
　1　本節の課題（157）　2　団結権の理念の複合性（158）
　3　団結権の理念の射程距離（163）　4　小括（169）
第3節　「団結権＝目的」・「団結＝手段」への転換 …… 169
第4節　「団結しない自由」の積極的承認 ……………… 174
第5節　団結権の主体と団結権の構造 ………………… 179
第6節　団結権における自由の意義 …………………… 184
第7節　団結権論の課題 ………………………………… 192
　1　課題の設定（192）　2　権利闘争と組合運動の路線（195）
　3　社会変革への関わり方（200）　4　「共同決定」制度の位置づけ（211）　5　新しい社会運動との関連（216）　6　企業社会のオルタナティヴの視界（220）
第8節　国民的合意論の地平 …………………………… 224

第8章　団体交渉権理論の転換 ………………………… 228

第1節　問題の所在 ……………………………………… 228
第2節　団体交渉権の二重構造と団体交渉権の根拠 … 230
　1　団体交渉権を二重構造と捉える意義（230）　2　団体交渉権・団体交渉義務の根拠（233）
第3節　団体交渉権の主体と団体交渉権の構造 ……… 237
　1　団体交渉権の主体（237）　2　団体交渉権の構造（239）
　3　労働者個人の団体交渉権の単独行使（246）　4　労働者個人の団体交渉権限を授権される団体（251）
第4節　代表交渉と大衆交渉 …………………………… 254
　1　問題を考える視点（254）　2　団体に団体交渉権限を授権した場合（257）　3　団体交渉権の協同的行使の場合（260）

第5節　団体交渉権の拡張 ……………………………………………… 262
　　　1　問題の意味（262）　2　労使紛争処理・解決システムへの拡張
　　　（266）　3　一般市民への拡張（273）

第9章　争議権理論の転換 ……………………………………… 278

　第1節　問題の所在と本章の課題 ……………………………………… 278
　第2節　「『争議権＝目的』・『争議行為＝手段』」論への転換 ……… 284
　第3節　「争議行為をしない自由」の積極的承認 …………………… 287
　第4節　争議権の主体＝労働者個人 …………………………………… 289
　第5節　争議労働法の基本的問題 ……………………………………… 292
　　　1　争議労働関係の意義（292）　2　争議行為と団結自治・団結承
　　　認義務（294）　3　争議行為の法的評価における労働法的観点
　　　（296）
　第6節　違法争議行為とその責任 ……………………………………… 297
　　　1　民事免責成立の条件（297）　2　責任は誰に帰属するのか
　　　（298）　3　幹部責任論（302）

第10章　労働協約理論の新地平 ……………………………… 305

　第1節　問題の所在と課題 ……………………………………………… 305
　第2節　労働協約観の転換 ……………………………………………… 307
　第3節　「労働協約の法的性質」論の放棄 …………………………… 314
　第4節　労働協約締結権限の構造 ……………………………………… 318
　　　1　三つの前提（318）　2　協約締結権限と協約主体，妥結権限
　　　（319）　3　協約締結権限の主体（320）　4　協約締結権限の授権
　　　（322）　5　「一人協約」問題（327）　6　労働協約の当事者の拡
　　　張（329）
　第5節　「労働協約の効力」論の新展開 ……………………………… 331
　　　1　協約の契約的捉え方の徹底（331）　2　「規範的効力」論の変
　　　容（334）　3　労働協約の「適用範囲」論の手直し（340）

4　「有利性原則」の全面的承認　(343)
第6節　「協約自治の限界」論の新次元 ………………………………… 346
第7節　「余後効」論の終焉 ……………………………………………… 350

初 出 一 覧

第1章 「「人間の尊厳の原理」と現代労働法学の課題（一）」三（「島大法学」第32巻第3・4号，1989年2月）
第2章 「「人間の尊厳の原理」と現代労働法学の課題（二）」四（「島大法学」第33巻第1号，1989年5月）
第3章 「「人間の尊厳の原理」と現代労働法学の課題（三）」五3（「島大法学」第33巻第2号，1989年8月）
第4章 「「人間の尊厳の原理」と現代労働法学の課題（四・完）」六（「島大法学」第33巻第3号，1989年11月）
第5章 「「人間の尊厳の原理」と現代労働法学の課題（四・完）」七（「島大法学」第33巻第3号，1989年11月）
第6章 「現代における労働者・労働組合像（一）～（三）」（「島大法学」第41巻第3号，4号，第42巻第1号，1997年11月，1998年2月，1998年4月）
第7章 「団結権論再構築の視座（一）～（三）」（「島大法学」第42巻第3号，第4号，第43巻1号，1998年11月，1999年3月，1999年4月）
第8章 「団体交渉権理論の転換（一）～（二）」（「島大法学」第43巻第3号，第4号，1999年11月，2000年3月）
第9章 「争議行為の責任」（日本労働法学会編『講座21世紀の労働法』第8巻所収，有斐閣，2000年5月）
第10章 「労働協約論の新地平（一）～（二）」（「島大法学」第45巻第4号，第46巻第1号，2002年3月，2002年5月）

第1章
「労働の従属性」論と「人間の尊厳の原理」[1]

第1節 「労働の従属性」[2]論の真義について

　労働の従属性あるいは従属労働の概念は，労働法を，独自の法原理を持つ法分野として他の法分野から識別するとともに体系立てる。その意味では，労働法の本質を表す原理的概念であるという捉え方が，戦後労働法学において，支配的な見解をなしていた。またその概念は，労働法の適用領域を確定する解釈原理としての意義においても，その重要性が指摘されて来た。[3] 戦後労働法学の構築は，「労働の従属性」論を抜きには，語りえないと言えよう。[4]

　しかし近年，その「従属性」論に反省を迫る幾つかの事情との関わりで，理論内容の再検討が，なされて来ているところである。第一に，従属性の広範化・多様化という現象に関わった論点設定である。[5] 独占資本主義さらには介入主義的独占資本主義[6]の展開は，労働者以外の勤労諸階層をもその支配体制に従属せしめ，現象的には「労働の従属性」と類似の事態が，広範に生ずるに到った。従属性という結果を生ずる具体的メカニズムに若干の相違があれ，「労働の従属性」の基底としての階級的従属性，したがって資本主義体制への構造的従属性という点では，労働者と他の勤労諸階層のそれぞれの従属性に，本質的な差異はないと考えられる。元々「労働の従属性」論は，事実たる従属を踏まえてであるが，それを国家法が，いかなる法的原理に基づき，どのような法的論理でもって，どのようにあるいはどの程度，法の視野に取り込むのかの問題である。それでいて，その従属性は，否定すべき——全面的否定それ故その克服は不可能であり，修正・緩和すべきものというレベルである。しかし，その実本質的には，維持・固定化されるのではあるが——ものと捉えられるとともに，それを指導するのが，生存権原理である。他の勤労諸階層については，生存権原理は適用

しえないとしても，少なくとも生存権的生活利益としては共通性を持つのである。そうであるとすれば，労働法の独自性を導き出す「労働の従属性」の他の従属性との相違，その意味での独自性とは何かが，改めて問題化せざるをえない[7]。従属性の中身の検討が，新しい事態の中で多彩に論者によって展開されているのは，この故であろう[8]。第二にそのこととも関わって，「労働の従属性」論において，新しい視点が提示されていることである。それは，「労働の従属性」を，企業ないしは機械あるいは生産システムへの従属と捉えることにより，社会主義労働法，資本主義労働法を統一的に理解しようとするものである[9]。その当否は本章の検討の域を越えるが，それが問題なのは，一方では，資本主義労働法の生成・展開そして本質を，階級的視点で把握してきた従来の「労働の従属性」論の否定・放棄，あるいは少なくともその理論構造・枠組みとは別の次元からの労働法の捉え直しの試み，と評価せざるをえないからである。他方では，《資本主義社会の基本矛盾＝階級的対抗関係（労使関係を含む）の存在 → 階級闘争の展開・激化 → それへの国家の譲歩＝労働法の生成・展開》というシェーマが，即目的には妥当しえない現行の労使関係と，それに規定された労働法の動向の把握に，一石を投じえていると考えられるのかという問題を提起するからである[10]。それが労働法学界に大きな衝撃を与えたとされるのは，戦後労働法学（とりわけプロレーバー的労働法学，以下「戦後労働法学」と表記する）の指導的学者によってなされた問題提起であったからであるが，しかし，誰が提起したかに拘わらず，それは重要な問題提起であり，いわゆる「組織的従属性」が，人的従属性の現代的展開かそれとも別のものかという議論を含め，「労働の従属性」の中身の再検討の焦点になっている所以でもある[11]。

問題は，それに止まらない——第二の問題提起自体，そのことを踏まえて打ち出されているが——のであって，第三には，「労働の従属性」論は，今や労働法の独自性や存在根拠につながらず，それらは別のものに求めざるをえないのではないかという疑問を，提出せざるをえない事態の発生があることである。労働法が，労働者の規範意識を，国家法の次元へと包摂・上昇せしめた——それを是認する社会意識を媒介・前提として——ものであり，その際「労働の従属性」が，その規範意識の中身に合致するとともに，そのことにより包摂・上昇の理

論的媒介としての意義を持ちえていたのである。そうとすれば，労働者の規範意識およびそれに対する社会意識の変動は，労働法にとって重大である。特に前者については，一方では，階級意識の希薄化，それと相関的な中間層・中流意識の浸透，戦争被害者集団性と極貧状態に彩られた生存権意識の変化，少なくとも極貧からの脱出としての「緊急的生存権」的要求は，後景に退き，今や問題はありつつも達成されたそれなりの生活をより豊かにする方向で，生存権的要求が生じているのである。他方では，市民意識・契約意識の昂揚は，自由の契機に必然的に結びつくとは言え，否それが故に「従属性」という捉え方との間に，齟齬を来しているのである。そうした「従属性」意識の希薄化・後退は，「従属性」という地位に置かれるが故に，それを悪としてその修正・改善のための行動が必然でありかつ正当であるという規範意識，そしてそのことを是認する社会意識の希薄化・後退に，つながらざるをえない。以上の事柄が相まって，「労働の従属性」の再検討という課題が，必然的に浮かび上がって来ているのである。

　ところで，そうした再検討において忘れてならないのは，「労働の従属性」論の真義が何であったかである。その真義との関わりで，新しい事態の中で「労働の従属性」の再検討を行ってもその真義を確保しえないとすればその再検討は意味をなさず，結論としては，「労働の従属性」論を放棄するか，労働法学上の理論的位置を低下させるか，のいずれかとならざるをえない。戦後労働法学において「労働の従属性」論が強く主張されたのは，前述の如き意義においてであるが，それは，市民法上の権利とは別個に「労働者権」が構築されうる根拠を問うということであり，それは実は，「労働者権」の根源的正当性が何によって導き出されるのかを，明確にするためである。「「労働者権」の根源的正当性の根拠」，そこにこそ，「労働の従属性」論の真義があったと思われる。そうとすれば，現代においても，その中身の再検討を通じてその真義を確保しうるかこそが問題の焦点であって，それが不可能とすれば，「労働者権の正当性」の根拠は他に求めた上で，「労働の従属性」論をなお維持するとすれば，その適用が有効性を持つ範囲・局面を，その中身の再検討を踏まえて厳密に確定することが，必要とされよう。著者は，「労働者権」の正当性の根源

に，現代においては，「人間の尊厳の原理」を据えるべきと考えている。それは，先の設問に不可能と答えることによってではなく，現代的問題状況——先の「労働の従属性」の再検討を促す事情を含む——と将来的展望を考えるからである。

1) 著者は，新しい労働法の理念として，「人間の尊厳の原理」を設定するとともに，その上部理念に統合された下部理念として，自由の理念と生存権の理念を据えるという捉え方をしている。しかし，これらについては，社会保障法の理念と重なり，既に出版されている。前者については，拙著『「人間の尊厳の原理」と社会保障法』（法律文化社，1991年）第一章一，二，後者については，特に拙著『社会保障の権利論』（同，1994年）第二章第一節参照。
2) ここでは，その史的展開や現代における諸説の検討は，省略する。それについては，さしあたり沼田稲次郎『社会法理論の総括』（勁草書房，1975年）第二章第三節，吉田美喜夫「従属労働論に関する一考察」（『立命館法学』128号），辻村昌昭「労働法基礎理論序説（一）～（四）」（『北見大学論集』9～11，16号）参照。
3) 勿論両者を否定する傾向もあり，前者を肯定しつつ後者に異論を唱える見解もあるが，ここでは立ち入らない。
4) 生存権優位，団結優位という戦後労働法学の傾向も，このことに密接に関わる——それぞれに特有の事情も絡むが——。その問題については，前掲注1）拙著『社会保障の権利論』第二章第一節，本書第3章参照。
5) 従来からあった，従属性の中身についての見解の相違（人的従属性が基軸か経済的従属性中心か，その複合体か，組織的従属性の位置づけいかんといった）が，これらの事情との関わりで複雑化しているが，そうした問題については省略する。前掲注2），後掲注7）の文献参照。
6) この点については，沼田前掲注2）書序章特に第三節参照。なお，生存権原理ないしは生存権的生活利益としての共通性，しかしその中での相違があるとすれば，それは，確保されるべき利益の相違を意味し，それは，従属性の中身の相違に帰結する——したがって，問いでもって問いに答えることになる——し，生存権的利益の実現の仕方の相違であるとすると，「従属性」の中身は視野から抜け落ちかねない，そうしたところに困難さがあると言える。
7) さしあたり，本多淳亮『労働法総論』（青林書院，1986年）第三章，蓼沼謙一「労働法の対象」（日本労働法学会編『現代労働法講座』1所収，総合労働研究所，1981年）参照。
8) 沼田稲次郎「労働法の基礎理論」（同他編『労働法事典』所収，労働旬報社，1979年）。
9) この点については，田端博邦「労働法における法と政策」（『社会科学研究』37巻5号）参照。
10) この問題提起には肯定否定の対立した受け止め方があるが，いずれにしても，本格的検討が必要な問題提起と言える。そうした問題意識は，西谷敏「現代市民法と労働法」

（片岡曻還暦記念『労働法学の理論と課題』所収，有斐閣，1988年）の他，その問題提起に否定的な片岡曻『現代労働法の展開』（岩波書店，1983年），吉田美喜夫「労働法学における従属労働論の動向」（『立命館産業社会論集』20巻4号）にもある。なお，肯定的評価は，組織的従属性への注目，重視の傾向として現れている。本多前掲注7）書84頁以下参照——しかしなおそれを，人的従属性の形態・姿態変換としか位置づけない見解もあるが，この点は，省略する——。
11) 公害・労働災害・疎外感といったものに規定された，生存権およびその意識の深化・拡大という発展は，否定しえない——前掲注1）拙著『社会保障の権利論』第二章第一節二参照——が，それらへの対抗原理としては，生存権原理は唯一のものではなくなって来ている。
12) 前掲注1）拙著『社会保障の権利論』第二章第一節，本書第**3**章参照。
13) 戦後労働法学上における「労働の従属性」論の意義・位置づけを確保する上で，その再検討が必要なのか，それは別の理論に依拠すべきなのかは，問わない。ここでは，その基底にある理論次元を問題にしているからである。
14) 「労働者権」という表現で意味するものは，労働者が，市民法上の権利とは別に，労働者なるが故に持つあるいは持つべきとされる権利の総称という程度である。勿論，その中心が団結権（広義の）であることは，言うまでもない。なお，以下この広義の団結権は，「団結権」と表記する。

第**2**節　「労働者権」の正当性の根拠＝「人間の尊厳の原理」

　労働者の規範意識が変化し，階級的視点からの捉え方が即自的には妥当しがたいからと言っても，その捉えた問題構造自体が，変化している訳ではない。資本主義が資本主義でなくなったそれ故その持つ矛盾が止揚されたのでもなく，資本主義労働法である限り，先に述べた契機を否定出来るとは思われない。しかし，現在においては，もっと広い視野から問題を捉えるとともに，労働法という国家政策を規定する労使関係が，階級的対抗図式では捉え切れないところの協調的労使関係となっていることをも包み込んで，労働法の論理を組み立てることが，必要不可欠である。そうしたことから，第一に，現代における支配的な法思想，法原理とは何か，第二に，労働法の基礎的原理は生存権のみか自由も含むのかを，まず検討せざるをえない。後者の点につき，さしあたり言えることは，現在においては労働法の原理は，生存権一本ではなく，生存権とともに自由がその基礎的原理であると思われる。そうとすれば，それらを統合する高次の原理である「人間の尊厳の原理」が，労働法の根源的原理と考

えられよう。第一の点は，わざわざ述べるまでもなく，明らかである。
　そこで次の問題は，「人間の尊厳の原理」は，「労働者権」の根拠と言えるのか，根源的正当性を導き出すものであるのか，それが，「労働の従属性」より説得的なものとしてのそれかである。この点については，以下の四点において肯定して良いと思われる。第一は，「労働者権」は，その全てが基本的人権であるのではないが，その中軸たる「団結権」，労働権は，人権の一環であり，人権の根源・根拠が，「人間の尊厳の原理」であるからである。もう一つは，人権のレベルではない権利も含めて，「労働者権」は，生存権的性格と自由権的性格，両方の性格において捉えられる——その相互の関連はともかく——のであり，その両側面を，根底において規定するとともに統合しているのが，「人間の尊厳の原理」であるからである。それらが一般論でしかないとすれば，より具体的には次の事柄が重要である。即ち第三として，現代における「労働者権」の主体に関わる問題である。「労働者権」の主体が，「労働の従属性」を刻印された労働者であるが故に，その従属性からの解放——既述の如く，正確にはその修正・緩和であり，実はその維持・固定化であるが，その故に——を正当とするという脈絡は，否定しがたい。しかし，それはややもすると，従属的地位の固定化，そしてそれ故の国家による保護の客体化を招きかねない。その問題を解消するためにはそしてまた次の点とも関わって，集団それ故団結を前提・不可欠としつつ，あくまで労働者個人は，自由意思を持つ自立した個人であり，その自発性こそが権利行使の不可欠な要因であり，また様々な当面する労働法上の諸課題に取り組み現状を変革して行く，さらに社会変革のヘゲモニーを握る主体として形成されるべきである，という捉え方がなされるべきである。そうだとすれば，「従属的主体」という捉え方は，そぐわないと言わざるをえない。そうした主体の担う「労働者権」の正当性は，その主体にふさわしい根源・根拠から導き出されるべきだとすれば，それは，「労働の従属性」ではなく，「人間の尊厳の原理」でなければならない。最後に，先に示した「労働の従属性」をめぐる問題状況や，「人間の尊厳の原理」を定着させた契機としての労使関係の問題との関わりがある。そうした問題は，今後一層拡大するとともに深刻化すると思われるが，それに立ち向かいその問題性の克服に努めるこ

とこそが，その行動の正当性の証しの一つとなると思われる。「労働の従属性」論を動揺せしめた契機，労使関係を根底的に変革する新しい契機，両者を統合しているのが「人間の尊厳の原理」であるが，現代における「労働者権」の正当性は，そのこととの絡みでも導き出されるべきなのである。

　以上のように捉えれば，「労働者権」の正当性の根源・根拠は，「人間の尊厳の原理」であり，「労働の従属性」——維持することを前提にしてだが，再検討された上での——は，その下位概念として，それとの有機的連関の中で「労働者権」の正当性を導くもの，と考えるべきであろう。即ち，「人間の尊厳の原理」は，「労働の従属性」を現代においても逃れえない労働者の基本的な地位と捉えた上で，それを労働者の「人間の尊厳」性に反する状況とみなすのである，そこで，「人間の尊厳の原理」は，その修正・緩和ひいてはそれからの解放を目標レベルで指導するとともに，労働者に対して，そうした「労働の従属性」の修正・緩和ひいてはそれからの解放への努力を，厳しく要請するのである。労働者は，「人間の尊厳の原理」に二重に導かれて，「労働の従属性」の修正・緩和ひいてはそれからの解放を目指すとともに，それに努力すべき存在である。その労働者の努力を，事実の問題としてでなく権利として保障するのが，「労働者権」である。そうだとすれば，「労働の従属性」は，労働者権の正当性の根源・根拠としては，「人間の尊厳の原理」を補強するという位置にあると言えよう。そうした捉え方から生ずる問題は，補強である限り，労働法上の概念としてなくて済むのではないか，いろいろな問題を惹起するのであれば放棄すべきではないか，ということである[5]。しかし，その補強の意味は次のところにあることから，その設問には否定的に答えるべきであろう。「人間の尊厳の原理」は，「労働者権」の正当性の根源・根拠ではあるが，それは，「労働者権」以外の権利一般の正当性の根源・根拠でもある。このレベルにおいては，勿論，誰のどのような権利であるかにより正当化の論理・道筋は異なるが，正当性の根源・根拠とは，抽象的なそれであるし，言わば上からのないしは外か・・らのものである[6]。ここには，労働法に内在化するとともにより具体的な根源・根拠は，見い出されない。その役割を担うのが，「労働の従属性」であるし，少なくともそれに代わるものは，今日まで誰によっても提示されていない

のである。したがって，「労働の従属性」は，補強ではあっても，「労働者権」
の正当性の根源・根拠として不可欠なのである。

1）　これについては，拙著『社会保障の権利論』（法律文化社，1994年）第二章第一節三参照。
2）　ここで述べることも，後述の点の結論先取り的意味を持つ。なお，「労働者権」の中の「団結権」の主体については，本書第5章以下の各章で検討するが，著者は，徹底して労働者個人と捉えている。
3）　現代における「労働者」像については，本書第6章参照。
4）　拙著『「人間の尊厳の原理」と社会保障法』（法律文化社，1991年）第一章一2(1)参照。
5）　「労働の従属性」を法的概念としては認めず，事実の問題（法的認識なり法的に意味あるものとするが）に止めるという主張——最近のものとしては，土田道夫『労務指揮権の現代的展開』（信山社，1999年）第三編第二章——は，それなりに頷けるが，著者はそうした立場を採らない。
6）　「人間の尊厳の原理」は労働法の理念ではあるが，このレベルでは，労働法内在的ではない。

第2章

「戦後労働法学」の見直し・転換の試みと「人間の尊厳の原理」

第1節 「戦後労働法学」の枠組みとそれを支えた要因

1 「戦後労働法学」の特徴と問題点[1]

　「戦後労働法学」の枠組みを，ここでは次のようなものとして押さえておく。第一に，主体的には，「（1）労働者階級の側に立ち，それと連帯し，（2）労働者そしてそれを組織する労働組合の権利擁護の立場から，（3）労働現象を分析し，労働法理を構築するなどを通じ，（4）労働者・労働組合の権利闘争ひいては民主主義擁護運動に主体的にかかわりを持って来た労働法学」[2]，と捉えられる。それは，言わば思想・イデオロギー前面型の理論であるが，そこに「戦後労働法学」の第一の問題性がはらまれている。即ちそれは第一に，階級的対抗・対立関係にある資本＝賃労働関係に対し，第三者的立場に立ち価値中立的に労働法の規範論理構造を認識するとか，全体的秩序――結局は，資本主義社会の維持・存立を前提とした秩序――の立場から価値的対立を調整することを，労働法学の任務とするというのではない。それは，労働者階級の立場に立ちそれ故その価値体系を受け容れ，その価値体系の実現の方向において労働法の発展を図ろうとするのであり，労働者・労働組合の権利の確立・定着・発展こそを，労働法と労働法学の主要な任務とするという捉え方である。したがってそれは，労働者・労働組合の法形成的実践に分け入り，その中から現行法の批判と発展方向を汲み出し，それを自らの理論の中に取り込むだけでなく，それをもってその法形成的実践を導くとか，その中で自らの理論を鍛えようとするのである。そこにおいては，理論と実践の峻別でなく，その統一こそが求められるのである。そうした実践的性格には，特には異論がある訳ではないし継承すべきと考えている。しかし，そのことと関わって第二に，最も基礎的な理

論的視座を，——既述のように——《資本主義社会の基本矛盾＝階級的対抗関係（労使関係を含む）の存在 → 階級闘争の展開・激化 → それへの国家の譲歩＝労働法の生成・展開・発展》というシェーマに据えているところに，かなりの問題性をはらんでいる。それは，階級的視点がその理論に貫かれるということだが，それは，より具体的には次のような捉え方となる。第一に，労働法の主体＝法的人間像の措定の仕方である。労働法における人間像とりわけ労働者は，——勿論，市民法の捉える商品所有・交換の主体としての，抽象的で等質かつ対等平等の人格ではなく——社会に生きる具体的な人間として捉えられるが，それは，単に労働力商品の所有・取引主体としての，使用者に対する経済的弱者というに止まらず，——その側面も含んで——資本家階級に，生産・流通・消費の全過程において階級的に対抗する存在として，かつそれにより必然化する階級的意識とそれに支えられた階級的行動——その最高の形態が，階級闘争である——の担い手として，把握されるのである。第二に，その捉え方は，——他の問題と相まって——労働者の権利を，市民法的権利とは異質な権利として資本主義法に組み入れ，結局労働法という市民法とは異質な法分野・法領域を形成せしめうる根拠を，明確にする意義を持ち，労働者の行動の法的評価の視角を，根底において規定するのである。しかし，それは逆に，個々の労働者の持つ差異を，一面では捨象しあるいは法的に有意味なものとは捉えず，労働者を階級的存在として，その利害・要求と行動パターンにおいて同質なもの，したがってかなり理念的・規範的な捉え方であるという問題性を，初めから内包したものである。

　第三に，労働組合像の特有性である。労働者が階級的存在と捉えられるとしても，それが必然化する階級的意識とそれに支えられた階級的行動を，経済的なそれに限定し，それ故，市民法的団体の延長線上の団体としての労働組合像，即ち労働力商品の取引とその消費の条件（端的には労働条件）の維持・改善を直接かつ基本の課題とした，そしてその限りで政治に関わるという労働組合主義を措定することは，不可能ではない。ところが「戦後労働法学」は，労働組合主義に立つ労働組合像を越えて，階級闘争の担い手，ひいては労働者政党と並ぶ社会主義革命の主体としての労働組合像，ないしはそれに開放された——願望を含む——労働組合像を確立したのである[4]。それは，一方では，労働者

第2章 「戦後労働法学」の見直し・転換の試みと「人間の尊厳の原理」

の階級的存在としての捉え方に整合的であるとともに，他方では，それ故に労資（使）協調的な労働組合主義——それは，ありうる選択であるに拘わらず——に拒否的である。したがって，労働者像と同じく，理念的・規範的とならざるをえないが，それ以上に，——後述の——生存権・団結（権）優位の理論との不可分の結びつきを媒介として，労働組合像の硬直化（＝柔軟性の喪失），労働者個々人の結合という側面とそこでの個人の役割を踏まえた，労働者の統合としてのダイナミックな組合像の喪失，それ故活性化の喪失と個人の集団への埋没という危険性を，——その主観的意図や対外的な「戦闘的」という組合イメージにも拘わらず——メダルの裏側に備えたものとならざるをえないところに，問題性を抱えていたのである。最後に，労使関係の捉え方の特有性がある[5]。労使関係[6]は，一方では，労使の対立と結合の基本的あり方を，労使それぞれのそれなりの主体的選択を通じて形成され客観化されたもの，そしてそれを，制度論の視角から捉えたものである。しかし他方で，それでいて，資本の側を主導力とした労働過程の技術的・組織的編成の絶えざる変革に，左右される性格のものである。そうとすれば，階級的対抗・対立のみに彩られた労使関係の捉え方——それは，「階級的存在としての労働者，階級闘争の主体としての労働組合」という捉え方からの必然的帰結とは，必ずしも言えない——も，何らかの典型なり理念型を想定しそこからの偏差を描こうとする一元的捉え方も，さらには現実の変化に無理に目をつむって固定的イメージに固執する態度も，排除されるべき筈である。それにも拘わらず，内容空疎の抽象化された対抗・対立を基調とした階級的労使関係，それを理念型とした日本的偏差＝労使関係の日本的特殊性という捉え方[7]が，「戦後労働法学」を支配したのである。そこにおいては，労使協調的な労使関係は，前近代的なものとしてか，資本・使用者側のイデオロギーや攻撃への屈服として，ひたすら克服の対象とされ，それが必然的にもたらすであろう安定的労使関係が——別の脈絡から——肯定される[8]という，奇妙な対照を示すことになる。国家の労働政策の展開も，様々な批判の対象とされるが，しかしそれは，労使関係の外枠としての位置づけか，労使関係の中に組み込まれるものとしてしか捉えられず，それが，労使関係を変革する力とは認識されない。だから，国家の介入主義の増大——その上日本においては，歴史的にその側面

が強大だが——も，団結自治，労使自治の制約という面からの問題意識に乏しく，また国家＝政治の反動化という枠組みからしか，評価しえないのである。

　第二番目の問題は，「戦後労働法学」の理論的傾向である。それは，一言で言って，「生存権及び団結（権）の優位」という特徴を持つ。まず，「生存権の優位」とは，次のような意味合いにおいてである。一つは，労働法を生存権原理の実定法化と捉えるだけではなく，その基礎的理念ないしは原理として位置づけることを，極度に強調することである。それが，市民法と異なる法分野・法領域として労働法を捉えかつ体系化する上で，不可欠な学的認識であることは，言うまでもない。しかしその「極度の強調」が，労働法においては，生存権原理が一元的に支配し，自由・自由権の契機・側面が入る余地がない，とするところまで突き進みかねないところに，問題性をはらんでいる。即ちそれは，一方では，労働法の規範的論理構造の把握としては，一面的に過ぎるという問題である。具体的には，労働法的保障・保護——それは，市民法上の保障・保護との関連では，特別の保護・免責を意味する——を導き出す，特殊的契機の解明としての意義を持つことは，確かである。しかし，それのみが強調されることによって，その保障・保護の一般的契機が，無視ないしは軽視されるということでもある。それは，「労働者権」が，市民法上の権利とは性格の異なることを明確にする一方で，「労働者権」を，底の浅いもの即ち国家の政策の如何でいかようにも収縮可能な権利あるいは労働者の——市民にはない——特権，へと傾斜させるのである。他方で——それと裏腹の関係にあるが——，生存権原理に照射されない限り，法的保障・保護の対象にならないかの如き解釈論上の傾向を，生み出した問題がある。労働者・労働組合の行動に，生存権的契機言い換えれば生存権的利益の維持・擁護という要因がないとしても，それ故に直ちに違法評価を受ける訳ではないに拘わらず，そのように捉え，したがって無理にでもその契機を捉える，あるいはその行動をその契機の中に押し込める，それによって，労働者・労働組合を違法評価から救済することを行うのである。それは，体系的理論やその行動を支える条件を無視ないしは軽視した，その場限りの場当たり的対応につながらざるをえない。「戦後労働法学」が，解釈論偏重という特徴を持ちながら，解釈方法論の蓄積が乏しい所以である。「生存

第2章 「戦後労働法学」の見直し・転換の試みと「人間の尊厳の原理」

権の優位」の他の側面は，自由・自由権に対する生存権の優位，しかも対立的捉え方におけるそれの一面的強調である[12]。勿論，労働者の生存権に抑圧的に機能する資本の自由，即ち財産権・営業の自由に対する生存権の優位ないしは制約原理としての承認が，労働法生成のキーポイントであり，それ抜きに「労働者権」の確立はありえないこと，個々の労働者の自由の一定の制約が，生存権原理によって正当化されることがない限り，例えば労働協約による労働契約の規律，労働条件の国家的規制がありえないことは，言うまでもない。しかし，「生存権の優位」が，資本の自由の域を越えあらゆる領域・種類の自由に拡大されるとともに，生存権と自由が矛盾・衝突する問題を，無条件にしかも論証抜きで，生存権の価値的優位の下に解決するとなれば，問題が生じよう。この傾向は，例えば生存権は何故に思想・信条の自由に優位するのか，（生存権的基本権＝団結権）統制権は政治活動の自由をどこまで制約出来るのか，といった難問への回答を安易に回避させ[13]，それによって労働法学の理論的深化を阻んだだけでなく，自由・自由権の人権としての重要性の軽視に道を開き，そしてそのことによって，生存権と自由権とのあるべき結びつきを安易に切断する役割を果たしたのである。それとともに，そうした対立図式およびその解決の仕方は，次の「団結（権）の優位」との緊密な結合によって，労働者個人──団結の内外を問わずだが，とりわけ団結の中における──の労働法上の法的地位を，不安定にし弱めるとともに，労働者を，団結＝集団の中に埋没させることになる。何故なら，自由の主体は，第一次的には個人であるが，その自由が，生存権により否定・制約されるものとして劣位に置かれるとか，労働者の自由は，労働者がバラバラに孤立している限り資本主義社会においては喪失しがちであり，団結によってあるいは団結において初めて回復されるという論理──後にも述べる──が，団結の中でのあるいは団結との関わりでの労働者の自由の抑圧ないしは犠牲を，過度にかつ広範に強調するという一面性において，主張されがちであったからである。ここでも，自由の抑圧を通じた自由の回復，回復された自由による自由の抑圧というパラドックスの，突き詰めた解明が，「生存権及び団結（権）の優位」という金科玉条により回避されたのである[14]。

次に，「団結（権）の優位」の問題性に移ろう。市民法では捉えられない，

13

団結とその権利としての「団結権」の確立，市民法上の自由・権利の集団的行使ないしはその総和に止まらない，独自の意義と性格を担う団結・「団結権」の法的承認は，労働法の生成・展開にとって決定的意義を持ち，当然のこととして「戦後労働法学」も，団結（権）を中軸として構築されて来た。ところがそれが，「団結（権）の優位」という傾向を生み出したところに，幾つかの問題性をはらむことになる。何に対する優位かという点で，ここでは，「団結しない自由＝脱退の自由」と「団結の中における労働者＝組合員」，という二つの側面にしぼって検討しておく。ただ，その前提として，「団結（権）の優位」の傾向の全般的特徴を要約して示すならば，以下のようなことになろう。「団結（権）の優位」とは，団結（権）に至上の価値を認める傾向であるが，それは，一般的には，次のようなことになる。労働者は，個人として孤立して存在する限り，資本・使用者に対し弱い立場にあり，またその個人として持つべき自由・権利も，それとの関わりであるいはもっと広く資本主義社会の構造的仕組みの故に，労働者なるが故に失われ，自らの生存権的利益が実現されないだけでなく，窮乏化の淵に立たされる。労働者は，そうした立場を克服し，自由を回復し生存権的生活利益を維持・擁護するには，団結せざるをえず――団結の必要性である――，したがって「団結権」は，労働者にとって絶対的に必要不可欠であり，かつ極めて貴重なものと考えられる。そうしたことが，「団結（権）の優位」をもたらしたのである。その上，先の「理論的視座」即ち階級的捉え方が結びつくことにより，団結は，労働者にとって階級的必然であるとともに，労働者の階級的モラルの核心の表明と捉えられることにより，団結（権）は，至上の価値を担うことになったのである。[15] それらの事柄は，一般的には否定しがたいことだが，次のような偏向を伴ったところに問題がある。第一に，先に団結は「労働者的モラルの核心の表明」と言ったが，それは，団結の基本的な存立構造ないしは理念型であって，具体的な個々の団結を直接指す訳ではない。しかし，その点が軽視ないしは無視され――その要因・条件については，後述する――，現存する個々の団結と同一視される，言い換えれば，団結は団結なるが故に――その内実を問わず――至上の価値を持つとされ，そのことにより，労働者的モラルと団結との切断がなされたのではないかということで

第2章 「戦後労働法学」の見直し・転換の試みと「人間の尊厳の原理」

ある。そのことと関わって第二に，「団結権」の主体たる団結への加入が強制されあるいは忠誠が謳われるのは，単にそれが，労働者の結合体としての団結であるという形式的理由ではなく，先に「理念型」としたように，言わば労働者の自由と生存権の砦としての団結にふさわしいあり方を，その団結が保っているからであるに拘わらず，その点が度外視され，団結の具体的な機能・役割が，問われない傾向にあったことである。第三に，団結の中身として捉えられたのは，労働組合を典型とすることは言うまでもないが，実はその執行部体制でしかなかったことである。つまり団結意思と団結活動は，執行部の意思とその活動に，矮小化されて捉えられていたのである。第四に，「団結権」の主体は労働者個人と団結体であるとしながらも，前者は，団結を前提とし，団結に収斂されない限り意味を持たないと捉えられることにより，労働者の「団結権」は，これから団結を結成するとか団結に加入する場面を除いて——後者は，団結（組織）強制が認められる限り，団結の権利ではなく団結義務に解消されかねない面を持つ——，労働者個人の団結権は，団結体のそれの後景に退くあるいは後者に吸収される，という捉え方でしかないような「団結権」論の域に止まったことである。[16]

さて，以上のことを前提として，まず「団結しない自由＝脱退の自由」との関わりであるが，[17]「団結（権）の優位」は，「団結しない自由」とりわけ「脱退の自由」を，全面的に否定する訳ではない。ただ，両者が同列に置かれる訳ではなく，「団結（権）」がそれらに価値的に優位するとされ，具体的局面において両者が抵触する限り，「団結（権）」防衛上必要な限りという限定つきではあるが，「団結しない自由＝脱退の自由」を否定する形で——ないしはその自由の濫用と評価して——，法的解決がなされるのである。問題化する局面が，団結内における「団結しない自由」それ故「脱退の自由」でありかつユニオン・ショップ制といった団結強制とは無関係である限り，その論理は，自由の範囲なり自由の濫用の評価において広狭の差があっても，疑われなかった。しかし，そこで念頭に置かれまた議論の素材となったものは，言わば労働者・労働組合の団結およびその権利を，否定するような形態・内容での「団結しない自由＝脱退の自由」の行使であって，それ故に「団結（権）の優位」の傾向が，支配し

たのでもあった[18]。問題は,「団結しない自由＝脱退の自由」が,現状の団結のあり方への批判としてまたその一環として新たな団結を求めるものであっても,しかもそういう形態・内容の自由の行使は対象とされていないにも拘わらず,あたかもそれを含めて「団結しない自由＝脱退の自由」に対する「団結（権）の優位」が,理論枠組みとして採用されていた——自覚的か無自覚かはともかく——ことである。したがって,「団結しない自由＝脱退の自由」は,一面的に否定的評価にさらされたのであり,その自由の持つ積極的契機に注目されることはなかったのである[19]。他方で,団結外における「団結しない自由」が,団結強制との関わりで重大な制約を受けることも,さして疑われなかった。そうであるから,こうした「団結（権）の優位」の傾向の下では,団結強制は,——いかなる団結強制であれば法的に許容されるか,という問題が残るとしても——「団結しない自由」に対する団結権の価値的優位の故に,当然のこととして容認され,日本における団結強制の具体的形態であるユニオン・ショップ制も,その効力が疑われることはなかった。ユニオン・ショップ制が,使用者の手を借りたあるいは解雇の脅威による団結強制故に,そしてまた,組合内のイデオロギー的・運動路線上・方針上の対立の労使協力による解消,という形で利用されかねないという二面性ないしは両刃の剣の危険性に,歯止めをかける解釈論上の努力はなされても,ユニオン・ショップ制の効力否定という議論は,登場しなかった。そして,「団結しない自由＝脱退の自由」の積極的意義即ち現状の団結への批判という問題だけではなく,その意に反して加入・資格維持を強制されるだけではなく,解雇の脅威でもって強制されることの根拠・正当性なり,「団結（権）の優位」がここでは労働権に優位するといった問題の原理的検討が,単に「団結（権）の優位」の下での団結強制の容認のレベルでのみなされたに過ぎない,という問題性を抱えることになる。しかもその上に,ユニオン・ショップ制の現実の機能・役割が,団結強制のレベルにはなく,その段階の執行部体制の安定化・補強,そして団結の側からの組織化の努力の軽視・放棄であったとすれば,「団結（権）の優位」論は,その実客観的には,「団結（権）弱体化」論であったのでは,と疑われざるをえないのである[20]。

次に,「団結の中における労働者＝組合員」という側面では,統制権論と組

合民主主義論につき，ごく限られた範囲で問題を検討しておく。「団結（権）の優位」の傾向は，——その法的根拠や国家的介入の是非・範囲・仕方について，捉え方の相違・対立があるにも拘わらず——団結に強力な統制権（その反面での組合員の重い団結忠誠義務）を当然のこととして承認し，団結の存立・維持に必要な限りでまた必要な範囲に限定してではあるが，広範な統制権の行使を認めて来た。それは，団結を至上の価値とする「団結（権）の優位」の傾向の，そしてまた，統制権が，その団結の擁護・防衛のための対内的機能として最も重要でかつ効果的なものと考えられるが故に，当然の帰結であるばかりでなく，一般的にも承認しうる捉え方ではある。しかし，「団結（権）の優位」の傾向は，一方では，「団結の存立・維持にとって必要な限りでまた必要な範囲で」という限定を，安易に拡大しがちであり——「団結侵害もしくはその恐れ」という統制権行使についての法的評価基準の，安易な適用である——，ひいては，団結の側での統制権行使の必要性の判断を，安易に肯定する——これも，先の法的評価基準の安易な適用である——ことにつながる面さえ持つのである。そうした傾向は，現実的には，組合の現執行部体制を，即自的に団結と同視して，その統制権行使の容認を通じて，現執行部体制の擁護・安定化に機能し——裏返して言えば，組合員，より具体的には少数派組合員の，現執行部体制＝多数派への批判，多数派になるための努力，したがって団結のあり方を問う試みの抑圧である——，ひいては，組合員を現状の団結にひたすら服従するだけの消極的地位に止める役割を果たす，それ故，団結の活性化，ダイナミクスをそぐ危険性すら，内包していたのではないかと思われる。[21] 他方では，「団結（権）の優位」の傾向は，組合員個人の，固有に持つべき思想・信条の自由，政治活動の自由といった人権に対する「団結権」の優位を，論証抜きに措定し，それらに対する統制権の行使を安易に肯定しがちであった。そのように言うことは，団結目的との関わり，多数決原理の限界といったことを理由として，統制処分を否定する支配的な学説・判例——後者については，初期のものを除いてだが——の具体的結論に反するようではある。しかし，ここでは，法理の枠組みが持つ可能性レベルとその果たす現実的機能——逆説的意味だが——をこそ問題としているのであって，「団結（権）の優位」である限り，先の理由づけによる統制権行使への歯止めは，前

述の第一の問題性と同一のレベルの問題性をはらむのである。何故なら、劣位に置かれた人権の制約に対する抑制は、優位に立つ団結権＝統制権の、言わば内在的自己抑制に求めざるをえないからである。また、現実には、統制処分の否定という学説・判例の一致した結論に拘わらず、労働組合のそれに反する動向を抑制しえなかったのは、——他の要因を度外視すれば——「団結（権）の優位」が、労働組合の行動の全面的擁護なり正当性付与というイデオロギー的機能を、その想わざる結果として果たしたことに、大きな原因があると思われるからである。[22]

　第二に、組合民主主義論に関わって、「団結（権）の優位」の傾向は、次のような特徴と問題点を持っていたと思われる。勿論、組合民主主義は、労働組合の基本原理でありかつ法的原理——労働組合法上の「民主性の要件」を越えて——とされ、個々の具体的問題・局面において、組合民主主義が法的評価の基準とされかつ具体的に適用されることにより、法的解決が図られても来た。しかしそこにおいては、組合民主主義は、労働組合に所与のものとして内在している——したがって、違反はごく例外的現象でしかない——と捉えられ、団結自治と組合民主主義との関係については、団結自治の優位の下に調整を図るという方向で、問題解決がなされて来た。その上、組合民主主義は、形式的なもの、多数決民主主義、制度化されたものに偏重して捉えられている。そして、こうした捉え方が、一方では、組合運動の現実における組合民主主義の広範でかつ深刻な侵害・形骸化の進行に対して、歯止めとなりえないばかりか間接的に促進——「団結自治」の名の下に正当化されるというイデオロギー的機能により——する役割を果たした、と評価されざるをえないのである。[23]他方では、組合運営それ故組合民主主義の主体としての組合員を正当に位置づけ、組合員の意思とエネルギーを引き出し統合し団結力・戦闘性の強化に資するための、不可欠の方法としての本来の組合民主主義ではなく、現執行部体制の枠内での組合民主主義、組合内秩序確保の方法としての組合民主主義に止まったために、現実には、団結力・戦闘性の支えとならないばかりか、組合員の無関心・組合離れそして組合運営・組合民主主義の客体化ひいては団結力・戦闘性の低下・喪失を、客観的に促進する機能を営んだのである。[24]

第2章 「戦後労働法学」の見直し・転換の試みと「人間の尊厳の原理」

　第三の特徴は，労働者・労働組合の権利擁護の姿勢の強固さ，権利闘争との緊密な結びつきという実践的性格である。戦後において初めて，実定法上の保障を受けた「労働者権」の定着，国家・使用者による侵害・形骸化の攻撃への抵抗とそれらからの「労働者権」の擁護，新たな権利の創造へ向けての労働法理論構築の努力，そのための権利闘争への働きかけと援助——理論的武器の提供，労働者・労働組合への啓蒙・教育等——，逆に労働者・労働組合の実践，権利闘争の中から法的問題素材を引き出し理論化する努力，それらの解釈論に偏りがちだがそれに止まらない労働法学の営為は，机上のそして学問のための学問という悪しきアカデミズムを乗り越えた，極めて実践的であるとともに貴重な成果を，生み出して来ている。その実践性は，理論の硬直化を防ぎ，実態・現実と理論のズレ・間隙を埋め，権利の定着・発展や法の妥当・実効性を支える要因（労働者の規範・権利意識，権利闘争）を理論内在化させる役割をも，果たしたと言えよう。しかし，その実践性は，ややもすると，権利闘争の戦略的展望，労働運動・労使関係・国家政策についての長期的見通しを欠いた上で，次々に生起する問題へのその場限りでの対応，労働者・労働組合，権利闘争のあり方への批判的検討を欠いた，現実への追随・妥協，権利・利益の救済に傾斜し過ぎた結論とそのための法理という傾向が強く，そのため，全体としての階級的理論傾向と個別問題レベルの法理論との間で齟齬をもたらす，という問題性を抱えていた[25]。そしてまた，一般的な法律依存主義と相まって，労働者・労働組合そして権利闘争における過度の法理論依存主義や，権利闘争を実定法上認められた権利の擁護闘争に矮小化する傾向，権利闘争の場を労働者の労働・生活の現場ではなく法廷等の場に限定しがちな動向に対し，適切な批判をするよりも反ってそれを間接的に促進するとか，少なくとも抑制する役割を十分には果たしえなかったのである[26]。そうであるとすれば，この「戦後労働法学」の特徴点は，理論内在化されない主観的願望とか労働法学に取り組む上での基本的立場でしかないか，理論内在的とすれば，言わば総論と各論の分離あるいは抽象的な原理と具体的理論のズレという問題性として，限定付きの特徴点と考えざるをえないのである。そしてまた，「法形成的実践」も，単なる枕詞か，そうでないとしてもかなり底の浅い妥当範囲の限られた「法形成的実

践」の域に止まったのではないか、と思わざるをえないのである。

1) ここで述べるのは、本章の展開にとって必要な限りでの「特徴と問題点」であり、かつそれに対置される見直し・転換の試みおよびそれに対する評価を、鮮明にするためのものである。そのため、かなり極論となっている。「戦後労働法学」全体の特徴については、片岡曻『現代労働法の展開』(岩波書店、1983年) 第一章第二節、籾井常喜「戦後労働法学の軌跡と課題」(『法の科学』5号) 参照。
2) 籾井前掲注1) 論文52頁。
3) 市民一般と異なる内容の行動のみでなく現象的には同一のそれをも、市民法理とは異なる——断絶した——法理でもって法的評価を行う、その視角の設定であり、それが特有性を持つのだが、それは、本章では必要な限りでのみ触れるところの、「市民法対社会法」という対立図式の一環である。
4) それは、労働組合主義自体を否定するのではなく、それが妥当する場面・局面ではそれを認めた上で、戦闘的労働組合主義に立つのである。また、労働組合主義の域を出ずそれに止まる場合でも、戦闘的なそれであるとともに、階級闘争・社会変革に開かれた捉え方がなされるのである。沼田稲次郎『労働基本権論』(勁草書房、1969年) 特に第五章参照。
5) それは、「戦闘的労働組合主義」にはふさわしからぬ企業別組合形態・機能の固定化、それからの脱皮のための様々な努力の失敗——合同労組運動の発展の不十分さを含め——に、規定されたものであろう。そしてその意味でも、西欧型労働組合主義における活性化の喪失——組織の巨大化・官僚化およびそれと相互規定的な非民主化を、要因とする——とは、脈絡を異にする。そうした言わば、理想と現実のズレの日本的特殊性、そして極めて埋めがたいズレ故に、理想への過度の傾斜が生じたと言える。そうとすれば、現在における「新しい組合像」の探求は、一方では、《現実→理想》へのアプローチを不可欠にするとともに、西欧型との共通性においてなお残る日本的特殊性に着目して、なされるべきことになる。ただ本章では、この問題については必要な限りで触れるに止め、例えば企業別組合固執論——戸木田嘉久「日本における「企業別組合」の評価と展望」(大月書店編集部編『現代の労働組合運動』7所収、大月書店、1976年)、栗田健「戦後労働組合運動の系譜と課題」(ジュリスト増刊総合特集『企業と労働』所収、有斐閣、1979年) ——や地域的組織重視論——中林賢二郎『現代労働組合組織論』(労働旬報社、1979年) 特に第六章——といったことには、立ち入らない。したがって、西谷敏「労使関係モデルと国家の役割」(『日本労働協会雑誌』346号) が提起する、個人加盟の地域的一般労組の可能性についても、検討の対象から外している。
6) 「労使関係」と言っても、個別の労使関係と集団の労使関係、個別企業レベルの労使関係と産業別さらには全国的労使関係というレベルの相違で、差異がありうるが、ここでは捨象している。
7) それを、前近代的・非民主的・共同体的労使関係のレベルで捉えるか、年功的賃金・終身雇用制・企業別組合という三本柱の枠組みで押さえるか、それぞれの中身の捉え方についても、歴史的時点と論者で異なり、また現在の——バブル経済までの——欧米から注目された「日本的労使関係」とその変容の捉え方にも、様々な議論があるが、本章

では詳述しない。
8）「肯定される」と言うことで意味しているのは，階級闘争典型的には《労使対立の激化 → 労働争議 → 解決》が，恒常的なものとして労使関係に組み込まれていながら，それが，労使関係の枠組みの変革にはつながらない，という捉え方がある——それ故ここでは，社会変革との切断がある——からである。かつて労働運動の経済的民主主義路線——戸木田嘉久『現代資本主義と労働者階級』（岩波書店，1982年）特に第三章，高木督夫「日本経済の民主的改革における労働組合の関与とその展望」（講座今日の日本資本主義編集委員会編『講座今日の日本資本主義』7 所収，大月書店，1982年）——が提起されたのは，それへのアンチ・テーゼであろうが，これも検討を省略する。
9）「戦後労働法学」における政策分析の枠組みの欠落については，田端博邦「労働法における法と政策」（『社会科学研究』37巻5号），国家介入による団結自治・労使自治の制約という問題意識の乏しさについては，西谷敏『ドイツ労働法思想史論』（日本評論社，1987年）特に序章参照。なお，最近の積極的な労働政策（労働基準法改正，「男女雇用機会均等法」制定，「労働者派遣法」制定等）に対する評価の不一致も，このことに関わると思われるが，指摘に止める。
10）この問題に密接に関わる「労働の従属性」論は，既に本書第1章で扱っている。またこれは，階級的把握と「市民法対社会法」対立図式の一環であるが，検討は省略する。
11）籾井前掲注1）論文，沼田前掲注4）書第一章参照。
12）この点の総括とその批判は，沼田稲次郎『団結権思想の研究』（勁草書房，1972年）第一章第一節が，出発点となっている。
13）拙稿「労働組合の統制権の限界の一根拠——「政治活動の自由の規範的意義」序説」（『島大法学』24号）は，著者なりのその難問への取組みであった。ただ，現在では，「組合民主主義」論からのアプローチに統合している（拙著『組合民主主義と法』窓社，1999年）。
14）初出においては，「こうした点も含めて，沼田博士については……難問回避という批判は該らない……とすれば，沼田理論の批判的・発展的継承が要請される」としていた。しかし，沼田理論からの離脱を宣言した（拙稿「「戦後労働法学」とその見直し・転換の方法的反省」『東京都立大学法学会雑誌』35巻2号）今日においては，「批判的・発展的継承」部分は削除する。
15）ここでも，沼田博士の透徹した捉え方——例えば沼田前掲注12）書第二章第一節——が，後述の偏向を必然化するとは思われないが，問題点の鮮明化に重点がある本章では，問わない。
16）これらは，ドイツの影響を強く受けた「戦後労働法学」の集団主義的傾向の産物であるが，しかし，労働組合の組織形態の相違や，労使関係における編入説の拒否を挙げるまでもなく，ドイツ理論の単なる直輸入ではない——例えば片岡曻『団結と労働契約の研究』（有斐閣，1959年）参照——。
17）本章では，官公労働者の扱いについて，特には論じない。そのためここでも，そのオープン・ショップ制の強制には触れない。
18）問題素材となったのは，争議時の脱退，御用組合化策動の一環ないしはその失敗としての脱退，あるいは団結に意義を認めない市民意識ないしは企業帰属意識の過多からの

脱退，という消極的なものであったのであり，そこでは，「団結の自由」と「団結しない自由＝脱退の自由」との原理的・一般的関係が，問題となる余地はなかったと思われる。

19) この問題を，初めて団結権法理の再検討の中に位置づけて論じたのは，「(座談会)労働組合の変容と団結権法理の再検討」(『労働法律旬報』1039，1040号)であり，1982年のことである。それだけ「戦後労働法学」における抜きがたい傾向であるとともに，その見直し・転換は，難問であったと思われる。なお，本章第 2 節 2 参照。

20) これらの点を鋭く衝いたのが，西谷敏「ユニオン・ショップ協定の再検討」(久保敬治還暦記念『労働組合法の理論課題』所収，世界思想社，1980年)である。著者は，その問題提起の当時においては，《状況の変化 → ユニオン・ショップ否定》という論理と理解し懐疑的であった──沼田稲次郎他編『シンポジューム労働団体法』(青林書院，1984年)153〜154頁──が，今では──後述の如く──賛同している。

21) 勿論，様々な歯止めをかける努力はなされているが，《組合内多数意思＝団結意思 → その違反・批判への統制》という枠組みにおいて，多数意思の団結意思への転化の条件の吟味なり，団結意思の労働者的モラルからの精査が，殆どなされてこなかった──その点でも，沼田稲次郎『社会法理論の総括』(勁草書房，1975年)第三章第一節は例外である──から，歯止めとしての意義を持ったのか，疑問とされよう。

22) 前掲注13)の拙稿は，団結権＝統制権の内在的自己抑制への批判的アプローチであるが，それに続く拙稿「労働組合の政治活動決議の効力」(『島大法学』26号)とともに，労働者個人から出発し団結のあり方を問うという「戦後労働法学」の見直し・転換の試みと共通の，しかし無自覚な模索であったように思われる。

23) 学説・判例において共通する，労働組合の規約遵守の重視は，規約が組合民主主義を体現しているという脈絡よりも──それも否定しえないが──，規約による自己抑制＝団結自治の発揮であるが故に，規約違反に対しては厳しい評価となるということであろう。判例傾向については，前掲注13)拙著『組合民主主義と法』第四章参照。

24) 他の場合も同様だが，問題とされる事柄は，労働法理論のみに責めが帰されるべきではない。しかし，例えば「何故どのような意味でどの程度，組合民主主義は法原理となるのか」，「それと団結自治との関わりは」といった原理的問題の解明が，──ごく一部の例外を除き──殆どなされていない状況は，深刻な反省が必要のように思われる。

25) 権利闘争論の体系的構築としては，沼田稲次郎『現代の権利闘争』(労働旬報社，1966年)，同『権利闘争講話』(同，1968年)──その続編的意味を持つのが，同『労働者の権利とはなにか』(同，1977年)である──ぐらいしか見当たらないこと，「闘う法理」か「救う法理」かという問題提起──籾井常喜「権利闘争と労働法解釈」(『現代法ジャーナル』1号)──がなされざるをえないことに，現れている。

26) 「組合過保護」という批判が生ずる所以であるが，現在におけるそれへの反省は，必ずしも一致していないように思われる。

2 「戦後労働法学」を支えた要因

本節 1 で述べた「戦後労働法学」の特徴そしてその学説的支配が，何故に生

じたのか，それを——問題点が問題化することを防ぐことも含め——可能とした要因が何だったのかが，次に解明されるべき課題である[1]。何故なら，「戦後労働法学」の見直し・転換（再検討・再構築）を必然化した，あるいはその必要性の認識・自覚が生じたのは，純理論的側面や関心からではなく，その理論が，労働運動・労使関係の現実から遊離し，妥当性の範囲が縮小し——最高裁を頂点とする判例傾向も，その一表現である——，しかもそれが，単なる一時的・部分的現象に止まらないことについての認識なり危惧という，実践的関心に規定されているからである。ここでは，その要因として三点のみ，指摘しておく。

　第一は，「戦後労働法学」が，労働者の意識（規範意識を含む）に合致していたことである。それは，特殊な階級意識と集団主義的意識である。即ちそれは，敗戦直後の「労働者権」の確立，労働法の展開を支えたのが，純化された階級意識とそれに規定された資本主義社会の悪・弊害に対する抗議・批判としての生存権意識というよりも，戦前の絶対主義的天皇制とその戦争により犠牲となったという，端的に「戦争被害者」としての集団的連帯意識，そしてそれによってもたらされた戦後の極貧状況への抗議・批判としてのそれ故強烈な生存権意識が，その内容の中心を占めるというものであった。そして，労働者がそうした意識を持ち，その結集した労働組合がそれに裏打ちされて生存権的利益を担って行動する限り，それは，正当であり是認すべきとする社会意識が存在したのである。その公私・労使の未分離が，国家的強力により上から分離され，経済復興・独占資本の再確立そして高度経済成長に伴って，戦争被害者意識，緊急権的生存権意識が薄れあるいは後景に退き，逆に純化された階級意識と生存権意識が浮かび上がって来る，という経過を辿る。しかしそれは，企業別労働組合という組織形態・行動様式に規定されて，個別企業レベルでの労使対抗とは無媒介に国家的レベルに直結した，それ故極めて観念的・イデオロギッシュな労資対抗としての階級意識であり，それに支えられその限りでの幅の狭いあるいは観念的な生存権意識——したがって，ある局面では強烈であるが，他の局面では迫力の乏しい——である。それ故，企業帰属と国家依存という意識と背中合わせの底の浅い階級意識，生存権意識へと，変化したのである。それはまた，別の観点から見れば，日常的なレベルでのその意識の潜在化，闘争局面

での過度の顕在化，という特徴を持つものでもある。[2]他方，集団主義的意識とは，戦前以来の共同体意識，個の未確立と集団志向・優位の意識が，形・内容を変えつつ変化した条件下でもなお残存し再生産されたものだが，それが，「企業帰属とともに組合帰属」という二重帰属意識として現れ，先の意識を支えるだけでなく，組合＝団結＝集団の個人に対する優位を，当然のこととして是認させ妥当させる条件となるのである。組合の全従業員一括加盟方式は，この意識に規定されると同時に，逆にそれを促進するのである。そしてその意識が，労働者の個人としての自立・自律・自発性を抑制し，その発展にとって大きな障害となるのである。こうした意識が，特殊労働者的・労働組合的意識であればその存立条件は弱いものであるが，日本人全体に共通する意識であることによって強固な基盤に支えられ，それ故それに支えられた労働者・労働組合の行動様式が，社会的に是認されることになる。[3]それがまた，先の特殊な階級意識に結びつき，「戦後労働法学」の理論枠組みとその妥当性を支えることになる。

　第二の要因は，労働組合の戦闘性である。労働組合運動の主導権を，少なくとも「戦闘的労働組合主義」と総称しうる潮流が掌握している限り，階級的把握，生存権・団結（権）優位という「戦後労働法学」の理論的特徴には，現実との間で大きな違和感が生ずることはなく，運動との主体的，実践的関わりを保ちえたのである。何故なら，「戦闘的労働組合主義」は，労働者・組合員の生存権の砦としての役割をそれなりに果たし，そのためもあって，「団結（権）の優位」それ故団結への服従・忠誠を事実上も価値的・規範的にも求めうる可能性が，大であったからである。その上，労働組合運動が，階級的運動の担い手であるだけでなく，全国民的課題を担った運動主体であることが当然視されたこと——他の社会的運動主体の未登場，弱さもあって——も，そうした傾向を助長したのである。そのことはさらに言えば，自由・自由権の担い手としての個人ないし市民が十分には成熟していない中で，労働組合が，生存権のみでなく自由・自由権の担い手として捉えられ，その上，抽象的ないしは虚偽の自由が，団結の中で具体的で真実の自由に転化するという言わば擬制——戦前日本との対比では，真実性を持ってだが——が，正当性を持って受け取られていたこと

——そうした役割を果たすと期待しうる限りでは，ということであるとしても——をも，意味している。労働組合は，正義とりわけ社会的正義の担い手・味方というイメージで捉えられたのであり，それだからこそ「権利保障を手厚く」ということになるのである。「戦後労働法学」が抱える理論的弱さなり部分的とされた問題点，純理論的に生ずる難問も，こうした全体的位置づけの前に，無視なり自覚されずに来たのである。

しかし，以上の二要因のみでは不十分であって，第三の要因の存在を無視する訳にはいかない。それは，国家・使用者が，労働組合を階級敵，秩序攪乱者として敵視する政策・立場に，固執したことである。したがって，労使関係は，階級的・敵対的様相を呈したのである。そうだとすれば，団結の地位は，不安定で解体の危機を常にはらむことになり，それ故生成・確立したばかりの「団結権」も，その定着に程遠く，団結と「団結権」の防衛に，団結否認に機能して来た市民法のみでなくそうした国家・使用者の政策・立場に抗する形で努めることが，課題とされざるをえなかったのである。そしてそのために，「戦後労働法学」の理論的傾向が，事態を的確に把握するものとして受け容れられる一方で，個人の自由が，団結解体的に利用され機能していると捉えられる限り，それを抑制することこそが，団結（権）の確立・定着にとって重要事とされざるをえなかったのである。こうした三要因が相まって，「戦後労働法学」の支配が確立したと言えよう。

1) ここで述べるのは，「「戦後労働法学」の見直し・転換の試み」を提唱し主導している籾井常喜博士，西谷敏教授の捉え方を，著者なりに整理したものに過ぎない。次の本章第2節1も同様である。
2) 闘い取った自由・自由権の基礎の上に形成されたものではない点を含め，沼田稲次郎博士の夙に指摘されるところである。
3) さしあたり石田雄『日本の政治文化』（東京大学出版会，1970年）参照。なお，この集団主義的意識の強固さから，「戦後労働法学」の見直し・転換の試み」の中の「個人尊重の法理」への疑問が出されている——本多淳亮『労働法総論』（青林書院，1986年）37頁以下——が，この問題については本書第4章で検討する。
4) そのことと，《企業別組合 → 活動の舞台＝企業 → 企業内組合活動の広範な容認（＝使用者の受忍義務の広さ）》とは，矛盾しないばかりか，反ってその故に肯定されることになる。しかし，労使の対応いかんでは，階級的・敵対的労使関係という性格づけ（＝建前）と現実とのズレと関わって，その法理が，反って団結（権）の確立・定着に

とってマイナスに作用する危険性がない訳ではなかった。組合活動法理の再検討が受忍義務論者の側でなされた——その一到達点が籾井常喜『組合活動の法理』（一粒社, 1985年）である——のも,「「戦後労働法学」の見直し・転換の試み」と無縁ではない。

第2節 「戦後労働法学」の変動要因とその見直し・転換の試み

1 「戦後労働法学」を支えた要因の変動

「戦後労働法学」を支えた要因に重大な変化が生じ，それが，「戦後労働法学」の見直し・転換を促していると考えられるのは，次の理由による。一つは，それが，一時的な変化ではなくかなり長期に続く変化と捉えられたからである。しかしそればかりではなく，三つの要因の変化が，バラバラに生じたのではなく，相互規定的な変化それ故構造的な変化であるからである。同時に，その変化が，「戦後労働法学」の妥当領域を狭め，その貫徹が反ってマイナスとなるとかその理論的優位性の低下を，根本的に規定していると考えられたためである。即ち，第一に，労働者の意識（規範意識）においては，緊急的生存権の意識が後退し，生存権としては拡大・深化している，つまり到達したそれなりの生活をより豊かにする方向での，また賃金・労働時間といった古典的労働条件への関心も意味を変え——生活のためだけでなく，余暇という視点が加わり——，生産・労働過程と生活過程の全体を含む人間としての生活全体における，物質面のみでなく精神面も含む生存権へと展開し，したがって生存権とともにそれ以上に自由の側面が，強調されているのである。また階級意識は，中流・中間層意識に取って替わられて希薄化し，労働者像そしてその利害・要求も，単一の同質なものから，多様なものへと変化しているのである。総じて，自由あるいは契約の契機・要素が，あらゆるレベルで重視されて来ている[1]。そしてそれは，企業のみでなく組合からも離脱する意識，企業・団結への関わりを，自己の利益との関連で選択するという意識——手段化である——への変化としても，現れている。

第二に，労使関係の変化である。国家・資本・使用者が，組合を敵視するのではなく，その政策展開や利潤追求・労務管理にとって不可欠の社会的パート

ナーとして位置づけ，社会的パートナーの域を出ない限り，それに様々な便宜・利益を享受させるという協調的労使関係が，かなり確固として制度化されて来ている。つまり，もはや階級的で敵対的な労使関係ではなくなっている。ただ，その域を越える活動に対しては徹底した抑圧が加えられるが，それは，労使関係の主流ではないのみでなく，その敵対・対抗が，労使関係の枠組みの外で把握される点——例えば，階級的少数派が，多数労働者も含む「企業」の敵と捉えられる——にも，特徴がある。[2]

第三に，そうしたことと相まって，労働組合運動における労資（使）協調的な組合運動の覇権が，成立することになる。組合は，社会変革の主体であることを止めるのみでなく，資本主義社会の枠内でも，戦闘的傾向に終止符を打つのである。それが可能なのは，先の二つの要因に規定されたからでもあるが，それ以上に，組合員大衆と組合幹部の距離の拡大，組合員を組合の主人公としその要求・エネルギーを引き出す民主的運営の欠落，組織の官僚化と官僚主義的運営によってである。そして今や，労働組合は，生存権，自由，社会的正義の味方の地位を滑り落ち，それらの抑圧主体へと転換しているのである。しかも，それだけではない。「労働抜きのコーポラティズム」「企業コーポラティズム」あるいは「デュアリズム」が語られる程[3]，労働組合は，その地位と威信を喪失させて来ているのである。ただ，こうしたシステムは，労働組合そしてそれ故組合員の要求をそれなりに吸収・包摂している限り，また組合側の要求がそのシステムの枠を越えない限り，維持しうるものであって，吸収・包摂が不可能あるいは枠を越えることになれば，そのシステムの正常な運行が阻害されるのみでなく，システム自体が解体しかねないところに実は階級的運動との結節点を持ったものであることに，注意が必要である。[4] いずれにしても，これら要因の変化により，もはや「戦後労働法学」は，維持しがたくなったのである。

1）この場合——別の面から見れば，個人主義の重視であることも含め——，積極・消極の両方向の可能性があり，いずれに重点を置くかで捉え方，問題の立て方が相違しうるが，その点については後述参照。
2）それは，欧米型労使関係との同質化であり，日本的特殊性の後退である。したがっ

て，その特殊性に即したとりわけ組合活動法理の妥当性の低落を，招来せしめることになる——本章第1節2注4）参照——が，企業従属性の強固さになお日本的特殊性があるとすれば，それをこれまでと違った形でどう法理に反映させるかが，極めて重要な課題となる。この点で，角田邦重教授の一連の「労働者の人格的権利」の追求——例えば，同「労使関係における労働者の人格的利益の保護」（『労働判例』354，355号），同「労使関係における労働者の人格的権利の保障」（『季刊労働法』143号）——，西谷敏教授のそこに視点を据えたアプローチ——その一例が，同「企業内における人権抑圧の論理」（『季刊科学と思想』37号）——は，貴重である。それを労働者のプライヴァシーまで広げた道幸哲也教授の業績——同『職場における自立とプライヴァシー』（日本評論社，1995年）——も，注目される。

3） このあたりの評価が，必ずしも一致していないことについては，「特集新たな労使関係システムを求めて」（『日本労働協会雑誌』346号）参照。

4） 田端博邦「労働法理論における『労働組合論』」（『社会科学研究』33巻5号）275頁以下参照。

2 「戦後労働法学」の見直し・転換の視点

「戦後労働法学」の見直し・転換の試みとは，それが持っていた特徴としての主体的，実践的側面を継承しつつ，その特徴を変化した状況の中で如何に貫くか，そのためにはその理論をどのようにまたどこまで修正するのか，どのような理論に取って替えるのか，ということであるしそうでなければならない。そうした点から主張されているのは，次のような事柄であるように思われる。第一に，「戦後労働法学」の主体的，実践的側面の発展的継承である。それは，三つの意味を持つ。一つは，その主体的とりわけ実践的側面が持っていたところの，戦略的展望の欠如，場当たり的対応性，体系性の不十分性といった視野，射程距離の狭さの克服である。長期的視野に立ち，戦略的展望を持ち，かつ体系性をも志向して実践を導く理論の構築，状況・条件・要因の変動によって簡単に崩れるのでなく，その変動をも包摂しうるだけの柔軟性と，状況等に働きかけそれを理論適合的に変革する可能性をも秘めた理論，したがって，真の意味での法形成的実践を指導しうる理論が，求められるのである。もう一つの意味は，労働組合の現実への妥協・追随，短期的視野での救済偏重，非常に狭い意味での理論・法理論依存主義の克服である。言い換えれば，「組合過保護」傾向からの脱却である。それは，一方では，改めて権利闘争の発展の道筋，即ち「権利は，国家・資本・使用者の抑圧に抗して，自らの要求・利益の

正当性を自らの力で社会的に承認せしめたものである」ことに即して，そうした権利闘争を自力で担える方向に組合を導く理論を，探求するということである。他方では，そのためにも，組合の持つ問題点を徹底的に批判する立場に立つことである。言わば，──表面的には冷酷な──「突き放し」を行うのである。そうしたことを通じて，まともな権利闘争が発展することに期待するのである。[2] 最後に，団結＝集団を基軸とした権利闘争，それに奉仕する理論からの転換である。権利闘争は，あくまで労働者個人が担うものであって，それが団結を志向するのは当然であるとしても，その団結自体が労働者個人によってどのようにでも形成されうる存在であり，そうしたものとして団結も権利闘争の担い手となる，という捉え方がなされねばならない。その意味では，「初めに団結ありき」即ち団結をアプリオリなものとした上で，その団結を基軸として権利闘争を考えていた──したがって，労働者個人は，団結を所与の前提としその中で第二義的役割しか担わない，という捉え方になる──「戦後労働法学」の組み立て方からの，180度の転換が必要とされる。それは，労働者個人を軸とした権利闘争＝実践，そしてそれが望ましい団結を形成しその団結の権利闘争＝実践へと展開する，そしてまたそれが労働者個人の実践の条件となり促進要因となる，そうした繰り返し＝循環過程を視野に容れそれを導く理論の探求が，なされるべきということである。[3]

　第二に，「戦後労働法学」の理論内容を，次のような点で見直しあるいはそうしたことから構想される理論に取って替えようとすることである。ここでは，四つの視点としてまとめておく。第一の視点は，生存権原理に基づく「労働者」・労働法の一元的把握に替えて，「労働者権」・労働法の成立・展開における第一次的な法原理的契機の「再確認・"復権"」から出発して，労働法理論を再構築しようとするのである。言わば，原点からの再構築である。生存権原理に基づく「労働者権」・労働法の展開は，言わばプラス α 的次元であって，そもそも市民法上労働者にも承認された自由意思主体としての法的地位が，現実には貫徹しがたいことから，労働者の自由意思主体性の回復の志向にこそ「労働者権」・労働法の原点があること，とりわけ「労働者権」の中軸たる「団結権」の保障の原理的基礎として，生存権保障の契機以前に基底的な自由意思

主体性の回復＝貫徹があること——生存権原理は，それに対して，第二次的な原理的基礎をなすに過ぎない——が，強調されるのである。ただ，それは，これまで背後に押しやられていたものの「再確認・復権」という脈絡で捉えられているが，理論史的に言えば，団結権の自由権的契機・側面への着目の延長線上にあった「戦後労働法学」の個別的検討が，必ずしも到達しえなかった視点——ないしはその総括の上にも立った問題提起——であるが故に，質的に新しい理論であると言わざるをえない。第二の視点は，——主として就業規則，懲戒処分に関わって主張されているが，それに止まらないと思われることから，ここでは，問題提起の中身を広げて捉えてだが——労働者の自由意思の尊重・重視，そして逆にその意思や使用者との合意の虚偽性の適用局面・場面の限定である。それは，基本的には，自由意思主体性の回復・確立が実質的に自由でない状態の克服，したがって合意の虚偽性の解消を意図・志向するが故の必然的帰結であり，「戦後労働法学」の目指す立場と異なるものではない。しかしそれは，従属的立場（＝労働の従属性）にあるが故に，その意思（同意・合意）とは形式でしかなく実質的には虚偽である，あるいはその内容が客観的に規定づけられていることを前提とし，その意思が団結によって初めて真実のものとなりうるという後者の論理とは，幾つかの面で異質であり，それ故新しい理論と考えざるをえない。何故なら，自由意思主体性の回復・復権は，まず第一義的に労働者個人——その集合としての労働者集団を含むが，その場合でも——について求められるのであって，団結の存立以前に回復・復権されるべき労働者の市民法上当然とされる法的地位が考慮されていること，同時にそれは，団結に対しても——具体的内容は後述するが——主張されるべきとされること，その上で，労働者の自由意思主体性の回復・復権の役割への期待として，団結のあり方が問われること——これも後述する——，したがって，「戦後労働法学」の前提でしかないものが第一義的重要性を担うとされること，その上でその論理の正に——形式的でない——実質的貫徹が目指されているからである。言い換えれば，それは，同意・合意の虚偽性を正面から主張して理論展開を図る局面・場面のかなりの限定であり，労働者のその「虚偽性」の克服の努力＝自力による自由意思主体性の回復・復権——国家の力に全面的に依拠した形ではなく——という，労働者とその団結への厳

しい要請であるとともに期待の表明である[7]。

　第三の視点は，団結（権）法理の根本的とも言える転換である。団結の必然性，必要性という言わば客観的要因を基底として構築されてきた「戦後労働法学」における団結（権）法理は，「盟約」，「契約」等いかなる表現をしようとも合意の契機を抽象的には認めつつ，しかし合意の契機の客観的要因による規定性，団結による真の自由の回復という論理を踏まえた，団結（権）の価値的優位の承認を，特徴として来た。それとの関わりで言えば，この視点は，一方では，合意の契機の最大限の尊重であり，他方では，団結（権）の価値的優位を即自的には承認せず，価値的優位を認めうる条件・契機を合意の契機との関わりで探求しようとするところに，特徴がある。言い換えればそれは，合意の契機の具体性を出発点とし，そこから団結の構築へ向かうとともに，団結（権）優位の実質的条件の確保を団結の存立の根本条件とする立場である。そこから，まず，「団結の自由」の反面において「団結しない自由＝脱退の自由」を承認し，それとの関わりで団結強制を原則的に否認する[8]。次に，統制権の根拠──統制権の法認の根拠レベルではなく，何故団結構成員は団結の統制権に服さねばならないのか，という拘束力の法的根拠である[9]──を，団結形成・加入の盟約意思なりそれについての個々の労働者の意思に求めるとともに，それを統制権の限界づけの当然の基準とする，言い換えれば，統制権は，団結が固有のものとして持つのではなく，言うならば合意によってのみ存立しうるのであって，したがってそれは，団結権から必然的に導き出されるのではないと考えられるのである。いずれにしても，「団結（権）優位」の団結（権）法理は，根本的な変更を余儀なくされるのである[10]。こうした捉え方である以上，団結権の主体は，第一義的に労働者個人であるとともに，それは，単なる枕詞ではなく，団結権論の発想・論理構成・理論構造の正に出発点である。他方，団結体の団結権は，労働者個人の団結権の行使の結果，ないしはその集合を基盤として，初めて構成されることになる。それとともに注目すべきなのは，団結が，目的でなく，労働者の自由，生存権の実現の手段としての地位において，捉えられていることである。その持つ意味は，三重である──繰り返しの面もあるが──。一つは，団結が，生存権実現の単なる──唯一不可欠という側面を欠いた──手段で

ある限り,「団結しない自由＝脱退の自由」に価値的に優位する根拠はありえないということである。第二に, 団結が生存権実現の手段であるということは, 団結の役割・機能の結果として生存権の確保がなされるということであるが, そうした役割・機能を果たしている限りにおいて——他の要因を度外視してだが——, 団結は, 個々の組合員に優位しうるということである。それは, 団結活動および団結と構成員の関係の法的評価の基準の一つとして, 生存権が有意義となることにつながるのである。最後に, それは, 労働法上の特殊的保障・保護——市民法上のそれへのプラス a である——の契機としての生存権という位置づけを, 一層明確にすることである。団結とその活動が, 生存権の実現という契機を主張しうる類型のそれである限りにおいて, プラス a の保障・保護を要求しうるのである。

　最後に, あらゆる局面・場面において, 自由とりわけ個人的自由の尊重・重視という視点に貫かれている, という特徴を持つことである——以上の視点の繰り返しでもあるが, 以下の問題点の指摘のためである——。したがって必然的に, その自由の担い手としての労働者個人が,「労働者権」の第一義的主体として捉えられるだけでなく, その労働者は, 自由の担い手にふさわしく, 自立した労働者像が想定されるのである。それは,「戦後労働法学」の集団主義的傾向の根本的転換でもある。ところで, ここから二つの問題が生じ, その問題性の克服が理論内在化されない限り,「戦後労働法学」の見直し・転換の試みは, 底の浅い思いつきと言わないまでも, 労働法学再構築よりも解体に資するとかこれまでそれに対し優位に立っていたとされるアンチ・プロレーバーないしはプロ・キャピタル労働法学への屈服ないしは吸収に, 終わらざるをえないと思われる。自由は, 抑圧・拘束からの自由を最低限の共通の意味内容とする以外は, 孤立的・閉鎖的・利己的自由という否定的価値を持つ消極的なものと, 自由を普遍的に闘い取ろうとする言わば連帯的・開放的・利他的な肯定的価値を持つものを, ともに含みうるのである。しかも自由とは, その自由を行使しない・放棄する自由——他からの拘束・強制によらないことが前提だが——をも, 含むのである。そうとすれば, 自由の貫徹とは, この両方の可能性に開かれたものであって, どの可能性が現実化してもそれは, 自由の行使の結果であって法

第2章 「戦後労働法学」の見直し・転換の試みと「人間の尊厳の原理」

的評価としては同一とするのか，積極的自由のみに限定するのか——それでも，その自由を行使しない・放棄する自由までは否定しがたいが——が，明確にされねばならない。「戦後労働法学」の見直し・転換の試みは，印象としては後者の立場のようであるが，必ずしも明確ではない。前者とすれば，労働法学と権利闘争の再構築がそれによっても可能だという展望を抜きには，説得力を持ちえないであろうし，後者とすれば，そうした把握を可能とする根拠が，問われねばならない。後者は恐らく，ブルジョア法としての古典的市民法モデルからの転換と，その現代的展開としての現代市民法と労働法の関係，自由の理念の転換なり人権としての自由の再構成を踏まえた，それを基軸とする自由の捉え方につながると思われるが，その説得力が問題となる。同時にそのことは，自由は形式でありさえすれば良いのか，それでは不十分であってその実質を如何に確保するかが考えられるべきか——それは，次の問題にも関わる——，また形式・実質の両面で，自由一般ないしは特定の自由の持つ階級的性格との関わりを考慮に容れる必要がないのか，その必要性の有無との関連もあるが，そうした把握と整合的な自由の捉え方であるのか，を問う意味も持つ。どのような解決が，図られている・また図られるべきであろうか。第二の問題は，労働者個人の自由の尊重・重視と団結の存立との関係である。端的に言えば，それは，団結解体的なのか団結強化に資するのかである。「戦後労働法学」の見直し・転換の試みは，労働者個人の自由そして団結権を基軸とし，そこから団結加入・形成を導き出し，団結・団結活動に対する法的評価もそこからなそうとするものである。それは，団結のあり方・機能の評価基準を内在化させてはいるが，それは，あくまで望ましい団結像を，その構成員たる労働者個人から出発して求めようとするものである。したがって，目指されているのは，真の意味での団結強化である。しかし，一方では，労働者個人の自由の尊重・重視は，そのままでは団結への統合を内在化させていないから，団結への統合の論理が媒介項として挿入されねばならないのか，それとも自由の論理の中に既に団結への統合の論理が内在化されていると捉えうるのか——そうとすれば，第一の問題もそうした解決が図られねばならないが，それが可能かが改めて問われる——が，問題となる。それは，理論の基本構造レベルの問題である。他方では，理論の現実

的機能として，団結解体的か否かが問題である。全く団結解体的ではないのか，あくまで否定的に評価される現状の団結にとってのみ解体的であって新たな団結にとってはそうではないのか，過渡的には団結解体的に作用しても長期的にはそうではないということなのか，それとも理論の現実的機能はそれを担う労働者の問題でしかないのか，そうした点の解明が求められるのである[13]。以上の点については本書第3章で検討するとして，本章の締めくくりとして，「戦後労働法学」の見直し・転換の試みがその要因とともに，労働法の理念である「人間の尊厳の原理」に照らしどのように評価されるのかを，問題にしておく[14]。

1) 以下は，主として，籾井常喜「プロレーバー的労働法学に問われているもの」，西谷敏「現代市民法と労働法」(片岡昇還暦記念『労働法学の理論と課題』所収，有斐閣，1988年)，「(座談会) 転換期の戦後労働法学」(『労働法律旬報』1207・1208号) に依りつつ，著者なりにまとめたものである。
2) ただそれは，「理論」万能視の否定の立場に立った上でのものであることが，注意される必要がある。しかしそのことが，逆に問題をはらむことについては，後述する。
3) 労働法の主体 (＝法的人間像) もその方向で考えられていることについては，西谷敏「現代の労働者像と労働法学の課題」(『季刊労働法』150号) 参照。著者の見解については，本書第6章参照。
4) 何故「再確認・"復権"」なのかについては，籾井前掲注1) 論文83～86頁参照。しかしそれにも拘わらず，著者は新しい「理論」と考えるが，その理由は後述。
5) ブルジョア法と区別される市民法そして現代市民法と労働法の緊密な関わりからアプローチする西谷前掲注1) 論文も，同様の捉え方と思われる。ただその場合には，自由の理念の転換，市民法における集団性の排除といったことにつき，理論的処理がなされる必要が特にあるが，本書の視角からの限りで——若干の点につき後述した上で——本書第3章において検討する。
6) この点で，田端博邦「団結権と市民的自由」(『季刊現代法』10号) が示唆的である。
7) 労働権保障法特に労働者保護法は，合意の虚偽性に基づいて構想されるが故に，その全面否定ではありえない——この点，本章第1節1注19) の『労旬』座談会特に54～55頁の籾井発言参照——。がしかし，その国家的介入を，合意それ自体の否定とする——即ち，国家が保障する最低限度の労働条件を下回る場合，そもそも「合意」＝契約自由はありえない，とする捉え方である——のであれば，「合意の虚偽性」の全面否定に行き着く可能性すら持っているところに，真の意味での「新しさ」があるとも言えよう。なお，労働者を，従属的でなく「自立した労働者像」を軸に据えている点での相違については後述するが，その議論と「労働の従属性」論との関わりは，未だ不明確なままである。
8) しかし，「団結しない自由＝脱退の自由」の強調は，団結強制の否定よりも，あるべ

き団結との関わりでの積極的意義の承認にこそ重点があり，またその脈絡で捉えられるべきである。そして，その脈絡もまた，形式的にはその自由の一般的保障という主張である点でも，「戦後労働法学」とは異質である。なお，「盟約」と「契約」との相違については，本書第4章で検討する。
9) 以下の点も同じである。この点については前掲注7)『労旬』座談会49～50, 52～53頁参照。なお，そうした点も含めた統制権論の再検討については，西谷敏「労働組合統制処分論の再検討（一）～（三）」（『大阪市立大学法学雑誌』34巻3・4号, 35巻3・4号, 36巻2号）参照。ただしかし，著者は，「統制権実質解体論」に立つ――本書第6章参照――点において，立場が異なる。
10) その他，労働協約による個別労働契約規律の根拠とその範囲（＝協約自治の限界），争議権・ストライキ権の法的構成の仕方・法的承認の構造等においても，「戦後労働法学」とかなり相違するが，ここでは省略する。それぞれ本書第10章，第9章参照。
11) この問題は，西谷敏教授に固有のもの――前掲注5)で示唆した如く――のように見えるが，実は籾井常喜博士の捉え方にも当てはまる。現代資本主義社会における現代労働法・労働法学の探求である以上，その問いは避けられない筈であるし，また団結の側のみが問題であって団結（権）の主体としての労働者がその主体たる条件において万全であるという認識には，両者とも立っていないと思われるからである。
12) 前掲注7)『労旬』座談会48頁の「団結解体論になるといったプリミティブな反論」に関する西谷発言は，次のレベルの問題への解答でしかなく，このレベルの問題の解明は，残されている。そこまで問うのは，理論の限界を越えていると割り切るなら，別であるが。
13) これもまた，「真の法形成的実践」か否かという問いである。
14) なお，「階級的把握」の再検討については，直接の言及がないこともあって，これまでに触れた以上には検討しない。

第3節　「人間の尊厳の原理」と「戦後労働法学」の見直し・転換の試み

「戦後労働法学」の見直し・転換を規定するものとして，その試みにおいて捉えられた変動要因は，「人間の尊厳の原理」にとっても，重要である。第一の労働者意識の変化，即ち生存権意識の後退，自由・契約意識の昂揚，階級意識の希薄化と労働者像（その利害・要求）の多様化，そして組織離脱意識と組織手段化意識の強化は，「人間の尊厳の原理」との関係で，次のように評価される。まず，一方では，その原理の定着の結果であるとともに，他方では，その原理の一層の定着・発展にとって必要な主体的条件の成熟である，と肯定的に評価されるのである。自由・契約意識の昂揚は，「人間の尊厳の原理」の定着

と緊密に関わって生じたことが，歴史的に明確であるだけでなく，その原理の意義・内容に照らして，それ自体が——若干の問題があることは前述したが，その検討は後に行う——，その原理の定着を意味している。自由の価値の承認，自由意思主体としての人間についての自覚，その尊重の意識が，そこに窺われるからである。また生存権意識の後退も，「緊急的生存権」としてのそれであって，反ってより豊かな生活，精神的なものを含み，生命・健康の根源性を踏まえた生存権（意識）の深化・拡大——したがって，自由への接近ないしは自由権的側面の明確化でもある——があることからすれば，それも，「人間の尊厳の原理」の定着の一環——歴史的にも——と評価出来る。階級意識の希薄化，組織離脱意識の強化という側面は，表面的には「人間の尊厳の原理」の定着と逆行するかの如くに思われる——その側面がない訳ではないが——が，「人間の尊厳」性は，労働者階級の独占物ではなく，そこにのみ定着すべきものでもない。それが，個人・集団・社会・国家・国際社会の全てに人類的視点で定着すべきであることからすれば，そうした意識を否定的評価にのみ短絡させるのではなく，否定的に評価せざるをえないとしても，具体的にどのレベルとの関わりでなのかが，問われるべきである。そうした問題の立て方をするならば，事態は，必ずしも単純ではない。それら——組織手段化意識も含め——を，「人間の尊厳」性の抑圧ないしは抑圧状態（そのイメージを含む）への反発から生じたとすれば——組合からの離脱には，その面が強い——，それ自体が，「人間の尊厳の原理」の定着の産物と言えるのである。その定着抜きには，その抑圧への反発は生じえないからである。他方では——今述べたことの反面であるが——，労働者意識の変化は，「人間の尊厳の原理」の定着とその抑圧への反発の両面から，その原理の定着・発展（阻害要因の除去含む）への努力を促進する一契機となる面が，重視されねばならない。現代における「人間の尊厳の原理」の主体的条件の成熟と関わらせて言えば，特に運動主体の多様化，市民社会の担い手の成熟，社会変革を進めようとする組織・集団のあり方のいずれの側面との関連でも，労働者意識の変化は，その一構成要因である，あるいはそれら主体的条件を支え維持することを可能とする主体の意識の成熟と考えられる。そうとすれば，その労働者意識の変化は，率直に，「人間の尊厳の原理」の定着・発展の主体的条件の

第2章 「戦後労働法学」の見直し・転換の試みと「人間の尊厳の原理」

意識面での成熟と評価して良い。問題は，その意識面での成熟が主体的条件の成熟端的には主体の形成につながるかであるが，それは，労働者意識の変化が，「人間の尊厳の原理」の定着に逆行する側面がある点を如何に克服するか・克服しうるかにも，係っていると思われる。「戦後労働法学」の見直し・転換の試みが，この両面の課題に応ええているのか，応える法形成的実践を導きうるのかが，問われるのである。

　第二の労使関係の変化については，どうであろうか。労働組合が，国家・資本・使用者の敵それ故否認の対象ではなくなったことは，「人間の尊厳の原理」の定着，と一面では評価しえよう。労働者の利害・要求を代表しそれ故「人間の尊厳の原理」を可能的に担う労働組合が，その存立を認められるだけでなく，労使関係の不可欠の構成要素とされ，労働者の利害・要求の反映・実現のルートの制度化がなされることは，それ自体としては，「人間の尊厳の原理」に反するのではなく，反ってその定着の一表現とみなしうるからである[3]。しかしそれは，国家・資本の側のイニシアティヴの貫徹としての，そしてその政策展開，利潤追求・労務管理の遂行のための労使関係枠組みであるとともに，その労使協調・パートナーの枠組みを越える活動への抑圧を伴うだけに，「人間の尊厳」性の抑圧を基調としていると考えざるをえない。そうとすれば，ここでの課題は，「人間の尊厳」性の抑圧と対決しそれを克服することを通じて，「人間の尊厳の原理」の定着した労使関係へ変革することでなければならず，それは，労働の無内容化・無意味化，管理化による人間の活動・精神の統制や労働災害が提起する「人間の尊厳の原理」の内容と課題にも，即したものでなければならない[4]。そして，「戦後労働法学」の見直し・転換の試みは，そうした労使関係の変化の故に「戦後労働法学」が妥当しがたくなったからという消極的対応に止まらず，変化した労使関係を「人間の尊厳の原理」の定着の方向で再変革する，という課題をも視野に容れた理論の構築でなければならない。しかも，その変革の取組みを導く理論であるのかという点からも，その理論の正当性，妥当性が問われるのである。

　この点では，第三の労働組合の戦闘性の喪失も，同様である[5]。あえて言えば，それが，「人間の尊厳の原理」を，積極的にかつ重要な社会力の一つとし

て担うべき主体に生じた変化故に，事態はもっと深刻である。しかしそれは，そうした脈絡とは異なる次元の問題としても，捉えられる——この問題側面にのみ規定されている訳ではないが——。それは，同じく「人間の尊厳の原理」の主体であるべき労働者個人と集団としての団結との関係，個人を出発点とした団結のあり方の検討という脈絡である。その意味するところは，団結を所与とした上で，その団結の対外的・対内的な「人間の尊厳の原理」に対する抑圧度を問うという先の脈絡ではなく，そうした団結の質を支えそこに止めているのが，労働者個人の責任であり，言い換えれば労働者個人における「人間の尊厳の原理」の定着度の低さを示すこと，団結は労働者個人により加入・形成されるのであり，例えば「人間の尊厳の原理」の定着度の高い労働者は，抑圧度の高い団結を批判・克服し，自らの定着度に見合った質の団結を形成しうる・すべきである，という連関構造が明確になったことである。そのことも，「人間の尊厳の原理」の定着を示すと言える。そうとすれば，「戦後労働法学」の見直し・転換の試みは，両方の脈絡から，正当性・妥当性そして運動指導性が問われるのである。

　「戦後労働法学」の見直し・転換の要因と「人間の尊厳の原理」との関わりが，以上のように捉えられるとすれば，その見直し・転換の試みと「人間の尊厳の原理」との関わりでは，まず第一に，変動要因の「人間の尊厳の原理」の定着という側面に即しているが故に，その原理に合致した理論であり，とりわけ労働者意識との関わりで，その原理の一層の定着・発展に資するとともにその原理の内容の一段の具体化とも，評価出来よう。しかし，「人間の尊厳」性の抑圧の側面では，見直し・転換の試みの内容との関わりで，評価する必要がある。そこで第二に，その試みの内容が，「人間の尊厳の原理」からどう評価されるかが，問われる。第一の「戦後労働法学」の主体的・実践的性格の発展的継承という側面は，戦後労働法が，その段階における「人間の尊厳の原理」の実定法化であり，「戦後労働法学」が，その定着・発展に努めて来たことを受けた上での既述の如き中身での発展的継承である限り，「人間の尊厳」性の抑圧の現状の変革と「人間の尊厳の原理」の定着・発展の方向での権利闘争の展開を導こうとするものであること，しかもそれは，「労働者個人から出発し

て団結へ」という積み上げそしてその循環過程を導くことによってであることからすれば,「人間の尊厳の原理」に合致した性格を持つと言える。それが,理論探求における立場なり理論の志向方向でしかないとしても,第二の理論内容についても,その評価が当てはまると思われる。「労働者権」・労働法の成立・展開の第一次的法原理的契機の「再確認・復権」は,第一次的法原理的契機が,「人間解放の思想・原理」を宿した市民法上のものであり,かつファシズムの克服により再生され現代社会の基底にあるところの市民社会の基礎原理であることからすれば,「人間の尊厳の原理」の即自的適用と評価しえよう。[7]「意思・合意の虚偽性」の適用局面・場面の限定は,虚偽性の否定それ故自由意思・合意の貫徹が,市民法・市民社会の基礎原理に合致するばかりでなく,労働者個人の団結に対しても主張されるべき自由意思主体性の回復・確立であり,「虚偽性」の自力による克服,そして団結を通じた自由意思・合意の回復・確立の実質的貫徹としても主張されていることからすれば,それは,「人間の尊厳の原理」の内容の別の表現でしかないと思われる。そうとすれば,——真に意思・合意が虚偽である局面・場面への国家的介入を含めて——その視点は,直接「人間の尊厳の原理」に合致すると考えざるをえない。また,団結（権）法理の根本的転換は,一方では,「戦後労働法学」におけるそれが,——主観的意図はともかく——労働者個人の「人間の尊厳」性に背馳しまた抑圧的に機能していることへの反省に基づくところの,他方では,労働者個人の「人間の尊厳」性に合致するあるいはそれを発揮しうる方向への,理論の枠付けである点において,さらに労働者個人の団結権の第一義性やとりわけ団結の手段化それ故団結のあり方に対する評価は,その労働者の自由・生存権の実現度したがって「人間の尊厳」性を評価基準——直接か上位のそれかはともかく——とすることにおいて,「人間の尊厳の原理」に適合的なのである。自由とりわけ個人的自由の尊重・重視が,その限り「人間の尊厳の原理」に合致することは,述べるまでもない。「戦後労働法学」の見直し・転換の試みは,「人間の尊厳の原理」に反する内容をいささかでも含むものではなく,反って「人間の尊厳」性の抑圧といった事柄を理論と現状変革の両面で克服することを,意図したものと評価出来る。したがって,「戦後労働法学」の見直し・転換の試みは,「人間の尊

厳の原理」に合致すると言える。

　しかし，そのことと，その試みがその原理の具体的適用なり具体化として導き出されたものであるのかということとは，別次元の問題である。確かに，論者の主張の端々には「人間の尊厳の原理」への言及なりそれからの評価があり，また基本的な発想なり志向には後者の面が窺われるが，しかしなお，その原理が労働法の基礎的理念たりうるかという本書のような問題意識からの接近は，不十分にしか行われていないと思われる。「戦後労働法学」の見直し・転換の試みが，正当性・妥当性そして運動指導性を持つものとして確立されるためには，その原理的検討が欠かせない。それは，とりわけ，その試みの理論的内容の第四の視点に関する問題点として指摘したこと，先の変動要因に関わって，「戦後労働法学」の見直し・転換の試みに課される課題，即ち極めて実践的な問いの解明にとって重要である。前者については主として本書第3章で検討し，後者については本書第4章で触れることとして，ここでは，後者の問題の一端の検討に止める。まず，一般的には，「人間の尊厳の原理」を，現代の労働者・労使関係・労働組合の現状を踏まえかつ「戦後労働法学」の見直し・転換を目指して，適用・具体化して得られる理論が，今日の見直し・転換の試みから大きくはずれるとは思われない。また，著者としても，「人間の尊厳の原理」の意義に照らして違和感なく肯定的に受け止めえただけに，その試みは，「人間の尊厳の原理」を労働法の理念とした上での労働法理論の再構築の努力と，——論者の想いや提示されている労働法の理念に拘わらず——評価したい。他方で，理論とりわけ労働法理論の運動指導性，現状変革力は，理論の側ではなく，その理論を担った労働者の運動自体が規定するのであるし，たとえその理論が現実に適合しなくても，再び理論の修正・転換をすれば済むことである。それは，特殊的に，「戦後労働法学」の見直し・転換の試みの意図との関わりにある。それは，その試みの，「戦後労働法学」が持っていた主体的・実践的性格の継承を志向しつつその性格においてはらんでいた問題点——戦略的展望の欠如，場当たり的対応，体系性の不十分さといった——の克服を目指すという意図が，何によって保証されるのかということである。それが，それを支える客観的要因や労働者の主体的条件に求められる限り，「戦後労働法学」の問

題構造と変わらないから，それだけでは保証がないということになる。ところが，──既述の──「真の意味での法形成的実践を指導する理論」に込められた意味は，先の課題・問いへの解答が理論に内在化されていなければならないということである。そうでなければ，その意図の貫徹にとって厳しい客観的・主体的条件に，耐ええないと思われる。そして，その課題・問いへの解答を理論内在化しうるのは，その理論が，「人間の尊厳の原理」を基礎的理念としその原理によって隅々まで照射されたものであることを，不可欠の要件とすると思われる。何故なら，「人間の尊厳の原理」は，資本主義・社会主義といった体制の違いや社会変革とその後の過程を含む長期の体制さえ越えて，個人・集団・社会・国家・国際社会の全てのレベルでのその原理の定着・発展のための人間の営為・努力を，その原理に内在する要請として指導するからである。また，それを担う人間自体のその原理実現の能力の発展としての変革（＝人間変革）を，自律的に規律するからである。12) 言い換えれば，主体的条件の成熟（＝主体の形成），「原理」逆行の克服，「原理」適合的方向での現状変革，労働者個人と団結における「原理」定着度の相関という課題・問いは，「人間の尊厳の原理」に内在化したそれであるのみではなく，それへの解答が内在的に用意されているところに，その原理が「人間の尊厳の原理」たる所以があるのである。そうとすれば，「戦後労働法学」の見直し・転換の試みは，その方向での理論的深化の道を辿るべきであり，それに成功して初めてその試みは，真に完成・完結したと言うことが可能になると思われる。

1) 多様化についても，労働者の現に存在し否定しがたい利害・要求の多様性と個性の多様性を踏まえ，それぞれの持つ価値の平等な承認とその尊重がなされるべきである，という脈絡で捉えられる限り，「人間の尊厳の原理」の定着と評価しうる。
2) 拙著『「人間の尊厳の原理」と社会保障法』（法律文化社，1991年）第一章－2（2）参照。
3) ILOドライヤー報告，全逓中郵事件最高裁判決が目指した，官公労使関係における「合意に基づく秩序の形成」としての労使関係ルールの確立が，──様々な問題点をはらむに拘わらず──評価された所以が，ここにある。さしあたり沼田稲次郎『労働基本権論』（勁草書房，1969年）第六，七章参照。
4) 著者は，そうした目指されるべき労使関係の内容について，──「労働契約上の労働者の義務」と「企業秩序とその限界」という角度からであり，「合意の虚偽性」を前提

としたと議論ではあるが——検討を試みたことがある。拙稿「労働契約と企業秩序」（本多淳亮還暦記念『労働契約の研究』所収，法律文化社，1986年）142頁以下参照。なお念のために言えば，そうした課題が生じていること自体，「人間の尊厳」性抑圧への反発という側面での「人間の尊厳の原理」の定着と評価出来る。
5）この点においては，「人間の尊厳の原理」の定着の側面がどこにあるのかは問題であるが，労働者の利益・要求の実現の方策の選択として，労使協調路線を捉えることが出来るのであれば，それは，必ずしもその原理には背反するとは言えないと思われる。それは，労働組合の運動路線・方針の主体的選択の面を，評価するからである。
6）これは，GHQの初期占領政策（＝非軍事化・民主化）の定着・集大成としての日本国憲法の意義——沼田稲次郎『貴重なる憲法』（法律文化社，1977年）——を踏まえた捉え方である。日本国憲法については，前掲注2）拙著第一章一1（2）をも参照。
7）現代市民法や市民社会の社会変革における継承性という角度からの評価は，ここでは問題としない。
8）勿論，単純にこの原理から演繹しうるとする捉え方は誤りであって，ここで問題にするのは，その原理と理論との往復作用である。
9）「人間の尊厳の原理」では抽象的に過ぎるとして，——その具体化という意味において——自己決定・共同決定という理念を掲げる西谷敏教授が，それをされないのは当然である。しかし，著者は，「人間の尊厳の原理」を抽象的に過ぎるとは思わないし，逆に自己決定・共同決定という理念では狭すぎると考えている。——労働契約の法理念というレベルだが——拙稿「現代労働契約論の検討」（『島大法学』47巻3号）218～219頁参照。
10）前掲注2）拙著第一章一参照。
11）そうした対応において生ずる問題としての理論の体系性，長期的妥当性の不十分さといったことは，ここでは問わない。非常に限定された原理的レベルの問題の検討だからである。
12）前掲注2）拙著31～32, 45～46頁参照。

第3章
「自由の優位」と自由のジレンマの克服

第1節 「自由の優位」の根拠

　労働法の下部理念としての自由が同じくその理念である生存権に優位するという意味は，両者が対抗関係にある場合，前者が後者に対し価値的に優位し前者がより尊重されるべきこと，そして前者の理念の方がより基礎的であって，後者の理念が言わばその上に上積みされるという関係にあるということである。その根拠は，一般と特殊に分けることが可能であろう。一般的根拠としては，自由の理念が，生存権の理念に対しより基礎的である——価値的優劣は，必ずしも含まないとしても——と考えられることである。それは——歴史的先後関係にも関わるが，ここではその契機は度外視する——，一方では，（国家権力を中軸とする）人間の意思と行動を外的に規律・強制しうるあらゆる権力から，まずは人間生活を切り離し自由な領域を確保することが，「人間らしい生存」，「人間の尊厳」性にとって，何よりも大事とされるからである。そして，そうした拘束から免れた人間が，その自由な意思と行動を通じて次に，「人間らしい生存」，「人間の尊厳」性のもう一つの中身である生存権の実現を国家に要求する，即ち国家をそうしたものとして活用・利用する，そうした論理的道筋において捉えることが，妥当と考えられるからである。人間生活は社会的なものであるから，社会的拘束に取り巻かれていることは当たり前であるが，そうした言わば自然的・一般的拘束を除き，拘束が是認されるためには，自由な存在として生まれた人間が，まず不当な拘束を除いた上で，人間生活を営む上で必要な拘束を改めて自分達の意思と手で作り上げる，ということでなければならないと思われる。そのことは，国家の理念的位置づけおよび国家の理念的構成原理に，適っている。即ち，国家は，人間の人権・福祉を保障をする限りでその存在意

義を持ち，その国家のあり方は，それを構成する人々の意思即ち合意（＝契約）にのみ基礎づけられるべきである。そうとすれば，意思＝合意の形成が自由であり，その自由の行使として，何を人間の人権・福祉とするか，その保障のため国家は如何に行動すべきかまたすべきでないかが，決められて行くということでなければならないからである。他方では——以上の点を，人間＝主体の側に引き寄せた捉え方でもあるが——，人間が人間たる所以は，主体的で自律的な生き方を「する・できる・すべきである」ということがあるからである。そのためには，人間は，他からの拘束とりわけ人間の意思・行動を最も強力に律しうる国家による拘束から免れて，自由でなければならないのである。そのことと関わって，国家による生存権保障は，——そこにおいて，如何に人間の主体性・自律性が確保されるべきことが要請され，それが確保されえたとしても——何程かは人間の主体性・自律性を損なう面があり，——その限りでだが——自由に優位するとは言えないのである。さらに，人間が主体的・自律的と言えるためには，存在する国家即ち統治との関係で，自ら形成あるいは関与した意思であるが故に自ら服従するひいては自己統治への自己服従という契機を，不可欠とする。ところで，その契機を成立させる前提的で不可欠な条件が，人間の主体性・自律性への拘束の欠如即ち自由であることである上に，国家による生存権保障とは，そのいわゆる「自己統治」の中身でありその産物に他ならないのである。以上の両面から，自由は，生存権に対しより基礎的であるとともに，対抗的局面・場面においては前者が価値的に優位する——先ほどは留保した点であるが——と考えられるのである。

　特殊的根拠とは，労働法そして「労働者権」（特に団結権）の成立・展開の法原理的契機・根拠に照らした評価に，基づくものである。前提的に確認しておくべきことは，ここで問題となるのが，自由一般と生存権ではなく，所有・財産・営業の自由を除いた自由（主として精神的自由）と生存権という関係であること，しかし他方で，同じ所有等の自由につき，その担い手との関わりで区別があることである。労働法が成立・展開しうるためには，所有等の自由——端的には，資本・企業の自由——の濫用・弊害に対する二重の規制が不可欠であり，それが，労働法の理念に——その理念のそれらの自由に対する優位として——組み

第3章 「自由の優位」と自由のジレンマの克服

込まれているからである。ただ，そこから，自由と生存権がともに労働法の理念であるということは，所有等の自由を除く自由と生存権の両方が所有等の自由に優位するのか，資本・企業の自由に対する労働者の自由・生存権の優位なのか，所有等の自由あるいは資本・企業の自由に優位するのは生存権のみか，といった問題が生じる。しかしここでは，その点には必要な限度でしか触れず，労働者の自由——その所有等の自由を含む——と生存権との関係に限定して，検討する。それは，正に労働法における理念の優位関係の問題故に，当然のことでもある。労働法は，自由を基礎的理念とする市民法体系において，形式的には保障された筈の自由（＝市民的自由）が労働者であるが故に形骸化し失われがちな現実に着目し，また市民法体系の貫徹が資本・企業の自由の濫用・弊害とそれによる労働者の窮乏化を招くことから，その市民法体系の全面的貫徹を阻止する（＝市民法の部分的修正）とともに労働者の形骸化・喪失しがちな自由の回復（＝実質的確立）を目指すものとして，成立・展開したものである。そして，労働者の行動の放任を越えた積極的承認・保障の段階にある今日においても，その原理的出発点は，変わっていないと思われる。したがって，本書第2章第3節で示した「「戦後労働法学」の見直し・転換の試み」が言うところの，「労働者権」・労働法の成立・展開の第一次的な法原理的契機を労働者の自由意思主体性の回復それ故労働者の市民的自由の回復（＝実質的確立）とし，生存権原理をその第二次的したがってプラス α 的な法原理的契機とする捉え方は，その原理的出発点を再確認したものと言えよう。[7] しかし，「戦後労働法学」との関連では，その捉え方は，労働者の市民的自由の回復は生存権原理の設定によってのみ可能とするのが従来の捉え方であったのに対して，《生存権プラス自由》の原理しかもその中では自由の原理が第一次的であるとするのだから，かなり異質と言わざるをえない。何故なら，自由とは異質な原理である生存権を自由に対置し，それが自由の回復に資するとする従来の捉え方は，極端に図式化すれば，《自由の形骸化・喪失 → 生存権による形式的自由の部分的否定 → 生存権による実質的自由の回復・確立》であって，自由の内在的論理はここにはなく——反って，自由の二重の否定が媒介となっている——，自由は，言わば生存権による操作の対象でしかないのである。ところが，「「戦後労働

学」の見直し・転換の試み」は，これも図式化すれば，《自由の形骸化・喪失 → 自由の回復 → 生存権の上積み》というものであって，自由の内在的論理が，前面に出ているからである。しかも，自由の回復が第一次的とされるのは，「自由の形骸化・喪失」の否定の中に既に，生存権による「自由の形骸化・喪失」の否定が含まれているからである。したがってそこにおいては，自由と生存権とは，後者が前者を否定しない限りで完全に両立しており，しかも前者が，後者に優位するとされているのである。

では，自由は，何故生存権に優位しうるのか。それは，第一に，——当然のことながら——その捉え方が，「労働者権」・労働法の成立・展開の原理的基礎を，第一次的に自由の原理に置いているからである。そうした原理上の基礎における位置づけとともに，価値的優劣を含めて自由優位とするのは，第二に，生存権が自由を形骸化・喪失させるという面が一般的なそれに付け加えられた上で，ともに否定される——即ち，両面での自由の回復である——のに対して，自由による生存権の侵害については，たとえありえても，その自由の確保が「労働者権」・労働法の成立・展開にとって不可欠とされる限り，肯定されるし，他方で，それとの関わりでの生存権の実現——自由の否定という形での——は，「労働者権」・労働法の成立・展開にとって，プラス α 部分の問題にしか過ぎないとされるからである。第三に，そうした捉え方が可能でありかつすべきとされるのは，言わば「労働者権」・労働法の窮極の理念——こういう言葉が妥当かは，問題だが——に関わる。「労働者権」・労働法の成立・展開は，労働者が労働者であるが故に，そして労働者がその人間らしい生存，「人間の尊厳」性を維持・確保すべく，必然かつ必要なものとしてなす行動の根源的正当性を承認するということである。そしてその含意は，そうした労働者の客観的・主観的要因に規定されつつ，その主体的選択・決断としてなされた行動によって，労働者の自由と生存権が実現されることの根源的正当性の承認でもある。言い換えれば，労働者が，自力で自らの自由・生存権を実現することを第一義とし，国家の力・手を借りた自由特に生存権の実現を第二義的意義しか持たないと位置づけるのである。以上のことからすれば，労働法の理念としての自由と生存権において，自由が優位するとされるのである。ところで，それを正当化する

第3章 「自由の優位」と自由のジレンマの克服

理由については，先の第一，第二の理由は，形式的——「「戦後労働法学」の見直し・転換の試み」の主張内容によって，その正当性を引き出す弱点を描いても——であって，第三の理由が，実質的かつ真の理由であると思われる。しかし，その理由を単に基礎づけるだけでなく，その理由の中身を自らの内在的要請否不可欠の構成要素としているのが，「人間の尊厳の原理」であって，「人間の尊厳の原理」こそが，実質的で真の理由を提示していると思われる。その原理は，人間個人——それのみでないことは，言うまでもないが——に対して，一般的かつその人間の特有のあり方に即しつつ，「人間の尊厳」性の実現への努力を厳しく要請しているからである。

1) 著者は，「人間の尊厳の原理」という労働法の最高・至上の理念の下に，その下部理念として「自由の理念と生存権の理念」があるという捉え方をしている。しかし，拙著『社会保障の権利論』（法律文化社，1994年）第二章第一節で扱ったことと重複するので，本書では触れない。
2) これは，《自由 → 自由プラス生存権》を，人権の発展と捉えるということでもある。その点，下山瑛二『人権の歴史と展望〔増補版〕』（法律文化社，1980年）が示すところの，「人間の本源的自然的要求」の発展としての人権の発展という捉え方も——「生存権」を中軸に考えているようだし，それはここで言う「生存権」とは異なるが——，同一であろう。
3) 言うまでもなく，それは，市民革命を指導した「社会契約論」であるが，ここには，現代においてこそ，その妥当条件が真に成熟しているという捉え方がある。
4) 以上の点は民主主義論からの帰結である——さしあたり阿部斉『デモクラシーの論理』（中央公論社，1973年）参照——が，人権論とも合致する。その点，下山前掲注2）書特に第一章参照。
5) ここまでは，所有等の自由と他の自由を区別していない。区別が生じるのは，次の問題との関連である。ただ，ダブル・スタンダード論との関わりでどうかがここでも問題になる余地があるが，捨象しておく。
6) 予め断っておくとすれば，この部分は，「「戦後労働法学」の見直し・転換の試み」の中身でもって，その正当性を語るという結果になっているが，それは，著者の能力の限界の故であって，意識的・意図的なものではない。
7) 「原理的出発点の再確認」とされているが，著者は，実は新しい理論の提示であると考えている。その理由を以下に示すが，それは，本書第2章第2節2で述べた理由を，補足するものでもある。
8) このように捉えると，それと沼田理論との類似性に気づかされる。そうとすれば，「「戦後労働法学」の見直し・転換の試み」とは，沼田理論の基本的枠組を継承した上で，「自由と生存権」の関連づけあるいは重点移動における新しさということになりそうである。しかし，著者は，沼田理論からの脱却がない限り，新しい労働法理論の構築

は不可能という立場である——拙稿「「戦後労働法学」とその見直し・転換の方法的反省」『東京都立大学法学会雑誌』35巻2号）——し，沼田理論の転換が既に自らの手で行われていたとは，考えていない——その点で，「沼田理論の転換」を断定している深谷信夫「沼田稲次郎先生の労働法学（上）～（下）」（『法律時報』69巻8～10号）は，沼田稲次郎博士の，理論転換を明確にしなかった無責任さ，理論転換であることに対する無自覚さ（なし崩しの理論転換）を示唆する意味を持つ故に，到底承服出来ない——。

第2節　自由のジレンマの克服

　ここでは，次の二点にしぼって，「自由のジレンマの克服」の問題を考えてみる。一つは，自由の両義性であり，他の一つは，自由の階級性と関わる理念である。第一の問題は，自由が，抑圧・拘束からの自由という共通の形式的枠組みの中で，孤立的・閉鎖的・利己的自由，言わば放縦という消極的なものへも，また逆に，自由を普遍的なものとして闘い取ろうとする連帯的・開放的・利他的自由という積極的なものへも，展開しうるという問題性である。ここには，二つの解決すべき課題が，含まれていると思われる。一つは，「「戦後労働法学」の見直し・転換の試み」における自由の尊重・重視に言う自由とは，消極・積極両方の自由を含むのか，そうだとすれば，この両義性を抱えつつなおそれにより労働法学と権利闘争の再構築が何故可能なのかが，解明されねばならないことである。それについては，次のような筋道で考えるべきであろう。第一に，労働法の理念レベルにおいては，自由は，「労働者権」・労働法の成立・展開の第一次的な法原理的契機としてのそれであることである。即ち，一方では，形骸化・喪失しがちな労働者の市民的自由の回復である以上，回復されるべき市民的自由はいかなるものとして捉えられるのか——消極的か積極的か——，他方では，その市民的自由は，古典的なものではなく現代的変容を被ったそれであることから，いかなる帰結が導き出されるのかが，問われなければならないことである。しかも，第一次的な法原理的契機であることは，第二次的なそれとは，全く両立しえない矛盾したものではありえないこと，つまり相互連関において捉えられるものであることにも，注意が必要である。[1] 第二に，

第3章 「自由の優位」と自由のジレンマの克服

具体的問題レベルにおいては、生存権に優位しうる自由とは何であるかが、問われねばならない。それは、生存権という、所有等の自由＝資本・企業の自由の濫用・弊害を抑制すべく実定法に導入された法原理であり、かつ自由の形式性・抽象性へのアンチ・テーゼとして実質的で具体的な自由の確保をも目指している原理に対して優位するのが、放縦としての自由でありうるのかということである。その両面から迫る限り、自由は、放縦としての自由ではありえず、連帯的・開放的・利他的な普遍的に闘い取るべき自由と考えるべきことになろう。なお、自由の両義性が問われるとすれば、一方では、団結との関わりで団結統合的か解体的かというレベルであり、他方では、その自由を基礎づける理念のレベルに両義性があるのか、より具体的には自由の階級性との関わりである。そこで、次の課題に移ることにする。

　もう一つの課題は、自由の理念は、古典的自由に対比して現代においては変容しているのか、端的には自由の階級性はどうなっているのかである。ここでは、相互に関連する三つの点から、問題に迫ることにする。第一は、基本的人権の発展を、自由の理念の自己展開とか人間の本源的自然的要求の発現として捉える考え方が、何故に可能であったかである。それらの考え方は、自由の中軸に所有等の自由が据えられかつそれらが絶対的なものとされた古典的自由の段階においては、生じえないのである。例えば、他人の自由の侵害をその存立の条件とする自由――所有等の自由は、具体的・実質的には資本・企業の自由、即ち搾取・収奪の自由であって、搾取・収奪されるものの自由とは二律背反である――の自己展開として、人権の歴史的発展を捉えられる筈がないからである。他人の自由・権利を侵害しない限りでの自由、言わば自由の内在的制約を持ち出しても、その問題性は解消しない。それらの考え方が成立しうるためには、自由の理念における転換が不可欠である。その転換とは、個別・具体的な自由の基礎にあるべき普遍的な自由の確認、即ち市民革命を担った「人間解放の思想」における自由の側面――その後の過程において、後景に退けられあるいは見失われていた――の復活であるのか、新しい状況の中での自由の根源的価値、即ちあらゆる権力による抑圧・拘束から免れた人間の根源的あり方の認識に基づくかはともかく、人間は、人間であるが故に当然自由な存在として自由を享受すべきで

49

あって，実定法上の自由とはその自由の歴史的諸条件に規定された発現形態でしかない，という捉え方への転換である[5]。第二は，自由の意義ないしは概念の，「拘束からの自由」からの脱皮である[6]。それは，広い意味での社会的拘束からの自由を否定するのではなく，それを肯定した上で，その自由の十分な保障という条件を踏まえて，展開されるべき人間の諸資質・能力の発展の自由，言い換えれば自己実現の自由を自由の不可欠な構成要素に取り込むことである。言わば，人間の自由を，「拘束からの自由」を手段とし「発展への自由」を目的にした上で，両者を統合したものと捉えるのである。それによって，自由は，「……からの自由」,「……への自由」,「……による自由」を全体として統合することが可能となるだけではなく，それらの対立あるいは諸自由間の対立を調整する民主主義（＝自己統治）に，必然的に結びつけられうるのである。何故なら，自己統治こそ，人間の自己実現の最高の社会的形態であるからである。連帯的・開放的・利他的自由自体が価値関係的であるが，その中で一層価値関係的な自由こそが，現代における自由の内容をなすのである[7]。第三は，自由の階級性との関わりである。これには二つの面があり，一つは，その主体との関わりである。主体との関わりはまた二重であって，一方では，自由一般が，現代においてはいかなる階級によって真に担われているのかであり，他方では，自由は，抽象的に自由一般としてあるだけではなく，より具体的には，自由の主体に即してその意義・内容が考えられるべきなのである。現代においては，労働者階級を中軸とした階級・階層が，自由の真の歴史的な担い手として登場していること，労働者の自由が，労働者という社会的存在に照らしてその意義・内容が捉えられるべきことからすれば，さしあたり労働法の理念としての自由は，労働者が歴史的かつ現在的に担う自由であるが故に，自由の持つ階級的性格が，それ自体として問題となる余地はない。問題があるとすれば，自由の階級的内容である。一方では，資本・企業の自由とのつながり，他方では，自由一般の「無階級性」との関わりで，労働法の理念たる自由は，両者を切断したところの自由なのか，それであっては「「戦後労働法学」の見直し・転換の試み」は，その見直し・転換されるべき「戦後労働法学」の問題性と質的に変わらないのではないかが，問われるのである。前者については，さ

しあたり切断を想定しておけば良いが、後者については、切断という捉え方では、自由の理念を中軸かつ優位に捉えるという構想を崩すことになるから、それは採りえないがではどう考えるべきであろうか。ここでは、まず、自由一般が真に無階級的かが、問われる。それは、確かに、労働者という特定の階級が享受すべきとされる自由との対比においては、それ程明確な階級的内容を持たないことは、言うまでもない。しかし、自由が、あらゆる権力からの自由を本質とすることとの関わりでは、そして資本主義社会とその国家という構造的連関における自由であることからすれば、それは、労働者の自由とは、本質においても外延的広がりや内容においても連続していると言わざるをえない。他方、労働者の自由とは、他の階級・階層の持つべき自由との対比で特権ではありえず、それらの自由を基底として積み上げられたもの、言い換えればそうした自由を確保するために、労働者という社会的存在に即して保障されるべきとされるものである。その両面からして、労働者の自由は、自由一般に対し、階級的色彩を濃くしただけのその延長線上に展開されたもの、言い換えれば、事物の本性との関わりで、より階級的内容を帯びざるをえなかったものにしか過ぎないのである。

したがって、労働法の理念たる自由とは、連帯的・開放的・利他的自由であるとともに、「拘束からの自由」と発展的自由を統合したものであり、かつ階級的性格を担った自由と考えられる。そうだとすれば、「自由のジレンマ」は、ここには基本的に存在しえないことになるが、そのことは、その自由が、「人間の尊厳の原理」によって基礎づけられるからこそ可能であると思われる。「人間の尊厳の原理」に基礎づけられかつその不可分の内容をなす自由、とりわけ労働者の自由が、孤立的・閉鎖的・利己的自由でありうる筈がなく、「拘束からの自由」──さしあたり消極的で形式的な──に止まるとも考えられず、純粋に無階級的性格ではありえないと思われるからである。「人間の尊厳の原理」の意義に照らせば、「人間の尊厳」性にふさわしい連帯的で開放的かつ利他的な自由、「人間の尊厳」性自体の要請でありかつそれの発展をも促す発展的自由は、まずは、「拘束からの自由」抜きには成立しないことが確認されねばならない。しかし、それだけではない。「人間の尊厳」性は、実は抽象

的でなく，現代社会とその将来への洞察に，人類的視点での検討に対する障害の克服と併せて，根ざすものであるが故に，高度に階級的性格を持つのである。階級的でありながら階級性を越えるが故に人類社会の将来像をも示しうるのが，「人間の尊厳の原理」である。それによって，「自由のジレンマ」は真に克服されうると思われる。

1) 自由と生存権の理念の現代的変容および両理念の相互連関については，拙著『社会保障の権利論』（法律文化社，1994年）第二章第一節参照。
2) とは言え，こうした捉え方が正しいとするためには，やはり次の課題の解決が不可欠と思われる。
3) 前者の典型が高柳信一「近代国家における基本的人権」（『基本的人権』Ⅰ所収，東京大学出版会，1968年），後者は——既に何度も触れた——下山瑛二『人権の歴史と展望〔増補版〕』（法律文化社，1980年）である。
4) その他，「人権」概念の二面性，即ち制度的（実定法化された）人権と思想的人権（背景的権利）の区別と関連——佐藤幸治『憲法〔第3版〕』（青林書院，1995年）393～394頁参照——とか，株式会社の登場による「資本の論理を基礎とした人権概念（への）……コペルニクス的展開」——下山前掲注3）書80～82頁参照——も，この問題に関連するが，本書では検討しない。
5) この転換を代表するのがJ・S・ミルであることについては，片岡昇『現代資本主義と労働法の動態』（労働旬報社，1977年）第二章第四節，山下重一『J・S・ミルの政治思想』（木鐸社，1976年）特に第一部参照。ただ，団結の自由を帰結するあるいは団結とその正当性に媒介された転換であるが故に，「自由の自己展開」の論理を越えていると思われる。
6) この点は，F・エンゲルスの自由の捉え方，即ち「必然の洞察としての自由」の再検討に関わるが，本書では触れない。
7) 以上については——省略したエンゲルスの自由概念の再検討も含め——，中野徹三『マルクス主義と人間の自由』（青木書店，1977年）特に第一部，C・B・マクファーソン（西尾敬義・藤本博訳）『民主主義理論』（青木書店，1978年）特にⅢ参照。

第4章

個人法理と集団法理の統合[1]

第1節 「集団法理の後退,個人法理の重視」を促したもの

 「集団法理の後退」——それは,即座に「個人法理の重視」につながる——の契機として,ここでは,その状況の「集団法理と個人法理の統合」による克服という課題設定との関わりで,便宜的に次の三点に注目しておく。第一は,当然のことながら,集団法理を体現して来た労働組合の質的転換である[2]。労働組合が,労働者の自由・生存権の砦としての役割を十分に果しているのであれば,それ故に労働者の個人的利害・利益は,団結の中に統合されあるいはその中で実現されるから,それが特には問題化する余地に乏しかった。しかし,労働組合が,労働者の自由・生存権の担い手たる地位を滑り落ち反って労働者の自由・生存権の抑圧をするという状況が,支配的となった段階においては,正義・社会的正義の象徴としての団結の権威は低落し,今や団結の優位やその権能を即目的には承認しないとともに,その団結から労働者個人を自立させまたその利益を守ることが,課題とならざるをえない。その場合注意が必要なのは,では団結は,労働者にとって悪であり無用のものとして否定されるかとなると,そういう訳ではなく,団結の存立およびその権限が容認されるには条件があり,その条件が具体的に探求されていることである。そして,その探求の軸心が,労働者個人そしてその利益・権利——生存権とりわけ自由——となっているのである。したがって,「労働者権」・労働法の法理は,「初めに団結ありき」,「団結は,団結であるが故に尊い」といったことと結びついた団結(=集団)優位の法理ではなく,労働者個人の利益・権利を軸に,その積み上げとして団結(=集団)の利益・権利を構成するという方向性,即ち個人法理の優位とならざるをえないのである[3]。第二の契機は,労働者における個人主義的意

識・傾向の強まりである。それは，自由や契約意識の昂揚，私生活中心主義ないしは私生活型合理主義の浸透であって，団結＝集団をアプリオリには前提あるいは自己目的とすることなく，一方では，それからの遠心的傾向を生み，他方では，中心に置かれた個人的・私生活上の価値や利益との対応関係で団結＝集団に対処する傾向——団結＝集団の手段化である——となって来ている。それは，一面では，団結＝集団の権威，統合力の低下・喪失の反映であるが，それらの回復によって消失すると考えられない程，強固な傾向のように思われる[4]。そうとすれば，それは，団結＝集団との関わりをどう構成するかを措いても，個人法理の徹底化を促さずにはおかないであろう。そしてそこには，社会法理たる労働法理を，市民法理に解消する方向さえ予測しうるが，こうした労働者意識を踏まえつつ——それを，所与の前提とするか変革の対象として据えるかは，ともかく——，市民法理にまで解体することなく，しかし個人法理を中軸としたあるいは個人法理優位の労働法理の構築が可能か，それは労働法の歴史的・社会的構造＝体制的意義[5]を良く保持しうるのかという問いが，現代労働法学に突きつけられるとともに，その解決がその課題となるのである[6]。第三の問題は，日本における強固な大企業支配体制（＝企業社会）と，そこにおける集団主義，共同体的意識の強さである。大企業支配体制を，企業ナショナリズム，激烈な競争構造，階級的な批判・運動を「企業の敵」と把握する特有なあり方としてさしあたり定義づけるとして，それは，単に労働者に対する抑圧によってのみでなく，それへの労働者の「自発的」な同調＝受容によって成り立っている点に，特徴がある[7]。それを労働者側の意識や行動様式に引きつけて捉えると，それは，日本の労働者の集団主義，企業共同体への従属・帰属意識の強固さとなる。そしてそれは，大企業支配体制の強化と不況・低成長といった局面と相互規定的に，先の私生活型合理主義の意識をも絡め取っているというのが，現局面であろう。ここから，一方では，集団法理が，大企業支配体制への抵抗・歯止めとなるよりもそれを積極的に促進するという危惧から，企業従属型の集団主義に個人主義を対置する方向が，考えられることになる。即ち，大企業支配体制から決別した独立・自立の個人から出発して大企業支配体制に風穴を開ける，という問題意識からの個人法理の徹底した重視が，唱えられるの

である。しかし他方で，大企業支配体制そして集団主義，共同体的意識が，単なる個人主義——しかも両義性を抱えた——や個人法理の強調によって崩すことが可能なのか，別の集団主義の対置が必要ではないか——とは言え，従来的集団（即ち団結）ではあまりにも不十分だが——ということが，問われねばならない。

　そこで次に，「個人法理の重視」の傾向を促した要因につき，二点付け加えておく。それは，個人法理重視の抱える課題の解決，ひいては「個人法理と集団法理の統合」に迫る前提をもなす重要な要因——両者は，密接に関わっている——と考えられるものである。一つは，市民法原理の再評価という契機である。現代社会においては，——ブルジョア法と異なる——市民法原理が，古典的であれ現代的であれ危機的状況に置かれており，その原理の擁護・再確立が，正義即ち人間の福祉・幸福——言い換えれば，「人間らしい生存」であり「人間の尊厳」性を表す——をその目的とする現代法の，一重要課題とされている。そして労働法は，そうした意味では，——現代的なそれに限定されるが——市民法原理を体現するものと捉えられ，労働法（学）の再構築は，市民法原理の擁護・再確立の一環を構成することになる。したがって，労働法（学）の再構築は，必然的に，個人法理の重視とならざるをえないのである。こうした主張が妥当しうる条件が，形成されて来ているのである。ところが，現代における市民法原理の擁護・再確立は，——抽象的人格ではない——具体的・社会的人間の利益・権利の即自的な擁護・確立という意味を持つだけでなく，それらの人間が，自らの利益・権利を担って，集団を通じて積極的に運動することをも視野に容れているのである。そのことは，集団法理の展開さらには確立までには到らないとしても，少なくとも，集団とりわけ団体に新しい意味と機能を認めるとともに，個人と集団の関係の規律に関し，共通の普遍的原則——それは，集団・団体の民主制，民主主義的組織・運営原則であると思われる——を妥当せしめると考えられる。もう一つの問題は，国家—個人，国家—集団—個人の関係の変化である。それは，現代においては，国家が介入主義的傾向を極度に強めているため，個人が国家に対して，あらゆる生活と情報を掌握され介入を受け圧倒的権力の前に裸で置かれる，という状況にあることを指す。それは，自由権と社会権の相対化を認めつつ，「国家からの自由」を堅持しようとする傾向が，

生まれる所以である。また,現代国家がコーポラティズム的傾向にあるとすれば,それは,集団の国家への統合,それを通じた個人の言わば二重の管理の現出であって,そこから,国家およびそれに統合された集団に対し,それから自立した個人そしてその領域の確保が,課題とされることになる。両面から,それらに対する抵抗拠点ないしは抵抗の法理としての「個人法理の重視」が,帰結される。ただここでもまた,現代コーポラティズムとの関わりで,それを促進するものとしてではなく,個人法理と両立しつつコーポラティズムへの歯止め・抵抗となりうる集団法理が,求められているのである。

1) ここでは,「「戦後労働法学」の見直し・転換の試み」を,従来の集団(具体的には団結)優位の考え方(=集団法理)に対し,労働者個人優位の方向性(=個人法理)を持つものと捉えた上で,主として本書第2章第2節2で指摘したところの,その個人主義的傾向——「労働者個人の自由の尊重・重視」がその重要な内容を構成するが,それに止まらない広がりの故に,問題性をも抱える可能性があるため——と団結との関わりに焦点を置き,個人法理と集団法理の統合が如何に可能かを検討することにする。
2) 集団法理(団体法)と個人法理(個人法)をめぐる問題の所在の全体については,片岡昇『労働法の変革と課題』(三省堂,1987年)第二章第一節参照。
3) その構成の仕方・中身については,「「戦後労働法学」の見直し・転換の試み」においても,明確にされている訳ではないし徹底性に欠けていると思われる。
4) 労働者の意識については,さしあたり片岡昇『現代労働法の展開』(岩波書店,1983年)第二章特に第四節参照。
5) 資本主義体制を越えた問題は,次の本書第5章で触れる——それも,そこで設定した視角からの扱いでしかなく,またそこでも,資本主義・社会主義両体制にまたがる労働法という問題は視野に容れていない——以外には,本書では問わない。
6) この点は,個人主義の両義性と言うよりそのイメージ・捉え方——没個性的な利己主義・エゴイズムをまとう個人主義か,共同体に埋没・依存しがちな弱い・柔らかい個人主義か,あるいは自立・自律するとともに連帯を求める個人主義か——にも,関わる。西谷敏教授は,第三の個人主義を,前二者に対置するという解決の仕方に止まっているように思われる。この点の検討が,本章の柱の一つをなす。
7) 石田雄『日本の政治文化』(東京大学出版会,1970年),渡辺治『現代日本の支配構造分析』(花伝社,1988年)参照。なおここでは,企業社会の中軸たる大企業支配体制・日本的労使関係に問題をしぼっているとともに,初出の時代を扱っている。ただ,現代における企業社会の再編・解体状況においても,この問題状況に変化がある訳ではない。
8) 本書第2章第2節1注2)の文献参照。
9) その典型例が,西谷敏「現代市民法と労働法」(片岡昇還暦記念『労働法学の理論と課題』所収,有斐閣,1988年)である。なお,この問題が,《市民法対社会法》対立図

式のレベルを越えており，また社会変革における市民社会の継承の問題——拙著『社会変革と社会保障法』(法律文化社，1993年)特に第四章第一節四参照——に関わることは，言うまでもない。
10) その点については——必ずしも適切でない面もあり，注意が必要だが——，芦部信喜他編『岩波講座基本法学』2(岩波書店，1983年)参照。
11) 他方での国家介入の(労働者保護面での)制限＝労使自治の強調が，別の意味での《集団―個人》問題を導出するが，本書では直接には触れない。
12) 日本のコーポラティズムが「労働なきコーポラティズム」であるとすると，企業が集団の中心故に，先の第三の問題と重なることになる。なおここでも，初出の段階のコーポラティズムを問題としているが，現代においても，そうした概念で捉えないとしても，問題状況と解決の方向は同じと思われる。

第2節　個人法理・集団法理の問題点克服の方向[1]

1　個人法理について

　個人法理の問題点は，一つは，それを支える個人主義が，言わば両義性を持つことである。即ちその個人主義は，孤立した個人がひたすら閉鎖的な自己の利益のみを追求するエゴイズムとしてのそれでもありうるし，また市民革命が想定した市民像が拠って立つ個人主義，つまり共同体を含めたあらゆる拘束から独立し，かつ自らの根本的価値理念たる自由のために唯一人になっても闘うという意味での，普遍性を担ったそれでもありうることである。個人法理が，[2]後者の個人主義のみを前提とすると言いうるためには，何らかのより高次の理念との関わりを持つ特定の個人法理と捉えることが，可能である必要がある。その上に，それが可能だとしても，その個人法理は，一方では，労働法の歴史的・社会的構造＝体制的意義の保持にとって障害とならないか否かが，問題となる。他方では，それを支える個人主義が，団結＝集団に対しても厳しい迫り方をするものであることと関わって，団結＝集団への統合の拒否を結果し，したがってその法理は団結解体的意味を持つのではないか，それに対する歯止めなり団結＝集団への統合の論理が理論内在的に用意されているのかが，問われるのである。それは，結論を先取りして言えば，「個人法理と集団法理の統合」の可能性であり，その統合を自己の内在的要請とする高次の原理の存在の問題である。

第二の問題点は——第一の点と密接に関わるが，言わば日本に特有な問題点を浮き彫りにするものである——，言わば「普遍的な闘う個人主義」によっても，大企業支配体制とそこにおける集団主義，共同体的意識の強さに対抗しそれを崩して行けるのかである。それは，それに依拠する個人法理が，現状の深刻な問題状況への機械的対置であるに止まらず，現状変革の展望とのつながりなりそれとの関わりでどこまでの射程距離を持ちえているのか——しかも理論内在的に——，という問題でもある。この問いには，三重の若干次元の異なる問題が，絡み合っていると思われる。一つは，個人主義の確立・定着が，集団主義・共同体的意識を突き崩すという言わば歴史認識のリアリティである。《封建社会→近代社会・近代化》という歴史的脈絡が，一般的には《封建的・半封建的な旧い共同体的意識の解体→個人主義の確立・定着》であるとしても，日本においては，その図式は必ずしも妥当しなかった。大企業支配体制とそこにおける集団主義，共同体的意識は，旧い遺制の残存物ではなく——その面も否定しえないが——，近代化・市民社会化の進展・成熟の上に形成されたもの，現代的に再編されかつ現代的条件下で再生産され続けているものである。そうとすれば，歴史的法則なるものに依拠した個人主義の対置では，不十分と言わざるをえないのである。そこで考えられる課題設定は，集団主義・共同体的意識に対する個人主義の対置ではなく，集団主義・共同体的意識の枠組みの中でその中身を変えること，そのために個人主義が如何なる役割を果たすのかでなければならない。それは，個人主義（法理）と集団主義（法理）との後者の中身の変革へ向けての連携という方向を，示唆すると思われる。他の一つは，圧倒的な企業＝集団の力に対する個人主義的な力の対抗では，無力・不十分ではないかということである。一般的には，高度に組織化された現代社会においては，組織＝集団相互間の対抗が事を決するし，労働者以外の階級・階層あるいはそれらを越えた市民・住民も，集団という形態を通じて自らの利益・権利を国家を含む諸々の社会力に対して，主張するのである。そうだとすれば，労働者も，社会的権力としての企業＝集団に対し，個人ではなく集団の力でもって対抗するのは，必要であるだけでなく必然と考えられる。では，その集団に貫かれるべきものは何か，それは，個人主義を排除・排斥した集団主義ではなく，

第4章　個人法理と集団法理の統合

個人主義を踏まえそれに依拠してその延長線上に必要かつ必然として構築される集団主義でなければならないが，問題は，その中身とは何かである。そしてそれは，個人法理と切断されたところに形成される集団法理ではなく，個人法理の延長線上にありかつ個人法理と密接に関わりを持つ集団法理という想定に導くことになるが，その関わり方＝構成が問われるのである。最後に，「大企業支配体制とそこにおける集団主義，共同体的意識の強さ」は日本的特殊性であるとは言え，それは，資本による労働者の支配＝従属関係の編成（＝階級的支配の一形態）であることからの帰結である。即ち，大企業支配体制とそこにおける意識の特有な存在構造への対抗は，労資の階級的対抗を基軸に据えて捉えるべきなのである。言い換えれば，「大企業支配体制とそこにおける集団主義，共同体的意識の強さ」とは，普遍的な階級的対抗関係の日本的発現形態でしかないのである。そうとすれば，労資の対抗は，個人レベルのみでなく，集団レベルとりわけ後者——労働者につきより具体的に言えば，団結である——において前者をも含めてどのように展開されるのか，そして労働者の利益・権利を維持・増進させる上でどのような「団結，団結—個人」のあり方が望ましいのかを問うことに，行き着くであろう。ここには，望ましい個人法理と集団法理の関連のみでなく，集団法理による個人法理の保障・実現ということが，示唆されているように思われる[6]。

1) 主として個人法理につき検討することとし，集団法理については，本節1で述べたことに限定する——なお，その主要な問題点は，本書第2章第1節1で既に触れている——。
2) 本章第1節注6）では，「連帯を求める」という性格を含めていたが，ここではそれを捨象している——次の次元の問題という押さえ方をしている——。
3) 現代社会・現代化に特有な人間のあり方については，本書ではそれとしては扱わない。
4) 加茂利男「現代日本の政治意識」（岡倉古志郎他編『講座現代日本資本主義』3所収，青木書店，1973年），元島邦夫『大企業労働者の主体形成』（同，1982年）——なお，本章第1節注7）の文献も——参照。
5) 佐々木一郎「現代日本の「支配」と「対抗」」（講座現代資本主義国家編集委員会編『講座現代資本主義国家』3所収，大月書店，1980年），同「現代日本の統一戦線と革命」（田口富久編『講座マルクス主義研究入門』2所収，青木書店，1974年）が，示唆的である。

6) この点で,「「戦後労働法学」の見直し・転換の試み」は,「戦後労働法学」の全面否定でなく,継承しうる部分の継承の上での根本的転換であると言える。ただ,著者は,見直し・転換の徹底の結果として継承なき断絶的転換を想定している——特に本書第7章以下参照——。なお,三点を貫いているのは,個人主義の持つ反権力性,権力への抵抗性だが,その意義は次の本章第3節で述べる。

2 集団法理について

集団法理の問題点としては,一つは,「大企業支配体制とそこにおける集団主義,共同体的意識の強さ」に対し,歯止め・抵抗となるのか,それに絡め取られさらにそれを促進するものとなるのかである。後者とならず前者となるためには,如何なる集団主義に支えられたどのような集団法理でなければならないのかが,問われざるをえない。その際,当然のことながら,個人法理を排除・排斥したものであってはならないが,どのような意味での連関にあることによってそうした集団法理の構築が可能なのか,という点の探求こそがポイントである。もう一つは,コーポラティズムとの関わりで,国家に統合される集団に対し歯止めとならないまた促進するような集団主義およびそれに依拠した集団法理から,決別すべきことである。この新しい集団法理の探求は,コーポラティズムが国家と集団による二重の個人に対する抑圧であることから,個人法理と関連するだけでなく,個人法理からその論理的帰結として導き出されるとか個人法理を軸としてその上に積み上げられる,といった位置づけにある集団法理に到達するのでなければならないように思われる。

以上の課題に応えるのが,「個人法理と集団法理の統合」であると思われるが,以下そうした課題を踏まえつつ,その意味・内容を検討することにする。

1)「団結—個人」を中軸に検討することにするから,本書第2章で述べた事柄もその検討対象に含まれることは,言うまでもない。

第3節 個人法理と集団法理の統合

前提的に確認すべきなのは,ここで言う個人法理も集団法理も,あくまで階級的存在としての労働者の法的地位,その行動の法的処理を個人・集団のレベ

第4章　個人法理と集団法理の統合

ルで見るのであり，そこには労資の階級的対抗関係が基盤にあり，したがって労働者の集団の特有な形態である団結が労働者にとって必然でかつ必要なものであるという捉え方があることである。問題は，それが一般論・抽象論でしかなく，具体的現象形態との関わりでどのようにその一般論・抽象論が貫徹しうるのか，あるいはそうしたこととも関わって，団結の必然・必要性が如何なる具体的条件の存在によって立証されるのか，また階級的対抗関係に規定されそれを反映する団結とはどういう中身のものであり，その中身は如何に形成されるのかが問われる——団結は，アプリオリのものではなくなっている——ところに，現代の特有な問題性があるのである。

　そこで，「個人法理と集団法理の統合」を，これまでの叙述を踏まえて考えるとすれば，以下の五つの側面において——それらを不可分の構成要素とするものとして——捉えられるように思われる。第一は，個人を出発点として団結を構成することである。即ち，団結は，労働者個人の自由な意思に基づく選択・決断の合致として結成され，そのあり方も基本的に同様と考えられる。したがって逆に，労働者個人の団結の結成・加入は，当人の自由意思に任されるだけではなく，当該団結から離脱し——脱退である——別の団結を選択することも，個人の自由と考えられる。ただ，団結の結成・加入についての意思・合意は，市民法上の契約と全く同列のものとする訳にはいかず，それは，労働組合運動の歴史的伝統やその段階における労働組合に期待される役割に規定されたものであって，少なくとも，それから大きく離れるとか著しく反するものであってはならない——次の質的基準に関わる——。また，その意思・合意は，団結を通じてあるいは団結において如何なる利益・権利を守り実現しようとするのかについての，他の構成員および団結との約束であるとともに，それを自らも団結にも破らせないという誓いである。さらに，その約束の中身・内容が労働者個々人で異なるのであっては，団結としての存立に背反するが故に，客観的で画一的なものでなければならない。そうとすれば，団結の結成・加入についての意思・合意は，契約と言うより盟約と呼ぶにふさわしいと思われる。そして，個人による団結の構成は，言わば以上の形式的側面のみでなく，次のような質的基準をも内包しているところに，特徴がある。それは，盟約の中身・内容の別

61

の観点からの評価でもあるが，それ自体をも規律するところに意味がある。その意味とは，団結の存立目的，存立条件，それらとの関わりでの団結の権限の範囲については，労働者の意思・合意では破りえない質的枠があるのではないかということである。勿論，この最低限の意味は，盟約に反する団結のあり方・行動は否定されるべきであって，その場合団結は構成員を拘束しえず，また構成員のその団結を盟約の拘束の下に服させる行動は正当であり，さらに盟約違反を理由に団結から脱退することも自由かつ正当であるということである。しかしそれだけではなく，その盟約自体が，絶えず団結の存立目的等に照らした評価にさらされるのであって，その一般的基準と考えられるのが，──団結ではなく──労働者個人の利益・権利の維持・増進と労働者的モラルである。そして，盟約は，その基準に照らし，構成員の意思・合意の発現を通じて日常的に再確認・再生産されるだけでなく，再形成されて行くべきものなのである。そうした言わば日常的な団結の点検を媒介とした団結の動的形成こそが，個人から出発した団結の構成の真義であると思われる。[3]

　第二に，団結への統合の論理が内在化していることである。それは，一方では，労働者個人の団結の結成・加入の必然・必要性と関わりがある。もし，労働者が，個人の力で自らの利益・権利を維持・増進出来るのであれば，それ自体一定の拘束である団結は，不要と考えられよう。しかし，──一般の市民と同様に──自らの利益・権利の維持・増進を望む限り，そしてそれが資本によって強制される競争＝分断支配を克服することなしには出来ないとすれば，労働者における共同の目的達成のための団体即ち団結の結成・加入は，必要なことである。しかも，それが自由な意思・合意によるとしても，労働者の存在性格とその生活に規定されたところの拘束された必然でもあることも──抽象的可能性とか原理的枠組みでしかないとしても──，否定しがたい。その上に，団結でありさえすれば何でも良いということではなく，第一の点で述べた基準に照らしてのものであるべきことからすれば，そうした基準に合致した団結は，最も必要なものであるとともに，労働者的モラルに裏打ちされた労働者にとっては，団結は必然的存在にならざるをえないのである。他方で，ここで「労働者権」の性格が団結への統合にとって持つ意味が，重要である。「労働者権」と

第4章 個人法理と集団法理の統合

りわけ「団結権」は，まず第一義的に労働者個人の権利と捉えられるべきであるが，その意味は，かつての如く，団結において初めて真義を獲得するとか団結の中では後景に退くといったものではない。それは，それ自体において真義を持ち，また団結の中でも第一義的に尊重・重視されるべきものである。しかも，その権利は，次のような二重の性格を帯びたものであって，決して市民的自由に解消されるとかその個人的自由の総和でしかないということではない。即ち，一つは，その権利は，労働者という社会的人間の権利として，社会性を持っていることである。「労働者権」は，孤立的個人の自由として，社会性は偶然のないしは自由の機能でしかないのではなく，それ自体が，本質的に社会性を帯びており，したがってそれは，他の労働者の権利との社会的連関においてしか存在しえないのである。その上，もう一つの決定的問題は，その権利の行使が，単に複数の労働者の無関係な権利の行使の総和であるのではなく，──団結を所与とするのではないが──一定の規律・秩序を持った集団という形態を採り，それに支えられてのみ権利行使でありうるという集団性を，本質的・本来的性格として持つのである。そうとすれば，その権利の社会性・集団性を恒常的な組織形態において体現する団結が，初めから除外されるいわれはなく，反って「労働者権」の社会性・集団性の最良の実現形態として否そうであるべきものとして，浮かび上がって来るのである。[4]

　第三に，共同体の論理の位置づけが関わる。それは，もし，市民革命・市民社会化・近代化が《共同体の解体 → 個人の析出》でしかなく，そのことが，現代でも資本主義社会である限り普遍的意義を持つのであれば，問題となる余地はない。しかし，資本主義を変革した未来社会という展望におけるその未来社会においてのみでなく，現代においても，その未来社会の先取りとしてないしは資本主義自体が解体しつつ逆に再建の糸口を与えているものとして，共同体の再建・再確立が問われているのである。再建・再確立されるべき共同体の形態・内容は多様であるとしても，共通にあるのは，旧い共同体のそのままの再建・再確立ではないこと，即ち個の独立・自立を踏まえた上でその尊重・重視を保障する条件としてのそれであることである。[5] それは，団結にも貫かれるのであって，団結は，労働者個人の尊重・重視において形成されかつそれを促

63

進する役割・位置にあるところの，労働者の共同体でなければならないのである。団結が，労働者個人との関係を刷新された新しい共同体である限り，その共同体への労働者個人の統合は，積極的に評価されるべきである。その上，ここで留意されるべきことは，その共同体とは，個人に対し所与のものとして与えられるのではなく，人間の作為によりどのような中身・内容においても構成されるものである——その解体という選択をも排除しないことは，勿論である——ことである。人間生活の共同的再生産にとって必要不可欠とされるのが，その新しい共同体であるが，それは，言わばそうした目標との関わりでの手段でしかなく，目標次第でまたその実現度との関わりで自由にかつ柔軟に変更されうる・されるべきものなのである。この意味でも，団結は，自己目的とはなりえないが，しかし，団結の共同体的性格は，それへの労働者個人の統合を促進する新しい要素でありうると思われる。[6]

　第四の問題側面は，集団・団体の現代における新しい意味・機能と関わる。集団・団体は，個人の利益・権利の維持・増進のために不可欠であるとされるに至っており，市民革命期そして古典的市民法における「中間団体否認」論が，今や克服されて来ているのである。[7] 現代市民法においては，集団・団体を内在的構成要素としているのであるが，しかしそれは，あくまで集団・団体が自己目的ではない。それは，個人＝構成員の利益・権利の維持・増進の手段という位置にあり，かつその組織・運営原理も，個人＝構成員を中軸として構成されるのである。とりわけ集団・団体の運営は，構成員を主人公とし，その自由な意思と相互の批判・討論を媒介とした多数決原理に基づく集団・団体の意思決定，そしてその決定に自ら関わったが故にその意思とその執行に服従するという運営のあり方，即ち民主主義原理に則るべきなのである。そして，その原理の集団・団体への貫徹が，構成員の利益・権利の維持・増進にとっての確かな保証でもあるのである。その理は，団結についても妥当する。その点が確認出来るとすれば，ここで重要なことは，団結の組織・運営原理である民主主義（＝組合民主主義）につき，団結対構成員という脈絡，即ち組合民主主義が侵害・形骸化されれば，構成員は団結から離れしたがって団結は解体へ向かう，という消極面があることは，否定出来ない。しかし，他方で，構成員の団結へ

第4章　個人法理と集団法理の統合

の統合という脈絡，即ち組合民主主義の維持・発展は，単にそうした消極面のみでなく，団結の強化という方向にも働くという積極面を持つことである。したがって，団結と個人は，無媒介に結合されるのではなく，組合民主主義が媒介原理として決定的に重要であり，個人法理と集団法理は，その原理の射程が及ぶ範囲においてその原理と整合的に構成された上で，その原理を媒介として結びつくのであるしまたそうでなければならない。[8]

　最後に，次の点を付け加えておく。個人法理・集団法理の軸にあるのは，「労働者権」とりわけ人権としてのそれの実現・定着・発展であるが，それが，本質的にあらゆる権力――より広くは権威主義――に対する抵抗・戦闘性という要素を持っていることである。[9] あらゆる権力＝権威主義に対する抵抗・戦闘性は，集団レベルのみでなく個人のレベルでも貫かれるのであって，その点での共通性ないしは共通目標において，個人法理と集団法理は，――対抗・対立的でなく――相協力すべきなのである。そうとすれば，個人法理と集団法理が統合の方向性を持ちうるためには，権力・権威主義への抵抗・戦闘性が保持されているか，また保持しうる条件があるかという問題となる。したがって，そうした質的基準が，両法理を支配すべきということであるが，そこまでの主張を「「戦後労働法学」の見直し・転換の試み」が持っているのか持つ方向性にあるのかが，問われざるをえないのである。[10]

1) 「個人法理と集団法理の統合」という問題次元においては，こうした捉え方にならざるをえないが，「団結権」といった権利論レベルとその前提である「労働組合像」では，その捉え方を放棄した次元から出発して，問題を組み立てている。本書第6章以下参照。
2) 組合結成・加入の意思・合意という主観的契機だけでなく，客観的に規定された側面との統合が，求められるということである。「契約」論では前者しか含まれないことになるし，次の質的基準が入り込むことは困難である。
3) 従来においても，この点が全く無視されていた訳ではないが，それは，団結の機能レベルで問題化したに過ぎないと思われる。現在においては，団結の構成レベルで問題となるのである。
4) 脇田滋「イタリアの団結権と争議権の特質」（『日本労働法学会誌』47号）42頁の捉え方を初出の段階では借用したが，現在においては日本における「団結権」論として展開している（本書第7章以下参照）。そして，初出においては「民主主義の凝集力に関わる」――イタリアと日本とのその点での差――としたが，現在ではその差は理論を左右

しないと考えている。
5) さしあたり池上惇『人間発達史観』（青木書店，1986年）参照。
6) これは，第一の側面を団結の側から見た新しい要素だが，まだここでは目的―手段のレベルに止まらざるをえない。目的と手段の一体化については，本書第5章参照。
7) 「中間団体否認」論への固執――拙著『「人間の尊厳の原理」と社会保障法』（法律文化社，1991年）第一章注（4）参照――，人権概念のコペルニクス的転回――本書第3章第2節注4）参照――については，ここでは度外視する。
8) そうした意義を持つ民主主義，組合民主主義については，拙著『組合民主主義と法』（窓社，1999年）参照。なお，以下の点とも関わって，組合民主主義より広い「労働者民主主義」という観点が要請されるが，ここでは省略する。
9) これは，「労働者権」が，国家・資本（使用者）という対抗集団を本来的に前提・予定していることに関わるが，ここでは，それより広い視野で問題を捉えている。
10) 念のために言えば，「「戦後労働法学」の見直し・転換の試み」は，未だその問いに答ええていないというのが，著者の認識であるとともに本書の成立意図でもある。

第4節 「人間の尊厳の原理」からの評価[1]

　個人法理，集団法理のそれぞれが抱える問題点を克服するとともに，両法理の統合の正当性・妥当性そして可能性を是認しうるためには，「人間の尊厳の原理」が，高次の導きの糸となっている。その点を確認するのが，本節の課題である。
　第一の側面では，個人法理の弱点としてのエゴイズムとしての個人主義ではない普遍的個人主義がそれ自体からは導き出せない問題性，――団結解体的でない――団結統合的論理が，個人主義・個人法理に内在化しているとは直ちには言いがたい問題性，「大企業支配体制とそこにおける集団主義・共同体的意識の強さ」を単独では突き崩せないのではないかという問題性がある。第二，第三の問題性は，次の側面が主要な問題局面であるので，ここでは第一の問題性[2]に限定して検討する。個人主義自体からは導き出せない普遍的個人主義は，実は，「人間の尊厳の原理」の内在的要請ないしはその不可欠の構成要素なのである。それは，その原理が，その実現への努力を個人に対しても厳しく要請するからだけではなく，エゴイズム的個人主義の克服としての人間変革，即ち「類としての人間の普遍性の拡大・深化，人間的諸能力の全面発達へ向けての

第4章　個人法理と集団法理の統合

努力」を，自らをも律するということを通じてその原理の中身としているからである。他方，集団法理には，労働者個人の利益・権利に対し抑圧的な団結という点，「大企業支配体制とそこにおける集団主義・共同体的意識」に絡め取られずあるいは促進するものではない集団主義・集団法理とは何か，またコーポラティズムに対抗しうる新しい集団主義・集団法理とはいかなるものかといった事柄の探求が，問題＝課題である。ここでも「個人法理と集団法理の統合」が焦点であるが，さしあたり次の点の指摘が可能であろう。個人法理と統合しうる集団法理とは，それが固有に抱える問題点，集団を自己目的として個人に優先させその個人の利益・権利をないがしろにするといった事柄を，克服しえたものでなければならない。そして，集団が個人と共通の目標を持ち，単に集団によって集団の目標が実現されるだけでなく個人の目標の実現に集団が役割を果たすというあり方こそが，求められるのである。しかもそこには，集団と個人の間に生じうる矛盾・利害対立を調整しながらそれが行われるべきこと，集団の中での個人の地位を犠牲にするのではなく最大限尊重されてであることが，当然の前提とされているのである。そうとすれば，こうした集団のあり方およびその法理を指導するのは，「人間の尊厳の原理」を措いてはない。その原理は，集団に対して，対外的にも対内的にも「人間の尊厳」性の実現への努力を厳しく課しており，起こりうる集団と個人の間の矛盾・利害対立の調整の基準を提供しうるのも，その原理であるからである。

　第二の側面は，次のように考えられる。第一の「個人を出発点とした団結の構成」については，「人間の尊厳の原理」が，集団・社会・国家・国際社会をも拘束するとされる理由が関わる。即ち，集団等が，類的存在としての人間そして個人によって構成されるからということのみでなく，その存立目的・条件が，個人としての「人間の尊厳」性をそれぞれのレベルにおいて実現する──それ故，社会としての「人間の尊厳」性が問われることになる──ことを措いてないからである。そしてそのことは，団結も例外ではないのであって，正に団結を含む集団等は，「人間の尊厳」性の実現のために，人間個人によって作られ・作り替えられるのである。しかも，盟約という面では，それを規律する基準，即ち「労働者個人の利益・権利の維持・増進と労働者的モラル」は，歴史的に

67

形成され現代において客観的に認識されうるものであるが，それも，「人間の尊厳の原理」に背反してはならないだけでなく，その原理に照射されたその原理の具体化としての労働者仲間での約束・誓いという意義において，捉えられるべきなのである。第二の「団結への統合の論理の内在化」については，団結の必要・必然性，「労働者権」の社会性・集団性のいずれも，それ自体として根拠・理由に欠けることはないようである。しかしそれは，個人と団結が無媒介に直結することを前提に，その上で団結そして「労働者権」の本質的性格を捉えたという域を出ていない。団結以外の次元から団結の必要・必然性の正当性を論じるとすれば，また「労働者権」の社会性・集団性を，権利の性格の次元ではなく規範的正当性との関わりで捉えるとすれば，それらは，「人間の尊厳の原理」の労働者の団結・「労働者権」への具体化と考えられるであろう。しかし，それ以上に重要なのは，「個人と団結の結合」を真に媒介するものを，——その結合が媒介抜きにはありえないのではないかと疑われている現代において——何と捉えることが正当なのかという問題である。その場合の団結は，単なる団結ではなくあくまでも先の基準に合致した盟約を持つ団結であること，個人は，自らの利益・権利の実現に努力する存在であって，その有効なかつ自己を越えた労働者全体のそれの実現のために団結を求める存在でなければならない。そうしたあり方を指導する原理が，「人間の尊厳の原理」であって，その原理を媒介としてのみ，「個人と団結の結合」がしかも正当性を持って導き出されるのである。[3)]

第三の「共同体の論理の位置づけ」については，団結の共同体的性格しかも新しい——人間生活の共同的再生産の単位としての——共同体としてのそれであるとともに，個の独立・自立の保障条件である上に，人間の作為により構成・変更されるという捉え方を整合的に正当説明しうるのは，やはり「人間の尊厳の原理」しかないと思われる。何故なら，そこには，共同体の質，しかも人間生活の共同的再生産という目標を伴った質——言い換えれば，その目標の質——という問題が含まれており，その質を規定・支配・決定するのが，その原理であるとともに，そうした質を持った共同体の形成へ向けての人間の努力を導きうるのも，その原理であるからである。第四の「集団・団体の現代における新

第4章 個人法理と集団法理の統合

しい意味・機能」については，これまでの叙述に尽きると思われるので，組織・運営原理としての民主主義についてのみ，一言するに止める。「人間の尊厳の原理」は，個人・集団を拘束するのであるが，その拘束の受容の仕方をここでは問題にする。それは，客観的な規範的拘束である上に，個人・集団それぞれにおいて内面化されることを通じても拘束するのである。——個人はさておき——集団における内面化とは，集団の構成員による集団のあり方・意思の決定ないしはその過程における問題だと思われる。そうだとすれば，その原理の内面化とは，その原理が要請する過程——手続を含む——を経て形成される決定であること，しかもその決定内容がその原理に合致することを意味する。そうしたことを保証しうる唯一の組織・運営原理とは，民主主義に他ならない。組合民主主義も，「人間の尊厳の原理」から要請される団結＝組合の決定的に重要な組織・運営原理なのであり，かつそれは，「人間の尊厳の原理」に照射されそれに合致した内容を持つものとして，「個人と団結の統合」を真に媒介する原理という意義を持ちうるのである。最後の「権力・権威主義への抵抗・戦闘性」についても，「人間の尊厳の原理」とのつながり方は明確であるので，次の指摘に止める。その「抵抗・戦闘性」の保持ないしは保持の条件の確保が，「個人法理と集団法理の統合」のための不可欠の要因とすると，それは，「戦後労働法学」を支えた戦闘的労働組合主義の復活・再生ということなのか，そうだとしてどのような意味でのそれなのかが，問題である。現代の課題に真に迫りうる戦闘的労働組合主義の復活・再生と言いうるためには，「人間の尊厳の原理」を体現した労働組合主義であるに止まらず，「人間の尊厳の原理」に敵対的な現代社会を変革しその原理の実現に適合的でその条件を備えた社会を形成する（＝社会変革）という課題をも，射程に収めたものである必要がある。本書において，あえて第5章「社会変革と「労働者権」・労働法の展望」を立てた所以である。

1) 「人間の尊厳の原理」については，拙著『「人間の尊厳の原理」と社会保障法』（法律文化社，1991年）第一章参照。本節の内容は，それの再説であって，新しいものを付け加えてはいない。
2) ただ，第一の問題性の克服が，第二，第三の問題性の解消の前提であることに，注目

する必要がある。また，第二，第三の問題性は，次の側面においても，それとしては——五つの点の検討の中に含ませることとし——取り上げない。
3） 念のために言えば，ここでは，本章第3節で述べた「団結への統合の論理の内在化」は，言わば必要条件であって，「人間の尊厳の原理」によって必要十分条件が整うという捉え方となっており，また「団結と個人の結合」の媒介としての組織内民主主義は，未だここには登場していない。
4） したがって，団結の捉え方，団結と個人の関係が刷新されていることは，言うまでもないが，かつての戦闘的労働組合主義の射程を越える意味を持つ「復活・再生」である。

第5章
社会変革と「労働者権」・労働法の展望

第1節　社会変革と「労働者権」・労働法の関わり

　次の点の確認を，検討の出発点とする。現代における社会変革は，「現代の法の枠組みの中でのあるいはそれを活用した形での社会変革」（＝合法的な変革）であり，その「法によるあるいは法を通じての変革と法自体の変革とが，相補的に進む」のである。そして，労働法もその法に含まれることは，言うまでもないが，それは勝義においてそうなのである。その点を踏まえた上で，より具体的に問題を見てみよう。

　第一の問題は，「労働者権」・労働法が社会変革において果たす役割である。一つの側面は，「労働者権」・労働法が，資本主義社会の構造的矛盾とりわけ労資の階級的対抗関係を基底とし，資本主義を変革し階級なき社会の実現を目指すという労働者階級の，規範意識をある程度取り入れることを通じて，成立・展開されたものであることが関わる。したがって，そこには資本主義社会を止揚するあるいは否定する契機が，何程かは含まれている。したがってそれは，社会変革にとって一つの橋頭堡と言える。その上に，その契機の正当性が，その範囲と程度において拡大されて社会的承認を受けることは，「労働者権」・労働法の本質・本来的性格に適った発展であるとともに，社会変革の道を切り拓く意義を持つ。また，「労働者権」・労働法の成立・展開は，資本・企業の自由という資本主義社会にとって基軸となるものの濫用・弊害の抑制を，不可分の構成要素とするのであり，それが，所有・財産権の社会化の最も中心的な内容である。社会変革が，生産・労働の社会化を軸とした全社会的レベルでの社会化の実現であるとすれば，「労働者権」・労働法そしてその発展は，そうした社会化の一翼を担うと考えられる。そして，国家を別とすれば，資本・企業――

特に独占的なそれ——が，社会変革に対する最大・最強の障壁であって，「労働者権」・労働法そしてその発展によって，資本・企業の自由の濫用・弊害が抑制されればされる程，資本・企業の力を弱め，障壁の割れ目を生じさせうるのではないかと思われる。さらに，資本・企業の自由の濫用・弊害は，圧倒的多数の国民の利益・権利を深刻に侵害しているが，その多数者が，その点を確認し濫用・弊害の規制に向かう上で「労働者権」・労働法の果たす役割は，小さくないと思われる。もう一つの側面は，「労働者権」・労働法が，社会の民主化にとって必要であり，民主的社会——それは，変革された社会の不可欠の構成要素でもある——の不可欠の構成要素であることである。それは，「労働者権」・労働法の成立・展開が，その社会の多数を占め生産・労働の担い手である労働者の，人権・権利の保障しかもその市民的自由の実質的平等保障といった意味をも持つからである。また，「労働者権」・労働法の成立・展開とは，労使対等・労使対等決定の原則を踏まえた合意に基づく秩序の形成の容認であるとともに，それらを通じた労働者の民主的統治への参加の保障でもあるからである。「労働者権」・労働法の維持・発展は，したがって，社会の民主化の徹底に寄与し，そのことを通じて社会変革の道に合流しうるのである。

その上になお，「労働者権」・労働法の成立・展開が，権利の側面において次の二重の意義を持つことに，注目すべきである。一つは，「労働者権」の保障が，労働者が自力で自らの利益・権利の維持・増進を図る権利の保障，という意味を持つことである。労働者が，その権利の行使を通じて——したがって，自力で——，自らの生活と自分達を取り巻く状況の改善に努めるとともに成果を上げること，しかもそれが，国民的なそうした取組みの中心という位置で行われることは，他の国民的な努力に対し，模範となり励ましにもなるであろう。そして両方が連携すれば，それは，社会変革の土台あるいはその営為の一環となるのであり，その連関は，「労働者権」の発展により一層強化されると思われる。もう一つは，「労働者権」の展開や発展が，生産・労働の統制の権利となる点である。労働者による生産・労働の統制は，独占資本主義の管制高地の掌握，資本・企業（特に独占資本）の民主的規制という，社会変革の実現にとって不可欠な経済的民主主義の達成の，一環となりうるのである。そうした方

第5章 社会変革と「労働者権」・労働法の展望

向での「労働者権」の展開・発展が，望まれる。[6]

以上の如く，「労働者権」・労働法が，社会変革に寄与しまたその方向で展望を描くべきだとすれば，[7]他方の側面として，社会変革が，「労働者権」・労働法の発展にとって持つ意義が，問題となる。これは，社会変革の中身・全体像を明らかにしないと十分には論じえないので，[8]ここでは次の指摘に止める。社会変革は，「労働者権」・労働法の成立・展開・発展にとっての基本的契機であるところの，資本悪（＝社会悪）を克服する意義を持つのであるが，それを弱め克服すること自体が，その反面として，「労働者権」・労働法の成立・展開とりわけ発展につながることは，言うまでもない。しかしそれだけではなく，社会変革は，「労働者権」・労働法に対する資本・企業による侵害・形骸化の攻撃を除去することを通じて，それらの安定的確保の条件になるのである。その上，社会変革は，労働者の自由・生存権の実現として，「労働者権」・労働法の理念の具体化の意味を持つとともに，それを踏まえた一層の自由・生存権の水準の引上げの条件となり，それらが相まって社会変革は，「労働者権」・労働法の発展を導いて行くことになるのである。[9]

1) その内容については，拙著『社会変革と社会保障法』（法律文化社，1993年）第一章参照。また，本章の基本的内容は，その第四章第二，第三節の「労働者権」・労働法への応用でしかない。なお，「「戦後労働法学」の見直し・転換の試み」は，こうしたことをその射程に収めてはいない。
2) 前掲注1）拙著第四章第二，第三節参照。
3) 前掲注1）拙著と同様，ここでも資本主義体制の維持・擁護という別の本質的側面は，——それに関わるあるいはその延長線上にある問題を含めて——捨象している。
4) 国家の問題は全て捨象しているが，恐らく「労働者権」・労働法における国家像も，福祉国家であると思われる。前掲注1）拙著第三章参照。なお，最近において，新福祉国家ないしは福祉国家のヴァージョンアップという方向性が提起されている——例えば，渡辺治・後藤道夫編『講座現代日本』4，大月書店，1997年参照——が，触れない。ただ，そこにおける「主体形成」論には甚だ不満であり，本書や拙著『組合民主主義と法』（窓社，1999年）は，後述注9）の拙著を踏まえた労働法分野からの問題提起でもあることを，付言しておく。
5) 労働者が国民的課題を担って運動するか否かは，ここでは問題としないが，肯定的であれば，一層その評価は固まるであろう。
6) この点，疎外論の視角からだが前田達男「労働者の政治・経済社会への「参加」と団結・団結活動」（『日本労働法学会誌』47号）参照。

73

7) 「ファシズム化への防波堤」は，第三の側面に含まれることから，省略した。
8) 変革された社会のイメージについては，前掲注1) 拙著第四章第一節参照。
9) 変革主体形成の問題も捨象しているが，その点については，前掲注1) 拙著第二章参照。

第 2 節　「人間の尊厳の原理」との関わり[1]

　著者は，拙著『「人間の尊厳の原理」と社会保障法』において，「人間の尊厳の原理」と社会変革との関わりにつき，次のような指摘を行っている[2]。第一は，社会変革の目的の正統性・正当性の基準が「人間の尊厳の原理」であるとともに，変革過程・手続もその原理に適うべきことである。第二には，社会変革の主体に関して，「人間の尊厳の原理」が組織・集団のあり方を規律・拘束し，「対内的な「人間の尊厳」性の実現度が対外的なそれのメルクマールとなる」こと，社会変革と「人間の尊厳」性への合致そしてその向上・発展としての人間変革とが相互依存関係にあることである。第一の点からは，社会変革は，その内実として，目的・手続の両面において「人間の尊厳の原理」に合致していなければならないこと，そうした内容を持った社会変革と「労働者権」・労働法の成立・展開とりわけ発展が緊密に関わるべきことが，引き出される。「労働者権」・労働法の今後の展望は，社会変革との関わりにおいて捉えるべきではあっても，そのことは，「社会変革」でありさえすれば良いのではなく，特定の意義を担った「社会変革」との関わりでなければならない。そうだとすれば，「人間の尊厳の原理」は，この面からも労働法の理念であるべきことが肯定されるが，その場合注意が必要なのは，「労働者権」・労働法の目的レベルのみでなくその展開過程や手続についても，その原理が貫徹すべきことである。「人間の尊厳の原理」を理念とした「労働者権」・労働法の全領域に深くその原理が浸透すべきことが，一般的にのみでなく社会変革という歴史的課題との関わりで，厳しく要請されているのである。第二の点もほぼ同様であって，「労働者権」・労働法の主体としての労働者そして団結につき，「人間の尊厳の原理」への合致とその向上・発展を，対内的にも対外的にも担うべきことが要請されるし，そうした方向での主体の努力が，「労働者権」・労働法の社会

変革に緊密に関わる形での発展を促すし，それが，真の法形成的実践の一翼を担うことにつながるのである。

　以上の点を踏まえて，社会変革と「労働者権」・労働法の二重の関わりを，「人間の尊厳の原理」に照らして評価しておこう。まず，「労働者権」・労働法が社会変革において果たす役割の側面については，次のように考えられる。資本主義社会の止揚・否定の契機とその正当性の社会的承認は，階級社会でありそこに存する階級的差別や資本主義社会の構造的矛盾を悪と捉え，他方でその改善・克服を図ろうとする労働者の意識・行動を正当だとするのであるから，「人間の尊厳の原理」の侵害・形骸化に対するその原理実現の方向の対置，と一般的に考えられる。その点を明確にするのが，資本・企業の自由の濫用・弊害の抑制という問題である。資本・企業の自由の濫用・弊害が，労働者を基軸とした圧倒的多数の国民の「人間の尊厳」性を深刻かつ広範に侵害・形骸化するものである——企業社会である日本ではとりわけ——ことは，詳述の必要のない厳然たる事実である。その濫用・弊害を抑制することが「人間の尊厳の原理」に適うことも，わざわざ述べるまでもないことである。問題があるとすれば社会化であるが，ここではそれを，「個と共同性」の合致という窮極の到達段階への過程と捉え，——本書第4章第3節で示した——「共同体の再建・再確立」の発展的完成，即ち，分離された個と共同性の統合というレベルをも越えて個と共同性が即自的に一致する段階を社会化の完成・完結と見るならば，それは，「人間の尊厳の原理」の高次の実現と考えられる。何故なら，それは，「個としての人間の尊厳」と「社会としての人間の尊厳」の即自的一体化の不可欠の条件であり，そこにおいて，「人間の尊厳の原理」への背反は考えられないからである。また，「社会の民主化の徹底」は，「人間の尊厳の原理」の内容・手続両面での実現・定着化であるし，「労働者権」の保障の持つ二重の意義も，「人間の尊厳の原理」の主体的あるいは経済的条件の確立として，ないしはその原理の要請するところの主体面，経済面での具体化として，評価出来る。

　以上の如く，「人間の尊厳の原理」に関わり，かつそれから要請され正当化される「労働者権」・労働法の成立・展開・発展が，その原理を唯一の基準と

して，人間の営為である社会変革に寄与するのである。他方で，社会変革が「労働者権」・労働法の発展にとって持つ意義が，「人間の尊厳の原理」に合致しあるいはそれから要請され正当化されるものであることも，明らかであろう。

1） ここでも，拙著『「人間の尊厳の原理」と社会保障法』（法律文化社，1991年）第一章一を踏まえ，かつ拙著『社会変革と社会保障法』（同，1993年）第一章を前提として，要点を述べるに止める。
2） この点，吉沢南『個と共同性』（東京大学出版会，1987年）が示唆に富む。なお，それは，目的と手段の一体性の別の表現であると思われる。ここにおいて，団結・集団・共同体は，手段的位置から目的でもあるものへ，質的転換を遂げるのである。

第6章

現代における労働者・労働組合像

第1節　問題の意味と問題意識

　「現代における労働者・労働組合像」というテーマを論ずるのは，当然のことながら，従来の「労働者・労働組合像」では，現代的問題状況，課題にとって不十分だという認識と，――それぞれ関連する――次のような問題意識があるからである。それは，第一に，労働者・労働組合の権利の正当性の根拠，あるいは権利保障の構造・内容の規定・条件づけという問題次元との関わりである。従来においては，「労働の従属性，従属労働」論を労働法の基礎的概念として設定し，それを労働者権の正当性の根拠に据えるとともに，それに整合的な「労働者・労働組合像」が打ち立てられていた。しかし今やそれは，現実的妥当性を喪失しつつある。それは，その概念的意義を肯定するとしても，一方では，労働者の従属性は，その内容において多様化するとともに従属度にも深浅が窺われる状況にあること，他方では，労働者以外の他の階層・人間にも従属性が認められ，それが，「労働の従属性，従属労働」論とどのように異なるのかが問われ改めて「労働の従属性，従属労働」論の中身の検討を促していることに，示されている。しかしそれ以上に，――既に述べたように――労働法の理念の再検討や新しい理念の提唱がなされていること[1]が，重大である。労働法の理念の再検討や新しい理念の提唱とは，「労働の従属性，従属労働」論では，労働者権の正当性の根拠としては不十分であることの，表明であるからである[2]。その上，労働法のあらゆる領域，問題において――労働法の理念の再検討にまで手を染めるか否かを問わず――，自由や契約＝合意とりわけ労働者個人のそれの契機が重視されて来ているし，また労働権保障法（労働者保護法）の分野においては，自己決定的規定の導入・拡大という立法措置が，進められても

いる。これらの動向は、もはや、「労働の従属性、従属労働」論と整合的な従属的労働者像によっては、権利保障の構造・内容につながらないこと、それを説明し切れないことを、意味している[3]。しかし、では従属的労働者像を全面的に主体的労働者像に転換すれば事は済むかとなれば、必ずしもそうではない。それは、第二に、法的人間・団体像の抽象性、擬制性と現実との乖離という問題次元に関わるからである。それは、言い換えれば、一元的人間・団体像の妥当性という、「労働の従属性、従属労働」論も抱える問題性である。「法的人間・団体像」とは、現実に存在し活動しているところの様々な差異と個性を有する多様な人間・団体を、それらの差異・個性・多様性を取捨選択し、ある特質において抽象化して捉えたものである。しかも、法が理想としその方向に誘導しようとする、言わば「あるべき像」である。そうしたことから、抽象化のみでなくある程度の擬制は避けがたく、それらに伴う現実からの乖離が、必然である。そして、この抽象化・擬制と現実との乖離が法の存在、機能、運用に支障を及ぼすのであれば、別の像に取って替えるべきであることから、抽象化・擬制と現実との乖離には許容範囲があり、その枠内に収まっていなければならない。

　第二に、そこから導き出される問題は、二つある。一つは、抽象化・擬制と現実との乖離を、出来るだけ埋める作業である。それは、抽象化・擬制の側からの現実への接近としてのその変更、——何によるにせよだが、ここでは法による——現実の抽象化・擬制の方向への接近としての変革、そのいずれかまたはその両方による。ところで、第一の点で述べた事柄は、労働法においては、前者の道を採るべきことを、示唆しているように思われる。その場合の前提として、労働法における従来的・伝統的な法的人間・団体像の設定では、以上の脈絡との間でズレをはらむことについては、ここでは問わない[4]。ともかく、現実の変革が未だ実現されない中で、また「従属的人間像」再生へ向けての変革などといったことが不可能なり望ましくないとすれば、抽象化・擬制の方を変更する、端的には、現実の差異・個性・多様性を、それに取り込むのでなければならない。そうだとすれば、そこに設定される像の中身がいかなるものであれ、少なくとも一元的な像ではありえない。そこで、例えば従来的・伝統的な

従属的労働者像への一元化も，逆に主体的労働者像への全面的転換も，ともに否定されるのであって，両者の並列なり統合——その仕方はともかく——としての労働者像に，ならざるをえないのである。もう一つの問題は，許容範囲の言わば読替えである。本来許容範囲とは，法の存在・機能・運用を担保するために，抽象化・擬制があまりに現実からかけ離れ過ぎないこと，即ち抽象化・擬制の側における現実との距離の許容範囲である。しかし，その趣旨が，法の存在・機能・運用への支障の存否にあることとの関わりで，その支障がない限り，現実の差異・個性・多様性を法的人間・団体像に取り入れそれを豊富化して良いというように，許容範囲を読み替えるのである。それは，先の法的人間・団体像の変更という主張の補強であるが，それ以上に次のように考えるからである。「「戦後労働法学」の見直し・転換の試み」は，——少し比喩的だが——戦後労働法の成立・展開を，その担い手たる法的人間・団体の形成・育成の歴史だとすると，その形成・育成のための力の枯渇という段階において，その活性化へ向けて——今度は逆に——労働法の担い手たる労働者の側の努力に期待しての，理論の見直し・転換であるように思われる。そうとすれば，そして理論の見直し・転換には，それを正当化し妥当とさせるものが現実の中に存在する筈だとすれば，法の側ではなく，現実により目を向けるべきことになる。これは，法的人間・団体像について言えば，現実の人間・団体の差異・個性・多様性の中から法形成的な力のある像を抽出すべきことを，示唆していると思われる。そうだとすれば，求められる新しい労働法における法的人間・団体像は，これまでに設定された像の取捨選択や彫琢もさることながら，現実の多様な人間・団体を捉えた上で，その中から法形成的な力を持つ像を抽出し構築するものでなければならない。少なくとも，既成の抽象化・擬制に豊かな現実を付け加えることに，重点が置かれねばならない。以上の帰結として，法的人間・団体像への多様なアプローチの承認が，導き出される。勿論これには，既述の如き限定つきだが，そうした言わば要件を充足している限り，法的人間・団体像への多様なアプローチを認めざるをえず，それは当然に，それにより抽出し構築された像の多様性の承認に，結びつかざるをえない。それは，例えば多様な現実のすくい取り方，そして法形成的な力の存否，強弱の認識や，そも

そも「法形成的な力」の捉え方といったことが, 極端に言えば, それに取り組む研究者全てで異なりうるからである。[8] 多様なアプローチと多様な像が承認されるとすれば, 抽出し構築された像の正当性・妥当性は, 像それ自体にはなく, その像を抽出し構築する目的,《抽出 → 構築》に到る手続, プロセスの正当性・妥当性, そしてその像の「法形成的な力」の実証性から, 引き出されるしかない。とりわけ最後の点は, 短期的に証明される問題ではありえないことからすれば, 労働法における法的人間・団体像の正当性・妥当性という問題構成は, 放棄されるべきことになる。言い換えれば,「労働法における法的人間・団体像」という問題は, 理論自体ではなく, 理論の現実説明力, 現実化の力ということであり, 正に実践であり実践的証明の問題である。[9]

　第三は, 権利の主体という側面において法的人間・団体像を考えた場合に生ずる問題次元である。権利の体系という側面において法は, 人間・団体を権利の主体として措定し, それらが, 自らに保障された権利を積極的に行使するという想定を, 一方では描く。しかし法は, その権利行使を強制する訳ではなく, その権利の行使をするか否かを, その主体の任意の意思, 決断に委ねるのである。したがって, 権利保障とは, 保障のシステム言うならば——若干語弊があるが——制度的保障でしかない。[10] 権利保障は, ——法がそう明示するとか, 理論的にそう認識されるとかを問わず——その主体の権利行使の保障であると同時に, 権利を行使しないことの保障でもある。それ故, 権利主体とは, 権利行使の主体であると同時に, それと並んで権利行使をしない主体でもある。そうだとすれば, 一方では, 権利行使の主体としてのみ法的人間・団体像を描きがちな従来の捉え方には, 根本的な反省が加えられる必要がありそうである。法的人間・団体像の構築は, 権利を積極的に行使する正に主体的な像とともに, それを消極的にしか行使しないさらには全く行使しないという受動的, 非主体的な像をも包み込んで, なされなければならない。しかし他方で, そう捉えることが法的人間・団体像の課題であると言って済ませる訳にいかないことは, 既に行論が示唆している。あるいは, こうした捉え方ではない例えば主体的人間・団体像を設定し, それが現実化, 具体化しない責任を主体の側に全て負わせて批判することで, 事足りる訳でもない。課題は, 権利主体が非権利主体で

あることも見据えつつ，権利主体性の構築，回復の道筋を示すことである。それは，直接的には，法的人間・団体像の構築に内在する課題ではないし，どのような像を描こうと，それのみによって解決しうるものでもない。しかし，そこまで視野に容れて，──その前提なり延長線上の言わば周辺的課題としてでなく──法的人間・団体像の正当・妥当性を分ける要石的課題として検討することが，現代においては要請されているように思われる。「労働法における法的人間・団体像」が法形成的実践を担うものであることが，今でも真理でありまたそれを望むとすれば，権利行使の主体として法的人間・団体像を描き，後はそうなるかどうかは，主体の問題として突き放すべきではない。必要なことは，権利主体が，その主体性を喪失，減退させる必然性を提示する──それを欠くのでは，不十分である──とともに，主体性の獲得，構築，確立そして回復が如何にして行われるのか，その道筋を探ることである。そのためには，問題構成の根本的刷新が，必要とされる。ここで刷新をすべき従来の問題構成とは，一方では，権利主体が権利主体たりえないのは，それを抑制する主体以外の原因，要因があるという捉え方である。言い換えれば，主体の側の問題性に，目を向けないということである。主体性を抑制する主体の外の要因が重要でない訳ではないが，それは，あくまで権利主体がそれをどう捉え如何に行動しようとするかを媒介として，作用するものである。言い換えれば，それは，──主体の外に客観的に主体と無関係に，存在するのではなく──主体をくぐり抜けた要因である。その意味で，主体の側の問題性を捉えないのは，事柄の反面しか見ない一面的なものである。それのみでなく，こうした捉え方では，権利主体の主体性の獲得等はそれを取り巻く壁の動き方次第となり，抑制的動きが変わらなければ主体性の獲得等は不可能である，少なくとも主体的手掛かりは見出せない，ということにならざるをえない。そうではなく，正に逆に，権利主体の主体性の問題状況は，主体の側から捉えられるのでなければならない[11]。もう一つは，──以上の捉え方の奥底にあるところの──労働者・労働組合は，階級的意識を担った階級的存在であるだけでなく，社会主義をも展望した社会変革的主体，その中軸＝前衛的主体であるという捉え方である。それは，そうした捉え方が妥当しない現実があれば，その現実を見るより，「あるべき」・「あるはず」

論に閉じ籠もって現実を断罪するか，「あるべき」・「あるはず」論から肯定しうる現実の部分的変化を以て主張全体の証明とする，といった態度につながりうるものである。これは，極言すれば，与えられた理論から現実を見る，その理論に合致する現実のみ実在としそうでないものを切り捨てる，ということになりかねない。そうではなく，労働者・労働組合の現実の実像の把握から，問題を出発させるべきである。そして，その所与の——理論によって歪められたあるいはバイアスのかかったものでなく——現実と理論を比較検討し，何故にズレているのかを解明すること，解明出来なければ，理論を現実の方に合わせる形で変更する——理論の放棄ということも含めて——ことである。しかし，単なる現実追随では不十分であって，その中に変革的契機を探り出すべきである。その際特に強調されるべきことは，例えば「階級的意識」であればそれを既成のままにした上で，それの形成，獲得に到りうる現実的契機を探るということでは，不十分であることである。そうした作業で足りる場合もありえようが，既成のものの見直しあるいは作り替えをした上での探求，でなければならないように思われる。[12]要するに，権利主体たる労働者・労働組合は，「権利主体」としての地位を確保する方向にも逆にそれから滑り落ちる方向にも動きうる，という両義性，両面性を抱え込んだ存在である。その実像をそれ自体として率直に把握するとともに，どうしてそうなるのかを主体に即して探求する中で，権利主体としての地位の確保という一義性への収斂を可能とする現実的契機を見出し，それらを法的人間・団体像の構築に反映させて行くことが，必要とされるのである。

　最後に，——既述の——「法形成的な力」に関わる次元がある。ここでは，形成されるべき法の基本的性格を，改めて考えることから始めなければならない。労働法は，一方では，それまでは認められなかった労働者・労働組合の権利の保障をすることを中軸として，構成されたものである。それは，労働者・労働組合が「従属的」存在であるが故に権利保障をするという側面を否定しえないとしても，逆に，——労働法の「弾力化論」[13]の言うようには——「従属」性の希薄化・喪失の故に権利保障が不要になるという筋のものでもない。労働法が労働法として存在する限り，労働者・労働組合の権利保障という原点を，法が

第6章　現代における労働者・労働組合像

放棄することはありえない——具体的な保障内容の如何は，別として——。そして，労働法の基調は，権利主体たる労働者・労働組合の権利保障へ向けての主体的努力に期待し，自らのしたがって権利の拡充・豊富化という方向での発展を，望ましいものとしている筈である。他方では，労働法は，資本主義社会そして資本機能がもたらす弊害，社会悪の緩和，規制を，その本質的内容として成立している。弊害・社会悪の発現の仕方，内容，またどこに重点を置いて問題化するかといったことが，歴史的に変化するに伴い緩和・規制のありようが変容するとしても，その性格は貫かれる筈である。ところが，労働法の歴史および現在を見ると，そうした基本的性格を労働法が担っているという捉え方に対して，疑問がわいて来ざるをえない。それについての従来の説明は，国家による労働者・労働組合の意識的・意図的抑圧としての弾圧立法の「労働法という法形式領域」への導入，弾圧立法的意図の混入ということであり，それは確かに，とりわけ官公労働者の労働基本権制約立法といったものについて妥当している。しかし，最近の労働者保護法領域の諸立法にその説明を適用することには，無理がある。ここにおいて浮かび上がるのが，労働法の改良立法としての性格である。改良立法とは，どのような権利保障を行うのか，如何なる制度改革をするのかを，国民的合意により民主的に決めるというものである。したがって，労働法の歴史および現在は，この国民的合意——それを労働者・労働組合の努力によって，どこまで変更しまた変更しえなかったか，新たな国民的合意を形成するのに成功したか否か，を含めて——の産物である。そしてそれこそが，労働法の内容を規定する決定的要因である。そうだとすれば，「労働法における人間・団体像」がどのようなあり方をするかについても，国民的合意が作り出すものと捉えるべきことになる。それは，労働者・労働組合の現在についての国民的理解，了解であるとともに，そのあるべき像＝規範をも示すものである。「現代における労働者・労働組合像」の探求は，この国民的合意のありようを，明確にすることでなければならない。しかし，ここでさらに重要なことは，国民的合意が，労働者・労働組合にとって，外から押しつけられた所与のものではないことである。一方では，自らもその国民的合意の形成に参加し，少なくとも自らも所属する国民の一員として，受容しているのである。もしそ

の国民的合意が自己にとって不利なものであったとしても，それを受容したのだから，言わば自業自得なのである。しかし他方で，国民的合意は，労働者・労働組合の努力によって変えることが出来るものである。自らに不利な国民的合意であれば，それを有利な方向に変更するよう努力すべきである。しかもそれは，他の誰も責任を負わない事柄である。つまり，国民的合意を受容するのも変更するのも，労働者・労働組合の責任の問題である。そして，労働法が，本来労働者・労働組合の権利を保障するものであることからすれば，権利の拡充・豊富化へ向けての責任の履行こそが，求められるのである。いずれにしても，「現代における労働者・労働組合像」の探求とは，国民的合意とそれに対する労働者・労働組合の責任のありようを，明らかにすることである[14]。

　以上のような問題意識の下に，「現代における労働者・労働組合像」に迫るというのが本章のテーマであるが，問題解明のための視点を論ずることに，課題を限定する。勿論，その視点から得られる「労働者・労働組合像」の中身を可能な限り展開はするが，重点は，「視点の設定」である。その理由は，第一に，以上の問題意識とそれに基づく「労働者・労働組合像」の構築が，純法的な人間・団体像に収まり切らない広がりと実践性を持つからである。つまり，純法的な人間・団体像とそうでない像との区別をつけられない，実践的志向と理論が混合したままで理論の純化が不可能で——問題意識からすれば，純化すべきではない——あるからである。第二に，本章は，著者なりのかなり大胆な問題提起であるだけに，問題提起の意味を持ちうるとすれば，まずは視点レベルにおいて共通の了解がなければならないと思われるからである。

1）　本書第1章第1節注1），本書第2章第3節注9）参照。
2）　本書第1章第2節の主張は，これによって論証されていると思われる。
3）　『法律時報』(66巻9号)が，「労働法における自己決定」というテーマを取り上げる所以である。
4）　労働法におけるとりわけ従属的労働者像は，当然ありうべき労働者の主体性を捨象した抽象化・擬制であるという問題性，それ以上に，法にとって少なくとも「あるべき」像ではありえない——逆に，克服されるべき像と法が想定していると考える余地がある点は，既述参照——ことからすれば，このズレは明らかであるし，後者のような解決は，そもそも成り立ちえない。
5）　西谷敏『労働法における個人と集団』(有斐閣，1992年)が，「労働者の従属と自立の

第6章 現代における労働者・労働組合像

統一的把握」としているのは，同趣旨であろう。しかし著者は，こうした言わば「二重の側面を持つ労働者像」という次元を越えることが，必要だと考えている。
6) 「法形成的な力」については，後述する。なお念のために言えば，ここで指摘した「労働法の歴史の逆転」とは，戦後の法形成的実践とりわけ権利闘争が，労働法の発展を規定したという次元を越えたところの，大づかみな捉え方である。あるいは，その次元で，戦後法形成的実践・権利闘争の現代的継承，再生が求められている，と言い換えても良い。
7) 「限定」自体に異論がある限り，多様なアプローチの承認ということが成立しがたいが，それは措く。
8) ここでは，一元的人間・団体像の否定が前提となっているから，多くの研究者が，多様なアプローチをするだけでなく，一人の研究者がそれをした上で多元的人間・団体像を抽出し構築することも，予定されている。また，限定的目的の下での人間・団体像の《抽出―構築》も，可能である。
9) 念のため言えば，その故に理論の探求自体をも放棄すべきということではない。自己の理論の正当・妥当性を理論レベルで争うことが，無意味だということでしかない。しかしそれは，理論レベルでの争いが可能な限り，それをも排除する趣旨ではない。
10) 労働法においては，労働条件の最低基準保障のレベルについて，この理は，妥当しない。しかしその問題は，他の理由で説明出来ることであるから，この理を貫くことにする。
11) 例えば，労働組合運動の後退状況，労働者の権利の全面的・包括的な抑圧状況をもたらしている企業社会は，支配・抑圧一辺倒ではなく，労働者の受容を媒介とした労働者の統合として，成り立っている。渡辺治教授の一連の業績――同『現代日本の支配構造分析』（花伝社，1988年），『「豊かな社会」日本の構造』（労働旬報社，1990年）等――参照。この受容＝統合を視野に容れない企業社会批判では，迫力を欠くのである。なお，現在における渡辺治教授の研究は，後藤道夫教授等とともに，日本の新帝国主義化（＝多国籍企業型帝国主義）の分析へと展開している――例えば渡辺治・後藤道夫編『講座現代日本』全4巻（大月書店，1996・97年）――とともに，それにより引き起こされた企業社会の再編にも焦点化されている――例えば渡辺治編『変貌する〈企業社会〉日本』（旬報社，2004年）所収論文――が，触れない。
12) 例えば，現代においては，階級とは，帝国主義国国民対非帝国主義・被抑圧国国民という線でも引かれる。階級意識とは，市民意識でもあると考えるべきである。そうだとすれば，既成の概念内容に固執しているだけでは，不十分である。
13) 西谷敏「転換期の労働法理論」（『法の科学』26号）参照。
14) 本章では，それ自体として論ずることはせず，結論の前提としてまた必要に応じて触れる，という扱いに止める。

第2節　労働者像探求の視点

1　労働者の多様性

　労働者が多様な存在形態を有すること自体は，従来からも認められており，また労働者の中にある差異に着目した立法措置が，採用されてもいる。しかし，「労働者」は，労働組合法，労働基準法が——それぞれの立法趣旨との関わりで若干異なるが，基本的には同一の——一元的な定義規定を置くとともに，労働法全体に貫徹するところの労働法上の人間像としての労働者像，即ち「労働の従属性」という労働法の基礎概念に規定されつつ，一元的な従属的労働者像として，設定されて来ている。「「戦後労働法学」の見直し・転換の試み」の中で提起されているのも，——既述の如く——「従属と自立の統一的把握」としての一元的労働者像である。[1]それらは，労働法の体系的展開，基本的枠組みの基軸となっており，それと矛盾なく調和する限りにおいて，労働者の中にある差異に着目した立法措置が，例外的に許容される形となっている。言い換えれば，労働者の中にある差異に着目した個別的立法・個別的立法措置は，基本的枠組みの言わば拡張適用，あるいは対象労働者への具体化と考えられるとともに，基本的枠組みを崩さない中で許容される例外として，位置づけられるのである。また，そうした捉え方が，正当・妥当と言えるだけの基盤を備えているということでもあった。しかし，これまでの個別的立法・個別的立法措置自体そう捉えて良いか，ましてや将来において個別的立法・個別的立法措置が多彩に展開されるとすれば，疑問とせざるをえない。官公労働者の労働基本権制約立法については，——判例とりわけ最高裁判例はともかく——違憲であることが明白で，労働基本権回復による官公労働者の言わば「一般の労働者」化が課題である限り，官公労働者と民間企業労働者とを区別する必要はない。[2]しかし，家内労働法，「労働者派遣法」，「パート労働法」，「男女雇用機会均等法」，「高年齢者雇用安定法」，「障害者雇用促進法」等の展開は，それぞれ固有の政策目的があるとは言え，労働者の中にある差異を労働者像に反映させるべきことを，示唆しているように思われる。勿論，——前述の如く——具体化・例外として説明出来

ない訳ではないが，そこにはらまれた可能性に着目する方が，展望的である。即ち，こうした個別的立法は，労働者の中の差異が利害の差異として現れ，それに対し労働法の基本的枠組みでは対処し切れないのみでなく，対処すべきではないから，なされるのである。言い換えれば，複数の労働者像があり，それぞれの労働者像に適合する法規制が，行われるということである。したがって——ここまでは——，一般の労働者には一般的（＝一元的）労働者像，特殊な労働者にはそれぞれの労働者像が設定されるという形で，労働者像の多様化は，現行法でも行われていると見ることが可能である[3]。

　もっと一般化して，労働者の多様性は，多様な労働者像を描くことの承認につながらないであろうか。それは，多様な労働者が存在するというだけでなく，その利害，置かれた状況，保有する意識が多様であるとともに，固定的で相互に対立的でもあって，それを法に反映させるべきと思われるからである。従来においてこの問題は，差別，格差と捉えられるとともに，ある労働者は他の労働者になりうるという言わば立場の互換性[4]において，問題解消が図られていた。ところが，前者については，差別・格差の克服の努力によるところの問題自体の消滅が目指されたが，殆ど成功していないどころか，差別・格差は，拡大・深化している。後者についても，立場の固定性が，顕著な傾向となっている。そうだとすれば，利害・状況・意識が共通であるとともに，それらが他の労働者と異なる労働者を一まとめにして労働者像を描く作業を行い，どれだけの労働者像を設定しうるかを，検討しなければならない。

　検討方向としての幾つかの分岐点を指摘すれば，第一に，男性・女性という性別区分[5]である。労基法上の女性保護の撤廃，「男女雇用機会均等法」の強化といった動向が，その是非・当否はともかく，女性労働者の「男性労働者並み」化を押し進めるとしても，男性支配社会，男女役割の固定化，家父長的企業社会が強固に存在する中では，男女労働者の利害・状況・意識は決定的に異なり，別の労働者と捉えた方がスッキリすると思われる。勿論，エリート・キャリアである少数の女性労働者が，男性労働者と同じ利害に立つことが，考えられる。そうとすれば，単純な性別分岐のみでなく，《（男性＋エリート・キャリア女性）—ノンエリート・キャリア女性》の分岐を，含むことになろう[6]。

第二に，雇用主の相違による分岐である。ここでの問題は，雇用主が，国家・国営企業（さしあたり郵政公社含む）・独立行政法人——特定・非特定の区別および後者が民間企業並みであることは，ここでは無視する——・地方自治体・地方公営企業・地方独立行政法人——ここでも，特定・一般・公営企業型の区分および後二者が民間企業並みであることは，無視する——か，民間企業かという区分である。現行法制を前提とする限り，官公労働者と民間企業労働者とは，労働基本権保障の具体的内容の相違，前者の労働条件法定主義およびその生活の国民の税金への依存，「親方日の丸」とか合理化・リストラ努力の差異といったことを見る限り，利害・状況・意識は，相違するどころか厳しく対立的でさえある。別の労働者像を設定する方が，妥当であろう。問題は，官公労働者の中での分岐の可能性への評価である。確かに，労働基本権制約のあり方が異なり，また労働条件法定主義における法のレベル・内容の違い，「親方日の丸」・税金という要因が働く上で，強弱がある。しかし，恐らく国民的合意は，官—民という分岐にある，言い換えれば，公務員は，現業—非現業，国家—地方を区別することなく，一括して捉えられているように思われる。そうとすれば，官公労働者の中での細分化は，不要であろう。

　第三は，民間企業における企業間格差が，分岐をもたらすのかである。かつて二重構造と称された大企業と中小零細企業の格差は，そこに雇われている労働者の利害・状況・意識に，大きな差異をもたらしたし，もたらしている。しかし，とりわけ注目されるのは，いわゆる上昇移動，労働者のライフ・スタイルの安定性，企業社会の受容の意味の違いである。第一に，大企業労働者——ここでは，大企業も様々であることを無視し，あくまでは中小零細企業労働者との大づかみな対比を行う——は，激しい競争，企業への全人格的忠誠と引換えに，昇進・昇格・昇給し，管理・監督者となり（＝職制上の地位の上昇）ひいては経営者となる道が，可能性として開かれている。中小零細企業労働者は，そこでの昇進・昇格はありえても，経営者になるまた大企業労働者となりそこで上昇移動する道は，ほぼ閉ざされている。しかも，大企業による中小零細企業に対する下請・系列的支配は，大企業による中小零細企業労働者への支配であるとともに，大企業労働者によるそれとしても，現象する。したがって，上昇移動の

可能性がないことは，支配（者）―被支配（者）という関係の固定性でもある。第二に，大企業労働者には，採用から定年後までのライフ・サイクルの見通しが立ち，生活が安定的である可能性がある。――成果主義に重点移動しかなり崩れて来ているが，なお残る――年功制，終身雇用は，右肩上がりのカーブを描く賃金を保障し，ライフ・サイクルの様々な起伏を――手厚い企業福祉と相まって――乗り越える可能性を，もたらす。それは，その可能性のない・乏しい中小零細企業労働者の目には，特権的労働者として映るとともに，大企業労働者の側では，その特権の死守の方向に動かし，相互に別種の労働者と意識されて行く。第三に，――それだからこそ――大企業労働者は，企業社会をそのメリットの享受とともに受容しうるが，中小零細企業労働者は，メリットの享受なく，デメリットを押しつけられつつ拒否出来ず，次世代の企業社会の中軸への参入を目指して受容するというように，企業社会の受容の意味に相違がある。それにも拘わらず，両者を同一の労働者像において捉えることは，あまりにも大きな差異を無視する問題性のみでなく，その相互間に生ずる様々な重要な問題――法規制の相違をもたらす可能性あるものを含め――に，目を閉ざすことにならざるをえない。第四に，正規従業員と非正規＝不安定雇用労働者との分岐である[9]。大企業正規従業員と大企業で働く非正規労働者（契約・派遣・パート・下請・社外・季節・日雇・臨時・アルバイト等）の分岐点は[10]，基本的に第三の分岐と同質である。あえて付け加えるなら，一つは，同じ仕事を同じ程度にこなしながら待遇面で大きな格差があること，同じ職場での支配―被支配という形を取るから，――その地位を自分の意思では抜けられない固定性があることと相まって――両者間の相違が，「身分の違い」として現れることである。もう一つは，――非正規労働者を含む日本人労働者の外国人労働者に対する関係と，同様な程の[11]――職場での通常のつき合いからの排除を含むところの，人間性・人格の軽視，無視という現象さえ生じうることである[12]。ところで，非正規＝不安定雇用労働者と一括されるのは，大企業正規従業員に対してであって，その中で――地位の固定性は強くなく，流動性を有するが――の相違も，分岐をもたらすと思われる。それは，――流動性があるだけに――意識レベルよりも，利害・状況とりわけそれに対する法規制のありようの相違に，重点がある。ただ，同じく格差・差別

政策の展開がもたらした側面もある第一,第二の分岐と異なり,政策主体が主として企業である上に,それを支える社会的基盤が脆弱であること,非正規＝不安定雇用労働者の利用形態や重点が変わりうることから,どのような労働者像として捉えることが展望的かは,歴史的・現在的とともに将来的見通しに立った検討を要すると思われる。

　第五の分岐の可能性は,ホワイトカラーとブルーカラー,専門的労働者と非専門的労働者の間にある。[13] 第二次大戦後の労働組合の経営民主化の一環として,職員・工員間の身分差の撤廃の取組みが行われ,そうしたことを踏まえて学歴別年功的労使関係へ移行した。そこにおいては,「青空の見える」昇進制・資格制度,自主管理活動における「社員一体化」が進められ,それらを通じて,ホワイトカラー・ブルーカラーの分岐は,解消されているようにも思われる。しかし,──境界が不鮮明で,相互浸透があるとは言え──明確にそれぞれに区分される労働者である限り,価値・剰余価値の生産と実現に直接関わるブルーカラーとそうではないホワイトカラーとでは,熟練形成,仕事の仕方,管理労働への近接度といったことの違いが,利害・状況・意識の差異を,相互に越えがたい壁としてもたらしていると思われる。しかも,労働組合運動の一つの有力な基盤であるところの,「やつら」と異なる「われら」の固有の文化を軸とする労働者社会の形成の難易において,明らかに異なり,ブルーカラーにとってホワイトカラーは,「やつら」となりうる。[14] 他方,専門的─非専門的という区分は,それ以上に曖昧である。「専門的」ということが,専門的知識,能力を活かすだけでなく,相対的に自律的なそれ故に裁量性が高いことに置かれるならば,企業からの自立性の可能性の強弱において,またそれに即し高い処遇を求めることで労働者間格差により親和的か否かで,区別されることになり,それ故利害・状況・意識のかなりの相違が,認められるであろう。それが,労働者像の違いをもたらす分岐かどうかについては,慎重な検討が必要であるが,可能性は否定しがたい。[15]

　以上の五つの分岐を,全て肯定するのか,その一部のみ肯定するのか,また他の分岐要因がないかどうかについては,緻密な検討を要する課題であることは,言うまでもない。しかし少なくとも,労働者の多様性が,複数の労働者像

第6章 現代における労働者・労働組合像

の設定を必然化していること，それを欠いた一元的労働者像は，たとえその中身の検討の深化がなされても，現在と将来の労働法と労働者の権利の発展につながるところの，何らの契機も見出しがたいことだけは，確かである。

1) 「統一的把握」──その中身・内容が，未だ明確でないとしても──である限り，二元的労働者像ではない。
2) とは言え，その制約立法が，50年以上に渡って全く揺るぎなく維持されていること，労働者・労働組合そして国民のそれに対する批判的規範意識が低調で，スト権奪還闘争も終息しその復活の見通しも立たないのであれば，次の問題と同じと言えない訳ではない。
3) 女性労働者を含めて特殊───一般に対し──とするのは，用語的には不自然だが，ここでは，全ての労働者に共通に妥当する一般の中での特有性として，押さえておく。しかし，そうした一般は，──労組法，労基法の定義の如く──最も簡単で，労働者とそれ以外の者の区別のメルクマールになるだけのもので，「現代における労働者像」については，何事も語りえないもののように思われる──以下の結論先取りだが──。
4) 一般的には，一つの問題に両側面が現れるが，男女については，「差別・格差の解消による男女平等の実現」において，後者の側面が成り立つ関係にあるから，前者の側面のみが現れるとした方が，適切である。
5) トランス・セクシャル，トランス・ジェンダー，さらにはインター・セクシャルの存在を考慮すれば，性別区分をさらに細分化する必要があるが，指摘に止める。
6) ──男性労働者も同様だが──とりわけ女性労働者について，結婚─非婚，母性─非母性といった分岐も，考えられる。その分岐の要不要は，政策展開＝立法措置が規定するとすれば，現在においては，前者＝否定，後者＝肯定となろう。
7) 民間企業における企業規模の問題は，後に扱う。なお，このレベルで，雇用先のない失業者を，別の労働者像として設定しうるかが問題となる。しかしここでは，短期的失業者，長期的恒常的失業者，倒産反対争議─自立生産労働者といった相違をどう考えるかを含め，検討の必要性を指摘するに止める。
8) 倒産＝失業の可能性，生活安定の条件の存否・強弱で考えれば，分岐は，大企業・官公労働者─中小零細企業労働者で，引かれるであろう。しかしここでは，「企業社会＝会社主義」に軸を据えて，問題を考える。
9) 現在においては，多国籍企業型帝国主義化との関係で，多国籍企業である大企業とそうでない大企業との間の分岐が問題になりうるが，指摘に止める。
10) この分岐が，官公労働者，中小零細企業労働者の中にも貫かれることは，言うまでもない。ここでは，典型的である大企業の場面に，論述をしぼっている。なお，この分岐は，企業の格差・差別政策の産物という側面が強いだけに，それによる労働者像の規定性は，過渡的性格を帯びる筈であり，その点で第三の分岐とは異なる。しかし，当面その政策の放棄・克服の見通しがないことから，以下のように──第三の分岐並みに──捉えておく。
11) これは，帝国主義国労働者と非帝国主義・被抑圧国労働者間の分岐の日本国内版であ

91

るから，重大で重視すべき分岐であるが，触れない。
12) 企業社会に敵対的な少数派労働者への——暴力を含む——職場八分や差別も，これと同様である。そこから，企業社会による扱い・処遇の分岐ということが，想定されうる。しかし両者は，企業社会の中軸—周辺という位置関係において相違するし，またここでの分岐が，労働者の客観的な位置に即したものであることから，その想定は採らない。とは言え，こうした少数派労働者のはらむ問題は，企業社会の変革との関わりでは，重要な分岐となる可能性を秘めている。
13) その定義や範囲はやっかいな問題であるが，パターン的捉え方は可能であろう。特に後者は，日経連（当時）『新時代の「日本的経営」』（1995年）が示す財界の「二一世紀経営戦略」——分析については，渡辺治・後藤道夫編『講座現代日本』3 第二部第Ⅰ章（木下武男執筆，大月書店，1997年）参照——に照らして，重要と思われる。
14) 例えばイギリス程には明確ではないとしてもである。財界が要求する「ホワイトカラー・エグゼンプション」が実現すれば，分岐は一層促進される可能性があるし，また今後，多国籍企業化した大企業においては，ホワイトカラーの中での分岐——例えば，進出先の労使関係・労務管理を担う者と国内従来型の者との——が生じうる余地があるが，これも指摘に止める。
15) これに関わって，専門性が企業横断的か否かが問題となり，肯定的であれば，ここでの論述がより妥当し，他方否定的であれば，「専門的—非専門的」という分岐は弱まる。そして，前者であることを前提に，専門的労働者の中での職種の違いが分岐たりうるかどうか，さらに——「専門的」を越えた——熟練労働者と不・半熟練労働者間の分岐，前者における職種の違いによる分岐が，成り立つのかどうかといったことも，検討されるべきである。

2 団結の基盤の多様性と複雑性

労働者は，資本家階級および国家と対立・対抗するところの階級的存在であって，その客観的地位の故に団結せざるをえない（＝団結の必然性）という捉え方は，もはや妥当しない。しかし，問題は，何故妥当しなくなったかということであるし，また逆に現在における団結の基盤はどこに見出されるかが，検討される必要がある。それはまた，そうした角度からの労働者像の探求でもある。ここでは，団結の客観的基盤と想定されるものにつき，その基盤としての意味や強固さの程度といったことを，考えることにする。「団結の客観的基盤」とは，団結（＝具体的には労働組合）をそうしたものとして規定した基盤，あるいは労働者は，どのような労働者を，利害・状況・意識が共通しており団結を通じて問題解決を図りうると考えるのか，言い換えれば仲間と捉えるのか，その可能性の条件であり範囲である。それは，労働組合の組織形態上の類型化に

第6章　現代における労働者・労働組合像

つながる面と，その如何を問わずまた自己の所属している（あるいは所属可能な）労働組合を越えても，連帯意識を持ちうる条件・範囲という面とが，含まれる。いずれにしても，第一に，階級は，決定的ではありえないと思われる。勿論，労働者階級のみが，労働者の団結としての労働組合を生み出したのだから，基底において「階級」というレベルが団結の基盤であることは，言うまでもなく，現在も，そのこと自体を否定しえる訳ではない。しかしそれは，極めて一般的で抽象的な基盤でしかない。つまり，他の基盤抜きに階級的存在であるが故に団結するということは，極めて高度な階級意識を備えた，即ち労働者階級の「歴史的使命」なるものを自覚しかつそれを自らの思想的立場としえたところの少数の労働者の，その立場の具体化としての団結ないしは団結への志向としては，ありえない訳ではない。それは，革命的労働組合あるいはプロフィンテルン流の左翼的労働組合の時代ではない現在においても，労働者の中に存在しえないとは，断定しがたいところではある。しかしそれは，ごく少数の労働者に限られるであろう。また，そうした労働者においても，それは抽象的な基盤でしかなく，団結の基盤は，もっと具体的なレベルであるかも知れない。ましてや，労働者全体における階級意識の希薄化・空洞化，中間層＝中流意識の生成・強化が，かなり以前から進行して現在に到っていることからすれば，階級を団結の基盤と捉えることは，幻想に近いように思われる。

　では第二に，もっとプラクティカルな「労働者としての利害の共通性」は，どうであろうか。それは，一般組合という組織形態に帰結し易いし，またそれを規定する団結の基盤でもあるが，幾つかの留保が必要である。一つは，それが，労働組合の意図的・意識的な政策ないしは組織方針によることである。つまり，そうした政策・組織方針抜きには，団結の基盤とはなりえず，政策・組織方針が，——言わば事後的に——基盤作りをしたということである。先行して存在する筈の基盤は，——第一の場合程ではないとしても——やはり一般的・抽象的であろう。しかも，政策・組織方針による基盤の創出という面と，多様で対立さえしかねない利害を包摂するところから必然的に生ずると考えられる分裂の契機に対して，対応策を絶えず施さざるをえず，その効果如何で，その団結の基盤は，容易に縮小，解体しかねないという脆さを抱えているのである。も

う一つは，日本においては，未だ団結の基盤となりえていないことである。こうした評価には，二重の批判が予想される。第一に，かつての合同労組の経験と複数存在するいわゆる「全国一般労働組合」への結実，明確に地域労組としての性格を掲げたコミュニティ・ユニオンの存在である。しかし，前者については，未組織労働者の組織化の一手段である上に，――それを措いても――企業別組合としての組織化さえ困難な小零細企業を主として対象とした例外的存在であり，かつ期待された程の広がりを持たなかったのであるから，日本にも「労働者としての利害の共通性」という団結の基盤があることの例証としては，不十分である。後者は――再度後述もするが――，その団結の基盤一般としては，確かに「労働者としての利害の共通性」ではあるが，より具体的には，その特殊形態ないし別の基盤に基づくものと理解する方が，妥当である。第二は，日本の労働者も，「労働者としての利害の共通性」を団結の基盤としているのであって，企業別組合という組織形態は，その基盤を具体化した労働組合の出現までの過渡的形態である，そうでないとしても実は企業別組合にも貫徹しているのであって，単産，ナショナル・センターが組織されていることがその証明であるといった批判である。しかし，前者の主張は，既に歴史的に破産したことが明白なものであるし，後者については，単産，ナショナル・センターの実質，実体が企業別組合の連合体否協議機関に過ぎないといったことで，十分反論しうるものである[3]。

　第三に，職種や産業は，歴史的かつ現在的に，最も強固な団結の基盤であることが証明されてはいるが，ここでも日本ではどうかが問題である。日本においても，職種が団結基盤であること自体は，否定しえない。しかし，職種別組合の伝統が殆どないこともあって，職種が団結基盤になっているのは，いわゆる専門職労働者（かつての機関車運転労働者，学校の教職員，医療関係労働者，コンピューター関係労働者，芸術関係労働者，航空関係労働者等）に，限定される[4]。しかも，それが唯一の団結基盤であるとは，――次の点からして――考えがたい。他方，産業が団結基盤であることも，疑えない。しかし，一方で，産業というレベルは，なお労働者にとって抽象的であるとともに，企業間競争に積極的に参画している労働者にとっては団結基盤としての意義が乏しいであろうし，そう

でない労働者にとっても，待遇等の比較の直接の対象範囲としてのまた自己の待遇等に影響を及ぼす可能性が大きいことからの，消極的な団結基盤でしかないように思われる。他方では——それ以上に大事なことだが——，産業が強固な団結基盤であるとすると，企業を越えた横断的な個人加盟の産業別組合として具体化する筈だが，日本においては，そうした産業別組合は，海員組合等があるだけで，全くの例外的存在に過ぎない。したがって，産業が団結基盤であるとしても，それは，抽象的なそれであるとともに，あくまで企業別組合を媒介とした間接的なものに止まっていると評価せざるをえない。

　第四に，地域が問題となる。産業，職種の違いや所属企業の如何を問わず，労働者が地域を単位として団結する指向性を持ちうることは，労働市場，労働条件といった経済的レベルでの利害の近接性のみでなく，国家とりわけ地方自治体を主として相手とした地域的諸課題を地域住民として担うという意味での連帯性から見ても，それなりの必然性を有する。単産，ナショナル・センターが，地域組織を結成するのみでなく，とりわけナショナル・センターへの所属の如何を問わず地域的結集をしていること，争議組合，倒産反対争議・自主生産組合に対する地域所在労組の支援，様々な課題での地域総行動の組織化といったことが，その証明である。しかし，地域が団結基盤であるということの中身の反省と新しい可能性を探ることが，必要のように思われる。総評・高野時代の「地域ぐるみ」闘争といった（戦略的）戦術的対応が，団結基盤としての地域の自覚化，意識的に団結基盤として育成を図りえたということを別とすれば，既存組合における地域とは，ナショナル・センター等中央組織の課題の地域的消化その意味では組織的便宜に止まるか，企業別組合を媒介としたその結集のための便宜的紐帯としての地域の利用に過ぎない，ように思われる。したがって，地域それ自体が団結基盤であるとすることには，疑問がつきまとう。あるとすれば，地域的特性に規定された場合と，地域的諸課題への自覚的・意識的取組みの場合に限定されよう。前者は，大企業本社の集中地域（例えば東京都千代田区），同一産業の企業が密接な関連の下に集中している地域（例えば，大阪・十津川周辺の造船業）といった地域的特性が，団結を志向させるのであるから，——量的には例外的事例ではないとしても——「地域＝団結基盤」とい

う一般化は,しがたい。後者の場合,労働者が,地域——そこに所在する労働組合を含む——に生き地域から恩恵を受けそれ故にお返しをすべきという意識に根ざしている限り,「地域＝団結基盤」となりうる。しかし,——労働者ではなく——地域住民としての連帯性の中での地域的諸課題への取組みという要素が,単に混入しているだけではなく,それが唯一のテコとなっているとすれば,「地域」＝団結基盤とは言いえない。いずれにしても,地域が団結基盤であることは,一般的には主張しがたいのである。ところが,最近のコミュニティ・ユニオンの取組みは,地域が団結基盤となりうる可能性を,示唆しているように思われる。コミュニティ・ユニオンは,産業,職種,企業の違いを越えて,労働者とりわけ未組織労働者を組織している点で,——既述の——合同労組運動の伝統を継承するとともに,一般組合的性格を有してはいる。しかし,一方では,企業別組合としての組織化が困難であるため言わば回り道を行うという過渡的性格を持たない点で,合同労組とは異なる。他方では,「地域にいる労働者」の組織化として,労働者の地域的連帯性に依拠しまたそれを掘り起こしている点において,一般組合とも区別される。それは,正しく地域を団結基盤とした取組みであり,如何なる地域でも可能である点で普遍性を有する。地域が団結基盤であることは,最近においてその条件が成立したと見るのか,かつても同じであったがそうした認識とそれに基づく問題意識がなかったのかはともかく,今や抽象的可能性から現実的・具体的可能性に転換しているのである。

　第五に,企業が,日本において,最も強固な基盤であること,日本の労働組合が基本的に企業別組合であることがその反映であることは,周知の事実である。問題は,その内実や含意である。第一に,企業内的性格である。即ち,労働者であるよりも従業員であるという企業帰属性,企業閉鎖的なしたがって広く「労働者としての利害の共通性」に対し予め閉ざされているという性格が,極めて強いことである。第二に,正規従業員への限定性である。同じ従業員であっても,パート労働者等の加入を認めない傾向がある。第三に,企業への帰属・同調・協調あるいは企業社会の受容の如何,程度が,限定された従業員性の中で,さらに団結の基盤を分解しかねないことである。とりわけ企業に

対し対立的・対抗的な従業員を，団結基盤から排除する傾向が，見られる。それは，企業別組合の一般的性格ではなく，企業の労務管理・労働組合対策や労働組合の路線，傾向といったことに規定されて，現実化するかどうかが決まるものではある。しかし，これだけ強固な企業社会が確立した上に，長期不況下での労働者解雇型リストラと多国籍企業型の帝国主義化が急ピッチで進められていること[11]，それへの反撃・対抗が，労働組合レベルで大変弱いことからすれば，一般化しても良いとさえ思われる。ところで，従業員であることが団結の基盤であるということは，第二，第三の点を克服し，文字通り「従業員」という範囲に拡大される可能性があることを，示している。しかし，企業別組合という組織形態の成立・固定化以降現在まで変化がない——第三の点は，近年の特徴だが——ことからすれば，この団結基盤の中に変化の契機があるないしはその中から変化の契機が生ずるとは，少なくとも当面は考えられない。それは，別に——本節5，6で述べることや次の主観的・主体的基盤に——求められるべきである。また，——従業員性を引きずったままでも——「労働者としての利害の共通性」といったものに開かれる可能性についても，同様であろう。ところが，「団結の基盤としての従業員」に包摂される下位の要因なのか，そのもっと具体的な次元なのかはともかく，職場・職場集団こそが，最も身近な団結基盤たりうることが注目される[12]。勿論現在においては，かつてとは異なり，企業から相対的に自立し独自の秩序と統合力——文化まではともかく——を備えた職場・職場集団としては解体し，企業の専制的支配の下に統合されていることは，確かである。しかし，職場・職場集団は，生活の大半をそこで過ごすなじみの存在であるとともに，労働を通じた対面的存在である。そこには，企業社会とは異なる，独自の文化に支えられた労働社会・労働者社会の形成の可能性が，たとえわずかであれ残されており[13]，また「労働者としての利害の共通性」といったものに開かれる可能性が，ない訳ではない。ただ，ここでも，その可能性が現実性に転化する条件は，今のところ，客観的な団結基盤としての職場・職場集団には見出しがたいようである[14]。

　最後に，——普遍的なものではないが——労働者の置かれた地位，「身分」が考えられる。労働者一般ではなく，社会的に地位・「身分」が固定された労働者

であるが故に，その利害——他の労働者と区別された特有なもの——の共通性が，抽象的でなく具体的な団結の基盤として，意味を持っているように思われる。例えば，パート労働組合は，正規従業員組織の企業別組合から排除されたための，止むをえない選択である面を否定しえないが，その組合によっては解決しがたいところの自らの固有の利害をこそ，組織化の契機にしているように思われる。女性ユニオンは，一層そうである。既存組合から形式上は排除されていない女性労働者が，既存組合がやはり男性支配的で，女性に関わる問題に十分には対応しえていない，フェミニズム＝女性解放運動を労働組合内で展開する上で既存組合は桎梏でしかないと考えて，女性ユニオンの結成という選択をすることは，女性の利害の固有性からして，当然のこととして肯定出来る。こうした団結の基盤は，社会的に地位・「身分」が固定された労働者であると受け止められる労働者層の全てにおいて，それぞれ見出されるであろう。[15]

以上のように，団結の基盤は多様であるとともに重なりうるだけでなく，その基盤としての意味は，単純ではない。また，重複した基盤のいずれが有力かも——恐らく，企業＝正規従業員を別格として——，一義的ではない。いずれにしても，団結基盤が如何なるものかという角度から，複数の労働者像を描くことが可能である。

1) 本章第3節3参照。
2) 「団結の客観的基盤」の存在が，自動的に団結を導出しないことは，言うまでもない。団結に結びつくためには，本節5で述べる「主体的契機」が必要である。なお，ここでの論述は，栗田健『日本の労働社会』（東京大学出版会，1994年），熊沢誠『能力主義と企業社会』（岩波新書，1997年）から得た示唆を，さらに敷衍したものである。
3) いずれの単産とりわけナショナル・センターにも属さないいわゆる中立組合の存在が，——イデオロギー的，運動路線の要因が絡むとしても——そのことを雄弁に物語っている。なお，単産の団結基盤に関わっては，次の点でも触れる。
4) 職種が団結の基盤であることと，現実の組合が複数の職種をより大ぐくりの職種でまとめて組織化していることとで，若干のズレがある点については，問わない。
5) 「労働者」ではなく「地域住民」としての結集は，社会的に意味ある団結であっても，ここでの団結ではないからである。
6) 労働者以外の勤労者を組織しているとか，組織し易いといったことについては，無視する。
7) コミュニティ・ユニオンさらにはその広域的・全国的連携が，あるレベルを越えれ

第6章　現代における労働者・労働組合像

ば，一般組合として捉えられるということはありえない訳ではない。しかし，現在はその水準にないし，それ以上に組織化の主要目的が一般組合化にない点で，区別せざるをえないと思われる。
8) コミュニティ・ユニオンの全国的な組織（全国コミュニティ・ユニオン連合会）が結成されたことが，その証である。なお，一般組合については，かつてのゼンセン同盟を軸とするUIゼンセン同盟の存在とその拡大や自治労と全国一般の組織統合が，一般組合の新しい可能性を拓くものとして注目されるが，指摘に止める。
9) ここで言う「企業」が，国家，地方自治体，国営企業，地方公営企業等を含むものであることは，言うまでもない。
10) もっと言えば，男性正規従業員に限定されるが，その点には触れない。
11) 多国籍企業型帝国主義化──「新帝国主義化」とも表現され，第二次大戦後初めての帝国主義化と捉えられているが，著者としては，帝国主義の「新段階」という認識にある──については，渡辺治・後藤道夫編『講座現代日本』特に1，2（大月書店，1996，97年）参照。
12) これは，事業所別組合や企業別組合の上に立ち，権限を集中している企業連・企業グループ連の存在が，「団結の基盤としての従業員」という側面を，抽象化なり拡散していることにも，関わっている。
13) 熊沢誠教授が，執拗に主張されている──前掲注2）に掲げた文献が，最近のものである──点だが，著者は，それを可能とする契機を別に求める必要性を，感じている。本章全体が，そのための試みである。
14) それは，企業内における，少数派労働組合運動の強力な存在・運動を支える要因の一つであるところの，「経営外的機能」──河西宏祐『少数派労働組合運動〔新版〕』（日本評論社，1990年）等参照──が，示唆するところである。
15) 管理職ユニオンを，この脈絡で捉えられるのか，捉えられるとすれば，地位・「身分」でも──差別性なり格差の問題故に──「労働者としての利害の共通性」一般でもないところの，「具体的な利害の共通性」として，最も強固な団結基盤である企業と並ぶ程の普遍性を有するのか，検討を要するが，指摘に止める。

3　平等主義と階級脱出志向──労働者像のせめぎ合い

身分制的不平等社会であった封建社会を打ち倒した市民革命は，平等主義（＝平等原則，法の下の平等）を樹立した。しかしそれは，あくまで形式的平等，出発点における平等である上に，資本主義が労働者に課す競争原理を，排除するものではなかった。言い換えれば，平等な競争，競争条件の平等化である[1]。労働者・労働組合は，その形式的平等の理念が，少なくとも労働者には適用，拡大されていないことを批判し，その適用・拡大に努力して来た。しかし，それ以上に重点を置いてその実現に力を傾けたのは，結果としての平等，実質的

平等であり，それは，労働者集団に貫かれているまた貫かれるべき規範の，社会・国家レベルでの実現である。結果としての平等・実質的平等に重点が置かれたのは，形式的平等，出発点における平等では，労働者間の競争を排除しえず，その結果としての不平等また一般的な結果としての不平等が，不可避と認識されていたからである。要するに，労働者は，不必要なとりわけ資本・企業の利益となるような競争を慎み，形式的および実質的平等を追求することを，その規範とした存在なのである。第二次大戦後の日本の労働者も，理念としての平等主義を掲げなかった訳ではなく，その理念実現の努力も，なされて来ている。しかし，一方では，労働者集団の規範として形成された理念を，社会・国家レベルへ押し及ぼすというルートを辿るだけの備えがなかったこと，それ故他方では，外からの借り物の理念であったため，その徹底した実現への意欲に乏しく，取組みが不十分であったことも否定しえない。ところが，それ以上に重大なのは，日本の労働者には，もう一つの理念——上述の事柄を建前と表現すれば，本音である——がより重要なものとしてあり，その方が貫徹して来たことである。それは，競争——現在では，能力主義的・成果主義的競争——に開かれた平等主義である。第二次大戦前においては，職員と工員とは，処遇も昇進ルートとその到達可能レベルも，異なる存在であった。第二次大戦後，この身分差＝差別の撤廃が，労働組合運動の重要な課題となり実現されたことは，既に述べた。そこにはらまれていた理念は，——公式にそう主張され取り組まれたに拘わらず——差別撤廃である以上に，能力発揮の機会の平等（＝スタートラインの平等）である。即ち，まず，職員・工員という身分差の故に，出発点が対等ではなく異なり能力発揮とその評価が平等でないため，処遇上の格差を生み出すとともに企業における最終的上昇到達ラインが予め格差的に異なるという事態を，拒否・否定する。次に，労働者としての立場の共通性の故に，資本・企業・管理職の前での不必要な競争を自律的に規制し，結果としての処遇上の平等性を確保するよりも——それが，一般的にも主張されなかった訳ではないし，特に労働組合の中では強い要求でもあったが——，能力を含む競争，そして競争の優劣による結果としての処遇・地位の格差を，容認するのである。ただそこにおいて，資本・企業・管理職による恣意的な評価ではなく公正な評価を求めるが，

第6章　現代における労働者・労働組合像

人事考課・査定自体は，拒否しないのである。こうした理念は，能力主義的労務管理とそれを労働者に内面化する装置としての自主管理（＝小集団）活動の展開を通じて，企業社会が成立・確立した時代（1960～70年代）においてのみ，労働者に受容された理念ではないこと，言わば第二次大戦後の労働者の一貫した理念──前面化・表面化に強弱はあれ──であったことに，留意が必要である[3]。いずれにしても，そうした理念が貫徹している限り，資本・企業が仕掛ける格差・差別・分断支配のための生存競争の組織化に対して，原理的に対抗出来ないどころか，その理念に適合的な競争政策として具体化されたために，その受容度は極めて強いと思われる。

　以上，要するに，労働者は，真の労働者的な平等主義の理念を掲げ，その実現，具体化に努力して来た側面がない訳ではなく，それが，労働者像を規定していた時期もある。しかし，主要な労働者像として現出したのは，その理念を全くの建前として棚上げする反面で，競争原理を受容したところの機会・出発点の平等という理念を体現したそれである。後者の労働者像には，競争原理を排除して真の平等主義に到る契機が，内包されていない。その労働者像の克服の道は，その労働者像を反省し，真の平等主義という──個々の労働者の本音部分でも，拒否されていないが──大変希薄で建前化した理念を体現する労働者像の充実により，希薄化・建前化を濃密化・本音化するという自己努力しか，ありえない。それは，自己の統一した労働者像を分裂させ，分裂した労働者像の下自我を引き裂くことであるが，その痛みに耐える中での再統一化への模索である。それはまた，労働者の外からの労働者への批判を通じて獲得されるものではありえず，競争原理を受容した平等主義という自己に内面化された理念の問題性を，自己自身が自覚し，自己にとって恐らく乏しい可能性であるところの真の平等主義という理念を，自己努力で獲得して行くのでなければならない[4]。

　さらに，こうした否定的理念を支えるもう一つの労働者像を，見ておく必要がある。それは，日本の労働者における「労働者からの飛躍」＝階級脱出志向である。それは，一般社会における立身出世主義の労働者への現れであって，労働者は，労働者性に徹するのではなく，企業・企業社会の階梯を上昇的に移

動し，ついには労働者でなくなる──「経営者」[5]化する──ことを，窮極の目標にしがちな存在である。そうした彼ら・彼女らにとって労働者であることは，決して誇りではなく，人生の成功・不成功は，この脱出の程度に依存する。つまり，「経営者」化することが窮極目標であったとしても，それを実現することは，その目標を持つ全ての労働者に保証されている訳ではない。そこで，その目標にどこまで接近しえたかが，より現実的な目標となるのである。ところで，企業・企業社会は，──既に述べたことを，この脈絡で読み替えるものだが──階層性と階層間格差に，彩られている。労働者は，まず，企業間階層格差の中でより高い階層を目指して競争し──主として受験競争である──，次に，特定の企業における階層間格差の中で上昇移動を目指して激しい競争に身を投じ，上昇移動の階梯の位置に応じて，人生の成功・不成功を計るのである。こうした労働者にとって価値とは，階層間上昇移動でありかつそれに成功することであって，労働そして熟練の労働者にとって持つ意義・意味，労働の成果の社会的意義・意味は，二の次のことになり易い。そして，そうした価値観を有するからこそ，階層間上昇移動の成功・不成功は，階層間対立ととりわけ優劣意識を，もたらすのである。さらに，──企業社会の中軸から排除された──周辺からの脱出志向は強烈であって，周辺から脱出しえた限りでは，周辺への優越意識とともに周辺への転落の拒否・回避意識も，また強いものがある。そしてそれは，現在においては，新帝国主義的市民としての優越意識，非帝国主義的＝周辺的市民への転落の拒否・回避意識にまで，拡大しているところである[6]。

　要するに，労働者は，その一面において，労働者として如何なる存在かではなく，労働者階級としての存在の否定，その階級からの脱出を企てる存在であり，労働者に留まるとしても，どこまでも非労働者に接近すべく上昇移動に促迫された存在である。そうした側面は，生活の安定が何によってもたらされるかという点からの必然的選択でもあって，言い換えれば，生活の安定という目標との関わりで，──それに代わる──依拠すべき拠点即ち一般的で広範な労働者社会や福祉国家の不存在ないしは不十分性の反映でもあると考えられる。

　では，こうした階級脱出志向，より具体的には出世主義的労働者像に対立・対抗する労働者像は，ありえないであろうか。ここでも，労働者的価値観を担

第6章 現代における労働者・労働組合像

い労働者的文化に裏打ちされた独特の労働者社会を形成するところのモデル的労働者では，役に立たない。階級脱出志向・出世主義的労働者の中にこそ，その変革への芽が，見出されねばならない。出世主義的競争に敗れ上昇移動の見通しがないことから，諦めとして表面上出世主義を否定・拒否している労働者も，その価値観に捕らわれているのであって，対立・対抗の芽であることは，望み薄である。自らの置かれた状況への冷静な眼に裏打ちされつつ，出世主義的価値観の空しさに労働者自身が気づく他はなく，その言わば価値観の転換を，労働者自らが行うしかない。積極的な労働者的価値観，それに基づく労働者文化，それらに裏打ちされた労働者社会が，一般的かつ広範に形成されるという展望，期待は，楽観的に過ぎる。それよりも，自己の労働の自己にとっての意義・意味，その成果の社会的意義・意味が，重要である。――両者併せて――「労働の意義・意味」の追求の中で自己の存在を捉えることが出来れば，出世主義的価値観は，相対化されよう[7]。勿論，出世主義的価値観を規定した「生活の安定」が，それにより直接に図られる訳ではないから，価値観の転換は現実性としては弱いし強固な転換とはなりえないであろうが，少しでも出世主義的価値観に疑問が抱かれたり揺るがされることが，大事である。そこに，階級脱出志向・出世主義的労働者像ではない労働者像が登場し，労働者の内心における葛藤が，始まりうるからである[8]。そして，さしあたりは対立・対抗的労働者像が明確でないため，弱々しい葛藤でしかないとしても，後者の像の明確化が強まるにつれて，激しいそして前者の像を圧倒する方向での葛藤に，到るであろう。そして，その明確化のある段階において，モデル的労働者像が活用されるものと思われる[9]。

　以上のような認識が正しいとすれば，副題に示した「労働者像のせめぎ合い」という程の内容を，未だ有してはいない。しかしいずれにしても，とりわけ階級脱出志向の労働者に対し，その外から特定の労働者像を示して批判ないし領導することでは，問題解決を図れない。労働者は，無自覚か自覚的か，抽象的か具体的に捉えているか，いずれにしても現に抱え込んでいる労働者像に，依拠せざるをえないのである。したがって，ここでの課題は，せめぎ合い・葛藤となりうる労働者像が，既述のものの他にないのか，とりわけ現実性

を持ったものがないのか，検討することである。勿論それは，希望的観測や願望としてではなく，現実の労働者のありようから探られるものでなければならない。

1) それが，——以上の点を措いても——理念的建前でしかなく，その実現のために長期の努力を要したことについては，ここでは問わない。
2) これが，——ウエッブ流の——ナショナル・ミニマムの確立，ひいては福祉国家の実現を阻んだところの一要因である。
3) 熊沢誠『日本の労働者像』（筑摩書房，1981年）特にⅢ，Ⅳ，栗田健『日本の労働社会』（東京大学出版会，1994年）特に第一章参照。次の点では，特に後者参照。
4) その際，例えば反「企業社会」的少数派労働者がモデルたりうるのか，労働者が，そのモデルをまたそもそもモデル化自体を受容するかは，また別個の問題ではある。ただ，モデルなき多様なルートを辿る形での自己努力である方が，強靱性を持ちうると思われる。
5) これは，その企業や企業グループの経営者になる，起業家になる，自営業へ転身する（＝脱サラ）といったことの総称である。
6) ここでは，列強帝国主義時代の帝国主義と市民の両立としての帝国主義的市民というレベルのみでなく，新帝国主義を積極的に支え推進する「市民」——もはや，市民とは言えないような——をも，含んでいる。この点については，後藤道夫「『帝国主義』と『市民主義』の垣根」（『思想と現代』1993年9月号）に示唆を受けるとともに，敷衍している。
7) これは，——熊沢誠教授にもある視点だが，それよりも——富沢賢治編『労働と生活』（世界書院，1987年）に示唆されたものの敷衍化である。
8) 例えば，同じく企業の告発であっても，企業の労基法違反の申告（労基法§104①）や告発は対立・対抗的だが，企業の不正を暴く公益通報（公益通報者保護法）では，前者の側面がないとは言えないが，それよりも企業の社会的信頼の確保に重点があるとすれば，それは，こうした葛藤状況の現れと評価出来るのではないかと思われる。またそれは，既述の「労働の意義・意味」にもつながりうるものである。
9) したがって，前掲注4）は，モデル化の完全な否定ではなく，当面活用の余地がないという趣旨である。

4　個人主義と集団主義の射程距離

労働者は個人主義的人間か集団主義的人間かという問題設定は，誤りであって，労働者は，個人主義的人間であるとともに集団主義的人間でもある。そうとすれば，集団主義に収斂した上で，その中での個人主義との対立・対抗を考えるという伝統的図式は，反省されねばならない。しかしまた，集団主義を否

第6章　現代における労働者・労働組合像

定し個人主義に徹するような最近の捉え方[2]も，一考を要する。いずれにしても，問題は，個人主義，集団主義それぞれの中身とその相互関係のありようであるとともに，その射程距離にある。

　労働者の個人主義は，市民革命を担った市民性としての個人主義との距離関係において，まず捉えられるべきである。市民的個人主義とは，自らが，市民的権利——現在では，それに社会的権利がプラスされる——の主体であること（＝市民主体性）であるが，それだけではない。他の市民の権利主体性を尊重するだけでなく，市民的・社会的権利の抑圧に対し，命を賭しても抵抗するという能動的・積極的主体であるということにこそ，市民的個人主義の真義がある。それを文字通りに担った個人主義は，幻想であるかも知れないが，それに開かれた個人主義かどうかが大事なことであって，その上で，どこまで言わば理想に近づいているのかが，見極められる必要がある。日本の労働者は，市民革命を経なかった少なくとも不十分であったが故に，またそのため労働者に市民的権利の担い手たる資格を求め過ぎたためか，さらに同時に与えられた社会的権利の確立と崩壊の同時進行やその特権的受け止め方もあってか，市民的個人主義に開かれているとしても，理想には殆ど接近しえていなかった[3]。また，日本資本主義・企業社会の展開が，「煮詰められた[4]」ものとしても市民社会化を達成する中で，労働者以外の階層の市民主体性が確立しつつある一方で，労働者の市民主体性はそれに立ち遅れるだけでなく，今や社会的権利主体性さえ喪失しているのではないかと疑われる状況にある。勿論，市民的・社会的権利主体性の確立は規範的に肯定されているから，それに開かれていることは疑いないが，それに止まっているように思われる。

　第二に，私的利益の追求における構え方が問題となる。一つは，私的利益を個人主義的に追求することが肯定されているかどうかである。それについては，歴史的・伝統的な「滅私奉公」的心性がなお根強く残り，私的利益の追求を人生の価値，目標（＝生きがい）とすること，その一環である「仕事より私生活の重視」ということを正面切って肯定することに後ろめたさがあったことは，否定しがたい。ただしかし，1960年代以降，私生活重視型の生活スタイルが少なくとももう一つの価値ないし考え方として認められるようになり，私的

利益の追求が,積極的に肯定されて来ているように思われる。もう一つは,私的利益が公共性に開かれそれとのつながりを有しているかどうかである。それを検討するためには,他人の私的利益への対応のあり方,私的利益相互間の関係性の捉え方という問題を,前提的に解明する必要がある。私的利益の追求とは,本来的に,エゴイズムの要素をはらんでいる。それが徹底されれば,他人の私的利益を尊重,配慮するどころか,自己の私的利益のためそれを踏みにじることにも頓着しない態度となるが,そうした傾向が日本の労働者には全くないとは,言い切れない。しかし,様々な差異を相互に承認しあった上での共生を重要な価値,目標とするところまでには到らないとしても,他人との共生は暗黙の前提となっており,他人の私的利益を踏みにじる手前で踏み止まるだけの節度は,規範として備えているように思われる。以上が,他人の私的利益との消極的関係性だとすると,もっと積極的な関係性であるところの私的利益相互間の妥協,調整の上で形成される公共性との関わりは,どうであろうか。その点では,公共性のありようおよびそれについての構え方が,問題となる。それは,未だ,公共性とは自己に関わらない所与のものとして与えられ押しつけられるものであるとともに,国家的公共性の優位において,捉えられているように思われる。したがって,個人の私的利益は,公共性に従属するものとしてか,それに対立・対抗的に主張することが——悪ではないとしても——望ましくないものとして,捉えられていることになる。本来公共性は,個人の私的利益の外に存在するのではなく,それらの寄せ集めの中での妥協,調整として形成されるのであって,そうした市民的公共性を軸として国家的公共性も編み上げられて行くのである。その上,国家的公共性と市民的公共性が対立・対抗する場合には,後者の優位において,決着が図られるべきものである。ところが,日本においては,そうなりえていないのである。それは,労働法的また労働者的公共性でも同様であり,労働者は,それを与えられたものとして消極的・受動的に享受する——労働者の権利・利益の保障である限りにおいて——に止まるため,その公共性の充実,発展へのイニシアティヴを採りえず,その変容ないし「後退」と評価されている最近の労働政策の展開に対し,機械的反発か諦めかという態度に終始せざるをえないのである。

第三は，集団主義との関わりである。ここで問題にするのは，個人主義と集団主義との関わり方の一局面であるが，その関わり方自体ではなく，個人主義の側のありようである。端的に言えば，集団主義の弊害としての個人の抑圧という事態に対し，個人主義が，対抗しえているのか抵抗拠点になりえているのかである。問題は，二つに区分される。一つは，価値的序列化の存否である。即ち，集団と個人のそれぞれの価値を認めた上で，何よりも個人の価値を重視しそれを優位に置くような個人主義かどうかである。それが肯定される限り，個人主義は，集団・集団主義による個人の抑圧を価値的に否定的なものと捉えた上で，それへの抵抗拠点になりうることは，明らかである。しかし，日本の労働者においては，個人の尊重，個人の尊厳の自覚と立場が獲得されつつあることは否定出来ないとしても，集団・集団主義に対する個人の価値的優位という次元にまで到達しているとは，断定しがたい。それは，企業社会を支える自主管理＝小集団活動の積極，消極の受容という事態をさて措いても，異質なものを排除しつつ集団的同調を強要する心性への拒否・否定的意識を見出すことが，困難だからである。もう一つは，――価値中立的であってもなお――集団・集団主義による個人の抑圧に対し個人主義は，対抗・抵抗しているであろうかという問題である。人間が個人として他人と異なる個性を持って社会において生き，そこに生ずる様々な問題への対処――その仕方はともかく――を自我の分裂を回避しつつ行うとすれば，それを行いうるのは，個人主義を措いて他にはない。そうした一般論レベルにおいては，個人主義は，対抗・抵抗の拠点たりうるであろう。そうした個人主義を越える――先の価値的序列化にまで到ることを含めて――かどうか，言い換えれば個人主義が鍛えられるかどうかは，抑圧の性格，それとも関わって抑圧への対抗・抵抗が個人にどう跳ね返って来るかといったことに左右されるところの，言わば事実問題であろう。

　第四に，――これも集団主義との関わり方の一局面であるが――共同性への開放度が問題となる。個人主義は，まずは，孤立化しアトム化した個人のあり方であるが，社会的人間たる限り共同性に開かれたものでなければならない。しかもその開かれ方は，他人と協力しつつ共通の目標を設定しその実現に努力するという共同性に開かれていることは，当然のこととして，さらにはその共同性

が肯定される限り、どこまでもその維持、発展に向けて努力するという強靱さを備えたものであること、共同性の中での責任分担をキチッと担えるものであることが求められる上に、なおかつ共同性に埋没することなく個人を確保していることが必要である。そう考えた場合、日本の労働者の共同性への開かれ方は、共同性——それが如何なるものであれ——がまず所与のものとしてあって、それとどう関わるかが問われる傾向が強いことから、最低限の開かれ方はあるものの消極的・受動的な関わり方に止まり、強靱性、責任性に乏しくしたがって埋没型になりがちである。他方で、集団主義は、いろいろな側面において強固に見出される。まず、集団の目的、性格の如何を問わず、集団への同調が規範化されているようである。同調の程度はともかく、事の是非、利害・得失を離れて所属する集団に同調することが、歴史的かつ社会的に抜きがたい傾向としてあり、労働者もその例外ではない。そして次に、集団と個人が対立・対抗する場合、集団の優位において逆に言えば個人の犠牲において問題を処理しがちになる。「戦後労働法学」における「団結（権）の優位」という理論傾向[10]は、他の要因を度外視すれば、こうした労働者の意識、心性にマッチしたものであったと思われる。ところで、この集団主義における集団の意義が、問題である。一つは、集団とは、個人がその利益を実現するための手段として自らが形成するという側面が、弱いことである。つまり、集団は、個人の外に既に所与のものとして存在する——個人は、それに参加するに止まる——のであって、個人の作為、決断によってもたらされるものではない、と捉えられている。それ故、集団の目的、性格も所与のものであって、個人にとって不都合であれば個人によって有利な方向に変更しうるものとも、考えられていない。言い換えれば、集団自体が目的であって、それが至上視されがちであり、そのことにより、集団の生理が病理に変わる——寡頭制の鉄則、官僚制・官僚主義の弊害——ことに対する歯止めあるいはその克服のバネを、集団自体が内包しえないのである。もう一つは、集団相互間の価値的序列の不存在である。集団主義は、集団相互間を対等・平等な関係に置いた上でそこに貫かれるのだから、如何なる集団が優位か、価値的に優れているかといった捉え方が、——他の要因によってはありうるが——それ自体には存在しない。したがって、様々な集団が併存しう

るし,それぞれの集団への同調といったものが,さしあたり矛盾なく両立しうるのである。それ故,労働者にとっての集団は,団結だけに限定される訳ではなく,企業・労働組合への二重帰属意識が矛盾なくまたいずれかが価値的に優位することなく,存在しうるのである。こうした集団主義は,現在でも貫徹しているが,他方で,個人主義の強まりもあって,弱体化してもいる。しかし,集団抜きに個人が存立・存続出来ないことも,確かである。そこで求められるのは,否定的に評価される集団主義ではない望ましい集団主義の探求である。さしあたり,無条件的同調から条件付きの同調へ,集団優位から個人優位への転換,目的としての集団から手段としての集団それ故個人の作為・決断により構成される集団へ,また集団の対等・平等性から価値的序列の設定へという変容が,求められる。日本の労働者においては,そうした変容は,未だ——局部的にはともかく——課題であるとともに,課題性の認識が,ようやく登場している段階にあるように思われる。

　日本の労働者の個人主義・集団主義の現在は,「集団への個人の埋没からの離脱,個人の尊重,集団の機能に着目した集団の選択」という——完全ではなく,それに反する働きをも内包しつつ——段階にあり,ここから,それぞれの望ましいあり方を追求した上で両者の新しい関係を構築しうるかどうかについては,未だ確定的なことは言えない。しかし少なくとも,前者の契機,要因あるいは手掛かりは,現実の中に見出されるように思われる。したがって,そうした複合体としての労働者像が,現在における現実的存在なのである。

1) 階級的な集団的主体として進歩的であるという捉え方と,村共同体的・家族主義的な遅れた集団主義という把握の仕方が,対立・対抗するということである。
2) 菅野和夫・諏訪康雄「労働市場の変化と労働法の課題」(『日本労働研究雑誌』418号)参照。
3) 市民を,ブルジョア階級ないし中間階級として理解し,労働者階級にそれが対立・対抗するという図式の強固さ,労働者を市民社会の外ではなく中に位置づけ包摂するところの「市民社会のグラムシ的段階」あるいはレギュラシオン学派の言うフォーディズム段階——さしあたり,後藤道夫「政治・文化能力の陶冶と社会主義」(『現代のための哲学』2所収,青木書店,1982年)参照——への日本資本主義の立遅れという,主体的,客観的要因も絡んでいる。
4) 後藤道夫「階級と市民の現在」(石井伸男他『モダニズムとポストモダニズム』所収,

青木書店,1988年)参照。
5) 「観念と現実」という表現を借りれば,観念としては肯定されても,それが現実となりえたかという点では,必ずしも十分ではない。私生活重視型の生活スタイルの真の確立には,「労働・職業生活と家庭生活の両立」という現在進められている男女共同参画社会作りの帰趨如何に,係っているように思われる。また,この段階における私生活重視型の生活スタイルの肯定は,大衆消費社会の形成とも重なっており,手放しで評価出来るものでもない。したがってそれが,政治的・社会的な保守主義と結びつくか,そこを拠点とした抵抗性,変革志向性を持ちうるかは,次の問題如何によろう。ただ残念ながら現在においては,前者の傾向の方が強いようである。
6) その萌芽の存在は,とりわけ労働者協同組合運動,ワーカーズ・コレクティヴの動向に,窺われる。さしあたり,石見尚編著『日本のワーカーズ・コレクティヴ』(学陽書房,1986年)参照。
7) 著者は,近年の労働法改革──「男女雇用機会均等法」,「労働者派遣法」の成立,労働時間法制を中心とする労基法の改正等──の評価については,籾井常喜博士が当時展開していた考え方と基本的に同じ立場に立っている。それ自体は未だ直接には論じていないが,それは,著者の社会保障法改革についての評価視点──拙著『「人間の尊厳の原理」と社会保障法』(法律文化社,1991年),同『社会保障の権利論』(同,1994年)──の延長線上の必然的見解である。
8) したがって,集団主義の側で,その弊害の克服策がどう用意されているか,それにより個人主義の対抗力の強弱が左右されるといったことは,重要な事柄であるが,ここでは問題とならない。
9) ここでは,公共性,共生では必ずしも共同性を伴わないとして,共同性を独自に問題化している。
10) 石田雄『日本の政治文化』(東京大学出版会,1970年)参照。
11) 歴史的・現在的に現実を見る限り,企業帰属意識の方が強いが,それは,集団の性格自体によるものではない。なお,この二重帰属意識の後退という状況は,個人主義の強まりの反映としての組織離れということであろう。そこからは,集団主義の再生,再建の方が,──勿論,如何なるそれかが問われるが──焦眉の課題として浮かび上がって来るようである。
12) 稲上毅編『成熟社会のなかの企業別組合』(日本労働研究機構,1995年)特に第1章参照。なお,そこでも分析されているところの,最近のユニオン・アイデンティティの取組み──その方向・内容そして実現度への疑問が,多々あるが──や,高橋祐吉『企業社会と労働組合』(労働科学研究所出版部,1989年)終章から,本章第3節に関わる示唆を得ている。

5 団結志向性の主体的契機

「団結志向性の主体的契機」を問題とするのは,本節の展開としては「2 団結の基盤の多様性と複雑性」を踏まえて,客観的な団結基盤という言わば抽

第6章 現代における労働者・労働組合像

象的可能性が, 具体的団結へと現実化する上で主体的契機が不可欠である, という連関にあると考えるからである。しかしもっと切実な問題は, 組織率が20％未満に低下するだけでなく, 今後も一層落ち込むことが予測される現在において, 労働者には団結志向性が本当にあるのか, 団結とは労働者にとって必然なのか, あるいは団結は幾つかある選択肢の中の一つに過ぎないのか, 深刻な検討が必要な状況にあることである[1]。それは, 労働者の団結への志向の主体的契機がどこにあるのか, さらに主体的契機の持つ意味は何かを探ることであり, それを通じて現代における労働者像の一側面を, 明らかにすることである。

　まず, 団結への志向性に関わって外から強制がある限り, 労働者の団結への主体的契機は存在しないという捉え方が, 必要である。それは, ユニオン・ショップ制の評価に関わる[2]。かつてはユニオン・ショップ制は, その「両刃の剣」の性格を保持しつつ, 主要には, 使用者による団結承認, 組織の拡大・強化に資するとともに, ユニオン・ショップ制の有無を問わず, ——労働組合による労働者の組織化の努力への反応という側面も含んで——団結志向性がそれなりに存在したこともあって, ユニオン・ショップ制の尊重意識と相まって, その存在が, 労働者の団結志向性の主体的契機でありえた, ないしは主体的契機を規定しえたと思われる。しかし現在においては, ユニオン・ショップ制は, 組合内少数派に対する執行部・多数派の労使一体となった抑圧の武器という側面を含んで, 執行部・多数派の安定化のための装置でしかなく, 労働組合による労働者の組織化の努力の放棄の免罪符になっている状況である。そのためユニオン・ショップ制は, 解雇の脅威を担保とした労働者の団結への強制でしかなく, そこには団結志向性の主体的契機は見出しがたい。勿論, ユニオン・ショップ制のある企業の労働者全てについて, 団結志向性の主体的契機が存在しないとまで評価するのは, 行き過ぎであろう。他の主体的契機がない訳ではないからだが, もしそれさえ欠けているとすれば, 団結志向性における主体的契機がないまま団結に所属している労働者が, 存在しうることになる。そうした労働者には, 団結とはやむをえざる消極的受容の対象であるかせいぜい必要悪でしかなく, そこからは, 団結のありように対する問題意識もそれに規定された

団結の変革志向性も，生じえないと思われる。いずれにしても，団結への強制は，団結志向性の主体的契機の否定と考えられるべきである[3]。

したがって少なくとも，団結志向性の主体的契機は労働者の任意の自発的意思に求められねばならず，その中身が問題となる。その点で考えられる第一のものは，メリット論である。団結そして団結への所属に何らかのメリットがあれば，そのメリットの享受を求めるという形での団結志向性の主体的契機が認められる。それは，さしあたり，団結志向性を否定する様々な要因の存在に拘わらず，それらを越えうる価値あるメリットであるかどうかを，問わない。またそのメリットが，賃金を初めとする労働条件の改善といった経済的メリットであれ，仲間とのより緊密なつき合いの確保といった社会的，精神的メリットであれ，労働者が持つ欲求，要求の充足，実現を団結に求める限り，団結所属に伴うデメリットの存在，その強度がメリット論を現実化させないかどうかは，次の問題である。ところで，その問題を考える上で，前提として押さえておくべき事柄がある[4]。かつてにおける団結志向性には，いわゆる経済的メリットの重要性も否定しえないが[5]，たとえそのメリットが希薄であっても，仲間の掟を守り仲間と苦労をともにして生きることが労働者の生き方であり，それが団結において具現されるから団結志向性を持つということが，有力な主体的契機としてあったことは，否定しがたいところである。それを精神的メリットとして捉えるとすると，現在においては，両方ともなお存在するのか，存在するとして後者のありようがかつてとは随分異なるのではないかということが問題となる。経済的メリットは，基本的には，団結の機能によるその充足・実現度により，団結志向性の強弱さらにはその存在の肯定・否定を帰結する。しかし他方で，経済的メリットの充足・実現度は，団結の機能次第と言っても，それ以外の客観的要因——経済の成長性，好況・不況の波，企業の業績といった——に左右される側面が強い。それ故，経済的メリットが団結志向性をどこまで規定するかは若干複雑ではあるが，やはり，《その充足・実現度＝高 → 団結志向性＝強，その充足・実現度＝低 → 団結志向性＝弱 or 不存在》という連関が，傾向的にはあるように思われる[6]。そうだとすれば，労働者生活の確保，安定への労働組合の寄与度が極めて低下している現在において，なお20％程度の労働者

第6章 現代における労働者・労働組合像

に団結志向性が認められる理由と強靱さが、問われねばならない。それが精神的メリットだとすると、それは、かつてのような労働者の生き方といったものではないであろう。考えられるのは、高度な思想的営為の場としてではなく、もっと素朴な事柄、即ち——企業社会の中での激しい競争、差別・分断支配により失われているところの——人間的触れ合い、生きがい、自己実現そして人間性の回復を求める場としての団結の意義である。それは、一方では、——経済的メリット以上に——どれに重点がありまたその内容は如何なるものかという点で各人各様でありうるため、精神的メリットとして一括すること自体問題をはらみがちではある。他方で、そうした精神的メリットは、——これもかつてとは異なり——労働者が関わる集団の多様化もあって、必ずしも団結にのみ求める必要がないこと、言い換えれば団結は、他の労働者集団との間で精神的メリットをめぐる競争・競合関係にあることにおいて、団結志向性の主体的契機としての弱さを抱えているのである。いずれにしても、現代の労働者の団結志向性の主体的契機は、経済的メリットのみでなく精神的メリットにもあるが、その上に、前者の契機の低調性の反面で、後者の契機の重要性が増しているように思われる。そして、両方の契機とも、それが十分には充足・実現されなければ、団結志向性の否定、弱化をもたらす一方で、そのメリットの充足・実現を団結に求める志向性が維持される限り、団結のありようの変更への動機づけ、テコとなる点が、重視されねばならない。またこの点においても、経済的メリットの充足・実現のためのこの間の長期に渡る団結の変革のための努力が、実を結んでいないことからすれば、メリット論における主要な契機は、精神的メリットに置かれるべきと思われる。

　第三の契機——積極的契機としては第二のものであるが——は、倫理観のレベルのものである。それは、メリットがあろうとなかろうと、団結志向性を採ることは労働者の——正確には、労働者たる自分の——義務である、団結を志向しないことは労働者のモラルに反するという認識を持った上で、——他の労働者はともかく——自分はそうしたモラル違反を拒否する、団結のありよう如何は、——他でもなく——労働者そして労働者たる自分に責任があるし、その責任を全うする上でも団結志向性を持つことが必要であり必然でさえあるといった、言

113

わば倫理観に基づくものである。それらを「責任意識」と称するとすれば、それは、伝統的な労働者的モラルと重なりつつそれより広いものである点において、団結志向性の主体的契機としてはより有力である。しかしここでも、どこに重点があるのか、「責任意識」の多様性ということから各人各様となる点、またこうした「責任意識」は持続性の面で弱いこと、その上それが現れるのが少数の労働者に止まり普通の多数の労働者にまで広がる可能性に乏しいことに、難点がある。しかし、こうした主体的契機があるとすれば、そして団結志向性が広範な労働者には見られないとすれば、その存在は貴重である。そしてまた、その「責任意識」は、団結のありようについての問題意識と最も結びつき易くそれに基礎づけられた変革志向性が豊かである点において、注目されるのである。

　第四の契機は、「目的─手段」意識である。これは、「メリット論」を別の角度から見る側面もあるが、固有の特徴もある。団結志向性が、団結が如何なる役割、機能を果たすのかを問わず、団結すること自体を目的としたものであることは、「団結（権）の優位」、団結至上主義的考え方が支配していた時代においても、建前はともかく実際上は必ずしも強くなかったと思われる。つまりその際においても、団結志向性は、団結を自らの欲求・要求を充足・実現する場、言い換えれば手段として捉えていたのである。しかし、団結の手段視という言わばプラグマティックな見方は建前なり公式上は否定され、建前・公式上は団結＝目的とされていた。あるいは、目的の優位の下での手段視であった。現在においては、建前、公式上とも団結＝目的とする団結志向性は姿を消しているないしは極めて弱まっているため、団結＝手段としての団結志向性が、現実的な主体的契機となって来ている。しかし一方では、目的のための手段である限り、その目的が他の手段で賄われるのであれば、手段としての団結志向性は弱まらざるをえない。また他方で、目的の違いが手段としての意義の相違となることとの関わりで、ここでも各人各様であることを避けがたい。そうした弱さを抱えつつであるが、例えば労働者の連帯的生活利益の維持・擁護という共通の目的が設定されるならば、そしてその目的実現の手段としては、歴史的・現在的に団結しかないことが共通の認識となれば、団結＝手段としての団

第6章 現代における労働者・労働組合像

結志向性は，強力な主体的契機となりうる筈である[10]。しかしこうしたことは，一般的には承認されていながら，必ずしも団結志向性につながっていない現実があることが，考慮されねばならない。恐らく，こうした一般論の上に，手段性の徹底という団結の側における変容と相まって[11]，主体的意思如何で目的および手段たるありようを変更出来るということを媒介として，団結＝手段という団結志向性が，現在の有力な契機となると思われる。

　最後に強調すべきは，現在における団結志向性の主体的契機として決定的意味を持つのは，労働者の決断に基づく選択であるということである[12]。団結志向性は，もはや労働者にとって必然ではなく，――「数の多数」の論理によっても――必ずしも必要とされてもいないと考える余地がある。そうとすれば，労働者が団結志向性を持つこと自体が，様々な要因，条件を考慮した上での任意の自発的な決断に基づく選択の産物であり，その決断には，ある種の飛躍――これまでの自己の労働者としてのありようを，越えようとするところの――さえ伴うものである。既述の四つの契機のいずれかもしくは複数の契機の重なりにおいて，団結志向性を持つ労働者においても，その契機の獲得自体が《決断 → 選択》でありうる。しかしここで問題とするのは，そうした契機を欠く労働者がなお団結志向性を持つとすれば，《決断 → 選択》の契機を措いて他にないことである。言い換えれば，それ程団結と個々の労働者との間には埋めがたい距離が出来ているのであって，労働者の側から埋めるとすれば，飛躍を伴う決断とそれに基づく選択として団結志向性を自己のものとするしかないのである。決断・選択を促す要因は各人各様である点で弱さをはらむことは，確かである。しかしそれは，一方では，団結志向性へのアプローチの多様性，豊富さであるとともに，他方では，決断・選択としての共通性が，他の誰でもなく自分自身のそれであることとも相まって，反って強固な団結志向性となりうる点において，可能性大と言えるのである。

　現代における労働者像としては，団結志向性の主体的契機との関わりで，何らの主体的契機をも持たない労働者，主体的契機を欠きながら団結志向性を強制される労働者，経済的ないしは精神的メリットに期待して団結志向性を持つ労働者，「責任意識」に裏打ちされた団結志向性のある労働者，手段的団結志

向性にある労働者,《決断 → 選択》を通じて団結志向性を創出した労働者を,想定することが出来るように思われる[13]。

1) この課題は, 主体的労働者像が成立するための前提として不可欠なものである。勿論,「団結志向性は持たないが, 主体的である」という労働者像を想定しえない訳ではないが, やはり, 団結権と労働権両方の担い手たりうる労働者像を描く方が, 規範的要請に合致するとともに, なおリアルであると思われる。なお, 団結志向性という場合,——団結の客観的基盤と異なり——志向される団結の質が問われるはずであるが, その問題は本章第3節で扱うこととして, ここでは団結一般の次元を問題にする。
2) これは法的評価にも関わるが, それよりも, ユニオン・ショップ制の団結志向性に及ぼす影響の社会規範的なそれである。したがって——著者は, 本書第7章第4節で示すように, 違法論の立場を採っているが——, たとえそれが合法であるとしてもここでの主張は変わらない。
3) ユニオン・ショップ制以外の団結強制の方策につき, そのように評価出来るか否かに関しては, それぞれの方策ごとに, 強制の程度・ありよう, 主体的契機の介在の余地といったことの検討が必要である。しかし, 現在の日本においては, その現実的必要性がないから, 省略する。
4) 一人の労働者にとっての団結のメリットは複数でありうるし, それらのメリットが各自に対し有する意味は, 一律ではない。したがって, ここでは, どのようなメリットが主体的契機として重要なのかを, 一般的に論ずるに過ぎない——勿論, 労働組合の組織活動レベルではそこまで分け入る必要があるが——。
5) 「経済的メリット」は物質的な欲求・要求,「精神的メリット」は精神的な欲求・要求——次に出てくる叙述は, その一例である——という程度の極めて大雑把なもので, 議論を解り易くするための便宜的類型化でしかない。
6) 高度経済成長の時期における「ヨーロッパ並みの賃金の実現」といった成果による3分の1の組織率の維持——労働者のかなりの増加にも拘わらず——に対する, 1975年以降の春闘30連敗, ME合理化・減量経営・リストラへの労働組合の対応の不十分性といったことを要因とする組織率の傾向的低下が, それなりの証明である。
7) 念のために言えば, 既に述べたユニオン・ショップ制との関係で, 理由・強靱さを問うべき労働者はさらに少数になるであろう。しかしそれでもなお, そうした労働者が存在するからこそ, この問いが意味を持つのである。
8) ユニオン・アイデンティティの取組みは, そうしたことを踏まえた組合側からの対応であるが, なお問題把握は浅いようである。さしあたり稲上毅編『成熟社会のなかの企業別組合』(日本労働研究機構, 1995年) 参照。
9) ここでは,「労働者社会」に労働者的モラルが定着しており, 団結はその凝集点であるというかつての捉え方は, 現在では妥当せず, 前者の不存在, 後者の不鮮明化という捉え方をしている。労働者的モラルを即自的には使えない所以である。
10) これは, 団結の必要性,「数の多数＝力」と結びつき, それが主体的契機であることを示唆しそうである。しかしそれは, 少なくとも, 個々の労働者の主体的契機としては

抽象的に過ぎるので，省く。なおこの点は，本章第3節で触れる。
11) 本章第3節4参照。
12) これは，既述の四つの契機のそれぞれに絡みつつなおそれらに収まり切らない契機として，独自の意義を持つのである。
13) 既述の如く，主体的契機のある団結志向性は，相互排他的でなく重複しうるものである。

6　主体的労働者像の現実化への道

ここで問題にするのは，主体的労働者像と従属的労働者像という矛盾した労働者像が如何に統一的に把握されるかではなく，またそれぞれの中身とその連関を明確にすることでもない。西谷敏教授が，「労働者の従属と自立の統一的把握」として示すところの「使用者に経済的および人的に従属する状態にありながら，たえずその従属状態を自らの主体的努力によって克服し（よう）……とする能動的人間」という捉え方自体は，肯定した上で，それが如何にして可能なのかを検討することが，ここでの課題である。こうした問題設定をする理由は，第一に，「労働者の自由で自律的な自己決定を可能にする状況にないこと，その状況を打破する労働者の自覚的な動きが見えない」という批判に如何に答えるかが，問われるからである。言い換えれば，主体的労働者像を設定しそれと従属的労働者像との統一的把握を主張しても，その主体的労働者像が現実化する，あるいはその捉え方を承認しうる現実が存在するのでなければ，観念的な上滑りの主張になるか理想の表明に終わらざるをえないからである。それを回避する道は，「主体的労働者像」が妥当する現実が登場するまで，その捉え方を棚上げする——問題意識，課題意識としては維持しつつ——ことである。しかしそれは，現実追随的であり過ぎる上に，問題・課題の回避にしか過ぎない。著者は，——西谷敏教授とともに——「主体的労働者像」の設定を，肯定する。それだけに，その批判に回答を与えなければならない。第二の理由は，課題が，現実把握に止まらず，現状打開の展望と結びついている——「ある」とともに「あるべき」が，問題となっている——とすれば，現状打開がどのような道筋において行われるかが，示されねばならないからである。現代の労働者は，図式的に言えば，全面的従属的労働者，《（従属性＝強）＋（主体性＝弱）》の労

働者，《(従属性＝弱)＋(主体性＝強)》の労働者に三分割されるとすれば，前二者が圧倒的多数であろう——それ故，「主体的労働者像」と現実との不整合が，指摘されることになる——。そこから，第三の労働者が多数となる道筋が，現実的見通しとして提示されない限り，——従属的労働者像と統一的に把握すべき——主体的労働者像は完結しないし，両者の統一的把握も不可能となるのである。第一の問題への解答も，結局それに収斂されるであろう。

　著者は，それを労働者における「変革主体形成」論の展開であり，かつそれを労働者総体レベルのみでなく個々の労働者レベルにおいて具体化する課題と，捉えている。しかし，ここで前者の問題を論ずることは屋上屋を架すことになるし，それよりも個々の労働者レベルの検討の方が重要なので，後者に関して幾つかの点を指摘するに止める。指摘したい事柄は，第一に，労働者の自己否定とその担保，第二に，市民主体性の確立，第三に，「前衛性の取戻し」，最後に，連帯性の支えである。第一の「自己否定」とは，一つは，従属性の拒否である。この場合，従属性の内容についての正確な認識が，前提である。従属性の認識抜きに，言い換えれば「自分は従属はしていない」という認識の中からは，従属性の拒否ということは，生じえないからである。その際注意が必要なのは，「正確な」認識は，従属性の全体でなくても，その一部でも良いということである。初めから従属性のトータルな拒否を望むことが，現実的でないことにもよるが，それよりも，従属性拒否の手掛かりは多様でありうるからである。もう一つは，従属性の言わば社会悪としての認識，逆に言えばその拒否の社会正義としての認識が，必要である。単に従属性を嫌悪するだけでは足りないし，またよりましな従属性を求める形での拒否でも不十分である。正にラディカル（＝根源的・根本的）な拒否でなければならない。それは，労働法の歴史と労働法理論を知るものにとっては常識ではあろうが，その常識が通用しない状況において改めてそれを常識化する試みである。しかし，現代における——資本主義体制・企業社会の受容・同調が支配的な状況である——常識化だけに，社会悪・社会正義の中身は，確たるものでなくても大まかにそれに該当することで足り，またその認識に到るルート，プロセスは多様であって良い，というように緩やかに考えるべきであろう。「自己否定」のもう一つは，——全ての労

働者についてという訳ではないが——他の労働者に対する支配・抑圧者になっているところの自己の否定である。支配・抑圧者であることは、その労働者が意図したものではなく、資本主義・企業社会・新帝国主義化により強制されたところの客観的役割でしかないとしても、そうした位置に置かれた自己を肯定する中からは、従属性を克服しようとする主体的労働者像は、生み出されえない[6]。支配・抑圧者としての自己の否定ということも、生易しい課題ではない。それは、自己と家族の生活・人生の安定が、それに賭けられているからであり、それを失う危険を冒しての自己否定、その生活・人生に固執する自我とそれを否定する自我との分裂・衝突という危機を招きかねない自己否定は、痛みが伴うものであるからである。しかし、その痛みに耐えて自己否定を貫くことなしには、主体的労働者像への到達は、おぼつかない。ここでも、支配・抑圧者としての自己の否定は、トータルでなくても良い。一部の自己否定は、必然的に他の自己否定に結びつくであろうし、そうでないとしても、一つの手掛かりとなるからである。他方、この自己否定は、「社会悪の拒否＝社会正義」という性格を担うことまでは、不要であろう。——そうした性格を持ちうるし、それは望ましいことではあるが——ここでのポイントは、支配・抑圧の真の原因である資本主義・企業社会・新帝国主義化と同列であるないしは同じ側にある自己を、まずはそこから切り離すことであるからである。言い換えれば、例えば大企業正規従業員であることを止めないで、したがってそれがもたらす生活・人生の安定を全面的に享受しつつ、被支配・被抑圧者の立場に立つ、その側に移るということは、欺瞞でしかないからである[7]。

　問題は、こうした自己否定を担保する条件である。自己否定が、内心の想いに止まる限り、主体的労働者像には全くつながらない。その内心の想いは、対外的に表明されねばならないが、——対外的表明に、何らかの行動が伴うか否かを問わず——それには使用者側からの不利益の付与——人事考課・査定におけるマイナス評価を通じた、昇進・昇格＝出世からの排除を含む——という形での反発・反撃が、予測される。それがために、労働者は、自己否定に容易には踏み切れないのである。それに対する担保として、何があるであろうか。その不利益を規制する国家的介入＝法的保障システム、不利益を排除する労働組合の活動や、他

の労働者との連帯的活動といったものは、ここでは問題となりえない。そうしたものなしに確立されるべき主体性、そうしたものがあっても現出しない主体性こそが、問われているからである。残されるのは、労働者が自ら担保を作ること、それ故労働者の決断、覚悟しかありえない。如何なる不利益を受けてもそれを甘受する、可能な昇進・昇格＝出世を諦めるという決断、覚悟である。それは、ここで言う自己否定とは、否定しないことで受けていた利益の放棄であるから、当然のことではあるが、自己の人生観、価値観の厳しい点検の上での、それらの――さしあたり――部分的変更としての決断、覚悟であるから、内面的裏打ちがあるところの強固なものとなりうるのである。

　第二の「市民主体性の確立」として主要に念頭にあるのが、自由意思主体性とりわけ人格的自立・自律性である。労働者の企業社会に対する抵抗力が弱いのは、少なくともそれを受容しているためであるが、その受容を外から支えているのが、労働者の企業に対する人格的自立・自律性の乏しさ、それを規定づける企業の人格にまで及ぶ支配である。契約・合意の主体を含む自由意思主体性の確立を阻む上で基軸をなしているのが、その人格的自立・自律性の乏しさである[8]。労働者は、労働契約に基づく企業の指揮命令下での労務の提供、それに伴う人格的（人的）従属性を越えて、様々な人格的利益を侵害されプライヴァシーを失い、ひいては企業の価値との内面的一体化という形での人格の放棄さえ、強要される。こうした人格的支配から心身を引きはがし、人格的自立・自律性を回復することなしには、労働者の主体性の確立には、到りえない。基本となる人格的自立・自律性の回復[9]と言う限りは、個々の人格的利益が、例えば国家的介入＝法的保障システムで保護されるだけでは、不十分である。人格的諸利益の中軸であり、それを成り立たせる人格的自立・自律が、確保されなければならない。人格的自立・自律性の確保を担保するのは、ここでも、労働者の決意、覚悟である。人格的自立・自律性と言う限りは、それは、他から与えられることは形容矛盾であって、労働者当人が、その確保の志向性を持ちそれを持続させることでしか、保ちえないのである[10]。

　第三の「前衛性の取戻し」とは、かつての社会主義・左翼の理論・運動において所与の真理とされていたところの労働者・労働者階級の前衛性を、実質的

第6章　現代における労働者・労働組合像

に取り戻すべきという主張である。それは，——著者が既に立っているところの——労働者・労働者階級とりわけその先進的部分とされる共産党の前衛性の否定，そもそも「前衛—後衛」という問題構成自体の否定ということを，ここで改めて放棄するということではない。それは，その枠組みを維持しつつ，労働者が，社会変革なり諸改革・改良の努力において，先進的・指導的役割——これを先と区別するためにも「前衛」と称する——を実質的に担えるような水準に到達すべきということである。所与のものとしての前衛性ではなく，その機能，働きにおいて「前衛」的役割を果たすよう努力すること，そうした志の高さを，指している。それは，自己の現状を肯定しそれに甘んじている中では，生じえないものである。自己の現状を否定し，かつては所与のものとして当てはめられ期待もされながら，それに十分には応ええなかった歴史を反省し，実質的に「前衛」たる役割を担えるよう，自己変革を遂げることが必要である。実際に「前衛」性を取り戻す道は，容易なものではないであろう。まずは，その志を持って努力の一歩を踏み出すかどうかが，問われるのである。そして，その志は，現状変革への労働者の責任感に，裏打ちされていなければならない。企業社会的統合——現在のようなその縮小と新たな新自由主義的統合を含めて——が日本社会の諸弊害，困難の根源でありながら，それを労働者が受容していることがその変革への動きを生じさせないのであって，言わば労働者にその責任の一端がある。そうした責任を不本意にも負わされている現状を否定し，その変革の方向に責任を置き替えることが，必要である。とりわけ企業社会の弊害を犠牲として押しつけられている周辺的人々には，自己の状態の改善のための努力は要請しえても，それを「責任論」につなげる訳にはいかない。自らの責任が志につながるのは，労働者を措いて他にはない。責任に基づく志の高さは，労働者の単なる決意，覚悟のみでは生じえない次元である。自己の人生観，価値観の変革を含むところの自己変革が必要である。それをもたらすルート，媒介は，多様であろうから，まずは現在の自己を否定し変革しようという志向性を持つことの決意，決断から，出発せざるをえない。その決意・決断が，自己変革をもたらす保証はなく，自己変革の過程は，様々なジレンマと痛みの克服とさらには飛躍を伴うものであり，スムーズなものではありえない。しかし，

121

そこに自己を放り込み厳しい試練をくぐり抜けることは，現在も将来も，労働を基底とし軸とした社会である限り，労働者に対し社会的に課せられた宿命であり，いつの時代でも，逃げる訳にはいかないのである。

　最後の「連帯性の支え」とは，以上の課題は，労働者一人一人の課題であり，各自の努力を要請するもの，言い換えれば主体的労働者性の自己獲得ではあるが，それは，「連帯性の支え」抜きには不可能であることを，指す[12]。連帯性とは，その明確な表現形態である団結といったものだけではなく，様々なレベルでの労働者の連帯性の表明，連帯的活動，さらには「連帯性がある」という自己の内的な受け止め方をも，含むものである。さらには，先の諸課題への取組みが，自分だけの閉鎖的で孤立的な営みではなく，他の労働者も同じように努力しているという点での連帯性，あるいは自己の努力が他の労働者に影響を与え，同じ努力の道に引き込みうるという点での連帯性も，考えられるのである[13]。したがって，逆に，そうした課題への取組みは，こうした連帯性に，開かれたものでなければならない。その労働者個人の営みは，連帯性を拒否する中でも成功しえない訳ではないであろうが，連帯性に開かれそれに支えられることにより，より確実に達成されうるだけでなく，主体的労働者像は，正に「連帯を求めて孤立を恐れず」というものであろうから，連帯性は，その規範でもあるからである。しかし，問題はこうした一般論ではなく，「連帯性の支え」をどのように確保するのかである。受け止め方レベルであれば，労働者個人の内心の自己確証であり，それに到る素材は様々であれ確保の仕方は，問題となりえない。また，明確な形を採った連帯性の支えがある場合も，同様である。問題は，未だ存在しないところの「明確な形を採った連帯性の支え」を，これからどう確保するか，そこにおける自己のありようである。端的にしかし逆説的に言えば，労働者一人一人によるところの，連帯性の支えの創出である。連帯性の支えの自己確証，既成の連帯性への依拠でなければ，連帯性の支えは，座視しているだけでは得られない。労働者一人一人が，連帯性を求めて他の労働者に働きかけ，他の労働者との連帯的関係を構築するのでなければならない。それが，先の諸課題への取組みと無関係に行われるのか，その一環を構成するものとしてなされるのかは，さしあたりどうでも良いことだが，後者

第6章　現代における労働者・労働組合像

の方が，連帯性を求める切実さが，自分自身のみでなく他人にも明らかにされる点では，望ましいと言える。いずれにしても，連帯性の支えの確保のために，連帯性を自己創出しなければならないということは，非常に厳しい課題ではある。しかし，こうした道を辿ることなしには，主体的労働者像の獲得は，不可能であろう。

　現代における労働者像の一環としての主体的労働者像は，以上の課題への取組みの水準言わば到達段階として，しかも展望的に，把握されるものである。

1)　西谷敏『労働法における個人と集団』（有斐閣，1992年）69頁。
2)　菊池高志他「労働法1992年学会回顧」（『法律時報』64巻13号）133頁。これは，直接には，西谷教授が労働法の新しい理念として打ち出した「自己決定（権）」について述べられたものだが，主体的労働者像設定にも妥当する。
3)　それを，理論の課題・任務ではないとかその限界とすることは，──本章第1節で述べたように──許されない。
4)　それは，著者が既に一般的な「変革主体形成」論について，拙著『社会変革と社会保障法』（法律文化社，1993年）で論じているし，そこでは労働者の変革主体性を労働者以外の人々のそれと，同次元のものとしていることが，一応の前提になるからである。
5)　これは，資本主義の否定とは，直結しない。したがって，社会主義的・革命的意識を備えているとかそれに裏打ちされているべきということは，全く要請されていない。
6)　その役割を，積極的・能動的・意識的に果たそうとするのであれば，なおさらである。しかし，特に新帝国主義化を担おうとする労働者（＝新帝国主義的市民）が，増大している──渡辺治・後藤道夫編『講座現代日本』全4巻（大月書店，1996・97年）の随所で，指摘されている──点，実は問題は深刻である。なお，──後述の──市民主体性は，当然のこととして，こうした新帝国主義的市民を含まないところの，従来的な規範的理想としてのそれである。
7)　大企業正規従業員を辞めないでおいて，なお被支配・被抑圧者の立場に立つためには，その支配・抑圧に対立・対抗し，支配・抑圧の緩和に努力しなければならない。しかし，そうした労働者であれば，主体的労働者性を確立していると言えるから，自己否定のレベルを既に越えている。
8)　ここで問題としているのが，自由意思主体性を阻む従属性一般，その中での人格的従属性のレベルではなく，日本の企業社会が，目的意識的に行っている人格的支配であることは，言うまでもない。
9)　真実には，失われていた自立・自律性の取戻しではなく初めての確立であろうが，歴史的に見れば喪失であり，本来労働者もそれを保有しているはずだということで，回復とした。
10)　この市民主体性と労働者的・労働法的公共性との連関という問題が，残されているが，本節4の叙述が基本的に妥当すると考えられるので，省略する。

11) 前掲注4）拙著37～38頁。
12) 獲得された主体的労働者性の維持についても同様だが，触れない。
13) ここでも，そうした連帯性にあるとの受け止め方を含むことは，言うまでもないが，その内心の想いは，案外に重要である。それは，先の諸課題への取組みが，まずはそして専ら内面的努力であること，この連帯性は，他人への信頼に基づくとともに，それを媒介とした信頼関係の形成の可能性につながることがあるからである。

7 小　括

　現代における労働者像とは，分岐した多様な労働者像，多様な団結基盤を持つ労働者像，平等主義の中身と階級脱出志向の存否に規定された労働者像，その中身に規定されて色合いの異なる個人主義的かつ集団主義的労働者像，団結志向性の異なる主体的契機――それらを欠く者を含め――を持つ労働者像，主体的労働者像の獲得水準の異なる労働者像，そしてそれらの組合わせ，複合体としての労働者像として，描かれねばならない。それとともに，各労働者像の可能性，展望においても，捉えられねばならない。そして，そうして描かれた複数の労働者像が相互に排他的なものではないとすれば，完全に従属的な労働者像から完璧な主体的労働者像までの，右上がりの線上のどこかに位置する連続体として，イメージされよう。右上がりの線上のより右に位置する上で，何が必要なのかを明らかにするとともに，そのより右寄りの位置を実現することこそが，労働者像の真実の課題である。

第3節　労働組合像を規律する視点[1]

1　労働組合像探求の独自性――団結の唯一性・価値的優劣の否定

　従来における労働組合像は，労働者の団結の必然性，必要性から説き起こす言わば演繹的把握でも，また既成の労働組合の把握に基づくいわゆる帰納的捉え方でも，労働者像の延長線上において，その自己展開として捉えるものであったように思われる。そこにおいては，労働者像と労働組合像との間にズレ，不一致ましてや矛盾があるとは，想定されていなかった。したがって論理的には，労働者は，100％労働組合に属すべきであり，それが実現されないのは，

第6章 現代における労働者・労働組合像

使用者等による妨害といった労働者外的要因のためであるとされるのである。しかし，そうした論理的想定自体が，現実離れし過ぎていたことはともかく，現代においては，そもそも労働者像と労働組合像との基本的一致という立論の出発点を，疑うべきであるように思われる。それは，第一に，現代における労働者像の中で，団結志向性を持たない労働者の存在が，想定されていることである。それは，ごく少数の労働者に限定されるとしても，その論理的想定を覆す現実ではある。第二に，団結基盤が多様・複雑で具体的に団結に結びつくにはかなり支障がある上に，その基盤が団結へ具体化する媒介であるところの主体的契機において，その出現が困難であるとかその効果に疑問がつきまとうものがあることである。言い換えれば，それらは，労働者の団結志向性の抽象的可能性一般は肯定しえても，現実的可能性に必ずしも完全には結びつかないことを，示している。第三に，歴史的・現在的な労働組合の組織形態から考えた場合，労働者像との関わりでは，それに一致する労働組合もあれば労働者像とは無関係なものもあることである。[2] 労働者像が労働組合像を一方通行的には規定せず，労働組合の側の政策それ故その意思が，組織形態を決めうるのだとすれば，労働者像と労働組合像とは，一致する必然性，必要性がなくても良い，反って労働組合像は，労働者像から離れて独自に捉えるべきことになろう。労働組合像を独自に捉えるということは，既成の労働組合に捕らわれず，もっと自由に労働組合像を描くこと，労働組合の新しい可能性に視野を広げることが，可能かつ正しいことを示唆しているように思われる。確かに，企業別組合と個人加盟・企業横断的な産業別組合とは，相互排他的・対立的であるとともに，それぞれの組織化には，それなりの歴史的・客観的必然性がある。したがって，例えば前者を後者に取って替えることは，それ程自由で容易なことではない。産業別組合と一般組合の関係も同様であって，その間に存在する組合運動の理念の相違，利害の根本的対立を調整・克服しつつ組織替えすることは，労働者の決意次第で何とでもなるというものでもない。しかし，――次の問題にも関連しているが――「労働者像に適合した労働組合像」という問題構成を，否定するないしは相対化することは，直ちには，労働者の任意の意思に基づく組織形態の選択の可能性に結びつくのではないとしても，一面ではその可能性

を開くことになる。それは，労働者像に必ずしも適合しない組織形態が，労働者の選択肢の中に入るからである。それ以上に，労働組合は，労働者像，労働市場等の様々な客観的な要因に規定されつつであるが，あくまで労働者の作為として存在するのであって，その作為を規律する労働者の意思は，本来任意で自由なものである筈だからである。そして，現在様々なタイプの労働組合が出現していることを踏まえ，それは，規範的主張たりえているように思われる。即ち，労働組合の組織形態は，労働者が，その任意の意思により自由に選択すべきものであって，そこに，労働者像から離れた労働組合像を描きうる根拠があるということである。

そうだとすれば必然的に，一定の組合が唯一の形態であって，他の形態はそれに到る過渡的なものとかいずれ消滅すべき遅れた存在であるといった捉え方，あるいはある組合は他の組合よりアプリオリに優れているといった比較の仕方は，成り立たないのである。勿論，例えば産業別組合の方が，企業別組合よりも産業レベルの労働条件規制に優れていることは，指摘出来る。しかしこうした比較は，抽象的可能性であって，それ故アプリオリに産業別組合の優位，唯一の組織形態ということまで，主張しうる訳ではない。存在意義としては，全ての組合が対等・平等であって，その機能，役割の比較は，——抽象的可能性レベルではなく——現実に即して行われるべきであるとともに，逆にその検討を安易に組合の優劣に結びつけるべきでもない。要するに，労働組合像は，既成の労働組合像，将来の労働組合像ともに，労働者の自由な選択の産物と捉えるべきであり，その相互間に優劣が存在しないものと位置づけるべきなのである。

 1) ここでは，現在の日本の労働組合の状況を，直接念頭に置いたりそれに引きつけて，論述する。その方が，著者の見解を鮮明にしうるからである。
 2) 前者の典型が，クラフト・ユニオンであり，後者の代表が，ジェネラル・ユニオンである。
 3) 「労働者ネットワーク情報〔1997年版〕」(『労働法律旬報』1412号）が，その一端を掲示している。
 4) 例えば，かつてのプロフィンテルン（＝左翼労働組合）流の「一企業（工場）一組合，一産業一産業別組合，一国一ナショナル・センター」論は，否定されるということである。

第6章　現代における労働者・労働組合像

5) これは，御用組合でも良いことまでは，意味しない。一応の自主性を備えていることが前提であるが，こうしたレベルは検討の対象としていない。
6) したがって，例えば産業レベルの労働条件規制と企業レベルのフリンジ・ベネフィットのコントロールに関して，一般論として産業別組合と企業別組合のいずれが有効かを論じても，意味がない。

2　労働組合の階級性と大衆性の否定

　従来の労働組合像は，——相互に原理的に対立しかねない——二重の性格を，抱えたものであった。すなわち，第一に，階級的組織とされたのである。この捉え方は，一方ではその主体への着目であり，他方ではその目的・機能の鮮明化である。しかし前者については，それが，労働者階級に属する労働者によって組織されることの指摘であるだけであれば，歴史的・現在的に労働組合は，「主として」労働者により組織されているものであるから，何事も意味しない。その上に，階級脱出志向性を持つ労働者が存在し，それらが組織する労働組合があること，また「階級」は，団結基盤としての意義を殆ど有していないことからすれば，労働組合の階級的組織という捉え方は，特殊な例を除けば，普通の労働組合には妥当しないと思われる。他方，目的・機能レベルの捉え方についても，疑問がつきまとう。労働組合は，労働者の利益・要求を実現するために，組織されるものの筈である。その利益・要求が，階級的に規定され階級的内容を持つ限りにおいては，この捉え方は妥当である。しかし，——歴史的にはともかく——現在的には，労働者の労働組合を通じて実現しようとする利益・要求は，階級的なものをなお基軸にしつつ，それに収まらない広がりを持って来ている。また階級的な利益・要求であっても，それは，客観的な性格づけであって，主観的にはそのようには受け止められていない傾向があることにも，注目されねばならない。それは，労働者の階級意識の希薄化という事態の産物であるが，労働者の階級意識の低さ，階級的自覚の乏しさを批判しその克服を唱えるだけでは，解消しがたいものである。さらに——もっと深刻な問題だが——，資本・企業と労働組合との力関係が圧倒的に前者に有利に傾いただけでなく，労働組合の闘争力・組織力が低下したため，労働組合による労働者の利益・要求の実現度が下降線を辿っているのであって，労働組合を階級的

組織と規定しても、無意味としか考えられないのである。何故なら、労働者の階級的利益・要求を実現する階級的機能を果たして初めて、階級的組織と称するに足るからである。労働組合運動の路線として、労資（使）協調ないしは企業主義的労働組合に対して、「階級的労働組合」性が強調されるあるいは批判的に対置されることは、ここでの問題とは別次元のものである。しかしもしそれが、この問題の主要な側面である——前述のこととの対比でも——としても、労働組合を階級的組織と捉えることの問題性は、解消しない。何故なら、いわゆる階級的路線・潮流に立つ労働組合が、少数のましてや例外的存在である限り、階級的組織ということを労働組合の基本的性格、特徴にするには、無理があることである。第二に、階級的路線・潮流というのは、それに属する労働組合の自己規定であって、客観的に証明されたものではないことである。言わば振られる旗の色でしかなく、振っている組合の性格、特徴を直接に示すものではない。そうした組合において、「労働組合の階級的（民主的）強化」が常に唱えられるのは、その対象が他の組合であるとしても、その道筋を示しえていない限り、それ自体が、自己規定の真実性を否定していることの証明でしかないのである。しかも第三に、組合の階級的機能が、ここでも問われることである。この場合には、その組合が掲げる方針レベルと実績との対応関係が問題となる。それは、その組合が「階級的組織」性を自己の路線としているから、一般的な実績ではなく、路線の実現度として実績が計られなければならないからである。この点では、路線と実績とのギャップは、かなり大きいように思われる。

　以上いずれの側面から見ても、労働組合を階級的組織と規定することの難しさ、より正確に言えば、そうした規定は何事も語りえていないことは、明らかである。そうだとすれば、階級的組織というもっとも抽象的な性格・特徴づけに固執するよりは、その否定の上でそれに代わる性格・特徴づけをした方が、生産的である。そこで考えられるのが、利益集団という規定性である。労働組合が利益集団であるとして、他の利益集団と異なるのは、一つは組織化の主体、もう一つは利益の中身さらにはその利益を実現する方策——対抗集団を予定・想定しての——である。ここでは、後二者が重要である。利益の中身とは、

労働組合により実現しようとする利益・要求であるが,それは,階級的内容に開かれあるいはそれを包摂したところの労働者のそれである。ここでは,その包摂や他の利益集団の利益との重なりの範囲,程度は問題外で,とにかく他でもない労働者の利益・要求であることが,ポイントである。しかしそれだけでは,労働組合と他の利益集団との区別としては不十分であり,第三の方策が問題となる。労働者の利益・要求は,——その全てではないが——それを支配するないしは左右する,またその実現を阻む使用者・使用者団体を,その実現を図ろうとする労働組合との関係で対抗する存在として,予定・想定している。したがって,労働者の利益・要求の実現のためには,その使用者・使用者団体との何らかの交渉＝取引が不可避であり,労働組合は,その交渉＝取引団体であることをその不可欠の性格・特徴にしているのである。もしその労働組合が,ある局面で交渉＝取引をしないことがあっても,労働組合性を否定されないが,逆に個々の局面では交渉＝取引をしたとしても,組織の性格・特徴づけのレベルで原理的に否定する限り,労働組合とは認められない。つまり,労働組合とは,使用者・使用者団体との交渉＝取引を不可欠の方策として認めつつ,労働者の利益・要求の実現に努力する利益集団である。その場合,労働者の利益・要求の実現度の水準・実績はその質を表すとしても,利益集団性の否定にはつながらないのである。[5] ところで,労働組合の利益集団としての把握は,——他の利益集団との区別だけでなく——他の利益集団との関連性をも導き出す。それは,一方では,利益の共通性や関連性に基づくところの他の利益集団との連帯・連携の可能性である。労働組合が,他の利益集団とは異質な存在であれば,異質な集団相互間の連帯・連携としてその意義は認められるものの,その実現は容易ではない。しかし,同じ利益集団でありその担う利益が共通・関連しているのであれば,それらの連帯・連携は,より容易となろう。[6] もう一つは,労働者の自由な選択としての労働組合が,同じ利益集団として他の利益集団と連帯・連携する中で,他の利益集団から学ぶことを通じて自己のありようの改革・改善への契機となる可能性があることである。従来においては,労働組合は,国民的利益を担う国民的運動の中核部隊とか前衛・先進的組織と自己規定することにより,他の運動団体から学ぶという姿勢に乏しかったし,現実

に学びうる運動団体は少なかった。今や労働組合は，様々な運動団体の一つでしかなく，運動団体としての性格さえ疑われている存在である。他の利益集団から学ぶことが出来れば，労働組合の新しい地平を拓くことが，可能となるかも知れないのである[7]。

　第二に，労働組合は大衆的組織とされているが，その意味は，——相互に関連するが——二つある。一つは，労働者の側から見たものであるが，労働者であれば誰でも，組合を結成しまた加入出来るということである。それは，労働者の中の，熟練労働者とか階級的意識の高い活動的な労働者といった特定の限られた「少数」の労働者のみが労働組合に属するという，閉鎖的なあり方の否定である。もう一つは，組合の側から見たもので，何らかの理由で特定の労働者を排除する，その加入を認めないという対応の否定である。「労働組合は，労働者の思想・信条や宗教的違いの別なく，組織されるもの」と主張されたり，例えば非共産主義者の宣誓，——企業別組合にありがちな——加入資格を従業員に限定する逆締付けが否定されるのは，この故である。こうした大衆的組織性は，労働者の存在・組織化が合法でありその下で組合が広範に定着している現代においては，当たり前の常識であろう。ところが，幾つかの疑問が生じない訳ではない。第一は，団結の合法性＝団結の自由は，仲間を選ぶ自由を含むこととの関わりである。「仲間を選ぶ自由」とは，積極的には，誰を仲間として組織するのか，消極的には，誰を仲間としないで排除するのかということである。しかしそれは，原理的に，大衆的組織性に矛盾する。労働組合の大衆的組織性は，その自由の行使の結果の一つでしかない筈である。大衆的組織性と仲間を選ぶ自由とを両立させるとすれば[8]，大衆的組織性を前提とした仲間を選ぶ自由，言い換えれば，仲間を選ぶ自由の大衆的組織性に抵触する限りでの制約，ということしか考えられない。そうとすれば，「仲間を選ぶ自由」とは，対労働者との関係では，形骸化・空洞化した無意味なものとならざるをえない。ところが第二に，「仲間を選ぶ自由」は，労働組合の加入資格の限定，組織の守備範囲の特定という形で行使されていることである。産業別組合とか専門職種別組合といったものが存在するのは，このためである。この資格限定・組織範囲特定は，労働組合の大衆的組織性に反するとは，捉えられていな

第6章　現代における労働者・労働組合像

い。それは，その枠内でしたがってそれ以外にはとりわけ特定の労働者の排除がないこと，あるいはその程度の大ぐくりの限定は，大衆的組織性とは矛盾しないとされたことによろう。また，労働組合の側が，そうした限定された労働者以外にも加入の道を開いている――例えば「その他労働組合が認めた者」という加入資格の活用――ことが，大衆的組織性を保証しているためであろう。それ以上に，産業別組合，専門職種別組合と言っても，日本では殆ど企業別組合の連合体であるから，労働者の加入レベルでの大衆的組織性は問題となりえないことが，最も有力な要因であろう。いずれにしても，しかしなお，個々の労働者の加入レベルで大衆的組織性に抵触しかねない組合が存在するし，連合体も労働組合であるからそこに大衆的組織性が貫かれないのであれば，「労働組合の大衆的組織性」という性格・特徴づけは，日本の労働組合のかなりの部分に妥当しないことになる。以上のように考えれば，大衆的組織性という性格・特徴づけは，基本的に，放棄されるべきと思われる。それだけでなく，「仲間を選ぶ自由」を徹底させるとか，そもそも――本節１で述べたように――労働組合像が労働者の自由な選択の産物であることとかを考慮すれば，大衆的組織性を採るか採らないかは，労働者の自由な選択に委ねられるべきであって，規範的に押しつけられるものではないことになる。ここでも，大衆的組織性は否定されざるをえない。この「大衆的組織性」に代わるべき労働組合の性格・特徴づけは，ありえない。それは，大衆的組織性を肯定する選択も逆に否定する選択も許容されるし，それに対立・対抗的な「傾向組合」性一色に塗りつぶす訳でもないからである。言い換えれば，大衆性に開かれていることさえ，最低限としても要請されないのである。[9]

1) 労働者の階級性，階級的一元性は，既に否定されている。
2) 階級的路線・潮流が主流であり主要勢力である時代は，第二次大戦後の一時期だけで，ましてや連合の結成以前に既に終わっている。
3) ここで念頭にあるのは，全労連とその加盟組合であるが，路線と実績のギャップという点は，連合についても――全労連程極端ではないが――同様であるから，これは，労働組合の闘争力・組織力の低下という――既述の――深刻な問題に，実はつながっている。
4) 組織化の主体が労働者であることは，自明の理である。
5) これは，自明のことを事改めて述べているようだが，労働組合の「利益集団」性との

関わりで論じている点に，意味がある。
6） 労働組合と他の利益集団との連帯・連携は，これまでも行われているが，そこに——実は両方に——何かしら違和感が伴ったようである。こうした捉え方であれば，少しはその払拭に役立つであろう。
7） 逆即ち「他の利益集団が労働組合から学ぶ」ことは，殆ど考えられないのが，今の状況である。なお，著者は，そうした点を，「組織・集団の内部的民主主義」というレベルにおいて，展開している。拙著『組合民主主義と法』（窓社，1999年）参照。
8） 「仲間を選ぶ自由」を専ら対国家，対使用者的な自由，それらからの介入・干渉の排除の次元に限定すれば，当然両立可能だが，対労働者の関係では問題が残る。
9） 念のため言えば，ここまでの議論は加入強制のないことが前提であって，ユニオン・ショップ制による加入強制がある場合には，労働者には加入するか否かの選択の自由がないのであるから，逆に組合の側は言わば自由な選択を通じた自己抑制を行ったのであるから，大衆的組織性という主張に対抗出来ないのである。

3　団結神話からの脱却

「団結神話」なるものが，従来において，どこまで有効なものとして取り扱われていたかは疑問であり，まともに正面切って検討されるというより，証明の対象とならない枕詞でしかなかったように思われる。しかし，現代においては，この神話を自覚的に打ち砕くべきであるというのが，著者の主張である。それは，事態を冷静に観察し，今後の方向性を探る必要があるからである。「団結神話」とは，労働組合の存在は必然的かつ必要なものとする考え方であり，もう一つは，団結は労働者の前に所与のものとして存立しているという固定的な捉え方を，指す。団結＝労働組合——以下，労働組合とのみ表現する——は，恐らくは，資本主義社会の法則に規定され，法則的に存立するものであるとは，一面では言いうる。しかし，その側面においても，一方では，——資本主義の初期の時代を度外視しても——国家権力・資本の弾圧・抑圧により完全に消滅した時期があることから，労働組合の合法化ないしは積極的法認の時代における必然性という留保が必要である。他方では，労働組合が存在するだけで必然性あるいは法則性を言うことは，言葉の乱用・誤用ではないかということがある。単に労働組合が存在するだけでなく，常に圧倒的少なくとも半数を越える多数の労働者が労働組合に組織されているか，存在する労働組合がそうした労働者に影響力を持つということが，必要である。そうでなければ，労働組

合の必然性は，証明されたことにはならない。しかし，そうした状況が出現した国，時期は，ごく限られており，圧倒的に多くの国，時期の労働組合は，少数労働者の組織化ないしは少数労働者への影響力の保持，という存在に過ぎないように思われる。さらに言えば，労働組合の必然性とは，別の面からすれば，労働者の労働組合への加入の必然性であるから，論理的には，100％メンバーシップがあって初めてそこまでは厳しくしないとしても過半数を組織して初めて，あるいは少なくとも100％の労働者への影響力があってこそ，必然性が証明されるものである。そうとすれば，労働組合は，生成以降現在まで——一度もその必然性を証明していない，というのは言い過ぎとしても——途絶えることなくその必然性を証明して来た，とは言えないのである。50％程度の組織率がこれまでの——ごく例外的な国・時期を除き——最高値であろうが，それでさえ様々な組織強制の手段にも支えられてのものであり，到底必然性など主張しえないのである。百歩譲って，労働組合の必然性とは，将来的に証明されるもの，あるいは社会主義体制において花開くものとしたとしても，問題点は解消されない。前者の立場では，過去および現在においては必然性を言えないのだから，これまでの必然性に関する主張の大部分の放棄となるし，資本主義社会における法則的必然性が，資本主義の衰退期少なくとも福祉国家——労働組合が，その最大の支柱の一つである——解体的で，新自由主義的改革——労働組合にも敵対的な——を進める新帝国主義の時代という現代からの見通しとして，その将来において発現すると想定することは，過去および現在以上に困難であろう。後者については，「資本主義社会における法則的必然性」という必然性の中身，それ故必然性という主張自体の放棄である。その上に，体制としては崩壊した既存社会主義が念頭にあるとすれば，それは，100％メンバーシップを実現しえた訳ではないし，組織率の——資本主義国と比較しての——高さは，体制的強制の産物であり，必然性とは相容れない。どこから考えても，労働組合の必然性は肯定しえない。したがって，労働組合は，必然性ではなく，さしあたり必要性の産物と捉えられねばならない。

　しかし第二に，必要性についても，検討すべきことがある。労働組合の必要性とは，労働組合が，労働者の利益・要求の実現のために，不可欠的に必要で

あるということである。不可欠的に必要であるならば，——必然性と同様に——100％ないしは少なくとも過半数の労働者の組織化が，実現される筈である[2]。そうならない現実については，必要性を労働組合の組織化まで具体化する過程において，企業・国家・社会の阻害的力が働くためであると説明出来ない訳ではない。阻害的力のために必要性が具体化されないことは，必要性の存在を直ちには否定するものではないし，反ってそれ故に必要性を増大させるとも言えるからである。しかし——繰り返すが——，必要性とは，あれこれある選択肢の中の一つということではなく，不可欠のものである。不可欠の必要性であれば，様々な阻害的力をはねのけて，労働組合にまで具体化される筈であるし，そうでなければ必要性も否定されねばならない。労働者の利益・要求の実現のために労働組合が必要であるということは，一人の労働者による自らの利益・要求の実現の可能性と対比して，一般的には，主張出来ることである。その両面を満たそうとすれば，労働組合の必要性とは，現実ではなく，望ましいこととか規範的主張であると理解しなければならない。もし規範的主張であるとしても，それは，それを受け止めるべき主体＝労働者に対する規範力の弱いものである。

　労働組合が，必然でなく不可欠的に必要な存在でもないとすれば，それは，少数の労働者を，規範力の弱い規範的主張を踏まえて，組織するだけの存在と捉えられる。100％の組織化どころか過半数の労働者の組織化さえ，基本的には不可能で，労働組合とは，少数の労働者にとって，必然かつ必要あるいはいずれかの組織であり，さしあたり過半数の労働者の組織化へ接近すべく努力はしつつ，それが功を奏していない組織である[3]，と捉えざるをえない。

　「団結神話」の第二は，——必ずしもそのことに自覚的でなく，また意図的・意識的主張でもなかったが——労働組合とは，今労働者の眼前に所与のものとして存在し，それが労働者を組織して多数者化して行くと捉えられていたことを，指す。ここには，量的・質的と言って良い二重の問題性——相互に密接に関わるが——が，はらまれている。量的問題性とは，労働組合に組織されている労働者の数言い換えれば組織率は，上昇的にも下降的にも変動するが，その変化が，既に存在する労働組合のそのままの拡張あるいは縮小と捉えられることであ

第6章　現代における労働者・労働組合像

る。それは，労働組合への加入・不加入は労働者の決断，選択として起こることであり，その決断・選択を左右する要因の一つに労働組合のありようへの労働者の評価があるにも拘わらず，それが見失われていることを意味する。そうした主張には，例えば組織率低下の要因の指摘にそのことが含まれていたのであるから，妥当しないという反論が予測される。しかしその反論も，総体としての労働者そして個々の労働者の決断・選択まで把握してのものではないし，一般に組織率の変化とは，既存の労働組合を不変のままとした上でのそこにおける増減でしかない。ところが，そうした組織率の変化とは，実は，個々の労働者による労働組合への加入・脱退を媒介としたところの労働組合の新たな形成行為なのである[4]。即ち，労働者が労働組合に加入するということは，それに対する自己の評価を踏まえた上で，加入することによりそれがどう促進されるのかという展望を持ってなされるもの，言い換えれば労働組合の拡大的形成そのものである。労働組合から離れるということは，その逆であるが，そういう形態を採った労働組合の縮小的形成である。いずれの場合においても，労働組合は，そのまま旧来のものが維持されるのではなく，再形成されたものである。全体としての組織率の増減も，それぞれ再形成された労働組合の総和としての全体的な労働組合の再形成，という意味を持つ[5]。

　質的問題性とは，労働組合とは，加入・脱退ということを含め労働者の日常的な決断・選択を通じて日常的に形成されるもの，さらには労働組合の質が問われその質の維持ないしは変革とは，日常的な労働者の決断・選択に賭けられたものであることが，明確にされて来なかったことである。労働組合の質的形成，質の変化は，組合運動の路線・方針が異なる勢力間での多数—少数関係の逆転——具体的には，執行部の交替——，そしてそれまでの路線・方針の転換とその実践といった，言わば事件的に明確な形を取ったものとしてのみ認識されていたのである。しかしそれは，労働者の日常的な労働組合の質を問いその変革を目指した実践の，劇的な表面化でしかなく，労働組合の質的形成，質の変化は，常に行われているのである。そしてそれを規定するのが，労働者の日常的な決断・選択なのである。極言すれば，労働組合の質の不変化という決断・選択であってさえ，今日の労働組合の質は，昨日のそれとは異なるということ

135

である。ただここで注意が必要なのは，労働組合の質を問いあるいは変革を目指した実践には，積極的なものだけでなく，消極的なものが含まれることである。──両方ともここでは，価値的意味を持たないのであるが──「積極的」とは，とにかく現状を自ら変えようとする志向性であり，「消極的」とは，現状維持の志向性とともに，自ら何もしなければ変わってしまうことの放置をも，指す。この現状維持も手をこまねく放置も，労働者の決断・選択によるものである。

　労働組合を所与のものとして固定的に捉えていては，その量的・質的形成とそれを規定する労働者の決断・選択というダイナミックなプロセスが，鮮明にならない上に，それに伴う労働者の責任が，浮かび上がって来ないのである。「団結神話」は，この問題を隠蔽する点で後者の「神話」に収斂するとともに，その克服とは，労働者の決断・選択それ故その責任の問題化であると思われる[6]。

　1) ここでの検討は，本節1の再説という意味を持つが，言わば自明の疑われていない真理でさえ，厳しい検証に絶えずさらされるべきであり，曖昧な真理など成り立ちえないことの論証にポイントがある。
　2) 必然性の場合と異なり，ここでは労働組合の影響力レベルには触れない。必要性は，必然性よりも，メンバーシップに重点があると思われるからである。しかし他方，未・非組合員が労働組合の必要性につき，どのように考えているかも大事なことではあるが，それと同じ理由で省略する。
　3) したがって，労働組合の力の源泉，窮極の依拠すべき力は，「数の力」＝「多数の力」であるとの主張も，神話である。勿論，少数より多数の方が力になることは，否定出来ない。しかしそれが一般的可能性でしかないことは，例えば企業内多数派組合とそれに対立・対抗し存続しえた少数派組合との力を比べた場合，前者の優位を必ずしも言えない多くの事例が，証明している。河西宏祐『少数派労働組合運動論〔新版〕』（日本評論社，1990年）等参照。河西教授の諸業績は，次の点でも参考になる。なおこの点については，本節6で再説する。
　4) 除名には，そうした側面がない──問題の性格としては同一でも，労働者個人の側からのアプローチではないが故に──から，除かれる。いずれにしても，量的減少に占める除名の比重は，とりわけ現在では微々たるものであろう。またここには，既存の労働組合の解散・消滅──原因が労働者側にないものは，除かれるが──も新たな労働組合の結成も，含んでいる。ただ前者は，「形成行為」という表現に適さないので，視野の外に置く。また，労働者数の増減の反映という要因もある──その中には，ここでの論述が妥当する面があるとしても──が，原因の明確な機械的要因であるので無視す

る。なお念のために言えば、ここでの論述においても、加入の強制がある場合を除いている。
5) ここまで述べれば、量的・質的という区別は、相対的なもの、もっと言えば同じ事柄を別の角度から見たものと言えそうであるが、一応区別しておく。
6) こうしたことは、組合民主主義の前提をなすものである。したがって、ここでの論述は、拙著『組合民主主義と法』(窓社、1999年)と一体——意図的ではないし、他の点とも関わってだが——のものである。

4　現代における組織・集団の一環としての労働組合[1]

　従来においては、労働組合は、他の組織・集団(＝市民法上の組織・集団)とは異質なものと捉えられていた。現代においては、異質性があるとしても、同質性に重点を置いて把握されるべきである。そうだとした場合に注目されるのが、現代における組織・集団の三つの捉え方である。第一は、現代における組織・集団とは、徹底して手段であることである。組織・集団は、その構成員の目標・目的の実現のための手段である。したがって、組織・集団の目的・性格、あり方は、構成員の目標・目的に従属し、それに応じて自由に構成員により変更——必要であれば、一新を含めて——されうるのである。労働組合もその点で同じであるが、「労働組合」性の否定の許容の可能性という点において、若干疑問が伴う。「労働組合」性を維持したままで、その「目的・性格・あり方」を労働者が自由に変更出来るということでは、組織・集団一般との違いはない。しかし、組織・集団一般の場合、その根本的性格の変更、例えば政党が脱政党化することも構成員の自由であり何ら問題はないが、労働組合についても同様に考えられるであろうか。現実的可能性とか論理的可能性のレベルではなく、原理的に、労働組合とは、「労働組合」性の否定をも労働者に任せる程手段的なものであるということには、納得しがたい面が残る。しかし、たとえ労働組合が——手段ではなく——目的とされても、例えばその解散が認められる[2]のであってみれば、手段である限り、解散という形であろうとなかろうと、「労働組合」性の否定に開かれたものと考えるべきである。手段性は、ここにおいて初めて、徹底しうるのである。
　第二は、組織・集団の優位から個人優位への転換の必要性である。個人が重

視・尊重されない組織・集団は、現代においては、生き残りえないし存在すべきではないのである。「個人の優位」とは、一方では、個々人が持つ要求・主張の実現に努力すること、他方では、個人の異質性が重視・尊重されるべきことを、意味する。労働組合についても同様であって、「団結（権）の優位」から「労働者個人の優位」への転換が、必要とされる[3]。もう少し敷衍すれば、労働組合とは、労働者の共同の目標・目的の実現のための手段であるだけでなく、異質な労働者が持つ様々な要求・主張が実現される場でもある。後者は、労働組合の中に複数の団結とその活動があり、それを労働組合が積極的に保障すること、即ち労働組合は、その中の複数の団結の活動の場とともにその保障提供の手段であって、それらを言わばその外側で緩やかに統合するものであることを、意味する[4]。しかも、その複数の団結と活動が、所属労働組合の枠を越えることが必然である限り、その場・保障の提供は、それにも及ぶのでなければならない。労働組合は、労働者の共同の目標・目的の実現に向けた統一性とともに、複数の団結とその活動に場・保障を与える分散性を、ともに備えていなければならない。もしその統一性と分散性が矛盾・対立する局面が生じたとした場合においては、後者の優位において解決されなければならない。「個人の優位」とは、そこまで徹しない限り、確保しがたいのである[5]。

　第三は、組織・集団のあり方はその構成員が変更出来ること、その方法として脱退・分裂が肯定されることである。組織・集団のあり方の変更は、構成員の具体的・現実的に自由な権限であり、脱退・分裂は、組織・集団の別のあり方を求めるところの規範的に肯定される行為である。労働組合についても同じで、労働組合のあり方は、労働者が自らの意思で自由に変更出来るとともに、――それが、不可能か否かを問わず――脱退・分裂を通じて別のあり方を求めることも、許される。「統一と団結」を至上命題としとりわけ分裂を価値的に否定するという従来の態度は、既に時代遅れである[6]。こうした捉え方は、労働組合の四分五裂を招くもののようだが、四分五裂となりいわゆる「数の力」を発揮しえないか、組合のあり方の変更により大きなまとまりにおいて「数の力」を行使しうるかは、ここでも、労働者の決断・選択の如何に左右されることである。

第6章　現代における労働者・労働組合像

　ところで，そうした現代における組織・集団の捉え方を担保するためにも，その内部的民主主義の確立が必要である。労働組合の内部的民主主義（＝組合民主主義）は，組織・集団の内部的民主主義の組合への導入として，位置づけられなければならない[7]。組合民主主義は，団結に関する労働者の決断・選択を，一定のルールの中で発揮させる保障システムである点で，重要である[8]。この脈絡からすれば，組合民主主義の確立，その有効な機能発揮という問題以前に，組合民主主義——その中身・内容が問題だが，ここでは度外視する——を備えることが，労働組合たる上での不可欠の要件であって，それを欠くものは，労働組合とは認められないのである[9]。

1）　この本節4は，拙著『組合民主主義と法』（窓社，1999年）で展開していることの要約であるとともに，本節1～3の再説でもあるが，若干敷衍している。
2）　解散は，通常は，別の組合設立のためのあるいは他の組合との「合同」のための媒介的装置であり，その場合においては，「労働組合」性の否定を意味しない。しかし，——現実に存在するし，それ以上に——原理的には，既存組合の跡形もなき消滅を含みうるから，「労働組合」性の否定と捉えて良い。
3）　「「戦後労働法学」の見直し・転換」におけるこうした理論方向については，本書第4章参照。
4）　これは次の本節5と重なる問題であるが，ここでの重点は，組合内の団結に対する組合の役割である。
5）　したがって，かつて至上命題とされていた「統一と団結」は，それ自体としては大事であるが，「至上命題」性については今や博物館入りにすべきである——後述もするが——。なお，ここの叙述に関わる「少数意見の尊重」の意味・内容については，前掲注1）拙著特に第三章六参照。
6）　「「戦後労働法学」の見直し・転換」において，「分裂」についての規範的正当化がない——従来の著者も含めて——のは，その「見直し・転換」の不徹底性の故と思われる。
7）　詳しくは，前掲注1）拙著第一，第二章参照。
8）　ここではさしあたり，組合所属労働者のそれに限定されるが，組合民主主義のありようが，組合外労働者の加入への決断・選択の一重要因たりうることからすれば，組合外労働者にも無関係ではない。
9）　したがって，「組合の民主性」は，法原理的要請であるに止まらず，また現行労組法の如く資格・適格組合のしかも不十分な要件ではなく，労働組合であるための——「自主性」と並ぶ程の——要件でなければならない。

5　団結の多段階的・多元的形成

　労働組合は，過去・現在において，企業別組合—企業別組合連合体—（都道府県・区市町村）地域組合—産業別組合（—大産業別協議会—）—ナショナル・センターといった形で，多段階的・多元的に形成されている。実現されるべき労働者の利益・要求の多段階・多元性に対応したもので，当然の展開ではある。しかし，現代において強調されるべき「団結の多段階的・多元的形成」とは，以下の点にある。第一に，——本節1で示した「労働者像と労働組合像の分離」に拘らず——労働者像に適合的な労働組合との関わりでの多段階・多元性の創出である。労働者が，——本章第2節2で示した——多様な「団結の基盤」にそれぞれ基づき多様な労働組合を登場させることは，ある種の必然性があるし，それは，もっと促進されるべきである。したがって，産業別組合なり一般組合といった特定の形態が，労働組合の発展ないし収斂の方向だとする主張は，ここでも放棄されなければならない。問題は，団結の多段階的・多元的形成と言いうるためには，例えばパート労働組合，女性ユニオンが，それだけで活動を完結させているのであってはならないことである。それらは，自己の守備範囲の課題に専ら取り組むと同時に，既存の他の組合との連帯・連携を構築しなければならない。しかし，その際留意が必要なのは，それら組合は，支配者＝既存組合労働者への被支配者＝パート・女性労働者の反発・抵抗，既存の組合のその課題への取組みの不在ないし不十分性，自ら主体となった取組みのための組合選択という要因と絡んで，結成・存在していることである。したがって，連帯・連携は，それら組合ではなく，既存組合の側の課題である。団結の多段階的・多元的形成は，既存の組合のヒエラルキーの中にそれら組合を取り込むことによっては，獲得されない。そういう形ではなく，既存組合が，——支配—被支配関係を含む——自己のあり方を反省するとともに，その証としてそれら組合の尊重，対等な連帯・連携関係——必要があれば，逆差別的ないしは不対等な措置を含んでの——を，構築しなければならないのである。

　第二に，複数組合所属の肯定である。従来，二重加盟の是非として論議されていた際のポイントは，組合の統制機能との関わり，即ち一方の組合への忠誠——行動を伴う場合に限定されるが——が，他方の組合の統制を乱すか否かという

第6章　現代における労働者・労働組合像

ことであった[2]。この問題はなお残るが、それはそれとして処理すれば済むのであって、労働者の持つ利益・要求が、一つの組合では十分には満たしえないとすれば、複数の組合――二重加盟どころか、それを越えても――への所属が、認められるべきである。労働組合の側では、労働者の利益・要求を自身のみでは完全には充足しえないという限界性を踏まえて、他組合所属を止むをえないものとして肯定するだけでなく、他組合との競争・競合さらには連帯・連携の中で、労働者への吸収力・統合力を高めることを通じた団結の質の向上を、目指すべきである。複数組合所属には、その組合にとってマイナス面があるとしても、プラス面を活かす方向で対処することが必要である。労働者の側でも、他組合における経験をその組合における活動・運営に活かすとか、他組合から得られた批判的見地を以て問題提起することを通じて、団結の質の改善・向上に寄与すべきである[3]。

　第三は、団結内の「下部団結」の承認とその団結内外での活動の許容・保障である。この点は、本節4でも述べたので繰り返さないが、あえて「下部団結」の一部の再評価を、付け加えておく。「下部団結」の肯定は、「下部団結」―「中間団結」―「全体団結」[4]といった積み上げとして団結が構成されることが、事実に即するとともに、団結の凝集力と質の向上につながると考えられるからである。その「下部団結」には、明確な「グループ」――派閥、分派と称されるような――を組織するものとそうではないものが、含まれる。問題は「グループ」であるが、それが、執行部・組合内多数派の獲得を目指した活動にのみ収斂することにより、一般の組合員の利益・要求から離れ、組合私物化という弊害をもたらしかねない点は、批判されるべきではある。しかしそれよりも、その「下部団結」として、団結の多段階的・多元的形成の一環を構成しているということの方に、注目すべきである。そのための要件は、別に扱っているが[5]、そうした役割を果たせるように努力すべきである。他方組合の側では、「下部団結」の活動の行き過ぎを捉えて、団結解体的だとか統制違反[6]といったことを理由として、安易にその存在・活動に対し制約・制限を課すべきではない。組合、「下部団結」の両方に、節度と寛容が求められる。

　最後に、既成の団結の多段階的・多元的形成の変革、作り替えという課題が

141

ある。団結の多段階的・多元的形成は，それ自体に意義があるというよりは，団結の質の改善・向上という目標——そうした目標を直接に持つか否かを問わず——を実現するための必然的・必要的な経過点であるところに，意味がある。団結は，多段階的・多元的に形成されるしまたされるべきであるが，多段階的・多元的形成がなされれば，それで良しとする訳にはいかない。それが，全体としての団結の質の改善・向上に，つながるのでなければならない。しかし，多段階的・多元的形成の中身・内容がどのようなものであっても，そうなるという保証があるのではない。そうとすれば，団結の質の改善・向上につながるように，多段階的・多元的形成のあり方の変更ないしは作り替えをすることが，求められると言える。どのようなあり方であれば改善・向上につながるのかは，予め明確である訳ではないので，求められるのは，改善・向上を目標とした試行錯誤である。

1) 問題は，団結の形態上の多段階・多元性ではなく実質的なそれであり，そのためには，往々陥りがちな「団結の一枚岩性」，より正確にはそれに親和的な意識傾向の積極的な否定の努力が，要請されるのである。
2) 「70年代の労働法学と労働運動の課題」(『日本労働法学会誌』37号) シンポジウム235～242頁参照。なお，最近のものとして，二重加盟に肯定的な島田陽一「組合加入をめぐる法律問題」(『同』69号) があるが，著者とは若干見解が異なる。
3) 以上の事柄は，労働組合以外の組織・集団への所属にも妥当するが，既に触れていることでもあり省略する。
4) 「中間団結」,「全体団結」は，組合の正規の機関・組織レベルの団結を表現するものだが，他方で，「下部団結」は非正規のもの全てを指すので，その図式にも拘わらず，組合内のどのレベルでも出現可能である。
5) 「グループ」の意味を含めて，拙著『組合民主主義と法』(窓社，1999年) 第三章三参照。
6) 労働組合の統制権については本書では扱わないが，著者は，本書第7章「団結権論」の延長線上での労働者の授権に基づく統制権，ないしは「組合民主主義論」との関わりでの実質的「統制権解体」論——前掲注5) 拙著特に第三章八参照——という立場を，採っている。しかしここでは，従来的な統制権論においても妥当すべき主張を，展開している。

6 労働組合の常識の転換

ここで，転換すべき労働組合の常識として問題とするのは，以下の三点で

ある。第一は,「数的多数＝力」論である。確かに一般論としては,相互に激しい競争を強いられた労働者が,その競争を止め盟約を結び使用者・使用者団体等と交渉＝取引する上では,数的多数である——それだけ競争者が少なく,競争が制限される——ことが力であることは,認められる。しかしここには,三つの問題がある。一つは,それが,労働者には数という力ないしは武器しかないという趣旨であれば,明らかに誤っている。労働者には,生産過程で鍛えられ陶冶された意思の力,組織力,団結力もあれば,生産過程内外で獲得された知的・精神的力能もあり,労働組合自体,組織としての力を有しているのである。「数的多数＝力」論は,恐らく,そうした単純なものでなく,生産過程での鍛錬・陶冶そしてそこで蓄積された力能を保持したところの,数の力を指すものではあろう。そうとすれば第二に,生産過程での鍛錬・陶冶としての力能の形成の真実性が,問われざるをえない。生産過程——企業による労務管理,経営政策を含んで——がそうした役割を果たしうることは,全くの虚偽であるとまでは言えない。しかし歴史的・現在的に見て,生産過程は,労働者の変革主体性やその能力,労働組合の主体としての力能を,剥奪する過程でもあった。両側面があるとして,少なくとも現代日本においては,後者が主要な側面として働いているように思われる。生産過程における鍛錬・陶冶を通じた力能の形成が,真実ではないとか少なくとも不十分でしかないとすれば,結局,競争制限的な「数」の力しか残されていないことになる。ところが第三に,その「数の力」さえ主張しえない現状がある。組織率が20％未満に落ち込み,圧倒的多数の労働者が組合に属していないという事態は,本来の労働者のありようではないといくら強調しても,意味をなさないことを示している。現在は「数の力」を発揮しえない段階にあるが,将来は異なると主張するだけでは,問題は済まないのである。数的多数が成り立たない中で,「数的多数＝力」論に固執することは,事態を絶望視したのと同じことでしかない。今求められているのは,この常識からの転身である。それは,労働組合の組織力・闘争力を数ではないものに求めること,しかしなお数的力にしか依拠出来ないとすれば,重点を団結の質に移し替えることである。前者については,著者は,組合民主主義を労働組合の組織力・闘争力の源泉として捉えているし,少数派労働組合が,存続

し強力な運動を展開しえた根拠としての「信念・思想性」、「（生活共同体的）結合力」、「持続力」、「経営外的機能における活動力」が、注目される。いずれにしても、数の力ではなく、現状の数でもなお組織力・闘争力の引上げが可能であることを示すことが、「数的多数＝力」論の呪縛——そのために、少数化した現状＝力の低下・減少として受け止められ、益々萎縮・沈滞状況が促進されている——から脱却する道である。後者については、少数化＝力の減退をある意味では素直に認め、組織力・闘争力の回復・引上げが不可能ないしは極めて困難であることに居直り、重点を団結の質の改善・向上——それが、組織力・闘争力の回復・引上げにつながるとしても、それを目標とせず結果論として受け止める、という態度が必要であるが——に置くことを、意味する。それは、団結の質の改善・向上と組織力・闘争力の回復・引上げという言わば二兎を追わない、努力の集中点を分散させないで、団結の質の改善・向上に力の全てを傾注することでもある。[6]

　第二は、「労働組合は、社会主義という社会変革の主体でありかつその前衛である」という常識である。[7] これは、既存社会主義体制の崩壊以前に、左翼的・革命的労働組合主義の放棄——なし崩し的である点で問題があるが——、——戦闘的か協調的かの違いはあれ——体制内労働組合主義の確立により、既に獲得された地平であるかも知れない。その上に社会主義体制の崩壊により、社会主義という未来像が不鮮明になったことが重なり、そうした常識は、今や存在しないかも知れない。しかし、労働者政党とりわけ社会主義を目指すとする政党との協力・共同——その仕方は如何なるものであれ——を謳う組合がなお存在する限り、その常識の打破が必要とされる。ここで強調すべきことは、——社会主義を目指すか否かを問わず——社会変革の主体でありその前衛たろうとすることは、労働組合したがってそれを構成する労働者の決断・選択の問題であることである。決断・選択の問題であるということは、そうならない決断・選択もありうるのだから、社会変革の主体・前衛性は、常識ではありえない。常識とすることは、自由であるべき決断・選択を拘束することを意味し、許されないのである。その常識の否定は、労働組合に過度に負わされた負担を軽くすることでもあり、負い目と余分な負担なしに労働組合のあり方を求めることが、可能となるのである。[8]

第三は,「労働組合＝労働力商品取引主体」という常識である。ここで問題とするのは,労働組合の機能を経済レベルに限定するか否かではない。経済的機能の枠内での,重点の移し替えである。労働組合が労働力商品の取引主体であることは,今後も変わりないであろう。問題は,その常識が,職場における労働の無意味性,無権限性への介入,労働のあり方および労働過程の規制なり自主管理の運動への労働組合の取組みの,障害となっていることである。企業別組合の克服,労働組合の力量の回復・引上げの切り札と位置づけられた職場闘争の喪失は,この点での直接の手掛かりの喪失であって,根本的には,この常識の支配の方にこそ,問題があったのである。この常識の克服は,閉塞的な労働組合の状況の打開の決定打になるかも知れないが,それ以上に注目されるのは,次の点である。一つは,企業別組合の克服策の一環として,その企業内的機能に終始している状況に企業外的機能を付け加えるべきという主張があるが,そうした外からの批判だけでは不十分であるし,また内在的必然性なしの機能付加は,本来不可能であることとの関わりである。企業別組合が,企業外に視野を広げ企業外的機能を担うためには,内在的媒介が必要である。その点において,どこの企業でも行われている労働のあり方,労働過程,そしそれらの労働者にとっての意味,労働・生産の成果の社会的意味ということに,そしてそれらに労働者のコントロールを及ぼすことの意義ということに,企業を越える媒介となる可能性が見出されるのである。勿論,可能性を現実性に転化するためには,労働組合運動の生成から発展の歴史を繰り返すぐらいの努力が,必要ではある。もう一つは,――第二の点と矛盾する面もあるが――労働のあり方等の規制は,将来社会の基盤づくりなり先取りとなることである。それは,例えば自主管理型社会主義につながるのだとすれば,社会主義を選択の問題としながら,言わば無自覚的にそれを採用する少なくとも選択の幅を狭くすることを,意味することになる。そうだとすれば,そのことを自覚して労働のあり方等の規制に向かう――それも一つの選択である――のか,自覚的であるか否かを問わず,労働のあり方等の規制が,他の要因,力を抜きにして自動的に自主管理型社会主義をもたらすのではなく,そこにも選択の余地があるということで,第二の側面と両立させるのかが,問われることにはなろう。しかしなお,

労働組合が労働のあり方等の規制を選択したとしても，それが社会主義を必ず導くという保証がある訳ではないから，第二の側面と両立しうると思われる。それよりも重要なことは，選択のレベルの相違である。第二の側面は，将来展望をどこに置くかの選択であるが，ここでは，それが全体としてどのような社会変革，社会形成につながるかはともかく，その基盤づくり・先取りを日常的実践として行うか否かの選択である。その道に踏み込む限り，労働組合は，否応なく，将来社会の担い手とならざるをえないのである。その道を採るかどうかが，現在の選択に任されているのである。[12)]

最後に，――「常識の転換」とは若干ズレるが――福祉国家型常識の新しい段階での獲得という問題がある。福祉国家型常識とは，――日本では一度も達成されなかったところの――第二次大戦後の西欧型福祉国家――それは，強大な労働組合運動，それを基盤としつつ密接に連携した社会民主主義政党の政権への参加・掌握・影響力，それが進める福祉国家路線の国民的合意化（＝合意・妥協の政治）により，構築されたものである[13)]――における労働組合の立場と役割である。即ち労働組合は，福祉国家路線を自覚的・意識的に採用しその実現・維持・発展に努力し，その不可欠の構成要因となった・なっているということである。現代日本社会のオールタナティヴとして「新福祉国家」が提唱されている[14)]が，それが正しいとすれば，日本の労働組合には，三重の課題が提起される。一つは，――既述の――第一から第三の常識の転換である。これを抜きには，次の課題の達成は困難であろう。第二は，従来的な福祉国家型常識の獲得である。その獲得の道は，単線的ではなく――次の課題も重なって――紆余曲折するであろうが，確かなことは，これまでの日本の労働組合――そして主として社会民主主義政党・勢力――が福祉国家路線を採用せず敵対的でさえあったことの誤りを反省し，一度はその獲得の経験を経ない限り，次の課題に立ち向かうことは恐らく不可能であることである。したがって，新帝国主義化の急速な動向と対抗しつつ「新福祉国家」というオールタナティヴを構築するという第三の課題は，ストレートにその課題を提起するだけでは，問題提起にさえならないことが予測される。もしその問題提起が受け止められたとしても，従来の福祉国家構築の段階と比べ現在は極めて条件が悪い状況であるから，その実現への努力は，想像を絶す

る程大変であろう。いずれにしても，こうした課題に取り組むか否かも，選択の問題ではある。しかし，新帝国主義化は，第二次大戦後の労働組合の権利保障，その存立・存続を当然の前提とする政策展開から，必要があれば権利の剥奪やその解体を辞さないという方向性さえ含む政策変更であるが故に，そうした課題への取組みは，それ自体の意義と並んで，労働組合の存立・存続の岐路をも賭けたものでありうることを踏まえた選択でなければならない。

1) 「労働組合の常識」というまとめ方のため，これまでの叙述の繰り返しとなっている部分がある。
2) 下山房雄『現代世界と労働運動』(御茶の水書房，1997年) 特に一，五章参照。
3) 組織率の高い大企業・官公労部門においては，「数の力」を未だ主張出来るかも知れない。しかし，労働者数の減少に伴う組合員数の減少だけでなく，組織率の低下もあるところから，そこにおいても「数的多数＝力」論の説得性は，低下しているのである。
4) 単に脱出，脱却としなかったのは，「数的多数」が成り立てば，そしてその成立が絶対的に不可能とも言えないことから，それが力になりうることを留保するためである。
5) 拙著『組合民主主義と法』(窓社，1999年) 参照。
6) この選択肢は，労働組合に関するもう一つの常識，即ち「組合機能の歴史的拡大傾向」という主張の，一面での放棄であり，したがって，組合は，自らの手に負えない課題を引き受けるのではなく，力の集中の局面を限定すべきであるという主張と重なる。
7) ここでは，拙著『社会変革と社会保障法』(法律文化社，1993年) および本章第2節で述べたことを前提にして，それに付け加えるべきことに触れるに，止める。
8) これは，特定政党支持体制の下での組合による政党の代替，という事柄のみを指す訳ではないことは，言うまでもない。
9) 著者は，したがって，他の論者とともに「職場闘争の再生」を主張するとしても，目的論的なものではありえない。ここで述べた目的の達成のための手段としての活用の可能性に，着目するに過ぎない。
10) それは，恐らく，《企業内的コントロール→企業外的機能》という飛躍をはらむ二段階を辿りつつ，それぞれが困難な課題であるからであろう。
11) 自主管理型社会主義を標榜した(旧)ユーゴスラビアの実験が破綻したことから，それが現実的に可能な社会主義かどうかが，問われるが，ここではそうしたことは無視しているとともに，一つの例として取り上げているに過ぎない。
12) 労働者参加論も，こうしたことにつながる必要があるが，指摘に止める。
13) 福祉国家・福祉国家路線については，前掲注7) 拙著第三章参照。
14) 渡辺治・後藤道夫編『講座現代日本』(大月書店，1996・97年) 特に4参照。

7 新しい社会運動の取入れ・包摂

新しい社会運動の意義として，ここで押さえるべきことは，次の二点であ

る。一つは，それが階級的争点に基づく階級闘争ではないことである。それは，階級闘争論によっては無視されたり背後に押しやられたりあるいは第二義的なものとして軽視されたものを，現代社会の争点にまで押し上げたものである。したがってまた，新しい社会運動は，その主体・担い手を階級とするのではなく，徹底して個人に求めるとともに，組織を重視しないあるいは組織の原理として伝統的な中央集権主義に依拠することなく，個人間および組織間の対等・平等で開かれたネットワーク化，上からの指導・指令主義の拒否＝個人の自発性・創意性への依拠を，それに対置するのである。新しい社会運動のこうした特徴は，――ここまでに示した――労働組合像そして――著者が提示した――組合民主主義のあり方2)とは，異質性よりも同質性が目立つのである。そうとすれば，新しい労働組合像の獲得，組合民主主義の確立を前提としてではあるが，そこに到りえた労働組合が，新しい社会運動と連帯・連携することは，容易であろう。勿論，新しい社会運動の側の拒否・拒絶意識には，根強いものがあろう。労働組合の側では，他の市民・住民運動を自己の利益のために恣意的に利用したり，また利己的利益の貫徹のために運動の統一を崩壊させて来たという負の遺産があるからである。労働組合の――ここで言う――変容に対しても，不信感を抱くであろうし，変容には確信が持てても，そのことだけで直ちに連帯・連携を歓迎するということにはならず，なお警戒心を抱いたまま対応することと思われる。しかしそうであっても，労働組合の側での変容がやはり連帯・連携の不可欠の前提条件であって，現実に連帯・連携が実現されるかどうかは，過去を反省した労働組合の側の誠実かつ真摯な対応に係っている。

　もう一つは，新しい社会運動が担うあるいは実現しようとする価値との関係である。労働組合が，新しい社会運動と連帯・連携するだけでなく，それを自己の中に取り入れる，包摂することを目指すのであれば，新しい社会運動が担い実現しようとする価値を共有しなければならない。その共有化のためには，二つの課題のクリアーが必要とされる。第一は，労働組合の利益集団性からの部分的脱皮である。労働組合が，労働者の利益・要求の実現のための全き利益集団性を維持する限り，新しい社会運動が担い実現しようとする価値を容れる余地に，乏しい。利益集団性を完全には否定しないとしても，その部分的放棄3)

第6章 現代における労働者・労働組合像

を通じて，新しい社会運動の価値を自己の価値としなければならない。それが，新しい社会運動への場・保障の提供に止まるのか労働組合の目的の一環に組み込むのかはともかく，労働組合は，利益集団であるとともに価値集団にもならなければならない。価値集団であるということは，一方では，――次の課題と重なるが――例えばフェミニズム，エコロジー，エスニシティといった価値の担い手となるように，意識転換が図られるべきこと，他方では，――利益実現とは異なる――価値実現に適合的な運動スタイル即ち例えば意識調査，学習を通じた自己および社会的レベルでの伝統的意識・慣行の変革といったことが，開拓されねばならない。また，――そのことを含めて――利益と異なり価値は多数決原理では左右しえないものであるから，多数決原理に基づく組合の合意・決定で処理するというやり方を採らない，利益と価値の二律背反においては価値を優先させる，その意味では伝統的・従来的な組織運営のあり方を変更するといったことまで，要請されるのである。こうした側面から労働組合に与えられるインパクトは，強力であろう。

　第二の課題は，労働組合が担ってきた価値観の転換の必要性である。新しい社会運動が担い実現しようとする価値の取入れは，部分的にせよ，労働組合がこれまで担ってきた価値観の転換抜きには，不可能である。しかしここで問題にしたいのは，もっと根源的・根本的レベルである。労働組合の中心的理念は，労働条件を初めとする労働者の生活の維持・改善であるが，それに関わっては，欲求の無限の拡大とそれを可能とする生産力，経済力の無限の発展を，これまでは想定していた。それに対して，例えばエコロジーを軸とする環境保全型の新しい社会運動は，それがもたらす環境破壊のみでなく，資源・生態系・地球の有限性，貧困・飢餓の放置を含む南北格差といった，産業主義の地球大の弊害を問題とする。言うならば全く逆のベクトルを描くのであって，殆ど両立不可能である。それでいてなお，新しい社会運動の取入れ・包摂を主張するとすれば，労働組合の側の伝統的・従来的な価値観の放棄が，必要とされることになる。どの範囲でどこまでの価値観の転換が要請されるかはともかく，価値観の転換を図る用意がなければならない。

　新しい社会運動の取入れ・包摂は，伝統的・従来的なまた変容した労働組合

の運営,機能との間での繰り返しの調整を通じて行われる,漸進的な試みであろう。この選択は,労働組合が労働組合でなくなる危うさを抱えながら,しかしなお,そこまで踏み込むことなしには,現代における労働組合の再生,再活性化はありえないのではないか,と思われる程重要である。その上に,新しい社会運動は,分散的傾向性を持ちつつ,社会の変革＝オールタナティヴの構築を目指すものであるとすれば,それを後者の方向でまとめ上げる軸が要請されるが,それを取入れ・包摂した労働組合がその一環を構成しうるのかが,問われる。言い換えれば,新しい社会運動に遅れて参入した労働組合は,遅れたが故に,新しい社会運動の問題状況の把握と解決の方向性を提示しうる位置にあるとともに,新しい社会運動の意義との関わりで,社会変革＝オールタナティヴの自覚的・意識的な発見とその選択へ自らを追い込むことを,自らの決断・選択とすることを要請されるのである。

1) 著者の基本的な捉え方については,拙著『社会変革と社会保障法』(法律文化社,1993年)第一章第一節五,拙稿「「戦後労働法学」とその見直し・転換の方法的反省」(『東京都立大学法学会雑誌』35巻2号) 4参照。現代においては,「新しい社会運動」という概念で捉えられるか疑問はあるが,意義としては同様のものとして,例えばNGO, NPOをも含めて考えるべきである。そしてそれにより,ここでの叙述の一定の変容が必要と思われるが,基本点は変わらないであろうから,指摘に止める。なお,「包摂」とのみとしなかったのは,以下の叙述に示される。
2) 拙著『組合民主主義と法』(窓社,1991年) 参照。
3) 利益集団性の完全な否定は,本節4で述べたことの意義・意味が失われるので,それはありえない。
4) 例えば公害・環境問題への取組みにおいて,労働力の維持・保全という視点からの——労働災害に対すると同列の——また被害者的位置からのそれであれば,伝統的な労働組合であればやり易いとしても,決定的に不十分である。
5) これは,前掲注2)の拙著で述べる「少数意見の尊重」さえ越えた問題である。
6) 今日の世界的な合意と言える「(環境・生態系と両立しうる)持続可能な発展・成長」の意義・意味内容をどう捉えるかで,異なっては来る。しかし,現行の生産力水準を引き下げない限り,実現不可能とする厳しい見方があることからすれば,このように捉えざるをえないと思われる。

8 小 括

以上に示した労働組合像をまとめると,モデルなしで自由に選択される労働

組合，階級性・大衆性・必然性・必要性を欠く利益集団，日常的に多段階的・多元的に形成される団結，現代における組織・集団の一環である労働組合，伝統的・従来的な行動様式を打破すべき労働組合，新しい社会運動を取り入れ・包摂すべき労働組合，という多面的なものである。それらは，相互に矛盾・対立する面もあるが，労働組合とは，それをも包み込んだ存在でなければならない。そして，労働組合のそれらの特徴が顕在化するかどうかは，労働者・労働組合の徹頭徹尾決断・選択の問題であるから，その矛盾・対立の解消も，——各特徴の保持という枠内での——決断・選択によることになろう。

第**7**章

団結権論の再構築

第1節 問題の所在

　著者の理解によれば,「「戦後労働法学」の見直し・転換の試み」の一環としての「団結権論」の再構築は,次のような課題整理の段階にあると思われる。第一に,「戦後労働法学」における団結権論の問題点の析出,第二に,――それを踏まえた――「団結権論」の再構築の方向性の提示であって,再構築としての新しい理論の全容が示されている訳ではない。それだけではなく,――第一の問題点については,ほぼ共通の了解が成立しているとしても――第二の方向性については,既に理論的分岐が生じているとともに,籾井常喜博士・西谷敏教授が示す方向に対する批判なり疑念が,強く示されている。そうだとすれば,方向性の提示レベルにおいて,もっと検討すべき論点を詰める作業が必要のように思われる。それとともに,団結権論を規定するのは労働者そして労働組合の捉え方であることからすれば,新しい「労働者・労働組合像」を提示した著者としては,それと整合的に団結権論を組み立てねばならないし,その方向性が籾井・西谷的方向とどこが同じでどこが異なるのかを,示さねばならない。その上に,新しい理論を提示しなければならない。それが,籾井・西谷的方向に対する補充,肉付けに止まるのか,それを越えるものかは,以下の論述が示すことになる。

　そうしたものを検討する上で,著者にとって焦点的な問題は,第一に,80％を上回る数の労働者が団結権を行使していないという冷厳な事実である。従来の労働法学は,いずれの理論的潮流であろうと,また「団結する自由の団結しない自由への優位」という捉え方をするか否かを問わず,労働者が団結権を積極的に行使することを,アプリオリの前提としていた。しかし,それと異なる

152

第7章　団結権論の再構築

現実に直面する中で，団結権の不行使を視野に容れた理論の構築が，要請されているように思われる。それは，一方では，団結権不行使の法的価値を積極的に承認することであるし，他方では，団結権を市民的自由＝結社の自由に解消するのでない限り，積極的な権利行使の道筋を理論内在化させることである。勿論，後者を——前者をも——，団結権論の課題ではないとする捉え方がありうるし，後者を採ったとすれば，権利行使の結果を取り込んだ理論展開をすべきか否かが問われる点で，解決は難しい。いずれにしても，80％を越える労働者に無縁な「労働者の団結権論」であってはならないし，その無縁性を事実・実践の世界に放置すべき段階ではない。

　第二に，——第一の問題側面とは逆に——，団結権は，何故にまたいつまで労働者の団結権でありまたあるべきなのかという問題である。これは，さしあたり現代における団結権の問題ではなく，その将来像についての見通しのレベルではある。しかし，「「戦後労働法学」の見直し・転換の試み」が，労働法を現代市民法の一環に位置づける，団結権における自由——それが，古典的な市民的自由か否かはともかく——の契機や自己決定権を強調するのであれば，団結権を労働者に固有・特有の権利とする根拠は，一元的な従属的労働者像の克服とも相まって，希薄となっているように思われる。ましてや，例えば新しい社会運動の取入れ・包摂という課題[5)]との関わりで，それを団結権の機能レベルの問題とする限りでは実現性に乏しいとすれば，団結権の特権性——ここでは文字通りの意味ではなく，労働者以外の国民には形式上保障されていないことを，指す——を維持すべきかどうかさえ，問題とならざるをえない。それがもたらす将来的帰結は，憲法第28条廃止論なのかどうか，28条を残したままでのその限りなき市民的自由・結社の自由への接近としての読み替えなのか，両者において，民事・刑事免責を初めとする労働法上の特別の保護を否定ないし希薄化して良いのか，逆に市民的自由・結社の自由——その一般とか全てではなく——の新しい社会運動における行使に対する保護へと拡張するのか，いずれにしても，将来的見通しをも展望した理論的連関を団結権の側から付けていくことが，要請されているように思われる。そしてそれは，改めて団結権保障の根拠を問うこととも，オーバーラップした課題である。

第三の問題は，団結権保障をめぐる憲法と法律との乖離である。問題の焦点は，言うまでもなく官公労働者の争議行為（特にストライキ）の全面一律の禁止であるが，全農林警職法事件最高裁判決以降の最高裁の判例変更を，ただひたすら間違っていると批判しているだけでは，事は済まない。一方では，「戦後労働法学」の見直し・転換が，この最高裁判例の団結権論（＝生存権実現の手段論）批判を一つの契機として，展開されて来たこととの関わりがある。言うならば，「戦後労働法学」の団結権論では，この判例傾向に対抗出来ないそれ故「見直し・転換」を図ったのであるが，それによってもなおこの判例傾向を覆しえていないのである。他方では，より根本的な問題だが，憲法第28条違反の法律が，その成立以降約60年間全く揺らぐことなく存続し，28条の規範性が縮減され続けていることである。この事態を，「団結権論にとって外在的な要因であり，それによって団結権論が傷つく訳ではない」という対応で済ますには，あまりに深刻な問題である。したがって団結権論に内在化した捉え方が，新たに要請されているように思われる。その方向として考えられるのは，一つは28条変質論であり，もう一つは国民的合意に即した団結権論の新たな構築である。

　第四として，日本の企業社会との関わりがある。日本社会を批判的にトータルに捉えるものとしての「企業社会論」が提示したものは，一方では，かつての総評を軸とする戦闘的労働組合主義の敗北が企業社会をもたらした，というその歴史的な成立要因であり，他方では，──主要で中心的かはともかく──企業社会への対抗そして克服の契機としての組合運動の再生，再活性化の必要性である。その上に，1990年代以降の日本を多国籍企業型の新帝国主義化と捉えそれへのオールタナティヴとして「新福祉国家」を対置する[6]のであれば，そして西欧の福祉国家を主導し支えたところの社会民主主義政党と──それと密接に関わる──労働組合という政治的・社会的勢力を欠いてもそれが可能だとするのでない限り，少なくとも労働組合運動の低調・停滞の克服が，不可欠である。そうした事柄も，やはり団結権論にとって無縁ではない。まず，戦闘的労働組合主義の敗北の一端の責任を「戦後労働法学」の団結権論が担わなければならないし，だからこそその「見直し・転換」が必要なのだからである。[7]次

第7章 団結権論の再構築

に,「戦後労働法学」の団結権論の「見直し・転換」は,企業社会に対抗しその克服を図りうる組合運動の再生・再活性化に,寄与出来るものに仕上げられねばならない。しかし,ここに重大なジレンマがある。とりわけ第一の問題側面からは,団結権保障とその権利行使との切断,権利行使とその結果との断絶,とりわけ「戦後労働法学」が特定の組合運動の路線と同伴してきたこととの対比で言えば,路線的中立性やそのブラックボックス化が,もたらされる。他方では,組合運動の特定の路線と同伴するのなら,その盛衰により再び団結権論が左右されかねない。二律背反の一方を切り捨てずしかもなお理論的整合性を保持しようとすれば,考えうるのは,日本社会のオールタナティヴを取り込むとともにそれに意義・内容が左右されない——その意味では,取込みのレベルの限定——団結権論,それでいてオールタナティヴ形成において役に立つそれの構築という,やっかいで難解な課題に挑戦し続けることである。[8]

　以上のような問題に対応して描かれる団結権論は,一元的なものではなさそうである。確かに求められているのは,「戦後労働法学」の一元的な団結権論に取って替わる新しい一元的な団結権論ではある。しかし,一方では,著者にとって団結権論の課題は,理論的であるよりも実践的——実践構築的理論——であること,その課題は相互に密接に関連しているとは言え一つ一つ解決されるべきこと,その解決にとって一元的な団結権論は反って支障になりうることを,考慮しなければならない。他方では,——著者と同じ意図によるものであれば一層,そうでないとしても考えるべきこととして——「戦後労働法学」の団結権論の「見直し・転換」として提示される様々な新しい団結権論との相互の関わりが,問題となる。自己の団結権論と異なるが故に排斥し批判の対象にすることも,一つの選択である。しかし著者は,著者の設定した課題の解決として提示された——著者の構想とは異なる——団結権論,著者とは別の——肯定しうるか否かを問わず——課題を踏まえた団結権論を,ただ排除するだけで良いのであろうかという疑問を持っている。複数の団結権論の協同を通じた新しい団結権論の構築という展望は,堅固な一元的団結権論相互間では,難しいしありえないように思われる。ましてや著者は,「戦後労働法学」の団結権論に対立・対抗して来た団交中軸的団結権論の再評価を通じた,それとの協同をも目指してい

るのであるから，一元的団結権論を採りようがない。その対立・対抗は，それを取り巻く時代的条件に規定されたものであって，協同しえなかった担い手の責任にのみ，解消されるものではないではあろう。とは言え，その時代的条件が変化した現代において，直ちに協同が可能とも言いがたい。理論の担い手の協同への志向性の乏しさのみでなく，理論内容の根底的違いが，協同を阻んでいる。しかし，現代における団結権論の再構築は，一人の偉大な理論的指導者の作業ではなく，多くの——これまで対立・対抗関係にあった者を含め——理論家の偏見なき誠意ある協同的作業によってのみ，可能となろう。その作業に参加する——少なくとも著者が——ためには，一元的団結権論ではなく，多元的団結権論，他の団結権論から学び取り入れることが可能な団結権論であることが，不可欠と思われる。本章は，その方向での著者なりの問題提起である。

1) 本章の展開のための出発点は，二つある。一つは，「労働法理論の再構築にむけての時代を画す問題提起」——籾井常喜博士のそれに対する書評（『労働法律旬報』1293号）の表題でもある——とされる西谷敏『労働法における個人と集団』（有斐閣，1992年），その「団結権論」の具体的展開である同『労働組合法』（同，1998年）——なお，2006年に第2版が出版されている——であり，著者の主観的意図としては，本章は，その継承・発展であるとともに，その不徹底さの克服である。もう一つは，戦後労働法学全体における「団結権論」の総括としての意味を持つ浜村彰「団結権論」（籾井常喜編『戦後労働法学説史』労働旬報社，1996年）であり，著者には必ずしも十分には出来なかったところの総括として，活用させてもらった。
2) 浜村前掲注1）論文133頁参照。なお，その根底にある労働法理論見直しにおける分岐については，籾井「戦後における労働法と労働法学の歴史的軌跡」（同編前掲注1）書所収）91〜93頁参照。
3) 角田邦重「団結権と労働者個人の自由」（『日本労働法学会誌』77号）が，その典型である。なお，本章で言う団結権とは，基本的に狭義の団結権であるが，広義の意味で使用することがある。後者の意味で使用する際には，これまでのようにカギカッコを付する。
4) 前章参照。
5) 前章第3節7参照。
6) 渡辺治・後藤道夫編『講座現代日本』全4巻（大月書店，1996・97年）参照。これについての著者の見解については，前章第3節6参照——なお，本章第7節3注14) も参照——。
7) この脈絡が，「見直し・転換」作業には希薄のように思われる。著者が，本章で「戦後労働法学」——場合によっては，戦後労働法学全体——の理論責任を問う所以である。

8) したがって，理論転換は，ある種の試行錯誤性を帯びざるをえず，本章で展開する著者の見解も，恒常的に点検をすべき試論に過ぎない。
9) 本章は，「戦後労働法学」の単なる批判ではなくそこからの脱却を目指すものであるから，批判点についてはかなり強引なまとめ方をしている。

第2節　団結権の理念の複合性と射程距離[1)]

1　本節の課題

　団結権の理念として，生存権原理を唯一のものとしていた戦後労働法学の傾向は，自由の契機の導入により，そのままでは維持されなくなって来ている。しかし，生存権原理を全く否定するのか，否定しないとしてどのような内容においてどう位置づけるのか，他方，自由の原理をいかなる意味と内容において取り入れるのかといったことをめぐり，団結権の新しい理念として提示されているものは，多様であり，一つの方向に収斂するキザシはない。元来——労働法全体の理念についても，そうだが——団結権の理念として何が妥当，適切かについて，理論的決着をつけることは難しい。特定の理念に基づく権利の体系・内容の構成がただ一つであることは，保証されてはいない。他方，構成された権利の体系・内容において問題性があるとしてもその責任が，理念のみに帰せられるとは限らないし，またその具体的問題への適用の結果的妥当性に関しても，同様であろう。したがって，その理念では全く説得力がないとか否定的結果をもたらすことが確実である場合，その理念が排除されるだけであって，より積極的に複数の理念の適否，優劣を論ずることは，問題の性格上適していないし，ここで論じたいのは，そうしたレベルでの理念の検討ではない。

　第一に問題とするのは，団結権の理念とは，複合的なものではないのかということである。そうだとすれば，複数の理念相互間の適否，優劣を論ずる必要性が消滅し，論争の決着としての団結権論再構築という過程を経なくても済む，即ち課題に立ちはだかる障害の一つが予め取り除かれるのである。それよりも大事なことは，各理念の射程距離を確かめることである。団結権の新しい理念として提示されたものに対する批判として，権利のこの部分が説明出来ないとか導き出しえないということが，指摘されたりする。そうしたことが，問

題点の創造的な批判的指摘それ故克服、彫琢されるべき弱点の析出として生産的議論を促すよりも、その故にその理念を否定するという対応をもたらすところに問題がある。それは、第一の理念の複合性を認めない姿勢とともに、理念の射程距離には限界がありうることを想定していないことから、生ずるものであろう。したがって、この射程距離を確かめることを、第二の問題として設定する。[2]

1) ここでは、直接にはストライキ権の理念であるものを団結権の理念に読み替えたり、労働法全体の新しい理念として提示されているものを団結権の理念と推定したりする形で、叙述している。なお、事柄の性質上、本章の叙述においては、狭義の団結権を越える問題にも触れることを、お断りしておく。
2) とは言え、本節では、射程距離には限界があることを大まかに示すに止まる。

2 団結権の理念の複合性

団結権の新しい理念として提示されている典型的なものは、自由や精神的・文化的契機を組み込んだ新しい生存権原理[1]、生存権原理を全く否定した自由の原理[2]、「人間の尊厳性に根ざす根源的自由＋取引の自由＋生存権原理」[3]、自己決定・共同決定[4]である。それらは、第一に、生存権原理一辺倒では、団結権を生存権実現の手段とする捉え方、それ故代償措置さえあれば権利剝奪を容認する考え方、端的に言えば官公労働者のストライキ全面一律の禁止体制および最高裁によるその合憲論を、克服出来ないという問題意識に基づいている。第二に――それと緊密に関わるが――、団結すること、ストライキをすることが刑罰で禁止されていることを、如何に克服するかという問題設定が関わる。生存権原理では、事実の問題として従来対抗しえなかったとともに、国家の積極的作為、関与をその主要な内容なり保障方法とするのだから国家の作為としての刑罰を抑制する原理としては、理論的にも不十分である。そこに、刑罰からの解放＝国家の不作為・不関与を求める自由の契機が導入されることになるが、それはそれのみに止まらず、団結権自体の理念としての意義さえ持つことになる。そしてそれは、団結・ストライキの刑罰による禁止からの解放を求めて、改めて団結権保障の原点に戻り、根本的に検討しようとする姿勢がもたらした成果でもある[5]。他方第三に、高度経済成長と日本社会の近代化・市民社会化が

第7章　団結権論の再構築

もたらした労使関係の変化，労働者意識の変容が，緊急的また経済的というレベルに止まる生存権を受け容れがたくしたことである。そして，労働者，労使関係，そして労働組合の変容により，説得力を喪失ないし低下したところの生存権原理に取って替わる新しい理念が，その変容とりわけ労働者意識・規範意識のそれから汲み取ることを通じて，主張されたのである。その変容についての認識の違い，変容した内容の中の重点の置き所の相違といったこと，あるいは従来の団結権論への執着の程度の濃淡が，理念の相違――同じ理念であっても，その中の何を強調しどれを重視するかの違いを含めて――をもたらしたように思われる。

　ここで確認すべきことは，第一に，生存権原理一辺倒の従来の団結権の理念は，放棄されるべきことである。生存権原理を豊富化させたものでも，同様である。それらには，団結・ストライキ禁止立法とその合憲判例を覆す要素が，全く見出されえないからである。そうとすれば，先の第一の捉え方は，もしそれが，豊富化された生存権原理――新しい「生存権原理」とは言えようが――のみを理念とする限りは，否定されるべきである。それを団結権の新しい理念として肯定出来るのは，より上位の理念として「人間の尊厳」の理念を設定しその生存権原理への照射として豊富化を唱えていること，言い換えれば，「人間の尊厳＋生存権原理」が団結権の新しい理念とされている，と読み込みうる限りにおいてである。第二に問題となるのは，先の四つの団結権の新しい理念は，相互に排他的で両立する余地がないのか，そのいずれかを妥当，適切な理念として選択しなければならないのかである。もしそうだとすれば，理論的決着は何によって図られるのであろうか。純理論的検討によるとしても，それぞれに一長一短がありそうであり，また優劣の基準を何に求めるかという点では結局個々人の価値観だとすれば，決着はつけられない。問題を実践のレベル，即ち権利主体である労働者の意識とりわけ規範意識への適合性，したがって実践的説得力であるとしても，それが本当に意味を持つのは労働者の権利行使につながり寄与しうるのかというレベルであるとすると，少なくとも現時点ではどの理念も，こうした実践に寄与しえていないから，将来的決着へと先延ばしせざるをえないのである。いずれにしても，どの理念を採るべきかを指し示しえ

ず，さしあたり複数（ここでは四つ）の理念の併存となる。しかし著者が強調したいのは，併存を，未決着による止むをえない事態として消極的に受容するのではなく，団結権の理念をこれらの理念の複合体とすることを通じて肯定的に捉える必要性である。それは，これら理念相互間に相容れない部分があるし，また団結権という単一の権利の理念が複合体であるとするのは整合性を欠く面があり，理論的には採用しがたい主張ではある。それでいてあえて「複合性」を唱えるのは，次のような考慮に基づく。

　第一は，何度も言うが80％を越える労働者が団結権と無縁であるという現実[7)]への配慮である。団結権の理念のみでこの現実が変革されるという，楽観的見通しがある訳ではない。しかし，理念が，労働者の権利感情や規範意識に働きかけ権利行使を促す側面が少しでもあるとするならば，そして各理念は，その内容に応じてそれぞれ別の労働者に対しそうした効果を持ちうるとすれば，団結権の理念の複合性が，十分意義を有するのである。もっと言えば，事態は極めて深刻なのであって，「権利感情・規範意識に働きかけ，権利行使を促す」ものであれば何でも活用すべきであり，ましてや団結権の理念においておやということである。しかも，新しい団結権の理念が，労働法学者全体の支持までは得ておらず，ましてや裁判，法律実務そして肝心の労働者に到達し浸透しえてはいない中で，協同してその状態を克服しようとすれば，理念の複合性を承認することが出発点にならなければならない。もう一つは——性格的には同じような問題であるが——，団結・ストライキ禁止立法とその合憲判例を，どう揺り動かし突き崩して行くのかという問題である。従来の生存権原理一辺倒の団結権理念は，そうした働きをするどころか，逆用されその正当化に寄与させられたと極論出来よう。しかし新しい理念も，逆用・正当化は避けられるとしても，「揺り動かし・突き崩し」には全く成功しえていない。その場合，その理念を放棄するのでない限り，それを掲げて最大限の努力をするしか途はない。その途が協同してのものでなければならないからこそ，ここでも理念の複合性の承認が，出発点となるのである。

　ただその上でここでは，次の二つの点が，考慮されねばならない。一つは，憲法第28条変質論への対応である。それについては，——自衛隊・安保条約と憲

第7章　団結権論の再構築

法第9条との関係の如く──「28条は無傷のままで変質しておらず、ただ28条違反の法律そしてそれを合憲とする判例が政治的に強引に維持されているだけである」という捉え方が、これまでの違憲論に立つ学者の見解であろう。それは、労働法学そして学者としての誠実さ、節操を示すものでもあるし、人権たる団結権に適っていることは、言うまでもない。しかし28条は、明らかにその規範力を制限され規範性を縮減されているし、違憲論は結局は無力であったしその上それが半世紀以上続いたのである。この歴史の重みを無視する訳にはいかないとすれば、問題を次のように立てる方が、妥当のように思われる。28条は、その規範性・規範力が縮減・制限された限りで変質しているのであって、従来の団結権論も新たに構築されるべき団結権論も、その基軸となる28条＝団結権保障規定はその縮減・制限されたものであって、それを越える部分には及んでいない・及びえないと捉えざるをえない。そして、そうした28条の変質を肯定出来ないのであるから、課題は、本来の28条の取戻し、回復であり実質的には初めての確立、という形で設定される。それは、違憲論の定着を越えた課題である。そうとすれば、新しい団結権論には、そうした問題構成を採らなかったこともあってその面から問題性を浮き彫りにしえなかった従来の団結権論を、完全に放棄するとともに、新しい課題──それは、団結権の生成・展開の歴史の繰り返しをすることでもある──に協同して立ち向かうことが、求められる。団結権の新しい理念の提唱者が、こうした立場に立ち切れば、恐らく理念の複合性を承認することは、容易であろう。もう一つは、「国民的合意論」の採用である。これまでの労働法学とりわけ「戦後労働法学」においては、「国民的合意論」の視角から問題を論ずる傾向に乏しく、現在においても状況は殆ど変わっていない。それは、労働法そして団結権を初めとする「労働者権」を「市民法対社会法」図式で捉えていた、即ちその成立・展開・発展を市民社会・市民法が抑制する、したがってそれに対立・対抗してその承認を強制することが、課題とされたからである。ここに「国民的合意論」が入る余地は、なかったと言える。国民的合意論を視野に容れざるをえなくなるのは、立法（政策）論が問題となる段階においてでしかなかったのである。立法（政策）論において「国民的合意論」が問題になるのは、当然のことであるが、しかしここで特

161

に問題としたいのは，その次元ではなく，憲法第28条の変質を支えた国民的合意である。つまり，団結・ストライキ禁止立法は，28条の規範性・規範力を縮減・制限する憲法政策であるが，それは，――成立時には，国民的合意に反した強行であったとしても，その後においては，国民的合意が変容しまたされることを通じて――国民的合意に合致したものとなっている，と評価せざるをえないのである。法治国家そして民主制社会である日本において，半世紀以上変わりなく維持されてきた立法が，国民的合意に反する訳がないと了解すべきである。そうとすれば課題は，国民的合意に反する立法をそれに合致する方向へ改正させるべく努力することではなく，その立法を支える国民的合意を，その規範性・規範力が未だ縮減・制限されなかった段階の28条の線へ戻す，具体的には変革することである。その国民的合意の変革は，実質的に初めての，真の28条の規範性・規範力に適合した国民的合意の形成でもあるから，団結権の理念を国民に浸透させることがその第一歩であり，ここでもその複合性が役に立つのである。[11]

1) 片岡曻『現代労働法の展開』（岩波書店，1983年），本多淳亮『労働法総論』（青林書院，1986年）。
2) 中山和久『ストライキ権』（岩波書店，1977年）。
3) 籾井常喜『ストライキの自由』（労働旬報社，1974年）。
4) 西谷敏『労働法における個人と集団』（有斐閣，1992年）。なお，西谷敏教授は，その後の同『労働組合法』（同，1998年）において，団結権の理念として「関与権」を設定しているが，自己決定権の理念に包摂されるという捉え方のようであるのでこれには触れない。しかし，著者としては，「関与権」であれば賛同しうるとは思っている。
5) それは，歴史的――団結権の，順を追わない一挙の積極的承認――，現在的――憲法第28条を持たない国との比較での，その保障――に，特殊日本的な団結論からの脱皮の試みでもある。しかし，そこからまた新たな問題――後述――が，発生する。
6) 勿論，今後さらに新しい理念が提示されればそれを含めて，こうした問題構成の是非が問われ続けるが，さしあたり以下のように捉えておく。
7) 労働組合に所属していない労働者でも，組合活動・争議行為に関わることがある一方で，組合員でいながら組合活動に無関心であるものもいる。その意味では，80％という数字は，――組合の組織率から引き出したものではあるが――団結権に無縁な労働者の多さを，象徴するものに過ぎない。
8) 官公労働者のスト権奪還闘争に対する自民党政府（当時）の対応については，こうした評価が妥当しそうではある。しかしそれを含めて，以下に述べるように，必ずしも不当な「政治的強引さ」とは，言い切れない。

第7章　団結権論の再構築

9) それは,「28条無傷」論では,違憲論を定着させえなかったからであるとともに,従来の団結権論の責任を免罪することになるということへの,反省を込めてのものである。
10) 一つは,スト権奪還闘争において,立法構想が問われたことである。もう一つは,労働権保障法・労働者保護法分野での相次ぐ立法制定・立法改正への対応である。「国民的合意論」がかなり意識されて来ているのは,後者であって,少なくとも上記を含む団結権保障については,こう評価せざるをえない。
11) これらの課題への取組みは,——既述したが——改めて団結権保障の根拠を問うことであり,それが人権であることから憲法学との協同が必要とされる。ただ残念ながら,憲法学における28条論は,相変わらず労働法学説の紹介に止まっている——例えば,北川善英「憲法学と労働基本権」(杉原泰雄・樋口陽一編著『論争憲法学』所収,日本評論社,1994年)——ようではあるが。

3　団結権の理念の射程距離

「人間の尊厳＋新しい生存権原理」という理念は,一方では,生存権原理の豊富化と説明される部分に対し,批判が成り立ちうる。生存権原理が,固有な内容においてかつ同時に法的に有効・有力なものたりえたのは,自由の原理によってはカバーされず,それどころか自由の原理では抑制・抑圧されかねないところの人間の経済的意味での生存,しかもごくギリギリの生存(＝極窮権的・緊急権的生存)に焦点が置かれたからである。それが例えば精神的・文化的側面に拡大されることは,資本主義社会の高度化・組織化・管理化がもたらす疎外の深刻化が要請するところであるとしても,生存権原理が有していたインパクトを,希薄化させることに通ずる。もしそれが団結権論にとって有意味だとすれば,団結権それ自体の正当化レベルよりも,自己決定・共同決定・参加論レベル[1]であろう。他方では,生存権原理に自由を包摂することの問題性がある。生存権原理と自由の原理を,異質で相容れず対立的・対抗的なものとのみ捉える考え方は,克服されるべきである。両者は,相補的依存を含む緊密な連関の関係にある[2]。しかし,生存権原理に自由を包摂し切ることは不可能であるし,自由の原理が,独自の意義において存続しかつそれも団結権の理念となりうるとすれば,無理に生存権原理に自由を包摂せず,両者を並立させた方が素直である。つまり,団結権の理念を,「人間の尊厳＋生存権原理＋自由の原理」とするのである。もしこのことが肯定されるとすれば,第三の理念との差異は

かなり相対化されよう。逆に肯定されないとすれば、しかもそれでいて自由の契機が強調されるのであるとすれば、後者は、「人間の尊厳」という——生存権原理よりも高次の——理念に含まれるとされざるをえない。そうとすれば、「人間の尊厳」という理念のみで良い筈であるにも拘わらず、その下位理念として生存権原理を据えるのは、見直し・転換の対象である「戦後労働法学」への過度の固執、したがって——それに取って替わるものとして打ち出された筈の——理念の新しさの不徹底・不十分さを意味せざるをえない。いずれにしても、この理念の場合、不徹底・不十分さの克服が求められるのである。

　「人間の尊厳性に根ざす根源的自由＋取引の自由＋生存権原理」という理念は、第一に、生存権原理の比重の低さに置いて第一の理念とさしあたり区別されるし、生存権原理の働く余地の乏しい第二、第四の理念との間に差異が見出される。しかし第二に、それは、「根源的自由＋取引の自由」に重点があることからすれば、第二、第四の理念と親近的である。その意味では、この理念は、各理念のプラス、マイナスを考慮し、プラス面の総合・統合としての意義を担うように思われる。しかし、団結権を積極的に正当化し根拠づけるという点ではそのように評価出来るとしても、その裏にあるべき側面が、これでは抜け落ちるのではなかろうか。即ち現代においては、「団結しない自由・脱退の自由」が団結する自由と同程度に尊重されるべきとされているが、この理念では、その点と両立しがたいように思われる。自由、自己決定・共同決定の理念では、——それを明示しているか否かを問わず——積極的（＝する）と消極的（＝しない）の両方がメダルの裏表となっているが、この理念ではそうなりにくいからである。両立出来るとする考え方がありうることは、否定しない。何故なら、その理念の重点は「自由」にあるからである。しかし著者には、「人間の尊厳性に根ざす根源的自由」——その比重が高かろうと低かろうと、それに生存権原理がかぶさるのだから——が、「団結しない自由・脱退の自由」と両立するとは考えがたいし、両立するとしても、尊重さらには同等に尊重されるいわんや優位すべきことまでは、肯定しえないであろう。この論者の労働法全体の理念（より正確には、規範原理）レベルの主張を団結権の理念に置き換えれば、この問題点は解消するが、逆にこの理念のとりわけ第二、第四の理念に対する独自

性が失われる。両方を考慮すれば，この理念を「自由（自由意思主体性）＋生存権」と読み替えて，その独自性を保持した方が妥当のように思われる。

　第二の「自由の理念」は，どうであろうか。「戦後労働法学」の団結権論の問題性の根源は，その理念を生存権原理にのみ求めたことにあるとすれば，その徹底した見直し・転換としてこうした理念が打ち出されることは，十分肯定出来ることである。しかし，自由の原理に徹することは，幾つかの問題を生じさせる。第一に，自由は，その積極的行使と消極的な不行使とを同等に尊重するが，後者の団結権保障上の積極的意義が，自由の論理からは浮かび上がって来ないことである。言い換えれば，自由の行使・不行使いずれであってもそれによって生ずる結果は，その自由の主体の責任として引き受けられるが，あくまでその限りであって，団結との関わりでの価値選択は，別の基準に求めざるをえないのである。もっと言えば，団結する・しないの対等性からは，「団結する」行為の価値も団結自体の価値も生み出されないに拘わらず，なおそれを団結権の理念としうるのか，という疑問がつきまとう。その問題性を団結権の積極的根拠づけに限定して回避するのであれば，自由の論理とは不整合になるし，そうしないためには，自由の意義と内容の一層の深化が図られる必要があるが，それは可能であろうか。第二に，自由には，形式的自由と実質的自由がありうることとの関わりである。「自由の理念」で言う自由は，市民に保障される自由が，そのままでは労働者に保障されない，あるいは保障された自由が労働者であるが故に喪失・形骸化される，それを団結権保障によって取り戻すということであれば，それは，実質的自由レベルの次元であるように思われる。しかし，結社の自由の延長線上に団結権保障を据えるのだとすれば，それは，形式的自由の域を出るものではないし，また労働者相互間では形式的自由でしかありえない。これらのことを，どう整合的に説明するのか・しうるのか，また両方の自由だとしてその相互関係はどうなるのか，その如何により「団結権の理念としての自由」の説得力が，変わりうるように思われる。最後に，自由の論理では，民事免責といった使用者への積極的義務づけを，十分には根拠づけえないのではないかという疑問がある。国家からの自由として刑事免責が，また団結権の私人間効力として団結権侵害に関わる使用者の受忍義務

（＝不当労働行為）が，自由の論理からも導き出されるであろう。しかし，使用者の権限・法益の積極的侵害としての損害賠償責任の免除（＝民事免責）あるいは団体交渉応諾義務そして団交拒否の不当労働行為としての禁止は，自由の論理だけでは，説明は不十分とならざるをえない。後者については，立法政策の問題であり団結権の理念は関わらないとして，問題を回避する道がない訳ではない[8]。しかし民事免責については，憲法第28条の保障に既に含まれているされる限り，問題点は解消しない。それを自由の拡張や実質化というレベルで説明するとすれば，使用者の権限・法益と衝突・抵触する局面に限ってまたその局面でいきなり，自由の拡張・実質化が行われる根拠が問題となるし，それが，既に拡張・実質化した自由の対使用者関係での現れに過ぎないとすれば，第二の問題点に戻ることになる。後者の場合も，なお民事免責を根拠づける程の拡張・実質化であるのか，そうした言わば特殊な自由を根拠づけるものが何かが，問われざるをえない。「団結権の理念としての自由」という主張は，未だこうした問題に説得的には答え切れていないようである[9]。

最後に，自己決定・共同決定の理念については[10]，──一体のものとして打ち出されてはいるが──それぞれの射程距離が，問題となる。自己決定とは，自分自身に固有に関わる事柄を自分自身で決めるということであるから，その及ぶ範囲はかなり局限される。その範囲を広げるとすれば，いろいろな事柄に「自分が関与する・しない」という意思決定の次元となるが，それは，自己決定とわざわざ呼ぶにはふさわしくないかそれ程のものではない。そうとすれば，団結権に関わる自己決定とは，保障された団結権を自ら行使するか否かというレベルに止まるのであって，他の労働者と協同した団結権の行使や，団結権の行使によりどのような事柄に関わって行くのかは，自己決定の問題ではない。より正確に言えば，誰と協同するのか，どのような事柄に関わって行くのかは，その志向性においては自己決定ではあるが，協同する側の選択権，事柄への関わりの成否・程度・内容を考慮すれば，そのレベルは自己決定の領域ではない筈であるが，それでも自己決定と強弁するのかという問題である。せいぜい残るとすれば，例えば──これまで協約自治の限界として論じられて来たような──労働者個人の固有の権利・利益の処分・左右につき，自己決定が問題となる──正[11]

第7章　団結権論の再構築

確には，そのレベルにおいては，自己決定を保障すべきということ——のであるが，それは言うまでもなく，団結権のごく限られた局面でしかない。では，共同決定についてはどうか。まず，「自己決定・共同決定」という理念設定からすれば，自己決定に基づく共同決定ということであろうが，共同決定あるいはその過程に関与する，参加する，逆にしないという自己の意思決定は，やはり自己決定・共同決定と表現する程のものではない。また，自己に関わる事柄の決定の過程から排除されるべきではないという——至極当然の——ことであれば，それは，団結権の制限・禁止の否定の根拠ではあっても，団結権を積極的に基礎づけるものとは，考えにくい。次に，共同決定を単独に取り出した場合の意味が，問題となる。それが，労働者集団という範囲を出ない限り，団結権の集団的行使であって，共同決定と呼ぶにふさわしいかも知れない。しかし翻って考えれば，団結権の集団的行使としての団結の運営，団体交渉，争議行為といったものが，労働者個人の単独の決定ではなされえず，集団的決定それ故共同決定であることは，当たり前のことである。共同決定が本当に意味を持つのは，使用者との間での事柄の処理・処分であって，使用者の一方的決定の排除そして共同決定が，この理念によって求められるのである。しかしそうだとすれば，使用者側の妥協，譲歩がなくて共同決定に到りえないことがありうること，それでも団結権保障に意味があることを，どう評価するかが問題となる。後者は，団結権の集団的行使のレベルの問題として押さえれば，あるいは済むかも知れない。しかし前者はそれでは済まず，理念の不貫徹それ故それを想定しての規範的主張として理念を維持するのか，団結権の理念としては放棄するのかが，問われることになる。そうだとすれば第三に，共同決定は，——団結権との関わりが，ここではブラックボックスだが——ドイツ的共同決定制度を導き正当化する理念として，活かす方向が考えられる。以上のように評価されるとしても，高度な契約・自由の意識を持ち，——企業からの自立性には乏しいが——個人主義化するとともに自己実現・充足の志向が強いところの，現代の労働者の琴線に触れる点で，最も有力な理念ではある。

1)　これは団結権の理念と言うより——本章第7節3で扱う——「共同決定」制度と団結権との関わりの問題である。但しそこでは，それには触れない。生存権原理の働く余

167

地を，出来るだけ狭める狙いがあるからである。
2) 拙著『社会保障の権利論』（法律文化社，1994年）第二章第一節三参照。
3) 勿論これは，それぞれの発表時期が異なるのだから，現在の時点からの評価でしかない。
4) 本章第4節で詳説する。
5) 「取引の自由」の側面では，同じと言えるが。
6) それは，言うまでもなく，「自由意思主体としての復権」を労働法の第一次的規範原理とする籾井常喜博士のものである。なお念のために言えば，籾井常喜博士は，「団結しない自由・脱退の自由」の尊重に踏み切っているのだから，ここでは論理的可能性を問題にしているに過ぎない。
7) 自由の両義性，階級性との関わり，団結志向性における否定的側面（＝団結解体的機能）といった問題は，既に本書第3章で扱っているので，省略する――本章第6節で若干敷衍するが――。
8) その場合でも，立法政策を根拠づけるものとは何かという問いを立てれば，自由の論理では不十分とされようが，指摘に止める。
9) 著者が，生存権原理の働く余地を狭めつつなお放棄するまでには到りえないのは，ここに理由がある。なお，自由の理念で指摘した問題点については，「団結権における自由の意義」という角度からだが，本章第6節で再説する。
10) ここでは，団結権の不行使の問題には，自由の理念と同じ事柄があると考えられるので，触れない。
11) こうした表現をする理由については，本書第10章第6節参照。
12) 団結権の第一次的権利主体が労働者個人であることを実質化させるとか，「個人の尊重・重視」の団結権論を目指すという問題意識との関わりで，「自己決定」を強調する意図は，解らない訳ではない。しかし，それは，著者のような捉え方――特に本章第5節参照――によっても可能である。他方で，著者が示す方向を肯定出来ないとしても，自由の理念の言い換えに過ぎないような捉え方――西谷敏『労働法における個人と集団』（有斐閣，1992年）第六章四特に1，2――であれば，説得力を欠く。
13) これは，西谷前掲注12)書にはないことであって，その理念の延長線上に想定される問題点である。
14) ここでは，従来のまた現在の多くの労働法学者の見解に従った叙述をしている。それに対して著者は，本章以下で，単独決定を肯定する見解を提示している。したがって，ある意味では，本章以下の著者の見解が，「自己決定・共同決定」の理念に一番即しているとも，言えよう。ただ著者は，著者の提示する労働法の新しい理念と団結権のそれとを同じと考えているので，結局は異なる。
15) 本章第7節4で検討する。
16) 理念のレベルが問題でありながら，具体的な問題レベルで評価するのは，正に問題であるかも知れない。しかし，「戦後労働法学」の団結権論の見直し・転換という意味だけでなく，戦後労働法学全体の団結権の根本的な再構築が問題となっている限りは，そこまで視野を広げた検討に耐えうるかが問われていると，著者は考えている。

4 小　括

　団結権の一元的な理念の探求は，相変わらず未達成の課題ではある。しかし，団結権の生成・展開・発展の歴史を――実質的に――繰り返すべき現在においては，団結権の理念の複合性を認めそれぞれの射程距離を見極めつつ――その拡張への努力は，当然必要であるが――補完，補強し合って，協同して団結権の理念の浸透，定着に努力する方が，生産的と思われる。それは，これまでの労働法学における「後ろ向きの分裂」[1]ではなく，「前向きの総合」[2]に到る道である。

- 1) これは，労働法学に限らず，日本の社会科学全体に当てはまる欠陥であるが，ここでは特に1960年代初めの労働法学方法論論争を，念頭に置いている。それに関する著者の見解の一端については，拙稿「「戦後労働法学」とその見直し・転換の方法的反省」（『東京都立大学法学会雑誌』35巻2号）179～180頁参照。
- 2) イタリア共産党の左翼民主党への転換をリードした書記長（当時）アキッレ・オッケットのその際の基本的構え・姿勢とそれを表現したもの――後房雄編著『大転換』（窓社，1991年）――を，借用した表現である。

第3節　「団結権＝目的」・「団結＝手段」への転換

　団結権の手段論からの脱却の第一の課題は，――生存権原理を団結権の理念とする捉え方にのみ，限定されるが――団結権を生存権実現の手段とすることからの脱却である。ここで問題とするのは，一方では，戦後労働法学の伝統的捉え方が逆用されたことからの脱却であり，それは，――前節で述べた――団結権の新しい理念により，解決されうるかのようである。しかし翻って考えれば，団結権を生存権実現の手段としたことの真の問題性を究明しない限り，それは，安易な問題回避でしかないのではないかと思われる。何故なら，焦点であるところの《団結権＝生存権実現の手段 → 代替・代償措置による生存権実現 → 団結権否定》という論理自体が，極めて不当で飛躍のあるものであることが明確であるにも拘わらず，その不当性を克服しえなかったことを踏まえ，逃げ道――極言であり，それに止まる訳ではないが――として用意されたものが，団結権の新しい理念であるからである。言い換えれば，「団結＝手段」論では，この

言わば落とし穴にはまることを回避出来ないとされたのである。しかし，その問題性の根源は，《生存権→代替・代償措置》のレベルではなかったのではないかと思われる。何故なら，両方とも国家の積極的関与・作為により実現されるものだから，元々同質で代替可能であり，構造的に抵抗しうる余地を予め摘み取られていたからである[1]。そうとすれば，真の問題性は，団結権——人権でもある——を目的実現のための手段としたことにある。団結権を手段とすることは，一方では，生存権であれ何であれ，団結権とは別に設定された目的実現のための手段とする限り，先に述べた落とし穴はこの論理自体に内在化されているのであって，生存権という理念を別のものに取って替えれば回避出来るという訳ではない。他方では——それ以上に問題であるが——，団結権が，それ自体目的でなく手段とされたことを意味する。もし団結権が目的であれば，その制限・禁止や団結権に代わる権利の設定は，それ程容易ではなかった筈である。ところが手段である限り，他の手段に代える，その手段性の水準・内容を変更する——制限・禁止を含み——ことに対する抵抗は，どうしても迫力に乏しくならざるをえない。もっとはっきり言えば，団結権の人権性は，言葉の上で主張されたとしても，実質的には無自覚に否定されていたということである[2]。

　第二に，団結権の新しい理念の中に生存権原理を組み込んでいるものについて，どう考えるべきであろうか。それは，「生存権実現の手段」という側面を抱えていたとしても，戦後労働法学の轍を踏むことにはならないであろう。何故なら，一方では，それは，団結権の理念の中では第二義的位置しか占めず，——明示されている訳ではないが——第一義的なものは，目的そのもの——少なくとも手段のみではない——であるからである。他方では，生存権原理は，他の理念の構成要素と切り離しえないものとして団結権の理念を構成しているから，「生存権実現の手段」という捉え方があっても，それを単独に取り出して団結権の制限・禁止といったことに結びつけることは，不可能であるからである。では，団結権の新しい理念の中での生存権原理は，如何なる働きをするのであろうか。生存権実現の手段へ展開するしかないのであろうか。著者は，「生存権実現の手段」論を既述の問題性に照らして，禍根を残すことなく徹底して排除すべきと考えている。そのことが正しいとすれば，団結権の理念としての生

第7章　団結権論の再構築

存権原理は，団結権の本質，性格レベルではなく，保障の範囲・内容レベルへの理念的働きを有するに過ぎないとされよう。[3]

　その上で第三に考慮すべきことは，労働者個人の団結権行使として形成されるところの団結の，徹底した手段視との両立である[4]。そのためには，第一に，労働者個人の団結権と団結体の団結権との関連における戦後労働法学の基本的押さえ方を，逆転させる必要がある。即ち，形式上は前者を第一義的ないしは第一次的権利としながら，それは後者において真に意味を持つ，具体化される，吸収・統合されるとして，実質的にそれを否定する。そして前者は，団結内のメンバー権として，それもその団結による侵害が問題化する局面で浮上させられる程度のものといった捉え方では，団結を手段とすることは，不可能である。労働者個人の団結権を第一義的・第一次的なものとする捉え方が，形式，実質両面で貫かれなければならない。[5] 第二に，団結が，労働者個人・集団の目標・目的実現のための手段であり決して目的ではないことが，明確にされねばならない。それを欠く限り，「団結権＝目的」，「団結＝手段」の両立という問題構成が成り立たないのは，言うまでもない。それより問題なのは，一つは，戦後労働法学において，団結が目的とされたことが団結権の手段化と相まって，言わば団結権の制限・禁止の深刻性が，目的である団結（および団結活動）の存続により，またその存続が優先されたことにより，希薄化されたように思われることである。こうした評価は，団結権の制限・禁止立法そしてその合憲判例に対する戦後労働法学の批判の積み上げ・蓄積の努力を無視し，否定的な清算をしているように受け取られるかも知れないが，そうではない。勿論，それを揺るがしついには覆すということに成功しえなかった戦後労働法学の理論的責任は，厳しく批判されるべきである。しかし，その理論的責任の根源的基礎をえぐりその克服を図るのでなければ，同じことを繰り返すだけであろう。団結が目的とされそれが制限・禁止に拘わらず存続する限り，制限・禁止に対する批判は絶えることなくなされても，その深刻さを受け止める精神構造が，形成されにくかったように思われる。もし団結が手段とされていれば，それは，どのような手段としてどう活用するかが，労働者個人・集団の自由な選択の問題として扱われることを意味し，もしその一部でも制限・禁止される

ということは、「自由な選択」自体が阻まれていることであった筈である。言い換えれば、団結権の制限・禁止ということは、「団結＝目的」論にとっては非本質的な部分的支障であるのに対して、「団結＝手段」論にとっては本質的で全面的な支障なのである。もう一つは、――団結権の制限・禁止を越えて、全般的に――「団結＝目的」論における言わば団結の質を問う発想の乏しさである。勿論、戦後労働法学とりわけ「戦後労働法学」においても、「御用組合」論、「第二組合」論という団結の質を問う枠組みが存在していたが、それは例外的事象へのアプローチであって、全般的に団結の質を問うことは、「団結＝目的」論からは生じにくかった。団結自体が目的とされる限り、団結が存在しない状況に焦点が置かれ、団結が存在する限り問題は解消されるのであって、団結の質を問うという回路がないのである。「団結＝手段」論であれば、団結がどのような手段としてどう活用されるのかまた現実に如何なる働きをしているのかが、常に問題とならざるをえないが、それは団結の質を問うことでもあるし少なくともそれに回路が開かれているのである。[6]

　戦後労働法学の問題性の克服の一つの重大な内容として、団結の目的から手段への転換を指摘して来たが、団結＝手段と団結権＝目的とが両立しうるかが、最後に問題となる。一見すれば、両方が目的ないし手段のいずれかで同じであれば、両立し易い。しかし、すでに団結権＝目的、団結＝手段という立場を採用しているのだから、その上での両立の意味を問わざるをえない。一般には、権利が目的だからと言って、その行使の結果が目的となることは当然の自明の事柄ではなく、手段にも開かれていると考えられる。したがって両立しうるのであるが、団結権と団結の関係においては、次のように考えられる。団結権が目的であるということは、それが保障されることが重要であること、またその保障内容がそれ自体として価値を有し大事なことであることを意味することは、言うまでもない。しかし、その団結権を行使するか否か、また何を実現し何に到達しようとしてどう行使するかは、全てその権利主体である労働者個人・集団に委ねられている。権利一般がそうであるように、その行使と行使目的が強制されることはないし、行使また不行使により生ずる結果は、自らの責任として引き受けられるべきである。団結が手段であることは、勿論、そのこ

とから必然的に帰結することではないが、さしあたり両立可能性を示してはいる。しかし、団結権の行使・不行使等が権利主体に委ねられるということは、団結が目的である限り、不行使に対する規範的批判・非難、行使の内容を問わない結果としての団結の存在の肯定さらには規範的正当化につながる点で、やはり問題である。手段論はその難点を回避出来る上に、「権利主体に委ねる」ことに最も適合的である。何故なら、「委ねる」ことに何ら拘束がないことが、また——繰り返しになるが——どのような手段としてどう活用し如何なる働きをさせるのかを主体の自由な選択に任されているということが、手段論を容認するだけではなく、それ自体が手段論そのものであるからである。[7] 別の角度から言うと、団結権は、目的であることを完結する次元を内在化させていない、目的として意味を発揮するのは、その行使・不行使等の選択を権利主体が行う限りでである。団結権＝目的は、手段としての団結により初めて成立するのであって、その逆ではないのである。

「団結権＝手段・団結＝目的」論からの脱却は、「戦後労働法学」の見直し・転換の「団結権論」における具体化の一つの重大なキーであるが、それのみではなく、戦後労働法学の「団結権論」総体の根本的転換をも担うものである。勿論——行論が示すように——、それのみで転換が完結する訳ではない。しかし著者としては、他の転換の要因、方向性を規定するのが、この「団結権の手段論からの脱却」そしてとりわけ「団結の手段視」であると考えている。その意味では、それらは、本当にキー概念なのである。[8]

1) そこからは、生存権原理の全面的排除という選択肢も生じうるが、著者がその立場にないことは、既に述べた。なお本節では、団結権を労働者個人とその集団の権利としているが、叙述の便宜によるものである。
2) これは、——本章第2節2注11) で触れた——人権論を主要な研究対象とする憲法学者の28条論への取組みの弱さの反映であろうし、団結権保障の根拠の掘り下げの不十分性、28条万能論によるその規範的意義・内容の希薄化が、規定したことかも知れない。いずれにしても、それであっては、28条変質を支える国民的合意の変革——既述の如く、そうした問題意識・認識が形成されなかったが、もし形成されていたとしても——は、望むべくもなかったように思われる。
3) ここでは、籾井常喜説の明示的捉え方を読み替えるが、それが不可能とすれば、その説全体を——既述の如く——読み替えるべきことになる。その点は、籾井常喜「戦後に

おける労働法と労働法学の歴史的軌跡」(同編『戦後労働法学説史』所収,労働旬報社,1996年) 92頁の示唆するところである。
4) 本書第 6 章第 3 節 4 参照。
5) その中身については,本章第 5 節参照。
6) 著者は,「団結＝手段」論を採る真義をこの両面に見出している。そして,団結の質との関わりで,統制権論,組合民主主義論,少数派組合員の権利論,協約自治の限界論といった問題において,それまでの団結権論の見直しが図られた——例えば「70年代の労働法学と労働運動の課題」(『日本労働法学会誌』37号)参照——筈にも拘わらず,団結権論全体の根本的転換が遅れたのは,「団結＝目的」論の強固な残存,「団結＝手段」論の採用の立遅れが災いした,と著者は考えている。
7) こうした捉え方は,例えば団結のモラル,労働者的モラルをどう位置づけるかを,やっかいな問題にしそうである。本章では直接にはこの点を問題にしないが,著者は,拙著『組合民主主義と法』(窓社,1999年)において,手段論こそがそれらを組み込みうることを主張しているし,——既述の——「団結の質」を問えるという点が,その一内容を構成していると思っている。
8) 「戦後労働法学」の見直し・転換が,なかなか労働学界に浸透・定着しないのは,——団結権論への最近の関心の低さを措けば——このキー概念の未確立にあると思われる。何故なら,見直し・転換として主張される自由の契機の強調,労働者個人の優位といったことは,それを単独に取り出して議論しても決着をつけがたいのに対して,決着をつけられるのが,このキー概念の確立にあると思われるからである。

第 4 節　「団結しない自由」の積極的承認

　従来の労働法学とりわけ「戦後労働法学」の団結権論の見直し・転換における最大の焦点は,ユニオン・ショップ制違法論をも含む「団結しない自由」[1]の承認への転換である。団結の組織強制が法的に承認されるためには,——結社の自由とは異なり——「団結しない自由」が否定されるか,それが団結権には含まれず単なる放任という位置に置かれるか,または結社の自由の問題とされた上で団結権がそれに優位するとされるか,団結権に含まれるとしても「団結の自由」に対し価値的に劣位に置かれるか,いずれかが必要である。ましてや使用者による解雇の脅威を背景とした組織強制＝ユニオン・ショップ制の法的承認のためには,強烈な団結優位の価値意識と理論が,存在しなければならない。そしてそれを規定するのが,市民法の下で喪失・形骸化された労働者の自由を団結により回復・取り戻す,形式的自由を団結を通じて実質的自由に転化

第 7 章 団結権論の再構築

する，そのためにこそ団結権の保障があり，それを中軸として労働法が生成・展開・発展して来たという捉え方である。「団結しない自由」の承認，それと裏腹の関係でのユニオン・ショップ制違法論の展開は，言わば180度の理論転換であり，この踏ん切りは大変な英断だと思われる。それだけに，「戦後労働法学」の見直し・転換そして団結権論のそれに対して肯定的な労働法学者でも，この点には躊躇が見られるのである。他方では，その提唱者における実践的意図が，気にかかるところである。その趣旨は，ユニオン・ショップ制の――功罪ないしは両刃の剣というレベルではなく――「百害あって一利なし」の実態を踏まえたその違法論の展開とか，ユニオン・ショップ制があるために，組織拡大の努力や組合員の意思を反映した組合運営をしなくて済むことに安住出来た・したことにより，団結の――外在的条件に規定された面ではないところの――本質的停滞・後退状況が生じたのであって，その克服が必要であるといった実践的意図自体の是非ではない。その実践的意図は，著者も肯定している。問題は，「団結しない自由」の承認という180度の転換の理論的意義と位置づけの検討が不十分ではないのか，そのことが先の躊躇につながっているのではないのかと思われることである。それは，――本節の表題とした――「団結しない自由」の積極的承認の意義・意味の解明の不十分性と考えられる。

「団結しない自由」の積極的承認とは，第一に，団結を通じた自由の回復・実質的自由の確立という立場の放棄である。それは，市民法の下での労働者の自由の喪失・形骸化が完全に克服されたという状況の変化があり，それによるという訳ではないことは言うまでもない。しかし，労働者の従属性が弱まり逆に主体性，能動性が強化されている――少なくとも一層強化されるべきと考えられている――ことに規定されたところの労働者像の変化が，一つの要因である。主体的労働者像を軸とした労働者像において，団結を通じた――より正確には，それのみによる――自由の回復・実質的自由の確立という立場を採ることは，――可能ではあるとしても――規範的要請にはなりがたい。もう一つの要因は，《団結 → 自由の回復・実質的自由の確立》を裏切るところの《団結 → 自由の抑圧》という事態が，広範かつ深刻化したことである。後者の事態が例外的であるならば，そして普遍化していても言わば正常に戻る可能性があるならば，

175

その立場の放棄までには到らない。しかし，その事態が普遍的でかつ復帰の見通しが立たない現代において，その立場を維持することは，虚偽のイデオロギーへの固執でしかない。

第二に，少なくとも——解雇の脅威を背景とするか否かを問わず——強制としての組織強制の法的否認である。団結への加入・不加入が，労働者個人の自由意思に任されず加入を強制されるとすれば，そこには「団結しない自由」は成立しえない。即ち，「団結しない自由」の承認のためには，それを一般的・形式的には否定しないし，他の団結への加入——そのための所属組合からの脱退——には組織強制を及ぼさないという限界なり制約は持ちつつ，全般的には「団結しない自由」を実質的に否定しているところの組織強制が，法的に否認されねばならないのである。したがって，組織強制が担ったところの組織拡大，組織維持の機能は，団結の——直接の法的サポートのない——自前の努力に委ねられるのであるが，実はそれは，団結としての本来のあり方に戻ることでもある。組織強制の法認は，一方では，使用者による組織拡大・維持の努力への干渉を排除するのみでなく，使用者をして組織強制に協力させることを意味する。他方では，団結がそれまで行っていた・行うべき努力を，不要化するものである。そうしたことを考慮すれば，対立・対抗者である・である筈の使用者の協力を取り外し，不要となった努力を再開することは，団結の自主性という当然の要請を，組織強制のレベルで具体化するに過ぎないと考えられる。しかし，「団結しない自由」の承認のためには，それだけではなお不十分である。「団結しない自由」と「団結する自由」とが，権利保障レベルで同列に置かれるだけでなく，同等の法的価値を持つとされなければならない。何故なら，そうでなく，「団結する自由」が価値的に優位するとされる限り，組織強制が法的に否認されても，団結への規範的要請が働く逆に言えば団結しないことへの規範的批判・非難性が残るからである。そのことが，具体的問題における法的判断・評価にはつながらないとしても，そのイデオロギーの力は，無視しえない。結社の自由において，「結社しない自由」が規範的批判・非難の対象とされることはありえないのであって，言うならば団結権も結社の自由と同次元にならなければならない。

第三に,「団結しない自由」の積極的承認には,以上で十分かと言えばそうではないという問題がある。それは,二つの事柄を意味する。一つは,団結を結成しそれに加入するか否かは,労働者の自由な選択に基づく決断であることである。それは,団結解体的捉え方として批判され否解体的ではないと弁明されてはいるが,問題はそうした次元にはない。「自由な選択に基づく決断」という捉え方は,「団結する自由」と「団結しない自由」を,単に価値的に並列化することに止まる訳ではない。団結には価値があるが,ただそれに積極・消極に関わる「行為は価値的に中立である」というのでは,この捉え方は完結しない。団結自体が価値的に中立であって初めて,完結するのである。「団結―不団結」,「団結する自由―団結しない自由」は,それぞれ他に対して,価値的優位を主張しえないのである。したがって,「団結しない自由」に対する障害は,徹底して除去されねばならない。即ち,その自由を行使するか否かは,労働者個人の全くの自由意思による決断でなければならない。そしてその上に,その行使が団結解体的か否かは,その自由にとっては,与り知らない事実問題でしかないと考えるべきである。言い換えれば,「団結しない自由」が団結解体的であるのはそうした選択を労働者がしたためであって,その責任を問うとすれば,「団結しない自由」ではなく,その選択をした労働者に対してでしかありえない。もう一つは,「団結しない自由」とは,団結の拒否的に止まらない選択を意味することである。「団結する自由」を行使して団結の結成,加入,運営を行うということは,――自覚する・しているか否かを問わず――どのような中身・質・機能を有する団結かまた団結とするか,についての選択を通じて生じた事柄なのである。企業別組合が大勢を占めかつとりわけ大企業においてユニオン・ショップ制が支配的という状況では,こうした捉え方をしにくかったとしても,原理的にも実践的にもそうなのである。[8] 同様に,「団結しない自由」の行使とは,団結一般の拒否を含むとしても否それを含めても,既成の団結のありように対する評価を踏まえたところの,その団結への拒否としての不加入また脱退という選択であるし,またその団結に代わる団結を現在では結成する条件を欠く,といった判断に基づくところの不結成という選択なのである。団結の結成・加入に対する権力的抑圧がなく,また不加入・脱退にも取り

立てて障害がないのであるから，——使用者・企業に対する自立性については，現実には乏しい・不十分ではあるが——主体的側面を軸として構成される労働者像からすれば，その中での「団結しない」という選択肢は，団結の現状・ありように対する労働者による否定的選別である。他方，団結にとっても，否定的選別とは，——加入し続ける中での批判を越えた——窮極の批判である点で，団結のありようを反省し自己変革・改革の努力をすることを促す点で，意味があろう。このこと自体は，法的意味を持たない事実問題ではある。しかし，「団結する自由」には，団結のありようを規律するものは何もなく，全て労働者の選択，決断に任されている。それに対して，「団結しない自由」には，現状の団結のありようの否定が含まれている。そうだとすれば，両側面から，「団結しない自由」を積極的に承認すべきことが，導き出される。あえて言えば，「団結しない自由」が，「団結する自由」に対して価値的に優位するのである。[10]

1) 団結を結成しない自由，団結に加入しない自由，団結から脱退する自由を総称して，この用語を用いる。
2) 著者自身も，かつてはそうであった。この点は，本書第2章第1節注21)で触れている。
3) 念のために言えば，団結権論のアプリオリでイデオロギー的な前提としてのこの立場の放棄ということは，「自由の回復・実質的自由の確立」という課題自体の消滅までを，意味する訳ではない。したがって，それは，前提から到達目標へと，位置を変えるのである。また，労働者個人の団結権による——しかし，団結を通じない，媒介としないでだが——「自由の回復・実質的自由の確立」という側面もなお残るが，触れない。
4) ユニオン・ショップ制違法論は，労働権侵害をもう一つの根拠とするが，そうした側面を持たない組織強制についても，「団結しない自由」の承認により否定されるということである。
5) 組織拡大・維持のための活動に対する使用者の介入・不利益取扱が，不当労働行為として禁止される点で，間接的サポートがあることは言うまでもない。なお，ユニオン・ショップ制の，使用者の団結承認義務の一環としての機能は，ユニオン・ショップ制違法論により失われるが，それは，その義務の純化と捉えるべきである。
6) 勿論これは，団結権を結社の自由に解消することまでは，意味しない。
7) 以下，「団結のありよう」と記す。
8) 合法とされるユニオン・ショップ制の下では，この選択が働く余地に乏しいことも，違法論の根拠となりうる。
9) 団結のモラルとか労働者的モラルといった規範・基準は，このレベルでは意味を持たない。「団結しない自由」の積極的承認をも包含したところでのそうしたモラルは，存

在しないからである。また，そうしたモラルがありうるとすれば，新たに構築されるべきと思われる。
10) ここでの脈絡の限りであることは，言うまでもない。

第5節 団結権の主体と団結権の構造

　戦後労働法学の団結権論においては，団結権の主体につき，形式的には労働者個人を第一次的な主体，団結を第二次的なそれとしつつ，実質的には逆転させていたことは，既に述べた。それは，労働者個人に対する「団結の優位」という考え方に規定されたものであると同時に，それを導き出す根拠でもあった。それに対して，「戦後労働法学」の見直し・転換の試みの中で，「労働者個人優位」の団結権論が提唱されて来ている。問題は，その中身と団結権論としての構成（＝団結権の構造）である。何故なら，一方では，労働者個人が団結権の第一次的ないしは第一義的な主体であることを，単に言葉の上で強調するだけでは，戦後労働法学の団結権論を越えるものとはならない，第一次的・第一義的であることの意味が明確にされねばならないからである。他方では，二つの団結権の関連が問題となる。戦後労働法学の団結権論においては，労働者個人の団結権の団結体の団結権による具体化，実質化そしてそれへの吸収，吸収し切れないで残るところの前者の団結体内での独自の存在（＝メンバー権）という構成であり，それなりに整合的であった。「労働者個人優位」の団結権論とは，両者をどのように整合的に関連づけるのであろうか。とりわけ団結体の団結権は，どのような内容において押さえられるのか，あるいはそれは，独自の意味を持ちえないのであろうか。そうした問題を考える上での出発点は，戦後労働法学の団結権論の問題性の捉え方にあるように思われる。それは，「団結の優位」がもたらす弊害言わば病理を踏まえて，その克服としての「労働者個人の優位」の対置だとすると底が浅過ぎる，病理を克服する道・方策があるとすれば団結権論の転換を不要としかねないということがあるからである。それよりも，戦後労働法学の団結権論には，もっと根源的な問題性があったのではないかということである。それは，比較法的に言えば，ドイツの集団主義的

な団結権論に偏向した導入・継受の一方での他国の団結権論の軽視に関わるが，それをさて措いても，「団結体の団結権」が，労働者個人の団結権から遊離し独自のものとして設定されたという点である。「団結体の団結権」が設定される限り，それが労働者個人のそれに優位する捉え方がされるのは，理の当然とまでは言えないとしても必然に近い流れであろう。したがって，「団結の優位」ということは，戦後労働法学の団結権論の病理ではなく生理である。「労働者個人優位」の団結権論を構築するということは，戦後労働法学の団結権論の生理を維持したままで，病理の切り捨てを行うのでは不十分であって，生理自体をも転換するのでなければならない。問題は，それが団結権論を成り立たせるかどうかである。もしそれが不可能とすれば，新しい団結権論とは，戦後労働法学の団結権論の軸心を保持しながら，「団結の優位」の弊害・病理部分において，「労働者個人の優位——より正確には尊重——」を対置しその克服を図るという方向，即ち理論の部分的手直しに終わらざるをえない。しかしそれでは，既に本章第3，第4節のレベルにおいて行った理論の根底的転換と対比して，あまりにも不徹底であるが，団結権の構造という問題性格故の止むをえないことであろうか。

　著者は，「労働者個人の団結権の優位」を，次のように理解している。それは，団結対個人という図式における個人の優位を越えたもの，即ち，団結と個人との間での利害の対立・衝突という局面において個人の利益が優先されるのみでなく，あらゆる局面において労働者個人の団結権の優位，尊重が図られるということである。それが真に可能となるためには，団結体の団結権を否定することであり，団結権とは，労働者個人のそれしか存在しないとするのでなければならない。それは，戦後労働法学の団結権論の軸心の否定であり，団結権の主体における第一次・第一義的―第二次・第二義的という問題構成の拒否である。確かに，労働者個人の団結権は，孤立した中ではなく，他の労働者の団結権と共同した集団の形成において，意味を持って来る。しかしそれが故に，そこに形成される団結体は，当然に団結権を保有する訳ではない。団結とは，労働者個人の団結権の行使を通じて形成されるところの共同の産物であるが，権利の面で言えば，個人の権利の集団的行使があるだけで，団結体の団結権は

第7章　団結権論の再構築

それを離れて独自に存在する訳ではない。言い換えれば，団結の形成，運営，活動は，社会科学的には，労働者個人からは離れるしその総和を越えるとしても，法的には，全て労働者個人の団結権によって構成されまたそれに還元されるのであって，権利・権利行使の束に付された名称にしか過ぎない。――「団結＝手段」論と組み合わせれば――団結とは，労働者個人が自己の団結権の行使を通じて，自己の目標・目的の実現の手段として如何ようにでも構成されるものであるから，言わばそうした不定形の団結が，権利主体となることを想定しがたいのである。[2] 団結権の保障と団結活動，団結権侵害とその救済というずれの法的局面においても，それは全て，労働者個人の団結権の問題である。そうだとして，団結自体が当事者となる局面，場面は，法的にどう構成されるのであろうか。団結の統制権，団体交渉の当事者，争議行為における集団＝団結の責任といったことが典型であるが，これら全てを労働者個人の団結権で説明し切ることは，確かに難しい。[3] そこに，団結体の団結権を想定せざるをえない。しかしそれでいてなお，「労働者個人の団結権の優位」を貫こうとすれば，考えられるのは，権限付与・譲渡――以下，「授権」と総称することがある――という構成である。団結体の団結権は，労働者個人がその団結権の行使において，自覚的に自らの団結権を団結体に委ねることによって初めて生じるものである。[4] 当然のことながらそれは，労働者一人の単独の行為ではありえず，団結に関わる労働者全体の授権を通じた「合意」の産物である。[5]「合意」の産物であるとすると，同一の団結でも時期によりまた状況により合意の内容が異なることがありうるし，ある団結と別の団結とではやはり違うであろうから，団結体の団結権は，正にケース・バイ・ケースで捉えられるものとなる。それでは法的処理が面倒で複雑になるとか法的安定性に欠けるとすれば，何らかの基準による客観的指標が必要とされるが，それは，歴史的に形成・確認されて来たところの団結の盟約，盟約目的といったものであろう。[6] ところで，団結権を徹底して労働者個人のものとして構成する上で，一つのネックがある。それは，戦後労働法学の団結権論における団体交渉中軸的団結権論とそれを批判する「戦後労働法学」の団結権論という，対立的理論潮流の存在である。団結権の構造と保障の範囲とは全く法的次元の異なるものであり，こうした問題設定に

181

は疑問が持たれよう。著者も，そのことは十分承知している。しかし，団結権を労働者個人の団結権を基軸として構成する方向につき，労働法学界全体の合意形成が図られる上で，この理論的対立の克服を通じた共通の土俵の設定が必要のように思われる。また，団結権論の再構築という課題は，——既述の如く——単に理論的関心からのみでなくより実践的切実さに規定されているが，圧倒的多数の労働者が，団結権保障とは無縁の状況を克服する上で，どうでも良い——と言えば語弊があるが——あるいは著者にとっては本質的，根本的とは考えられない対立が続くことは，非生産的でありそこから脱却すべきであるからである。しかも，対立を必然化した時代的状況は，根底的に変化しているのである。[7)]とは言え，理論内容の相違——団結権保障の根拠，理由に規定された保障範囲の広狭——としての対立は，その理論内容の変更抜きにどのように克服されるのであろうか。著者が注目するのは，団結権の現実の機能とそれに基づく——理論的ではなく——現実的な保障範囲の違いの相対性である。団結権は，現実の労働組合の形態と活動内容に即して保障されていると言うよりは，歴史的なそして——日本を越えてと言うよりも，欧米諸国を典型とした——世界の組合運動の展開を，それとして保障したものではあろう。そして，少くとも1970年代半ばまでであれば，日本においても理論と現実は，それなりに適合的であった。[8)]しかし現在においては，団結活動少なくとも法的問題を提起するそれは，企業を舞台にした団体交渉——それも労使協議に取って替わられるような——，争議行為——激減している——，組合活動——使用者の許諾の枠内に矮小化されそうな——に，限られて来ている。政治スト・同情ストは行われず，政治活動と言えば特定政党・候補者支持としての選挙活動に終始している上に，かつてのような統制処分を中心とする法的問題は乏しくなって来ている。団結権の現実の機能からすれば，団交中軸的団結権論批判の団結権論は，その団交中軸的団結権論と重ならない保障範囲については，機能停止していると言って良いのである。言い換えれば，その団結権論の団交中軸的団結権論に対する規範的批判力が，極めて弱体化している。だからそれを放棄して，団交中軸的団結権論に収斂せよと主張する訳ではない。機能面で見る限り両者が重なっているのであり，当面においては対立を強調する意味が，乏しいのである。また，それでもなお残る

第7章 団結権論の再構築

機能面での相違についても，それ程大きな意味を持たなくなっている。それは，翻って考えれば，二つの団結権論は，保障の根拠・理由——したがって立論の基礎——こそ異質とも言える違いがあるが，その具体的問題レベルでの法的効果については，さしたる違いがなかった筈であることの現時点での現実に規定された反映と考えられる。団結権・団体交渉権・争議権という三権の関係というレベルについても，団交権を中軸とする捉え方は，団交を離れて争議行為が独走するという状況にないし，また元来において争議行為の一側面としてバーゲン（＝取引）としての性格があることからすれば，それなりに整合性を備えている。他方では，——そのことにも関わるが——団交権を中軸とするか団結権もしくは争議権を軸に据えるかは，相容れない質的相違とも考えられない。いずれにしても——保障範囲こそ異なれ——，三権を認めることに変わりはないからである。団交中軸的団結権論とそれを批判する「戦後労働法学」の団結権論との対立が——克服とまでは言えないとしても——相対化されるならば，そこが団結権論の焦点ではなくなり，労働者個人そしてその団結権の優位の方向での団結権論の再構築への努力を，理論的潮流を越えて協同して行うことが可能となるであろう。少なくとも，その上での一つの障害が取り除かれるのではないかと思われる。そして，団交中軸的団結権論との対立の相対化は，「戦後労働法学」の団結権論のレーゾン・デートルを崩すもの，その意味で大きな軌道修正であるが，この道を通ることにより，「戦後労働法学」の団結権論の転換がなされるのである。それを以て，「戦後労働法学」の団結権論の，団交中軸的団結権論への敗北と考えるべきではない。[9]

1）　勿論，ここでその全体像を示す訳ではない。なお，ここでの展開は，本書第4章特に第3節とオーバーラップしつつ，問題の性格上「個人の優位」を徹底させている点でその修正でもある。
2）　イタリアの団結権・争議権につき，「個人たる労働者の集団的権利」という捉え方がされていた——脇田滋「イタリアの団結権と争議権の特質」（『日本労働法学会誌』47号）——が，それが当てはまる内容ではある。ただそれが，「集団的権利」に重点があるものだとすれば，著者の見解とは異なる。
3）　具体的説明については，団体交渉権は本書第8章，争議権は本書第9章で扱う。
4）　黙示の授権がありえない訳ではないと考えているが，度外視する。
5）　前者により団結体の団結権が導き出されるためには，——組合員の減少の結果として

183

ではないところの――一人組合の存在の肯定が必要であるが，ここでは問題としない。また，合意の形式，合意の形成の仕方が，団結における通常の意思決定と同じか否かは一つの問題であるが，省略する。
6） しかし，それさえも改めて検討されるべき問題状況にあることからすれば，指標が確立されたとしても，ケース・バイ・ケースのアドホックな合意の余地を，認めて良いと思われる。なお，こうした団結権論と現行法との関係については，以下のように考えるべきである。憲法第28条は，直接には団結体の団結権を明示していないので，この団結権論を新しい28条の解釈と捉えれば，問題はない。問題があるのは，労働組合法である。そこでは，労働組合の要件と資格審査（労組法の手続参与・救済資格）につき，労働者の団結権を授権されたか否かを問わず，規定している。したがって，授権のない労働組合も，法的存在としての労働組合性を主張出来ることになる。しかしそれは，労組法が認めた特別の保障であるためと，考えることが出来る。以下においては，現行法との関わりについては，必要最低限の言及に止める。「戦後労働法学」の理論転換に焦点をしぼるためである
7） 籾井常喜「戦後における労働法と労働法学の歴史的軌跡」（同編『戦後労働法学説史』所収，労働旬報社，1996年）参照。
8） 言うまでもなく，この理論とは，「戦後労働法学」の団結権論とそれの判例への影響を含んでのものであるが，政治スト・同情スト，単産の団交権といった問題では，判例は（企業別）団交中軸的団結権論に支配されていたのだから，これは言い過ぎであろう。
9） 東大シューレや「再入門」派――とレッテルはりをして――への対立・対抗意識が強い論者においては，そう考えるかも知れない。しかし問題は，実効的規範レベルの重なりであり，また対立・対抗的理論自体の放棄が要求される訳ではない。

第6節　団結権における自由の意義

　団結権における自由の意義の前提は，労働法全体における自由の意義である。それについては，既に本書第3章において，――自由の現代的変容[1)]を踏まえつつ――，自由の生存権に対する優位の根拠，自由のジレンマとしての「自由の両義性」と「階級性」として，展開している。そして自由とは，「連帯的・開放的・利他的な自由」，「拘束からの自由＋発展的自由」，「階級的でありながら階級性を越える自由」であるとしている[2)]。そうした意義を持つ自由が，団結権においてはどのように捉えられるかが，ここでの第一の問題である。それが，団結権の本質的性格レベルであれば，特には論ずることはない。問題は，団結権の行使・不行使のレベルであり，端的には団結志向性との関わりでの自

第7章　団結権論の再構築

由の意義である。——既述の如く——団結権とは徹底して労働者個人のそれであり，かつ団結体の団結権とは労働者個人の団結権に由来するものだとすれば，団結権の行使・不行使は，労働者個人に任された自由であり，それを拘束することは許されない。したがって，団結志向性を強制しえないとともに，自由が団結につながる保証はどこにも見出されない。労働者個人の団結権を通じた「合意の産物」としての団結体の団結権のレベルも同様であって，合意をするか否か，どのような合意を形成するかは，労働者の自由に委ねられている。後者においては，団結志向性は当然存在するが，どのような団結志向性かについての拘束はない。団結志向性の保証のないあるいはそれを内在化させていない団結権というのが，自己矛盾ではないとすれば，そこにはどのような解があるのであろうか。

　それは，第一に，自由と責任との結合である。自由一般についても，自由を行使するか否かは自己の責任において決めることであり，行使・不行使によりどのような結果が生ずるとしても，自己の責任において引き受ける・引き受けるべきものではある。しかし，団結権については，次のような要因が重なる。一つは，団結の労働者にとっての意義である。団結一般を，アプリオリに労働者の生存権実現の唯一不可欠の手段とすることも，労働者の権利・利益の擁護・実現主体と考えることも，現在においては出来ない。しかし，その可能性がゼロではないとすれば，そして可能性を現実性に転化するのが，他でもなく労働者自身であることからすれば，言わばその労働者にとっての理想的な団結を求めて努力することは，労働者に開かれている。また他方で，団結を志向しないことによる結果，団結を志向しつつ理想的な団結を求めないまた求める努力をしないことで生ずる結果は，労働者の自己責任の産物である。言い換えれば，現状の労働組合の変質・停滞状況とは，理想的な団結を求めて努力しなかったあるいは努力はしたが成功しなかったところの，労働者の責任である。例えばそれを，企業の圧倒的な支配，抑圧がもたらしたものであるとしても，それを凌駕しえなかった責任，凌駕しようともしなかった責任を，労働者以外に転嫁する訳にはいかない。端的に言えば，自由を実りあるものにするか否かの責任である。もう一つは，団結権は労働者のみに保障されているが，その言わ

ば特権性の意味転換が必要であるということである。戦後労働法学においては，それにより労働者の喪失・形骸化した市民的自由が回復されるのだから，労働者のみに保障されるという法形式を採っているが，それは決して特権ではないとされて来た。しかし，団結を志向しない労働者が圧倒的多数であり，その法的歯止めを用意しえなかった現代の労働法そして労働法学としては，次のように態度変更をすべきである。即ち，——真の現実は別として——労働者は市民的自由を享受している，その上に団結権が一般市民とは異なり保障されているのだから，それを特権として捉えるべきである，特権だとすれば，益々自己責任と考えざるをえない。特権を放棄した労働者が不利益を受けるとすれば，それは正に自業自得でしかない。最後に，責任と労働者的モラルとの関わりがある。この場合，単純に団結志向性と労働者的モラルを，一致させてはならない。現代における労働者的モラルとは，理想的団結の志向性に局限される。何故なら，団結の変質をくぐり抜けてなお労働者のあるべき行動準則となるものは，その変質に対置されるものであるからである。[3] このレベルでの労働者的モラルは，かつてのような具体的問題レベルでの法的効果に，直ちに結びつくものではない。しかし，理想的団結への志向性とその形成への努力が，労働者的モラルに合致しその発揮と捉えられる限り，そういう方向に立っていない労働者に対し，規範的に優位するとともに，その批判，責任追及を可能とすると思われる。[4] とは言えそれは，単なる「批判，責任追及」ではありえず，自らの労働者的モラルの実践への参加を促す呼びかけである。その呼びかけは，自由を実りあるものとして行使する者の責任でもある。何故なら，労働者的モラルの実践は，少数者では意味が乏しく多数者の実践へと転換させなければならないが，それを担うのがその実践者であるからである。

　団結志向性は，団結権ではなくその主体の自由＝責任として，初めて存立しうる。その点をより明確にするのが，「団結しない自由の積極的承認」の持つ意味であり，これが第二点目である。——既述の如く——その真の意義は，現状の団結に対する否定的選別としての団結の選択——「団結する自由」にさえ優位する可能性のあるところの——である。それは，逆説的には，理想的団結の選択である。何故なら，現状の団結の否定を導くべきところのそれに対置する理想

第7章　団結権論の再構築

的団結像は描きえていないが，団結それ自体の拒否ではなく，その選別的否定であるからである。⁵⁾——ここでも責任論が成り立つが，それはさて措き——注目されるのは，こうした捉え方であれば，——既述の——自己矛盾が解消されることである。何故なら，「団結する自由」の行使は，積極的な団結志向性を持つ，「団結する自由」の不行使は，「団結しない自由」の行使ではあるが，それが，——消極的にせよ——実は団結志向性の表明であるからである。こうして，両側面から団結志向性が肯定されるのである。そうとすれば，「団結志向性の保証のないあるいはそれを内在化させていない団結権」という捉え方は，正しくなかったのであろうか。この点については，一方では，——現状の団結のみでなく——一切の団結の拒絶に対しても団結権は開かれていること，他方では，「団結しない自由」の選択とは，消極的な団結志向性であると言っても，それが必ず団結に結びつくとは限らず，現状の団結が存続し続ける反面での永続的な団結拒否となりうることがあるから，その捉え方を修正する必要はない。いずれにしても，「団結しない自由の積極的承認」を，言わば団結変革的方向での団結選択として活用するのか，団結志向性を全く排除した団結拒否に止めるかは，団結権の主体である労働者の自由な選択であって，ここでも団結志向性は，団結権の問題ではないのである。

　「団結権における自由の意義」を以上のように捉えるとすれば，団結権の理念としての「自由の理念」の第一の問題性については，一応の回答が得られたことになる。では，団結権における自由とは，形式的自由なのか実質的自由なのかという問題は，どうであろうか。ここでの問題は，市民的自由との対比もあるが，自由それ自体の性格である。自由は，一般的には形式的自由であるが，現代においては，実質的自由を含むものへ変容して来ている。⁶⁾そうだとすれば，労働者の自由としての団結権は，二重の意味で，実質的自由を包摂している。それは，一方では，労働者なるが故に喪失・形骸化しがちな市民的自由を回復すると想定される意味での実質的自由の側面，他方では，——自由一般と同様，実質的自由を含むところの——変容した現代的自由の一環を構成することからの実質的自由の側面，という両面があるからである。その上に，団結権においては，国家の干渉・介入からの自由の側面においても，単に形式的自由に

止まらず，効果的にその自由を確保することが，規範的要請[7]でもあるからであるが，それだけではない。対使用者という関係において，団結権は，私人間に直接適用される[8]だけでなく，団結権侵害に対し効果的な排除措置を採る（＝不当労働行為制度）ことが，厳格な規範的要請であり，そうしたものを通じて，団結権は実質的自由として確立されているのである。では逆に，団結権における自由とは，実質的自由とのみ評価されるのであろうか。「団結権における自由」とは，形式的自由であることに第一義的意味がある。何故なら，実質的自由の側面は，団結権の積極的行使があって初めて意味を持つのであって，それまでは抽象的可能性のレベルの自由でしかない。不当労働行為制度に例を採れば，それが用意されていることが，実質的自由たる側面の表明ではある。しかし，労働者の団結権の行使がなければ，この制度も生きた機能を果たさない[9]。団結権の行使がなければ使用者による団結権の侵害もなく，それからの救済としての制度の活用もありえないのである。したがって，形式的自由が，あくまで出発点である。その上に，形式的自由たる側面は，二重の意味で——相関連して——，団結権保障の趣旨に合致する。団結権保障とは，労働者に対し，その主体的努力を通じた自らの権利・利益の擁護・増進の途を，確保するものである。その主体的努力をするか否かは，労働者に委ねられた選択の問題である。それは，団結権の形式的自由性の証しであるとともに，その鮮明化をも要請するものである。そして，労働者は，その形式的自由を行使することを通じて，獲得された成果としての実質的自由を確保することが，目指される。——団結権の行使が困難な労働者を想定しての——労働条件の最低限の国家的保障があるとしても，それを越えて権利・利益の擁護・増進を図り実質的自由の域に到達するのは，形式的自由の行使としての主体的努力の産物である。団結権における実質的自由の側面は，そうしたルートの側面的支援やそこにおけるルール設定としての，意義を担うに過ぎない。そのように考えれば，団結権における実質的自由の側面ばかり強調して来た戦後労働法学は，形式的自由重視の方向に転換されねばならない[10]。それは，第一に，団結権保障の制度以上に，その機能に着目すべきだからである。団結権における実質的自由の側面の強調は，——その主観的意図に拘わらず——《団結権保障の制度化＝実質的自由の実現》

という図式に安住し，その機能において，労働者の実質的自由の確保に役立ちえているのかという面に，批判的な目が向けられにくくしていた。例えば，1960年代以降における労働組合の労働者の権利・利益の抑圧主体への転換という，団結の質の変化につき，その認識の不十分性と──部分的では不十分であった──団結権論の全面的転換への取組み（そうした問題意識の形成含めた）の立遅れが，生じた所以である。第二に，実質的自由の側面の強調が，労働者総体言い換えれば階級レベルで捉えられ，労働者個人のそれが無視ないし軽視されたからである。それは，幾分かの問題のすり替え，問題次元の混同の産物でもある。即ち，労働者個人から出発しその喪失・形骸化した自由が団結権により回復されるとしながら，真に回復されるのは，階級・集団としての労働者のそれであって，団結の中での労働者個人の自由の回復が問題とされない，否正確には前者イコール後者とされ，後者が独自には問題化されなかったのである。また，「従属的労働者像」とも関わって，団結を通じてそこから──不完全にせよ──脱出したはずの労働者が，相変わらず「従属的」とされるのだから，労働者個人の実質的自由の確立を，真に問題化することは不可能であった。形式的自由を強調するということは，こうした問題性を克服し，実質的自由を労働者個人レベルおよび機能レベルに据え直すということである。それは，団結権保障自体による実質的自由の確保の側面を否定せず，それを踏まえながらではあるが，実質的自由の確保・実現を，形式的自由の結果として到達される目標の次元とする，かつ実質的自由の確保・実現を労働者個人レベルで図るという方向に，問題構成を組み替えるということである。

　以上のように捉えられるとすれば，「団結権における自由」が，民事免責等を根拠づける，正当化することは，益々困難に思われる。根拠づけ・正当化の論理として，──自由それ自体即ち形式的自由ではなく──実質的自由に求めるとすれば，既に問題構成の組み替えがあるから，不可能である。労働者の実質的自由の確保・実現という目標に到達するために，不可欠であるとしても，それにより使用者に言わば譲歩を求めうるとすることも，困難である。労働者の実質的自由の確保・実現という目標が，「自前の主体的努力により達成されるべき」であれば，使用者の譲歩をそれ自体により求めるいわれはないからであ

る。それならば，団結権保障の実質的自由の側面を根拠にする方が，妥当である。しかしこれについては，理論的説得力において問題となる。何故なら，この側面は，戦後労働法学において認められていたことでありながら，民事免責等の根拠は，生存権原理であったからである。したがって，一方では，根拠における重点の移動の説得力が，問題となる。生存権原理を捨て去ったから移動せざるをえなかったというのでは，消極的に過ぎるし，生存権原理を保持しつつの重点移動であれば，何故それが必要なのかまたその読替えの理由が，説明されねばならない。他方では，戦後労働法学では問題とされなかった要素を取り出し，それを新しい根拠として設定している訳ではないことである。団結権論の転換の一環としての新しい根拠の設定であれば，——それ自体の説得力はともかく——戦後労働法学との関係では説得力がありそうだが，そうした捉え方ではないからである。総じて言えば，戦後労働法学が根拠を生存権原理に求めざるをえなかったこの問題の難しさに，正面から挑戦したものとはなりえていない。そこで，「自由の拡大」[11]が問題となる。それについては，第一に，何故争議権レベルでのみ「自由の拡大」がなされるのかが，問われる。この点については，争議行為が使用者の損害賠償の対象になるのでは，「争議行為の自由」が無に帰すると説明される。しかしこれには，二つの問題がある。一つは，損害賠償を「使用者の法益との衝突」と捉え返せば，それは多少とも団交権とりわけ団結権にも当てはまり，「自由の拡大」を争議権に限定することは，妥当でないことである。それぞれにおいて責任——その中身は何であれ——が問われて自由が無に帰する点では，同じだからである。そうだとすると，「自由の拡大」は，「使用者の法益との衝突」一般において，団結権保障を貫く根拠であって，その中での争議行為に対する損害賠償の否定としての民事免責の根拠は，別のところに求めざるをないのではないかと思われる。第二に，争議権レベルへの限定が正しいとして，「自由の拡大」とはどのような次元の如何なる問題であるのかが，検討されなければならない。それは，争議権の保障自体が「自由の拡大」と捉えられるのか，それ故争議行為により損害を与えても免責されるのか，それとも免責には「自由」では足りず「自由の拡大」を必要とされるのかということである。前者とすれば，先の第一の点と同じ批判が妥当す

第7章　団結権論の再構築

る。その上，それが，——団結権，団交権と異なる——争議権の特有性によるとするならば，民事免責が争議行為に限定されないことと矛盾する[12]。後者だとすると，それは，——説明の仕方は異なるが，実質的には——民事免責を違法性阻却として扱うことになるが，それで良いのであろうか[13]。第二の問題は，拡大される自由とは何か，拡大された自由とはどういうものかということである。ここでのポイントは，——それでは不可能とされた——自由の論理による民事免責の根拠づけの可否である。市民的自由その言わば延長線上での労働者の自由であれば，それは，使用者にも対等・平等なものとして保障されているのだから，損害賠償責任の追及の否定をもたらすことは，困難である。労働者の自由が，団結権という形態での権利保障となる上では，使用者の権能・権限の濫用・弊害の規制が前提であるとしても，争議行為の民事免責とは未だ距離がある。では，その自由とは何であろうか。それに解答を与えるためには，ここまでの問題設定を編成し直す必要がある。それは，一方では，団結志向性との関わりでそして形式的自由の重視の故に，棚上げしていた「団結権における自由」の性格を，再導入すべきことである。他方では，「自由の拡大」ではなく自由自体を，民事免責の根拠とすることである。後者からも，その自由とは，市民的自由またその延長線上の自由ではありえず，再導入されるべき「団結権における自由」の性格レベルに収斂する。ところで，そのように問題設定するとすれば，問われている自由とは，古典的な市民的自由でも，放縦としてのまた孤立的・閉鎖的・利己的な自由でもありえず，連帯的・開放的・利他的自由，「拘束からの自由＋発展的自由」であり，人間としての根源的な自由であって，その労働者への現れである。即ち，労働者が労働者なるが故に，必然また必要なものとしてなす行動は，根源的に自由とする捉え方である。そういう自由として，第一，第二の自由の意義は，読み替えられねばならないとともに，民事免責の根拠として十分か否かが，検討されねばならない[14]。

1）これについては，拙著『社会保障の権利論』（法律文化社，1994年）第二章第一節一参照。
2）本書第3章参照。ここでは，それをもう少し敷衍化するとともに，本書第2章第3節で触れた三つの問題点の検討を行うことにする。

3） したがって，労働者的モラルは，かつてのように団結の中で日常的に機能する規範ではなく，ごく限られた役割を持つに過ぎない。
4） それは，「団結する自由」の「団結しない自由」への優位ではなく，あくまで団結志向性における理想的団結志向性の優位である。ただ，こうした限定がある限り，「団結しない自由」と両立した上で，その優位を語ることが可能であることは，次の叙述が示している。
5） 勿論，団結それ自体の拒否として「団結しない自由」を行使する労働者の存在は，ゼロではありえないから，こうした断定には，「団結志向性を完全に拒否した労働者を除く」という留保が必要ではあるが。
6） 前掲注1）の拙著参照。
7） これは，団結権抑圧の歴史を踏まえたものであり，現実に効果的措置を採るかどうかを，問わない。
8） 但し，団結権保障の公序を媒介とした間接的適用でも，結局同じことだから，直接適用に固執する必要はない。この点の理論的対立も，相対化されるべきである。
9） 勿論，団結権の積極的行使以前の段階での不当労働行為がありうるから，これは言い過ぎだが，その点は度外視する。
10） 形式的自由の重視は，団結の禁止・制限立法批判としても，重要な意味を持つ。形式的自由が，形式としても保障されないことは，どのような根拠なり要因との絡みでも正当化されない，という批判が成り立つ余地があるからである。
11） 西谷敏教授は，「自由の拡大」による自由の実質的保障として説明しつつ，その自由権を越える要素を「自由」の概念で把握することを，「自由概念の不当な拡張」としている——同『労働法における個人と集団』（有斐閣，1992年）328頁——。著者は，同じことを，前者の説明を批判しつつ論じる。
12） 争議行為以外には民事免責が及ばないという見解に立てば，矛盾しなくなる。しかし，民事免責は，憲法第28条に既に含まれており，争議行為とそれ以外の団結活動とは——保障の範囲・幅に違いがあるとしても——区別されないこととは，矛盾を生ずる。
13） ここでは結論は留保するが，著者としては，既述の立場を維持し「無理」，そうでなくてもかなり困難と考えている。

第7節　団結権論の課題[1]

1　課題の設定

　ここで取り上げる課題は，二重の視点から設定したものである。一つは，戦後労働法学とりわけ「戦後労働法学」の団結権論の再構築のためには，その問題性を徹底的にえぐり出す作業が必要であることとの関わりで，労働組合運動との距離関係をどう反省し，今後に活かすかという問題との関わりである。

第7章 団結権論の再構築

「労働組合運動との距離関係」とは，組合の権利闘争そしてそれを担う組合運動のあり方（＝路線）に対する労働法学からの捉え方ないしは構え方のみを，指す訳ではない。組合運動が，今日の低調・停滞に到る上で，如何なる課題を担えなかったのか，また——それにも関わって——日本の政治・経済・社会・イデオロギーの変革——以下，社会変革と称する——に寄与しえなかったのは何故かといったことを含むところの，組合運動の位置づけとそこにおける問題点の把握の仕方があまりにも不十分ではなかったかという，労働法学の側の欠陥をも意味している。そうした問題点を踏まえ将来展望を描くことを欠いたままでは，団結権論の再構築は，不十分とならざるをえないと思われる。何故なら，団結権論の再構築をせざるをえないのは，従来の団結権論では，通用しない現実があるからである。しかしその意味は，労働者の団結権行使の水準が変わらない中での理論の通用性の喪失ではなく，《その水準の低下＋理論の不通用性》である。再構築しなければならないのは，理論のみでなく権利主体もである。そして，そうした権利主体を権利主体たらしめる上で最も重要な要因が，社会変革との関わり，その中で労働者・労働組合が占める位置にあると思われるからである。そうだとしても，もう一つの問題がある。団結権の外延をどこまで拡張すべきと考えるかである。それは，次の二つの問題との絡みから生ずる問いである。一つは，《団結権 → 社会変革》という単線的道筋で考えるのでは，不十分ではないか，媒介なり中間項があり，それが団結権論の新しい構成要素なり，付加物になるのではないかということである。それは，別の視点から言えば，現在の問題状況を，その単線的道筋が切断されているだけでなく，出発点が成り立っていないと捉えられるのであるが，両側面の克服を目指すとすれば，団結権論自体の再構築だけでなく，新しい要素・内容を加えた団結権論の再構築でない限り，対応出来ないということである。つまり，権利主体の再構築と《団結権 → 社会変革》という道筋の切断の克服の両方に対し媒介となるものが求められるが，それは，団結権論に内在化しているものでなければならない，と思われるのである。もう一つは，社会変革の主体の広がりである。現代における社会変革は，労働者階級の専有物ではなく，社会変革を目指す全ての階級・階層・集団・個人の協同の作業であるとともに，必ずしも階級的対

立・対抗が優先順位を占めるものでもない。社会主義を目標としない——それ故，資本主義体制の枠内での——社会変革さえ想定されているからでもある[2]。いずれにしても，現代における社会変革において重要な意味を持つのが，新しい社会運動である。問題なのは，新しい社会運動の取入れ・包摂という課題が[3]，団結権論にとってどのような内在的意義を持つかである。言い換えれば，それは，団結権の行使のレベルに止まるのか，団結権論の中身を構成することまで意味するのかである。後者であれば，団結権の外延は，明らかに拡張されることになる。

いずれにしても，ここで論ずるのは，課題に迫る視点と言うより，大まかな方向性であって，ましてや結論ではない。それは，一方では，思考の成熟性に未だ欠ける——勿論，社会変革の路線についての合意の未形成や，様々な不確定要因も絡むが——ためであるが，他方では，本章でここまで展開してきた「団結権論の再構築のための理論」自体が，成功しえているかまた労働法学界における合意形成を可能とするか，不明であるからである[4]。言わば団結権論の本体が未だそこに到りえていない中で，団結権論の具体的で詳細な外延拡張を論じたとしても，生産的ではないからである。

1) ここまでの展開で，著者としての団結権論は完結している。それにも拘わらずあえて「団結権論の課題」を論ずるのは，完結した理論が，どのような事柄と関わりを持ちうるのか，またどこまで影響力を及ぼしうるのかを，見極めることにより，その理論の意義・意味を再確認したいということからである。それとともに，著者の団結権論における実践的意図の実現性は，理論の完結だけでは得られないからである。いずれにしても，ここで扱う問題次元は，団結権自体——論述の展開においては，そうした表現があるが——よりも，その行使の結果のレベルである。したがって，ここでも問題は，そうした結果を獲得しようとする労働者の任意の自由な意思であり，その志向性として獲得されうる意義である。アプリオリに，課題化されるのでも意義を持つのでもない。
2) 拙著『社会変革と社会保障法』（法律文化社，1993年）とりわけ第一章第二節参照。
3) 拙稿「「戦後労働法学」とその見直し・転換の方法的反省」（『東京都立大学法学会雑誌』35巻2号）4，本書第6章第3節7参照。ここでは，その先の問題に触れる。
4) 本章の元となった論文が出たのが1998～1999年であるが，『法律時報』（71巻13号）の学界回顧で触れられた他は，個別的反応のみで，現在でもこの不明状態は変わっていない。

2　権利闘争と組合運動の路線

──戦後労働法学一般ではなく──「戦後労働法学」が，労働者の権利闘争の擁護，それへの寄与を使命とする理論的傾向を有していたことは，周知のところであろう。しかし，「戦後労働法学」は，その権利闘争の擁護・寄与に長期的には失敗し[1]，今や見直し・転換の渦中にある。ところで，その見直し・転換は，少なくとも「戦後労働法学」が担った権利闘争の擁護・寄与という側面を全く放棄，清算するものとしてではなく，反って現代的条件の中で，その担った役割の再建，再生を目指すものであり，そうであるべきである。そうとすれば，その失敗の教訓化が，出発点でなければならない。著者にとっては，二つの問題が重要である。一つは，「労働者の権利闘争の擁護・寄与」を唱えつつ，実は労働組合の権利闘争に矮小化されていたのではないかという問題である。それは，既述の「戦後労働法学」の特徴であるところの，従属的労働者像，団結を通じた自由の回復・実質的自由の確立という捉え方，そして団結優位の団結権論の必然的帰結である。「戦後労働法学」にとって，何よりも団結が価値的中心であり，したがって権利闘争とは，労働組合の権利闘争なのである。しかし，権利闘争の労働組合のそれへの収斂は，一般的，特殊的に，労働者の権利闘争を抑制しがちである。一般的には，労働組合の権利闘争の強調は，労働者の権利闘争を労働組合のそれに吸収し尽くし，それが成立する余地を奪うのであり，また労働者の権利闘争の積上げ，集大成として組合の権利闘争を位置づけること・べきこと，即ち前者が後者のテコ，バネという関連にあることを，見失わせがちである。組合の権利闘争が，強固に展開され発展している限り，この問題性は露呈せずに済むが，それが停滞，後退局面に入るや否や，その局面を打開する手掛かりを内在化させていないことが，問題となって来る。局面打開の契機を組合自身が保有していれば，それは，権利闘争の可逆的な波動に過ぎないから，問題は深刻ではない。しかし，組合の側にそれがなければ，依拠出来るのは，労働者の権利闘争を措いて他にはない。ところが，労働者の権利闘争そしてその擁護・寄与という視野を，「戦後労働法学」は欠いていたのであるから，その擁護・寄与を通じて，組合の権利闘争の再生，再活性化のテコ・バネとなるべき労働者の権利闘争を，「戦後労働法学」はリード出

来ない。もし労働者の権利闘争が，そうしたテコ・バネとしての役割を担ったとしても，それは，「戦後労働法学」とは無縁の与り知らない事柄でしかないことになる。そして，労働者の権利闘争は，確かに多彩に展開されて来たが，長期的には，ついに組合の権利闘争を再生，再活性化させることに成功しえなかったのである。特殊的には，団結の質の転換の側面的支援という問題である。団結の質の転換，即ち労働組合がかつてのような労働者と正義・社会的正義の味方ではなく，労働者の権利・利益を抑圧する主体に変化した段階において，なお「戦後労働法学」を維持することは，——その主観的意図を離れ——既に質的転換を行った団結の擁護となり，それにより労働者の抑圧を援ける——少なくともその歯止めとなりえず——ことに，ならざるをえない。そしてそれは，権利闘争の再生，再活性化を，二重の意味で阻むことになる。一方では，権利闘争に消極的な団結のありようを是認する結果になることによって，他方では，権利闘争のテコ・バネたるべき労働者のそれの抑圧を放置することによって。[2] 現在においては，団結権は，徹底して労働者個人のものであるべきことは，既述した。そうである限り，権利闘争とは労働者個人のそれであり，団結の権利闘争は，あくまでその積上げ，集大成として捉えられねばならない。「戦後労働法学」の権利闘争の擁護・寄与という理論的傾向の継承と言っても，その中身は180度の違いがある。それ故，労働者個人の権利闘争論は，かつて存在したものとしてではなく，初めて構築されるべきものであって，「戦後労働法学」はこの点では，その理論に拘わらずないしはそれと無関係に存在しつつ現在において活用しうるような遺産を有していたかという角度から，検討されねばならない。

　「戦後労働法学」における権利闘争の擁護・寄与という理論的傾向の継承を行うとすれば，もう一つの欠陥の克服が必要とされる。もう一つの欠陥とは，権利闘争と特定の組合運動の路線が一体化していたことである。「戦後労働法学」は，初期における革命的労働組合主義（ないしは階級闘争的労働運動）擁護から戦闘的労働組合主義擁護への変化はあるものの，一貫して労資（使）協調路線を排除する組合運動の路線を擁護するための法理形成を，行って来ている。排除して来た労資（使）協調路線が支配的となった現在でも，[3] 構え方は変

わっていないようである。戦闘的労働組合主義の再生，再活性化を現在において希求することは，個人の自由である。しかし，それを擁護する法理形成という「戦後労働法学」の理論的傾向までは，継承すべきとは思われない。それは，第一に，路線の消長に理論が左右されるという弊害のためである。「戦後労働法学」の影響力の減少・喪失という事態の一端の原因は，その擁護して来た戦闘的労働組合主義の現実の衰退であるが，それは，一般的にもありうる危険性の明確な出現である。第二に，そのことの理論責任のためである。戦闘的労働組合主義の衰退に対し，「戦後労働法学」に全く責任なしとするのは，法理論が実践に対し及ぼす影響・影響力を過少に評価するとしても，採りえない考え方である。ましてや，その擁護の志向を有した限りにおいて，責任回避は許されない。そうとすれば，採るべき方向は，特定の組合運動の路線の擁護を志向する，あるいはそれを前提とするような理論的傾向から離脱すること，即ち，組合運動路線の選択は団結とりわけ労働者に任せ，理論には取り込まないことである。[4] 第三は，権利闘争と組合運動路線の切離しの必要性——上記の問題性の一般化——である。これには，二つの側面がある。一つは，権利闘争の狭さの克服である。戦闘的労働組合主義の衰退が，同時に権利闘争の低調さをもたらしたという事実関係は，認められる。しかしそれは，権利闘争の担い手を戦闘的労働組合主義にのみ求めたことの帰結であって，別の選択肢の存在が否定されるいわれはない。言い換えれば，権利闘争は，戦闘的労働組合主義だけでなく，運動路線が如何なるものであれ全ての組合によって，担われる，担われるべきものである。それを戦闘的労働組合主義に限定したのは，他でもない「戦後労働法学」である。そうだとすれば，「戦後労働法学」は，権利闘争の幅を狭めるとともに，戦闘的労働組合主義の昂揚による権利闘争の発展と，その逆の衰退による低調さの両方に同伴した点で，二重のマイナスに貢献したことになる。しかし，権利闘争は，特定の組合運動路線を前提にするものではないから，組合運動路線から切り離されるべきである。[5] もう一つは，権利闘争が労働者個人のそれであることとの関わりである。如何なる権利闘争を展開するかしないかは，またどのような組合運動の路線を採るか否かは，全て労働者個人の選択に任されている。その限りでは，権利闘争と特定の路線との結合と

197

いう選択がありうる。しかしそれは，労働者全体が同一の選択をするというのでない限り，労働者の一部の選択でしかない上に，他の選択肢を排除する意味を持つべきではない。しかも，現代における権利闘争のリアルな認識がもたらすものが，これに関わる。戦闘的労働組合主義華やかなりし時代においては，——その路線と権利闘争の一体化という欠陥は，さて措き——それを権利闘争の担い手とした「戦後労働法学」の認識は，リアルであった。しかし現代においては，——その路線がいかなるものであれ——組合運動の路線が権利闘争を規定するとか，この路線であれば権利闘争の発展につながるといった認識を，持ちようがない。現実には難しいとしても，労働者個人の権利闘争に期待した方が，まだリアリティがある。労働者個人の権利闘争が特定の組合運動路線と一体化することは，言わば偶然のことであるから，また未だ確立していない「労働者個人の権利闘争論」を模索する上でも，組合運動路線という夾雑物は徹底して排除すべきと思われる。

　ところで，労働者個人の権利闘争を考える場合，二つのことに留意する必要がある。一つは，団結志向性の拡張である。一般には，団結志向性とは，——既述のとりわけ本書第6章で検討したものも，そのレベルであるが——労働組合という組織に関わるものである。「戦後労働法学」において，権利闘争として想定されかつ具体的に捉えられていたものも，その意味での団結志向性を担った権利闘争である。しかし，現代における労働者個人の権利闘争については，その枠組みで考えることは，狭過ぎるように思われる。それは，従来的意味での団結志向性を持ったものに止まらず，全く団結志向性を持たないもの，団結志向性は有しても労働組合とは結びつかないもの，労働組合と関わりがあるとしても，組合を越えてまた従来の組合とは別の観点から団結志向性があるもの，即ちそこで志向される団結とは多様な意味での労働者集団であるもの等々が，想定されうるからである。それは，労働者の多様性，団結の基盤の多様性・複雑性といった「現代における労働者像」[6]の反映であるとともに，権利闘争の閉塞状況の深刻さとそこからの脱出の方法，ルートの多様性を，示唆するものである。そうだとすれば，労働者個人の権利闘争に対し堅固な枠をはめ，それに収まる権利闘争のみを評価するという姿勢であってはならない。それでは，権利

第7章 団結権論の再構築

闘争の新しい芽を摘み取ってしまうことになるのであって、そうではなく、多様な権利闘争をそれ自体として評価するという柔軟な姿勢が、求められる。その上で、それらが提起する法的問題を汲み取り、そして団結権論に組み入れそれを豊富化するという方向で、問題に対処すべきである。団結志向性の拡張は、団結権論の新しい地平を切り拓く可能性を、有するように思われる。もう一つは、権利闘争の意義の再確認の必要性である。ここで言う「権利闘争の意義」とは、第一に、《団結権の否認・抑圧 → 団結（権）の放任 → 団結権の積極的承認— → 団結権の発展—》という歴史的展開は、権利闘争がもたらしたものであることである。特に強調すべきことは、権利闘争を通じて自らの権利を国家に承認させ、資本主義法を変革させたこと、正に法形成的実践であったことである。現代において、この法形成的実践を、歴史的展開の繰り返しとしてまた団結権の新しい課題との関わりで、強力に展開することが求められている。比喩的に言えば、歴史的展開に要した法形成的実践の力が10だとすれば、現代においては、――一応団結権保障がなされていることを、割り引いても――10以上の力が必要とされると思われる。現代における労働者個人の権利闘争には、重い課題が突き付けられているのである。意義の第二は、権利闘争は労働者が担ったことである。これは、当たり前のことのようであるが、実は重大な意味を持っている。権利闘争を担うのが労働者であるということは、――労働者以外の者の支援はありうるとしても、それは支援に止まり――労働者の主体的努力に全て任されるということである。現代においては、重い課題を担っての主体的努力であるが、その努力の責任、努力の結果の引受けの責任を、全て労働者が負い、他に責任転嫁しえないのである。努力せずまた努力が足りないために、例えば権利の剥奪・制限、あるいは発展の阻止が生じたとしても、それは自業自得でしかない。しかも、かつてとは異なり、団結にさえ責任転嫁する訳にはいかないのである。その上に、こうした労働者個人の権利闘争を進めるためには、柔らかでない固い個人主義、とりわけ企業からの自立性といったものを不可欠とするが、それが成立しにくい状況の中での問題である。したがって、大変厳しい課題であるが、労働者は、そこから逃げる訳にはいかない、逃げる限り災難は自らに降りかかるのである。

1）　権利闘争の擁護・寄与という理論的傾向とその現実における権利闘争の擁護・寄与の程度，水準とは，区別される。理論が実践をどこまで左右しうるかは，一の問題ではある。しかしここでは，「戦後労働法学」の理論責任を問うことが課題であるので，理論の役割を過大視している。
2）　──既述の──例えば少数（派）組合員の権利の擁護，その反面での組合の統制権の制限の努力の存在──例えば「70年代の労働法学と労働運動の課題」（『日本労働法学会誌』37号）──は，その反論たりえない。ここでは，そうした個別的問題ではなく，理論総体が問題だからである。
3）　大企業労働組合に支配的な企業協調・一体化路線は，その変種であり区別する必要があるが，ここでは問わない。また，組合運動の路線としては，同じ戦闘的労働組合主義の中での違い──例えば，かつての総評の高野ラインと太田・岩井ライン──が問題となりうるが，そこまでは問わない。
4）　戦闘的労働組合主義擁護の立場を維持するのであれば，その衰退の理論責任を明確にするとともに，それ以上にその再生，再活性化の展望を説得力を持って示すことが，必要である。それが不可能──著者は，その内実の再生，再活性化と路線としてのそれは，別と考えている──とすれば，理論責任の取り方は，それと異なるはずである。
5）　路線が問われるとすれば，如何なる路線が権利闘争の発展に，より貢献するのかであり，それは，実績で評価される。しかしそれでもなお切離しに固執するのは，如何なる路線でも権利闘争を担うべきこと，言い換えれば「権利闘争による路線の規範的拘束」を狙うからである。
6）　これについては，本書第 6 章特に第 2 節 1，2 参照。
7）　著者は，本書第 6 章では，団結の典型・代表とは，将来的にも労働組合であると想定して，新しい労働組合像を検討している。しかしそれは，労働組合以外の「団結」に開かれたものである。ここでは議論としては，労働組合以外の「団結」の可能性を提示するところまで，先へ進めている。とは言え，その実現性は乏しいであろう。
8）　これをめぐる論点の一部につき，本章第 8 節で述べる。

3　社会変革への関わり方

（1）課題の設定

　社会変革は，労働者を含む国民の課題ではあっても，労働法学の直接の課題ではない。しかし，「戦後労働法学」とりわけそれをリードした沼田労働法学[1]は，社会変革を理論の不可分の構成要素に取り込むとか，少なくともそれを視野に容れた理論構築を，行っていた[2]。他方，高度経済成長が社会変革の展望を喪失させて行くに伴い，「戦後労働法学」の理論潮流においても，社会変革への関心が薄れ，──個人レベルの主観的想いはともかく──その理論から社会変革の契機が，消滅して行く。したがって，問題は，一方では，社会変革を視野に

容れた「戦後労働法学」については,「視野に容れた」ことが誤りであったのか——後において,正しい方向への軌道修正がなされたのか——,他方では,「視野に容れた」ことではなく,視野に容れた「社会変革」の内容に問題があったのかという形で,設定される。前者であれば,その誤りは,「戦後労働法学」の初期の時代のものであって,既に克服されているとされ,「戦後労働法学」の見直し・転換は,そこに及ぶ必要がないことになる。果たしてそれで良いのだろうかという疑問——後述の問題に関わって——が,あるいは良いとしてどのような理論的総括・反省に基づき軌道修正がなされたのか,またなし崩しの軌道修正であれば,その問題性を「戦後労働法学」の見直し・転換においてどう自覚的に克服して行くのかが,問われる[3]。そうした問題に密接に関わるものとして,検討なり自己反省の手掛かりがなかったのかどうか,あったとすれば何故活かされなかったのかも,問題となる。この点は,現在時点からの「戦後労働法学」への評価それ故後知恵という側面があるが,やはりここでも,存在した手掛かり[4]に開かれていなかった「戦後労働法学」の狭さなりバイアスが,えぐり出されねばならない。

　もっと痛切な問題は,戦闘的労働組合主義の資本・企業に対する敗北がもたらした——逆の——「社会変革」即ち企業社会の成立・確立を,「戦後労働法学」は阻止しえなかったし,企業社会に取って替わる社会（＝オールタナティヴ）の構想を提示しえなかったことである。企業社会の成立・確立は,日本社会全体のありようを規定するものであり,確かに労働組合運動だけが責めを負うべきものではない。しかしその中軸は日本的労使関係であり,そこにおける階級闘争に労働者階級が敗れたために,成立・確立したのであるから,責任は重大である。そして,「戦後労働法学」は,その成立・確立に対し殆ど歯止めにさえならなかったのみか,企業社会の成立・確立への対抗という問題意識があったのか,自己の理論が,それに規定されて通用しない状況——判例動向を含む——が生じたことへの一致した認識があったのかが,疑われるのである。その上に,企業社会の一角を担う企業協調的・一体的労働組合に,活用——悪用？——しうる理論を提供していたことからすれば,「戦後労働法学」は,企業社会の成立・確立を側面的に支援したと評価しても,言い過ぎとは思われ

ない。これは,「戦後労働法学」が視野に容れていた「社会変革」の内容の問題と言うよりは,現実化・実現の不可能な内容の社会変革への固執が,現実と切り結びそこから問題点を析出するという作業を怠らせた,そこに眼を向ける上での障害となったという問題性である。言い換えれば,理論的整合性といった学者にとってのみ（？）意味のある事柄に執着し,それと現実とのギャップに眼を覆ったのか,歪められた現実はいつか正されると楽観視していた——理論通りに「なる筈だ」論への固執——のか,いずれにしても,現実と社会に対する責任感覚の乏しさが,窺われる。

「戦後労働法学」は,以上の角度からも,根底的に転換されねばならない。ではそのことは,団結権論において,どのような意味と内容を持ったものとして,展開されるべきであろうか。

（2）社会変革[6]という視野とその意味

本章第1節〜第6節までの展開からすれば,団結権と社会変革との関わり方は,外在的である。即ち,団結権を,社会変革のためにまたそれに寄与する方向で行使するか否かは,労働者の選択に任されているのであって,両者が結びつくかどうかは,団結権自体の与り知らない労働者の決断次第である。しかし,団結権に社会変革を内在化させることは,不可能であろうか,また可能としても誤りであろうか。考えるべきことは,団結権保障と社会変革とのつながりである[7]。一方では,団結権保障は,変革された社会において,維持されるのみでなく発展させられるべきものである。それは,団結権が人権であるからであり,変革された社会においてもなお残るまた新たに発生しうる利害対立,とりわけ労働者の要求・主張の解決を図る手段であり,それ以上にそれ自体が目的であるからである。他方では,労働者が,その決断・選択としてであるが,社会変革に関わる主要な局面が,団結権の行使であることである。労働者は,社会変革の主体として,様々な活動を展開するとしても,その全てが団結権の行使であるとは限らず,またその保証もない。しかし,一般市民には保障されない特権を与えられた労働者が,社会変革への参加において,それを棚上げ,放棄するとは想定しがたい[8]。したがって,労働者の社会変革への取組みは,団結権の活用として行われる,言い換えれば,社会変革は,団結権を通じてもた

第7章 団結権論の再構築

らされる可能性があるということである。そうした一般論の上に，次のような現実論も付け加えるべきである。それは，新自由主義をイデオロギー的基軸として進められているところの，現代の多国籍企業型の新帝国主義化の動向が，第二次大戦後コンセンサス・ポリティクスとして成立・展開してきた福祉国家路線の，縮小また解体を狙ったものであることとの関わりである。福祉国家路線の重要な柱として労使同権体制があり，それを一方で支えるのが団結権保障であることからすれば，その動向は，団結権保障の縮小・解体を招きかねない。その動向と対峙しその克服として新しい社会を構築することは，――社会変革の中身・内容を，如何なるものとするかを問わず――社会変革の課題である。つまり，社会変革は，こうした危機に立つ団結権保障を，最低限維持する役割を果たすべきものである。その行使・不行使を問わず，また社会変革への姿勢如何に拘わらず，団結権保障を維持しようとすれば，社会変革を進めるしかないのであって，――比喩的に言えば――団結権自体も，それを自己の要請としているのである。

　勿論，社会変革は，団結権を覆い尽くすのではなく，団結権の一部における内在化であって，それが社会変革を担うものとして機能しうることの承認でしかない。いずれにしても，「社会変革を視野に容れた」団結権論は，団結権論の一部を構成するのであって，「戦後労働法学」がその初期において「社会変革を視野に容れた」ことは，誤りと言えず，反ってその後の「戦後労働法学」が社会変革の側面を切り捨てて来たことの方が，問題である。ただ，そうなったのには，社会変革を視野に容れた「戦後労働法学」にも，責任がある[10]。それは，社会変革が団結権全体の性格，特徴を指し示すものとされていたからである。もし，その社会変革が，団結権の一部に内在化しているに過ぎないとされていれば[11]，その後の「戦後労働法学」にも継承されるとともに，その社会変革の中身・内容が，その後の歴史的展開，とりわけ資本主義の柔軟な強靱性，そしてそれに関わる資本主義体制のありようの多様性，したがってその中での社会変革の可能性を踏まえて，適切・妥当なものに取り替えられたのではないか，社会変革についての――清算的でない，正に――生産的な継承となったのではないかと思われる。

203

（3）社会変革＝社会主義の否定

「資本主義から社会主義へ」という社会発展の法則、ロシア革命型の革命方式、ソ連を中心とする社会主義体制が疑われず、確信となっていた段階において、社会変革がそうしたものとイコールで捉えられていたことは、止むをえない。しかし今や、それは、二重の意味で反省が必要である。第一は、──社会主義と称する国は残っているが──社会主義体制の崩壊との関わりである。「戦後労働法学」の初期に想定された社会変革が、根本的に否定されたのであるから、それを現代における社会変革とすることは、全く不可能である。それは、その後の「戦後労働法学」が社会変革を団結権論から放逐した段階においてさえ、到底到達しえなかった地平、現代において漸く立ちえた地平であるから、その点の検討、反省の不十分性が、「戦後労働法学」にあったという訳ではない。ところが、これから「社会変革を視野に容れ」るという課題設定を行った場合、その社会変革には、さしあたり社会主義は含まれない。それは、社会主義体制の崩壊を踏まえてなお社会主義を目指すとしても、社会主義像を含めあらゆる問題が新しく検討されねばならないし、その検討を行っている人々の中での完全な一致が見られない、端的に言えば、社会主義的社会変革路線は未確立であるからである。したがって、現代において「視野に容れ」るべき社会変革は、社会主義を除いたものそれ故資本主義体制の枠内でのその変革である。

第二に、社会変革は合意の産物であることである。ここで問題とするのは、──社会変革の過程もそうであることを、さて措いて──社会変革の中身・内容──如何なる社会を建設するのかという、社会変革の目標──である。それが、社会主義でありうることは否定されないが、それも合意に基づく。即ち、社会変革は、予め形成・構想された中身・内容を、社会変革の主体に言わば上から押しつけるものではない。あくまで、社会変革の主体間での合意により、形成・構想されるものである。既に形成・構想されたものは、合意のための検討素材の一つでしかない。したがって、「視野に容れ」るべき社会変革とは、さしあたり中身・内容のない枠組みであって、今後合意を通じて中身・内容が充填されるし、その時々で中身・内容が変わりうる。言い換えれば、団結権論において「社会変革を視野に容れ」ることについては、労働法学界レベルでの合意形成

の問題であるが,「視野に容れ」るべき社会変革の中身・内容は,──労働法学界のみでは左右出来ないところの──社会変革の主体全体の問題である。こうしたある意味で不確かな「視野」こそ,「戦後労働法学」が結局は一理論潮流でしかなく,学界全体を支配しえなかった問題性を,克服する途である。

(4) 社会変革の手掛かりと反省

第二次大戦後の資本主義国は,労働者階級の戦争への動員とその後の体制内統合,社会主義体制との政治的・イデオロギー的対決のための社会主義的要素の導入等を通じて,多少とも福祉国家的様相を呈するが,自覚的,明示的に福祉国家路線を採用する国(典型的にはスウェーデン)とそうでない国(福祉国家 Welfare State ならぬ軍事国家 Warfare State たるアメリカ)に,分岐する。その分岐を規定したのは,社会民主主義政党の政権掌握・参画,それを支える強大な労働組合の存在があるかないかである。[13] 資本主義体制の枠内ではあるが,資本主義は,言わばよりましな──現在においては最良の──資本主義へ変革しうることが,単に理論としてのみでなく現実に存在するものとして,示されていたのである。日本において,こうした社会変革の手掛かりが,何故活かされなかったのであろうか。日本においては,社会民主主義勢力は左派と右派に分かれていたが,戦闘的労働組合主義に立つ労働組合(=総評)に支えられた左派は,福祉国家路線の採用を拒否し,右派は,その採用は行うものの必ずしも積極的推進の立場に立たないとともに,勢力・影響力が小さ過ぎたというのが,その最大の要因であろう。しかも,自民党とその政権が,憲法改悪の正当性根拠として──日本型と称され,真にはその内実を持たないものであったが──「福祉国家」なるものを提示したことが,その傾向に拍車をかけた。その影響は,現在に到るも残っており,社民右派の主導権・覇権が確立したと評価される連合,それと提携する民主党・社民党も,福祉国家路線の自覚的,積極的推進の立場に立ち切れていない。[14] 戦闘的労働組合主義擁護を志向する「戦後労働法学」が,社会変革を視野に容れていたとしても,その社会変革が福祉国家路線ではありえなかった所以である。[15]

これは,次のように反省──新たな視点を含めて──されねばならない。第一は,物事をバイアスの掛かった眼で見るのではなく,虚心に現実から学ぶ姿勢

の確立である。「資本主義＝悪」、「国家＝支配階級の道具」、「福祉国家＝資本主義国家の仮面」というバイアスを取り払い、資本主義国の多様性が認識されれば、社会変革の模範・モデルを見い出すことは、かつてにおいても不可能ではなかったと思われる。また、社会変革をユートピアと言い換えるとすれば、社会変革をユートピア主義的に理解する傾向が強い中で、ユートピアを彼岸の正にここにないものとして追求し決して此岸にそれを求めなかったことも、理解出来ない訳ではない。しかし、社会変革をリアルに捉えしたがって此岸にユートピアを求めることは、それと二者択一ではなかった筈である。いずれにしても、社会変革の手掛かりを現実存在に求め徹底的に活用する方向に、頭を切り換える必要がある。16) 第二に、「戦後労働法学」の見直し・転換の根拠とされるところの、日本の労使関係の特殊性——非・未近代的という意味での——の否定、欧米的労使関係への接近との関わりである。こうした姿勢は、直接的には、団結権論の中の企業を舞台とした組合活動の自由の領域において、欧米の理論に学びそれを吸収することにつながるが、もう少し大きな可能性がある。それは、団結権全体についても、一国的に閉鎖的でなく、世界——ここでは、欧米の先進資本主義国に限定されるが——的な開かれた広がりで問題を考えるとともに、模範・モデルを探りそれを日本に導入するという方向性が、十分予測されるからである。社会変革についても、それを「視野に容れ」ることが合意されて行けば、同様の可能性が開けて来る。それは、労働法学生成期のドイツ法・学説の継受・導入はおろか、その後の比較法研究にも十分にはなかった地平である。やはり、「日本的特殊性」論に閉じこもっている限り、世界的に展開されている手掛かりに対し、認識レベルでは押さええても、実践的に手掛かりとして活かす方向性は、生じがたいと思われるからである。17) 第三は、手掛かりを手掛かりたらしめる主体的契機との関わりである。日本の社会科学の傾向として、一般に、欧米の理論の直輸入が多いのは、そこにおいて初めて優れた理論が展開されそれに学ぶべきとされたというよりは、事大主義、権威主義の強さの産物である。そしてそれは、日本において生起する問題を、自らの責任としての主体的努力で解決しようとする姿勢の弱さの反映でもある。「戦後労働法学」も、その傾向と無縁ではなかった。日本の外にある手掛かりを活かす

第7章　団結権論の再構築

上での，そうした主体的契機を欠いていたからである。今現在において，主体的契機を考えるとすれば，次のように問題設定されよう。社会変革の中身・内容が如何なるものであれ，その社会変革が，現在の労働組合運動の低調・停滞を克服することなしに，実現されるとは思われない。労働組合運動の再生，再活性化は，団結権論にとっても一の課題であるとともに，「社会変革を視野に容れ」ることも課題である。そうした課題に，正面から責任を持って主体的に取り組むとすれば，手掛かりがあれば全て活用するという姿勢で，臨まなければならない。その際には，過去の行きがかりなどどうでも良いことである。主体的で責任感ある取組みは，手掛かりを手掛かりとして認識させるだけでなく，実践的に活用する——活用し切れるかどうかは，別問題だが——回路を拓くであろう。

　もう一つ手掛かりとして改めて考えるべきことは，旧労働組合法第1条の「経済ノ興隆ニ寄与スル」という法の目的規定である。これは，労働者を労働＝生産主体として位置づけ，その労働に自由および主体性確立の条件を与えることにより，生産意欲と技術水準を高め，敗戦直後の至上命題であった生産の復興そして「経済ノ興隆」を達成しようとするものである。しかもそれは，単なる生産復興・経済興隆ではなく，「労働」の組織化と参加による生産＝経済機構の民主的編成を主要な内容とするそれであって，経済的民主主義の思想の反映だとされている。[18]　共産党により革命的戦術ともされた生産管理闘争を，合法とする支配的学説が展開され下級審裁判例に影響を及ぼしたのも，その背景があるからである。したがって，戦前日本資本主義のそのままの再生・復興としてでなく，その変革＝（さしあたり経済レベルに止まる）社会変革としての復興・興隆が，課題とされるとともに，その法的手掛かりが与えられたのである。それを社会変革の手掛かりとして活用しえなかったのには，様々な原因，理由があろう。何よりもGHQ・日本政府・資本家主流が，労働主体のイニシアティヴによる経済的民主主義実現としての復興・興隆を望まず——財閥解体レベルでの，戦前日本資本主義のありようの変革はするが——，経済的民主主義なき資本の利益貫徹型のそれ故資本主導の復興・興隆の軌道を，設定したからである。そしてその軌道設定およびその安定化のため，旧労組法制定後わずか3年

207

で「経済ノ興隆」目的の削除を含む労組法全面改正（＝現行労組法）を行い，法的手掛かりを消滅させたことも重要である。他方，共産党は，革命戦略の未確立，動揺の中で，生産管理闘争をストライキ戦術に変更して撤退する一方で，経済的民主主義実現のための有効な方策を打ち出せなかった。それは，第一次大戦後のワイマール・ドイツにおける産業・経済民主主義（生産・生産関係の社会化）が，ロシア革命に続くべきドイツ革命を破産させたという認識，そしてそれを担った社会民主主義「主要打撃」論というスターリニズムに，完璧に毒されていたことによろう。ところが，共産党主導下の産別会議から労働組合運動の主導権を奪い取った社会民主主義勢力も，社会党参加政権（＝片山・芦田内閣）を樹立するものの，経済的民主主義実現の道を採る意図も主体的力量にも，欠けていた。総評結成1年後の「ニワトリからアヒルへ」の転換は，社民左派の主導権の確立であるが，それは，経済的民主主義の戦略，方策を全く持たず，戦闘的労働組合主義の昂揚の中，問題意識としても欠落して行く。法的手掛かりという絶好の条件を活かせなかったことは，止むをえないことではある。

　しかし他方で，その後における経済的民主主義の戦略，方策の不採用は，その日本における成熟性を別にすれば，一つの重大な不幸をもたらしている。それは，社民右派が採用した産業民主主義の戦略・方策への構え方である。それが，民間大企業労働組合を支配するとともに，企業協調的・企業一体的組合として企業社会に統合されたことから，その産業民主主義に対する拒絶意識を醸成したことと関わる。それは，次のことを意味する。日本においても，経済的民主主義が，——社会変革の戦略として，自覚的，明示的かどうかはともかく——日本資本主義改革の有力な戦略・方策として，認識されて来ている[19]。そして，それなりの労働戦線の統一である連合が，産業民主主義の戦略・方策を一つの柱として，政策・制度闘争（＝労働政治）を展開している。問題は，同じ経済的民主主義の戦略，方策である筈の両者が，異質なものとして対立し合っていることであり，両方とも，その実現のための主体的力量が不十分であることである。——後者はともかく——前者については，イデオロギー的対立，企業社会へのコミットの仕方といったことを度外視すれば，そして中身・内容の細部にお

第7章　団結権論の再構築

ける違いを除けば，基本的に重なり合うものである。したがって，協同が求められるし可能である。その協同に労働法学が寄与することを考えるとすれば，「戦後労働法学」における社会変革の「視野から」の脱落の克服，労働法学全体における「社会変革を視野に容れ」ることの合意の形成，そしてその社会変革の中身・内容として——その他の中身・内容は別として——少なくとも重なり合った限りでの「経済的民主主義」を設定することの合意の形成が，必要とされる。「経済的民主主義」は，現在ではかつてと異なり手掛かりとは言いがたい。しかし，法的な点を含めて手掛かりがあった段階においてそれを活かせなかった上に，その後に遺産として残せなかった要因は，——客観的側面と成熟性を除けば——主体の側の不統一であったことが，反省的に顧みられなければならない。確かにその不統一は，社会主義対資本主義を含む強烈な敵対的対立に，規定されたものであった。それでもなお，統一は，目指されるべき課題であった筈である。冷戦の終焉，保革対立図式の崩壊ないし曖昧化の一方で，新自由主義を背景とした新帝国主義化が，労働者の大失業時代，産業の空洞化・企業のリストラを初めとして国民生活を直撃している中で，なお敵対的対立に固執しているのは，一層不合理である。その固執がある限り，再び手掛かりがあってもそれを活かせないであろう。

1)　現実の労働組合主義の革命的・階級的なそれから戦闘的なものへの転換は，沼田理論においてもこうした側面をトーンダウンさせたようであるが，基調は変わらなかったと著者は理解している。したがって，この面からも沼田理論の「転換」は否定される——なお，本書第3章第1節注8)参照——。
2)　以下，「社会変革を視野に容れた」というまとめ方をしている。その枠内での様々な偏差は，問わない。
3)　これは，拙稿「「戦後労働法学」とその見直し・転換の方法的反省」（東京都立大学法学会雑誌35巻2号）二でも，問題意識として提起している。ここでは，その詰めを行う。
4)　想定しているのは，資本主義の変革・改革の一形態としての福祉国家——現在の「選択的縮小」，「選択的再構築」の対象となったその第二段階とそれ以前の第一段階を含めて——と，旧労組法第1条の目的規定である。
5)　さらに深刻なのは，多国籍企業型の新帝国主義化の動向にある現在においても，何らオールタナティヴを提起しえていないことである。企業社会の成立・確立段階におけるオールタナティヴの不提示を含め，労働法学の課題とされないのは，社会変革を視野か

209

ら切り捨てたからであり，そこに根本的な問題がある。ただ，本章では，社会変革と企業社会のオールタナティヴを，一応切り離して別個に扱う。その理由は以下に示される。
6）　その中身・内容については，ここでは以下の理由でブラック・ボックスとしているが，著者としては，拙著『社会変革と社会保障法』（法律文化社，1993年）で示したそれを念頭に置いている。
7）　これは，前掲注6）拙著で示した「社会保障法と社会変革との関連」を，団結権に転用したものである。
8）　勿論，労働者の社会変革の努力への参加のあり方として，逆に不行使がその意義を担うこともありうるし，他の社会変革主体との利害の調整のために，棚上げ・放棄の必要性が生ずるのも，必ずしも例外的事態ではないであろう。しかしここでは，叙述の便宜上，行使のレベルに限定する。
9）　もう一方は，労使共同決定ないしは――それ以外の――労働者の経営参加問題であるが，これは次の本節4で扱う。
10）　この責任は，主として社会変革の中身・内容の問題に関わるが，ここではそれをさて措いても言えることを，問題化する。
11）　論理的には，それは可能であった。しかし，唯物史観＝マルクス・レーニン主義に立つ労働法学においては，無理であろう。したがって，前掲注3）拙稿で触れたように，マルクス・レーニン主義の放棄が，ここでも必要とされることになる。
12）　スターリン・スターリニズム批判，「八一カ国共産党・労働者党会議の声明」（1960年）以降の社会主義への多様な道の承認，先進国革命路線の模索とその破綻といったことを含めれば，何重にも必要だが，ここではそこまでは広げない。
13）　前掲注6）拙著第三章第二節および注で掲げた文献参照。
14）　正確には，福祉国家的大衆統合でなく，それに対立・対抗的な企業主義的大衆統合に，傾き過ぎているということであろう。企業主義的統合の周辺に位置する人々に担われるとされる「現代日本社会のオールタナティヴ＝新福祉国家」――渡辺治・後藤道夫編『講座現代日本』全4巻（大月書店，1996・97年）参照――に懐疑的な――ここでは変革の中身・内容ではなく，変革主体の捉え方のレベルである――著者としては，その基軸にあるこれら勢力が，新帝国主義化とそれが不可避とする大衆社会の再収縮――後藤道夫『収縮する日本型〈大衆社会〉』（旬報社，2001年）――の中で，新帝国主義的市民の側に立つのか対抗する側に移るのかに，大きな関心を寄せている。
15）　労働法学方法論論争を提起した渡辺洋三東京大学名誉教授が，「戦後労働法学」を社民的と批判しつつ，日本型福祉国家否福祉国家一般の批判の急先鋒でもあったのだから，事は複雑だが，両方に共通するものがあるとすれば，「社民主要打撃」論を展開したスターリン主義，「国家＝道具」説を徹底したレーニン主義の呪縛である。
16）　勿論その場合，日本における批判的視点を欠いた欧米の模範化というもう一つの陥穽――他の一つは，日本的特殊性への固執である――に，注意が必要であるが，なお，この反省は，社会変革の中身・内容として福祉国家を採用すべしという主張ではなく，それを変革構想の一つとして論議・合意の対象としうるための通路を開くという趣旨である。

17) これは，団結権論における憲法28条万能論的志向の克服にも役立つが，指摘に止める。
18) 前田達男「戦後日本における団結の「積極的承認」とその政治過程」(『金沢法学』32巻1・2号)二2(4)参照。
19) その代表が，関恒義『経済民主主義論』(青木書店，1981年)，日本共産党中央委員会経済政策委員会『新・日本経済への提言』(新日本出版社，1994年)である。
20) 高橋彦博『左翼知識人の理論責任』(窓社，1993年)Ⅲ2から学んだ視点である。
21) 団結権論のより具体的課題については，次の本節4で検討する。それに関する合意の形成のためにも，このことが不可欠である。
22) 福祉国家同様に欧米に範を求める限り，なお手掛かりではあるが，ここの脈絡では，日本におけるそれの問題だからである。

4 「共同決定」制度の位置づけ[1]

　労働法学会(学界)では，これまで，労働者の「経営参加」がテーマとされたことがある。それは，一方では，日本型経営参加制度と高唱された労使協議制が，団交前段的か団交代替的かいずれにしても団交の域を出ないものか，使用者による経営方針の浸透のための機関化しているか，いずれにしても経営参加の内実が欠如していることが，批判されて来たものである。他方では，ドイツ共同決定・経営参加法をも視野に容れつつ，基底としては，労働者の疎外感の深刻化や管理社会化への対抗としての参加思想の世界的昂揚を受けて，取り組まれたものである[2]。また，経営参加の新しい発展として，企業内での組合活動権の保障とも結びついたところのフランスの企業委員会制度といったものが，紹介されて来た[3]。しかしそれらは，具体的な制度構想には結実しなかった。具体的な制度構想につながりそうなのは，従業員代表制である。それは，一方では，労働組合の組織率の低下と闘争力の低下の中で，未組織労働者を従業員レベルで組織し，その経営への発言権を確保しようとする意図に基づく。他方では，特に労基法の順次の改正において労使協定が数多く導入されたにも拘わらず，一方の締結主体である「労働者の過半数代表者」につき，相変らず民主的選出方法が採用されなかったことを，契機としている。そして，その改善を含めふくらませて，常設の従業員代表制が提起されて来ている。そこには，前者の契機にも注目され，労働協約(したがって労働組合)に代わってそれが，労働条件をコントロールすることも展望されている[4]。ところで，そうした

議論においては，経営参加の主体を従業員とし，それ故に労働組合との間での権限配分，調整が，課題として意識されている。言い換えれば，「共同決定」制度は，団結権の産物でないのはもとより，その拡張から導き出されるものとも考えられていない。そしてそれを規定する理念として，産業民主主義ないしは経済的民主主義が設定されている。著者は，「共同決定」制度を「拡張された団結権」に基づくものと位置づけているが，他方で，「共同決定」制度の理念としては，経済的民主主義が不可欠とも考えている。そこで以下，経済的民主主義の理念と「拡張された団結権」につき，その根拠，射程距離といったものを，検討したい。

　「共同決定」制度の理念として経済的民主主義が不可欠なのは，企業における「共同決定」とは，企業の民主化であり，それを規律するのが民主主義即ち経済的民主主義であるからである。民主主義は，政治的民主主義から出発しているが，第二次大戦後の「人間の尊厳の原理」の支配的思想化，支配的法思想化と軌を一にして拡張され，現在では政治的・社会的・経済的・文化的・イデオロギー的・生活的等あらゆる側面において，その実現が目指されるものとなっている。経済的民主主義は，国家レベルにおいて，経済的事項（経済成長率，国内総生産・国民所得の規模，経済・財政・租税・金融政策，利潤率，税率等々）を，一部の特権層（財界・大企業経営者，政治家，高級官僚）が専権的に決定するのではなく，利害関係のある国民全体が，その決定に自らの意思を反映させること，決定過程に参加することを目指すものである。そしてその一環として，それは，企業の経営事項（生産量・利潤率，資本投下・設備投資，生産・労務管理機構，投資・取引先，生産＝労働のあり方，労働条件等々）につき，使用者・経営者が専権的に単独で決めるのではなく，労働者＝従業員の意思の反映，決定過程への参加を要請する。しかも，「共同決定」制度は，立法を通じて創出されるものであるから，国家をしてその立法化を促す理念が，国家に対し説得的で受け容れられるものでなければならない。そうだとすると，「共同決定」制度の理念として最も有力なのは，経済的民主主義である。ところで，「団結権の拡張」が認められそれが「共同決定」制度を導き出すとした場合，経済的民主主義の理念は，不要になるのかが問題となる。「共同決定」の制度化において

は，労働組合を主体とする制度が考えられない訳ではないが，少なくとも日本においては，従業員を主体とした制度が，課題的に要請されるとともに現実的である。「団結権の拡張」が「共同決定」制度を導き出すとしても，従業員を主体とした制度は，それと完全には一致せず，はみ出る部分がある。そのはみ出た部分は，「拡張された団結権」では根拠づけられず，それには経済的民主主義の理念が働く。したがって，経済的民主主義の理念に基づく「共同決定」制度と「拡張された団結権」がもたらす「共同決定」制度が，同一のものであることもありうるが，前者は，単独でも存在しうるのである。それ故逆に，「拡張された団結権」が「共同決定」制度を導き出すとしても，経済的民主主義の理念を欠いて存続しうるかというように，問題設定されるのである。

　「共同決定」制度との関わりで団結権の拡張が必要とされるのは，第一に，──拡張されない──これまでの団結権がそれを根拠づけるとは，考えられて来なかったからである。勿論，──国家的制度としてでなく──労使間で労働協約に基づき自主的に「共同決定」制度が設定されることは，当然ありうる。しかしそれは，団結権行使の結果，即ち労働組合がその設立を使用者に要求しそれに対し使用者が承認（＝譲歩）することにより，設立されるものであって，団結権それ自体の産物ではない。団結権が「共同決定」制度を根拠づけるためには，その拡張がどうしても必要であり，団結権の新しい理念を考慮しても同じである。「共同決定」制度を導き出せる理念として有力なのは，自己決定とりわけ共同決定の理念であるが，それは今のところでは，あくまで従来的な団結権を前提したところのその新しい理念として，言い換えれば従来的団結権の別の団結権への変更ではなく，その新しい読替えないし解釈として，提示されているに過ぎない。そこからの可能性としては，労働法全体の新しい理念としての共同決定の理念の働きとして，「共同決定」制度を導き出すか，団結権の理念としての共同決定の理念が，団結権の拡張を媒介として「共同決定」制度を根拠づけると考えるのか，いずれかである。前者については，無理否不適切ではないかと思われる。何故なら，「共同決定」制度は，団結権の拡張がない中では，労働法の理念によってではなく──正確にはそれを越えたところの──福祉国家の一の柱である労使同権体制，そしてそれを規定する経済的民主主義の

理念によって，根拠づけられている，根拠づけられるべきであるからである。[8]したがって，団結権を根拠とするためには，後者の途を採るしかないと思われる。

　団結権の拡張を必要とする第二の理由は，「共同決定」制度の新しい位置づけのためである。それは，一つは，「共同決定」制度と団結権との調整問題の解消を図るべきことである。調整問題とは，主として，労働組合を「共同決定」制度の担い手・主体として認めるのか，認めるとして如何なる優先度においてか，また「共同決定」事項と労働協約事項とを厳格に区分するのか，重なりを認めた上でいずれを優先させるのかといったことである。より決定的には，「共同決定」制度では争議権が認められないことを考慮して，その調整問題を如何に解決するかである。それは，一面では，どのような「共同決定」制度を設けるかを含む政策選択の問題でもある。しかし——それはさて措き——，両者の矛盾・衝突を調整する基準，視点は，両者を別個の異質な制度とする限り，異質なもののいずれかを何らかの価値判断により優先させるという，やっかいな問題に挑まざるをえない。もし「共同決定」制度が団結権の問題——拡張されても，やはり団結権である——とされれば，両者の調整の基準，視点は，団結権自体が提供するか否かは別として，同質なものに関するが故に，より容易に設定出来るであろう。それ以上に大事なことは，——設立される「共同決定」制度の中身・内容により，その濃淡が違うとしても——「共同決定」制度が，従来的な団結権の限界を踏まえた補充と考えられることである。それは，二つの側面においてそうである。一つは，主体の問題である。全ての労働者に団結権が保障されていながら，全ての労働者がその団結権を行使するという状態は，歴史的・現在的にありえなかった。[9]他方で，「共同決定」制度の政策的意図としては，団結権を行使しえない労働者の利益の実現のための方策でありうる。両側面からすれば，現代においては，団結権は，本来の団結権と——拡張された団結権としての——「共同決定」制度の両方で構成されていると捉えて良い，捉えられるべきと思われる。団結権保障である限り，本来の団結権が主であり，「拡張された団結権」はその補充・補完・補強ではある。しかし労働者は，本来の団結権を行使するか否かが自由であるとともに，いずれの権利を行

第7章　団結権論の再構築

使するかも，その選択に任されているのである。もう一つは，団結権の「対象事項」である[10]。いわゆる経営事項——官公労働者では，管理運営事項——が，例えば団体交渉の対象となるか否かについては，「労働条件への影響なり左右」という媒介抜きに，それを直接に肯定することはいささか困難ではある。しかし労働者にとって，働く条件だけでなく，働き方，働く意味，働く目標といったことが，重要であるとともに重大な関心事であり，それを左右するのが，経営事項である。そしてそれは，迂回路を経ることなく直接にまた全面的に団結権の対象とされるべきである。しかし，従来的な団結権ではそれに無理があるとすれば，「団結権の拡張」によって対処すべきことになる。

最後に，あえて次のような問題設定を行う。「共同決定」制度は，まずは経済的民主主義の理念に基礎づけられるが，——その中身・内容次第という限界があるが——同時に「拡張された団結権」が，重畳的に根拠となるのである。そうだとすれば，「拡張された団結権」が「共同決定」制度を基礎づけない形での政策選択がなされた場合，「拡張された団結権」は，宙に浮くことになるのであろうか。その場合，「拡張された団結権」が，国家的制度としての「共同決定」制度にとっては根拠たりえないことは，言うまでもない。しかしそれは，企業において労使間の合意を通じて設立されるところの「共同決定」のための制度とその機能，さらには「共同決定」の制度の設立要求の実現のための行動を，根拠づけ正当化する働きはするであろう[11]。

1) 経営参加を唱えている労使協議制は，経営参加の実を欠いている。しかし，ドイツ流の共同決定制度の導入は，当面実現性に乏しい。考えられるのは，従業員代表制であろう。いずれにしても，ここではそうした内容には立ち入らない。どのよう内容において実現されようと，その窮極の目標なり理念は共同決定であることから，これらを「共同決定」制度と総称する。ただ，国家的制度——労使間の自主的制度でなく——が，焦点である。
2) 例えば，「経営参加と労働法」（『日本労働法学会誌』51号）。
3) 田端博邦「フランスにおける労働者参加制度(1)〜(2)」（『社会科学研究』26巻6号，27巻1号），同「フランスにおける労働者参加制度の展開」（『同』29巻6号）。
4) 例えば，「従業員代表制論」（『日本労働法学会誌』79号）。なお，過半数代表者の要件，選出方法の民主化が一応制度化され，また新たに労使委員会の組織化の可能性がある今日においても，常設的従業員代表制は実現されていない。
5) 過半数代表制に対し，憲法第28条等を適用するという問題提起——小嶌典明「労使自

215

治とその法理」(『日本労働協会雑誌』333号)——は,「大胆な提言」として斥けられている。但し,道幸哲也「労働と法—私の論点」(『労働法律旬報』1434号)は,認める方向のようである。なお,道幸教授の示す論点は,本章の問題意識と幾つかの点で重なっている。
 6) 理念＝法的理念は,必ずしも論じられている訳ではない。ここではさしあたり,浜村彰「団結権論」(籾井常喜編『戦後労働法学説史』所収,労働旬報社,1996年) 135頁,とりわけ143頁注57)の捉え方を採用しているが,以下の如く全く同じという訳ではない。
 7) 既述の「団結志向性の拡張」を組み入れても,同じであろう。いくら拡張しても,従業員全体と一致することは考えられないからである。
 8) 福祉国家が未だ成立していない日本においては,こうした根拠づけが不可能なので,無理なり不適切と言えないかも知れない。しかし,労働法全体の新しい理念が,直接具体的制度を導き出すとすることは,やはり無理・不適切と言わざるをえない。
 9) ここでは当然,官公労働者の団結活動の禁止・制限は,度外視している。
 10) ここでは,先の調整問題とは別の,団結権の保障範囲の問題レベルにおける従来的な団結権の限界という角度から,問題を扱っている。
 11) 個別的な「共同決定」の要求の根拠・正当化ではなく——それも既述の「経営事項」との関わりで,そんなには簡単ではないが——,こうしたことであれば,従来的な団結権では対応出来ないと思われる。なお,そうしたことは,企業レベルでの自主的な「共同決定」とその制度の積上げ,それを基盤とした国家的制度の構想,そしてその実現という道筋を辿るべきことを示唆しているようである。

5　新しい社会運動との関連[1]

　新しい社会運動の取入れ・包摂には,二つの法的局面がある。一つは,労働組合が新しい社会運動と連帯・連携する場合である。それに関する法的枠組みは,従来においては,新しい社会運動の側は憲法第21条を中心とする市民的自由の行使であり,労働組合の側では次の法的局面と同じ構造となる。もう一つは,労働組合が新しい社会運動を担う場合である。これについては,従来,憲法第28条の保障外とする捉え方,その目的,性格における労働者の連帯的生活利益,組織基盤の強化といったこととの関わりの存否で,21条,28条いずれかに区分する考え方,全てを28条の保障内とする見解[2]が,対立的に展開されて来ている。こうした法的枠組みは,従来的な団結権を前提とする限り,——その中でどの見解を採るかの問題はあれ——変えようがないものである。団交中軸的団結権論と「戦後労働法学」の団結権論との対立の相対化でも,それを前提にしている。しかし,新しい社会運動の取入れ・包摂は,その法的枠組みを越える

ことを要請しているように思われる。それを可能とするのは,「団結権の拡張」である。つまり，新しい社会運動以外の様々ないわゆる「市民的」運動への取組みについては従来の法的枠組みが維持され，団結権論の相対化もそこに貫かれる。しかし，新しい社会運動に関しては,「拡張された団結権」が対応するのであるが，それは，新しい社会運動の取入れ・包摂の意義を，法的に反映させたものであるし，逆に言えば従来的な法的枠組みでは，それが不可能であるからである。とは言えそのためには，幾つかの問題点をクリアーする必要がある。[3]

　第一に，新しい社会運動の言わば特権性を認める根拠が，問題となる。労働組合の側からのその特権性の承認は，新しい社会運動の取入れ・包摂の意義から，説明されうる。しかし，他の市民・住民運動との対比での新しい社会運動の特権性は，そうはいかない。成程このレベルでは，他の市民・住民運動，新しい社会運動に対する労働組合の側からの接近を，どのような法的枠組みで捉えるのかでしかないから，両者間の直接の比較による特権性の問題ではない。しかし，その限りではあれ，他の市民・住民運動は何であれ法的枠組みに変化がないのに対して，新しい社会運動については，他の市民・住民運動と同じ法的枠組みによるものと「団結権の拡張」によるそうでないものとがある，という違いは明確である。これを後者の特権性と捉えるとすれば，団結権の側からの説明で足りるのかどうかが，問題となる。その点を突き詰めるために，第二に，——団結権を離れて——新しい社会運動と他の市民・住民運動との，同じ法的枠組みの中での相違を押さえる必要がある。その前提としては，基本的人権である自由の現代的変容の一側面であるところの「価値関係的把握の進展」[4]が，承認されねばならない。その上で，その「価値関係的把握」を，自由一般から自由の行使レベルまで拡大しなければならない。それが可能だとすれば，例えば人類的・地球的視野に立つところの環境，生態系を問題とするエコロジー，積年の構造的差別の解消＝平等さらにそれを越えて女性の人権・権利の実現を目指すフェミニズムといったものが，その体現する価値観，目指すべき社会のあり方といった点で，他の市民・住民運動には望みにくい法的価値を担うと捉えられることにより，その優位＝特権性が承認されうるのではないかと

思われる。それは，一種の憲法的秩序の保障，「闘う民主主義」の採用のようでもあるが，憲法的価値を越えている面があるところに，相違がある。それだけにまた，既にエコ・ファシズムの可能性が論じられているように，かなり危険な捉え方ではある。もしその成立可能性がゼロであるとすると，少なくとも他の市民・住民運動との対比での新しい社会運動の特権性は，否定されざるをえない。

　最後に，別の角度からの新しい社会運動の特権性が問題となる。それは，団結権のさらなる拡張が可能かどうかである。労働組合による新しい社会運動の取入れ・包摂というレベルでの「団結権の拡張」を越えた拡張とは，新しい社会運動全体を団結権でカバーし，その保障を及ぼすことである。それが可能とすれば，新しい社会運動は，他の市民・住民運動に対しては保障されないところの労働法上の特別の保護を受けることになり，特権性は明確となる。しかしそれには，二重のネックがある。一つは，権利主体であり，もう一つは，特別の保護の根拠である。第一の問題は，団結権の主体が労働者に限定されていることである。新しい社会運動の担い手は，当然労働者とは限らない。その担い手が労働者であれば，それが労働組合という形態によらないとしても，そしてまた労働者としての自覚，立場に立たないとしても，「団結権の拡張」で対処しうる。しかし，労働者でない者による新しい社会運動を団結権でカバーすることは，その権利主体が労働者に限定されている限り，無理である。そこで，団結権の主体を労働者に限定せず，憲法第28条の表現通り「勤労者」と捉えることが，必要とされる。[5] それは，憲法制定直後の解釈の単なる再生ではない。それが可能なのは，労働者とその他の勤労者との生活レベルでの地位，立場の同質性に基づくのみでなく，主として現代的要請との関わりによる。[6] それは，——次の6で扱う——日本の企業社会のオールタナティヴの構想・実践における労働者とその他の勤労者との利害の一致である。オールタナティヴにおける利害が一致する者が，権利レベルで差異があってはならないのである。これは，ある面では，憲法第28条の文言を奇貨とした主張ではある。しかし，その文言がなくても，権利主体の拡張を導き出すことが出来る。それが，第二の問題である。労働法上の特別の保護の中心は，労働者ではない一般市民であれば違法

とされる行為につき，その責任が追及されないという刑事免責とりわけ民事免責である。ところでそれは，団結権保障の当然の帰結ではあれ，労働者であるが故に喪失・形骸化した自由の回復・確立をそれにより行うこと，そして生存権原理に照射された労働者の固有の利益（＝連帯的生活利益）の価値の承認とそれを自主的努力で実現することの根源的正当性，といったことに基づくものである。そうだとすると，著者が，「団結を通じた自由の回復・実質的自由の確立」という立場を放棄していることとの関わりが，問われる。それは，さしあたり，そのことが，労働法上の特別の保護の法的根拠とならないということでしかない。しかし翻って考えれば，──必ずしも理想的団結に限定されないが──「団結を通じた自由の回復・実質的自由の確立」が，団結の機能として全くありえない訳ではない。他方，新しい社会運動が，人と人との連帯，異質な人々の共生，──縦型の支配─被支配，指導─被指導といったものでなく──横型のネットワークあるいはフォーラムを強調していることが，注目される。それは，新しい社会運動を担う人々そしてその対象となる人々においても，自由が喪失・形骸化していることを示すとともに，一種の新しい「団結」を通じたその回復・確立の試みと捉えられるのである。そうしたことは，労働者とその団結に限定した特別の保護は否定されるとしても，反って新しい社会運動も含めて特別の保護をする必要性を，示唆しているように思われる。さらに，新しい社会運動が担うのは，生存権原理に照射されたものでないものを含むが，──拡張された──「連帯的生活利益」と捉えることが可能である。そして，その実現は，正にその担い手の自主的努力にのみ依拠して行われるだけでなく，──その自主的努力自体ではないとしても──それに担われる価値の根源的正当性は否定しがたい。

　以上の展開をまとめれば，憲法第28条の団結権は，拡張されて新しい社会運動にも適用されるということである。団結権保障の規範的内容の全てが適用されるのか，その具体化・豊富化としての労組法も適用されるのか，適用されるとして現行法のままで良いのか改正が必要か，といった詰めるべき課題は多いが，著者は，団結・団結活動の自由のレベルでの適用という最低限が確保されれば十分と思っている。

1) 本書第6章第3節7を前提に，権利論レベルでどう考えるかが，ここでの課題である。そして，新しい社会運動の取入れ・包摂は，労働組合によらないものを含めて考えるべきだが，叙述の便宜上，労働組合によるものに限定しかつそれを団結権の主体として扱うことにする。
2) 第一のものが，団交中軸的団結権論の主張であり，第二のものが，いわゆる通説である。第三の見解は，政治スト論レベルの主張内容からの推定である。
3) 言わば特権性を認められる新しい社会運動とは，その全てかそうでないとすれば何を基準として区分するのかも，問題点の一つだが，省略する。
4) 拙著『「人間の尊厳の原理」と社会保障法』（法律文化社，1991年）54～55頁参照。
5) ここでは，勤労者とは，自己の労働に基づき自己および家族の生活を維持する者を指すが，本来勤労者たるべき地位にある者を含むとともに，その労働は有償か無償かを問わない。そのことにより，例えば現役労働から引退した老齢者，社会的な有償労働には携わっていない専業主婦，働かなくても生活出来る財産所有者等も，含まれることになる。
6) 後者が必要なのは，前者だけであれば，憲法制定直後の解釈が現在まで──支配的学説としてではなくても──維持された筈であるが，全くそうした状況にはないからである。
7) 本章第4節。その注3）でも触れたところの「労働者個人の団結権による自由の回復・確立」は残るし，それが法的根拠となりうるが，ここでもそれが焦点ではないから，指摘に止める。
8) こうした脈絡では，自由の回復・確立に役立つものとそうでないものとを区別し，前者についてのみ特別の保護を認める，という立場になりそうである。しかしここでは，従来の団結権論がそうであった──勿論，御用組合といったものは排除されるが──と同様に，その区分を導入しない。
9) こうした捉え方に対しては，団結権保障の歴史的意義やその保障自体の希薄化をもたらすとの危惧なり批判が，予想される。しかし他方で，団結権行使の低調な状況に対し，新しい社会運動が活を入れ，その再生，再活性化が可能になるのではないかという実践的意図なり願望をも，十分考慮されるべきである。著者は，その希薄化の阻止より，その再生・再活性化の方を選ぶ。

6　企業社会のオールタナティヴの視界

本節3で既に社会変革の問題を扱っているに拘わらず，ここで「企業社会のオールタナティヴ」を問うのは，第一に，社会変革の中身・内容はこれからの合意に委ねられるから未だブラック・ボックスだとしても，その社会変革の対象である現代日本社会の把握，認識が出発点であり，それについては共通の了解が成り立つと思われるからである。言い換えれば，3では，あくまでブラック・ボックスである社会変革を「視野に容れ」る必要性したがって社会変革へ

第7章　団結権論の再構築

の構え方を問題としたが，ここでは変革の対象を問題にするという次元の違いがある。第二は，「戦後労働法学」否戦後労働法学全体の——既述の——理論責任を，改めて問う必要があるからである。資本・企業に対する戦闘的労働組合主義の敗北が，企業社会の成立・確立の主たる要因であるが，確立（1970年代後半）以降に関する限り，労働組合運動全体が責めを負わねばならない。それ以降は，戦闘的労働組合主義が，消滅ないしは影響力の極小化という状況にあった・あるからである。つまり，企業社会の成立・確立そして現在までの展開は，戦闘的労働組合主義の敗北，そしてその消滅・極小化からの脱出の不成功に基づくとともに，総体としてのそのカウンター・パワーたるべき労働組合運動の組織力・闘争力の衰退に，支えられている。そして，「戦後労働法学」は，戦闘的労働組合主義の同伴者であったことにより，戦後労働法学全体は，少なくとも現在の労働組合運動の低調・停滞——80％以上の労働者が団結権と無縁であることを含めた——に対しなすすべを知らない点において，その理論責任が問われるのである。その理論責任を自覚しその克服を図ろうとすれば，言わば負けた相手方である企業社会に焦点を合わせ，その変革のための理論的営為で答えるしかない。勿論，成功の保証がある訳ではないが。第三の問題は，求められる解答のレベルである。企業社会の成立・確立・展開に対抗しえず歯止めにもなりえなかったのは，労働法学全体の問題ではあるが，ここではそれは，例えば団結権論だけの問題ではないという意味で，分野・領域の限定は出来ないということでもある。とは言え，労働組合運動が焦点的問題である限りは，団結権論が主戦場である。そうとすれば，企業社会に対抗しうる団結権論，そしてその変革をもたらす団結権論こそが，求められていることになる。それは，団結権の行使の結果レベルのみでなく，団結権論に内在化した質においてである。最後に，企業社会のオールタナティヴの構想・実践の条件が関わる。企業社会は，大衆社会の企業主義的統合であるが，その中軸は，言うまでもなく日本的労使関係・日本的経営であり，それへの労働者の——消極的にせよ——同意・同調・受容があってこそ成り立っている。そうとすれば，企業社会のオールタナティヴは，全国民的課題ではあるが，まずはその中軸にいる労働者における課題である。即ち，労働者が，企業社会への同意・同調・受容を止めそこ

から自立するとともに、自らの頭脳の駆使を含む実践の中からオールタナティヴの構想を打ち立て、その実現に努力するのでなければならない。企業社会に統合された労働者がこうした条件を自ら作り出さない限り、その外からの如何なる構想の押しつけも、功を奏する訳がないと思われる。ところで、その条件作りにおいて一番手掛かりとなるのが団結権であり、団結権がオールタナティヴと結びつく所以である。

　では、団結権とオールタナティヴとの結合とは、具体的にどういうことであろうか。第一には、団結権論の企業社会の支えからの離脱である。企業社会の成立・確立を阻止しえずその歯止めにさえなれなかった「戦後労働法学」の団結権論は、根本的に転換されねばならない。しかし、転換として形成された理論が企業社会の支えにならないという保証は、さしあたりどこにもない。したがって、その理論の絶えざる検証がなされ、支えとしての意味、機能を有すると認められる限り、理論の再転換が常に図られるべきことになる。それは、理論の場当たり性を危惧されかねないものではあるが、——状況の変化への節操のない追随でなく——絶対的に克服されるべき企業社会への対抗力のレベルの問題故に、そしてその基準に照らした評価を媒介とするが故に、場当たり的でも不当でもない。そのことは、団結権論の細部についても同様であって、とりわけ理論転換と両立するという理由で維持される団結権論の中身・内容については、阻止・歯止めにならなかった団結権論の一部を構成するものだけに、より厳密な検証作業が必要とされる。第二には、企業社会の変革としてのオールタナティヴの団結権論への内在化である。それは、一つには、労働者の企業社会からの自立を団結権論に内在化させることである。そのためには、団結＝労働組合の要件である自主性を二方向で拡大する必要がある。一つの方向は、自主性を、労働組合の組織性格に限定するのではなく、労働者・労働組合の全ての団結活動にも求めることである。言い換えれば、自主性のない労働組合には法的保護を与えないという効果を、全ての団結活動にも適用するのである。もう一つの方向は、自主性を、「自主性＋自立性」へと拡大することである。言い換えれば、自主性を、自立性に裏打ちされた強固な自主性にするということである。両者によるかなり厳格で狭い団結権保障は、団結権の拡張を論じている

本節の方向性に逆行するもののようであるが，言わば量質の違いと考えれば，両立しうると思われる。二つ目としては，——本節3で示した——「社会変革を視野に容れた団結権論」を，企業社会のオールタナティヴまで進めることが必要である。ここでも，オールタナティヴの中身・内容についての構え方は同じであるが，変革の対象を企業社会として設定する点で，より具体的である。同時に，合意を通じて形成，獲得されるべきオールタナティヴの中身・内容が，団結権を通じた実践の中から提起されることにも，注目されねばならない。それは，団結権の機能レベルの問題したがって団結権の行使の意図およびその結果として捉えるだけでは不十分で，そこから一歩踏み込んで，そうした性格の団結活動の法的価値を他の団結活動のそれより高く評価すること，前者の優位を帰結するのでなければならない。⁵⁾

　問題を以上のように考えるとすれば，実は本節2〜5の課題言い換えれば団結権論の課題は，全てここに収斂することになる。別言すれば，2〜5の課題は，この6の課題を言わば分節化したものである。そうだとすれば，そして，企業社会の変革＝オールタナティヴの必要性につき共通の了解が成り立つのであれば，2〜5の課題についての合意は，容易であろう。もしその合意が形成されないとしてもしたがって2〜5が課題とされなくても，言わば本命の課題さえ合意されていれば，その検討の中から再び浮かび上がって来ると思われる。そして，団結権論の再構築とは，結局，企業社会の成立・確立に対抗しえなかった「戦後労働法学」の団結権論を，対抗しうるものに作り替える——それが，その修正，加工では不十分だから，理論転換という形態を採ることになるのだが——ということと同じである。

1) ここでは，正に現在の企業社会の変容・再編成という段階——さしあたり，渡辺治編『変貌する〈企業社会〉日本』（旬報社，2004年）参照——については，視野の外に置く。最終的決着が，未だ付いていないからである。
2) 企業社会の周辺あるいは外側からの構想・実践が，重要な意味を持つことはありうる。その場合において，それをただ受け容れるだけであっても，こうした主体的受止め方を欠いてはならない。
3) これには，適格組合性の否定それ故労組法の手続参与・救済の否定から，団結権の主体性の否定，さらに——現行法には存在しない——「労働組合の不当労働行為」としての禁止といった幅で考えられるが，指摘に止める。

4）労働者のプライヴァシー保護を含む自立性の問題が，労働者保護法領域で注目されている——例えば道幸哲也『職場における自立とプライヴァシー』（日本評論社，1995年）——。この問題は，自立性を個別企業・使用者レベルから企業社会全体にまで拡大するとともに，団結権にも広げられねばならない。否，そこにこそ正念場がある。
5）そのことにより，団結権論の中身・内容が具体的にどう変わるのか，統制権・組合民主主義における組合意思と違反行動の価値比較という法的問題以外に，どこまで広げられどのように具体的な違いが生ずるのかは，一の検討課題である。

第8節　国民的合意論の地平

　団結権は人権であるから，利害・利益の調整を媒介に最終的には多数決原理で決着が付けられるという性格の国民的合意とは，無関係な筈である。また，「戦後労働法学」の団結権論の転換として本章第2節〜第6節で述べた事柄は，団結権についての解釈であり，これもさしあたり国民的合意とは無縁である。他方で，本章第7節で示した課題の中心には，立法（政策）論に関わるもの——例えば「共同決定」制度——があるが，それはストレートに国民的合意の問題となる。また，「団結権の拡張」は，団結権保障の内容に新しいものを付け加えることを意味し，人権の解釈問題ではあっても国民的合意と無関係ではない。社会変革，企業社会のオールタナティヴについては，その中身・内容が国民的合意の産物であると言っても，さしあたり本章のレベルでは国民的合意は外在的存在である。しかし，社会変革を行うか否か，企業社会のオールタナティヴを提示して改革を進めるか否かは，国民的合意の成立を必要とするから，全く無関係とは言えない。例えば「社会変革を視野に容れた団結権論」を提唱しても，——社会変革の中身・内容レベルではなく——社会変革を行うことについての国民的合意が，未来永劫に渡って成立する見通しがなければ，それは無意味になるからである。そうとすれば，国民的合意は，本章で提起した問題のごく一部に関わるだけとなるが，果たしてそうであろうか。
　ここでは，官公労働者のストライキの全面・一律の禁止を問題素材として，国民的合意が，本章で提起した問題に緊密に関わることを論ずることにする。この問題は，——周知のように——憲法第28条の「団結権」保障が官公労働者に

第7章　団結権論の再構築

も及ぶか否か，及ぶとしても合憲的に制限出来る根拠があるのか，あるとしてそれは何か，合憲的制限が可能として全面・一律の禁止は合憲かましてや刑事制裁はどうかといったことであり，人権としての「団結権」の解釈問題である。したがって，直接には国民的合意に関わらない事柄である[3)]。ところが，官公労働法制の改革として問題解決が図られようとする限り，それは，立法（政策）論の問題となり，国民的合意による決着の課題となる。しかもこの改革問題は，スト禁止立法の単純な廃止ではなく，官公労働者のスト権と国民生活との調整が避けられず，どのような調整を行うのかが課題であって，その課題に応えるためには立法構想を示して国民的合意の獲得をめぐり争わなければならない，そうした性格の問題である。そうした課題・問題へのかつての取組みを振り返って反省すべきことまたここで考えるべきことは，相互に緊密に関連する二つの事柄である。第一には，人権と国民的合意との関連の押さえ方である。一つは，労働法学界は，「団結権」が人権であり官公労働者のスト禁止立法が違憲であることの明確性に，安住し過ぎたのではないかということである。確かに——既述の如く——，「スト権＝生存権実現の手段」論が，違憲論の弱点としてありそこを合憲論に突かれたし，逆に合憲論に内在する欠陥でもあった。そうした点が反省され，新しいスト権論が展開されたのでもあった。しかし，団結権は人権であり国民的合意とは無関係である，人権侵害の違憲立法がいつまでも存続しうる訳はなく，人権保障に消極的という意味での司法消極主義に立つ最高裁でも，いつかは——司法反動という1960年代末以降の状況に拘わらず——正論を認めるであろう，といった安易な認識に全体としては左右されていたように思われる。ところがその上に，その安易さを証明するもう一つの問題の認識の不存在が，問われざるをえない。それは，スト禁止立法が半世紀以上に渡り維持されたのが，自民党政権の政策的意図によるだけでなく，実は国民的合意に支えられていたからであることが認識されなかったということである。即ち，スト禁止合憲論こそが，国民的合意であった・であるのであり，最高裁の合憲論は，それに依拠しえたからこそ成り立っているのである[4)]。そうとすれば，第二の問題は，国民的合意への構え方である。先の事柄を人権論一般に敷衍すれば，次のようなことになろう。人権は，人間の本源的・基本的欲

求に根ざす不可欠の権利であって，その時々の国民的合意に左右されるべきものではない。しかしそれは，人権の性格レベルの問題であって，現実に実効性を有する人権保障また逆の人権制限は，有権的解釈に規定された中身・内容において存在し，より具体的には立法によって左右されるものである。そして，その解釈，立法を国民的合意が支えているのである。その点の認識がされる限り，課題は，その国民的合意の変革，言い換えれば官公労働者のスト禁止立法を違憲とする国民的合意の形成あるいは創出に，据えられる筈である。スト権立法構想論や（当時の）公労協のスト権ストが成功しなかったのは，この国民的合意の形成・創出をなしえなかったからである。

こうしたことを踏まえれば，団結権と国民的合意の連関も，明確となろう。課題は，「戦後労働法学」のみでなく，戦後労働法学全体の団結権論の根本的転換であるが，それは，単なる理論作業ではない。その提示する団結権論が，労働者さらに新しい社会運動の担い手に受け容れられその規範意識となるだけでなく，それを国家が承認し国家的規範にならねばならない。そのためには，その団結権論を支える国民的合意が，その過程を媒介するのでなければならない。そうした国民的合意は，未だ存在せず，これから形成・創出されるべきものである。したがって，新しい団結権論に果たすその役割の重要性からすれば，団結権論は，この国民的合意の形成・創出によって初めて完結すると言えよう。

1) 新しい人権と称されるものが人権となるのは，それを人権と認める国民的合意があるからである。このレベルでは国民的合意が働くし，新しい内容が付加される場合も同様である。
2) 社会変革の中身・内容についても同じことが言えるが，問題の性格は異なる。社会変革の合意がありながら，その中身・内容についての合意が未来永劫成立しないということは，ありそうにない想定だからである。
3) 人権の解釈において複数の解釈が成り立つ場合に何が問題解決の決定打かと言えば，それは国民的合意である——著者の見解については，拙著『社会保障の権利論』（法律文化社，1994年）46頁参照——が，ここではそのレベルは問題としない。
4) そのような意味での司法消極主義に立つ最高裁の数少ない違憲判決の中には，制度改革的意義を持つ優れた判決もあり，他方では，合憲判決でも，批判に耐えるだけの法理論を展開しているものもある。そうしたものと比較すれば，官公労働者のスト禁止立法合憲判決は，極めて杜撰あるいは支離滅裂で法理論とはとても言えないものである。そ

れでもなおそれが維持されているのであり，その理由は，ここに求めざるをえない。
5） ここでは，解釈・立法が国民的合意を生み出すという側面があることを，否定出来ないが，触れない。いずれにしても，国民的合意を全く欠くあるいはそれに反する解釈・立法は，――短期的にはともかく――長期的には存立の余地がない。
6） この場合，国民的合意が先にありそれが規範意識を規定するという道筋が，全くありえない訳ではないが，ここでも指摘に止める。いずれにしても，その国民的合意も新たに獲得されるものであるから，課題は同じである。

第8章
団体交渉権理論の転換

第1節 問題の所在

「団体交渉権理論の転換」というテーマに取り組む理由は、二つある。一つは、団交権の機能レベルでの問題状況である。それは、端的に言えば、団交の形骸化と拡散化という傾向が顕著に見られることである。前者については、日本型労使協議制の定着と相まって、交渉が協議に取って替わられていると既に指摘されて来た事態が、その一環を構成している。しかしそれのみでなく、労働組合の組織率の低下、企業・労使協調的労働組合の制覇、企業社会の成立・確立の中で、もはや団交は、団交という形態を採っていても、団結の威力と争議行為の圧力を背景として労働条件の維持・改善を図る場というイメージから、大きくそれたものになっている。それは、大衆交渉形態が殆ど消滅したこととも、関わっていよう。そこから導き出される課題は、当然団交機能の回復であるが、それを「労働組合の団交機能の回復」と考えるならば、狭すぎるように思われる。勿論、問題状況の出発点はそれである。しかし、20％未満の組織率の労働組合の団交機能も問題だが、それ以上に圧倒的多数の労働者が団交と無縁であること、その労働者の労働条件が団交を媒介しないで決定されることこそが問題である。そうした視野で団交機能の回復を問うとすれば、従来の団交権理論では対応出来ないのではなかろうか。もう一つの拡散化も、同じような問題を提起する。この拡散化とは、労働者の労働条件が、団交を経ずに、しかし何程かの交渉・協議を通じて決定される仕組みの広い定着を指す。それは、苦情処理、調停といった紛争処理の新しいシステムの広がり、労働者の個別的管理の強化、とりわけ労働基準法を中心に労働条件の最低基準を緩和するシステムであるところの過半数代表との書面協定の拡大、といった事態であ

第8章　団体交渉権理論の転換

る。そうしたことを，団交にとって悪しき事態の拡大，その基盤の堀崩しと評価することは可能であろう。しかし，第一の問題状況とつなげるならば，自らの労働条件の決定に関し，団交を媒介とする形では——当面は——不可能な労働者に対し別の関与・参加形態が開かれていると捉えた方が，より生産的である。問題は，これらを団交・団交権とは無縁なものに止めるのか，関連づけるのか，後者とすれば従来の団交権理論では無理ではないかということである。著者は，後者の立場から，団交権理論の転換に取り組みたいと思っている。[1]

　理由の第二は，団結権論との整合性である。本書第7章において，団結権の主体を徹底して労働者個人とし，団結体そして労働組合は，法的には労働者個人による権限の付与・譲渡（＝授権）に基づく存在と位置づけることを基軸として，また——「拡張された団結権」を除けば——徹底して自由という性格の権利と構成する形で，従来の団結権論の転換を行っている。そのことと整合的に団交権を捉えるとすれば，労働者個人の交渉の否定・禁止と不可分に，団結体とりわけ労働組合のみを団交権の主体と構成する従来の団交権理論は，放棄せざるをえない。その放棄の上に，如何なる団交権理論が描けるのかが，本章の主要なテーマである。端的に言えば，労働者個人の団交権とその拡大そしてその意義・内容，労働者個人の団交権と団結体の「団交権」[2]との連関構造を，明確にすることである。しかし，団交権については，自由とのみ構成する訳にはいかない。何故なら，使用者に団交応諾・誠実交渉という積極的作為義務——以下，団交義務と略す——を課すことなしには，団交権と言うにふさわしい権利として成立しえないからである。これらをもし，団交権＝自由というレベルでは団結権（争議権）[3]と同質でありその上にプラス α の団交権という異質なものがあるという，言わば二重構造として把握出来るとしたら，それは，団交権の法的レベルの相違という議論や前者を団体行動権の枠組みないしはそれとのつな[4]がりで捉える見解と，同じであろうか。違うとすれば，従来の団交権理論の転換がここでも必要になる上に，——自由に対する——プラス α の根拠が改めて問われるべきことになる。また，自由としての団交権が成り立つとすれば，労働者以外の一般市民にも団交権を認めることが可能となりうるが，それが，労働者の団交権にとってプラスの意義を持つのだとすると，従来の団交権理論から

離れても不都合はなく，またそれによる無理な解釈の必要がなくて済む。[5)6)]

1）これは，既に中山和久「団体交渉権とその法的構造」(日本労働法学会編『現代労働法講座』4所収，総合労働研究所，1981年）特に二が示した方向の継承であるが，団交権理論の転換を必要とするという構え方において異なる。
2）この段階では，団結体が団交権を有するのか不明であるので，カギカッコを付している。
3）争議権は次の章で扱うので，ここではさしあたりカッコに入れておくし，以下で争議権に触れる場合も，さしあたり内容空白としておく。
4）それは，中山前掲注1）論文でも指摘されているが，団交権には，例えば不当労働行為制度により保護・救済されるものとそうでないものがある，ということを指す。なお，この点については，本章では触れない。
5）本章では，前章で展開した「新しい社会運動への団結権の拡張」というレベルは捨象し，労働者と一般市民との対比レベルでのみ，検討する。
6）私見の提示に重点があるため，従来の団交権理論の著者なりの総括という手順を踏まない。その点については，寺田博「団体交渉権論」(籾井常喜編『戦後労働法学説史』所収，労働旬報社，1996年）を前提として参考にしている。

第2節　団体交渉権の二重構造と団体交渉権の根拠

1　団体交渉権を二重構造と捉える意義

団体交渉権を二重構造として捉えるということは，団交権には，自由としての団交権，それ故相手方がそれに応ずるか否かを任意に決められるしたがって団交義務がないものと，請求権ないしは形成権としての団交権[1)]，それ故相手方に団交義務が課されるもの，という二つのものがあるということである。こうした区別をする意義は，次のところにある。

第一に，団交権の特有な性格を，明確にしうるということである。団結権，団交権，争議権の三権[2)]は，それぞれ特有の性格を持ち保障の内容・範囲に違いがあれ，基本的に一体のものである。この一体性の法論理的な意味を，著者は，「団結権」につき，生存権実現の手段性を徹底して排除し自由の論理で把握していることと関わって，自由としての団交権を，団交義務と対の団交権から区別して設定することと捉えている。自由の論理で捉えられる団結権においては，労働法上の特別の保護を受けるか否かを問わず，使用者に積極的な作為

義務が課されることは，ありえない。しかし，団体交渉が，労働者の労働条件を決定する主要な方式としての意義を担う限り，それは自由であるだけでは不十分であって，交渉の場に出ること，誠実に交渉することを，——市民法上はありえないに拘わらず——相手方に義務づけることが必要である。そこに団交権の特有な性格があるが，それ故に自由としての団交権が，それに吸収され尽くすという訳でもない。言い換えれば，相手方に義務を課す団交権は，自由としての団交権にプラス a として上積みされたものである。

第二に，そうした捉え方により——次の事柄にも関わるが——，団結や争議行為と切り離され協議化しているという団交の形骸化状況にあって，なおそれを団交権という権利の行使と捉えられることにつながるからである。言い換えれば，そうした状況は，使用者が団交義務に縛られず，組合の団交申入・要求に任意に対応していること，組合の側もそれらの義務で使用者を拘束していないこと，そうだからこそ，要求実現への接近——自己の要求に近い線での妥結——，要求拒否の場合の納得しうる説明，あるいは合理的な対案提示への道を回避していることを，意味している。それは，団交の自由とそれへの任意の対応としてしか，法的には説明しがたいものである。

第三は，代表交渉と大衆交渉の区別が可能となることである。一般的には，使用者の団交義務は，労働組合の代表交渉に対するものであって，大衆交渉に応じるか否かは，その任意の意思によるところである。他方，代表交渉の形骸化を阻止するという問題意識の下，大衆交渉を肯定する議論があるが，それは，代表交渉を組合員の意思に従わせそれにコントロールされる，というあり方およびそのための方策レベルの課題と考えるべきである。そうだとすれば，組合の側が大衆交渉という形態を選択した場合，自由としての団交権が認められれば団交権の行使ではあるが，使用者には——義務的でない——任意の対応の対象として構成出来るのであり，無理に団体行動権に結びつけなくても済む。言い換えれば，団交権を団交権として純化することが，可能となるのである。要するに，団体交渉を，組合員の意思・力の直接の発揮の場とするか，組合員の意思の集約の上でのそれを背景とした代表交渉とするかは，組合側の選択によるのであるが，それは，二種類の団交権のいずれかの選択的行使でもある。

第四として，国家機関（具体的には行政機関）や地方自治体との交渉を，実態に即して理論構成する上での有効性である。従来の団交権理論は，使用者概念の拡大を通じて，直接の使用者以外の親会社等を義務的団交の主体とするとともに，行政機関・地方自治体をも——かなり限られた局面でだが——そうした位置に置くべく，努力して来ている。しかし，それらに直接の使用者と同程度の団交義務を課するとすれば，かなり無理な議論が必要であるし，とりわけ行政機関・地方自治体との交渉の実態にマッチしない。即ち，労働組合の側では，義務的団交に応じさせたと理解していても，行政機関・地方自治体の側では，労働者であるが故の要求・主張と一般市民のそれとを区別せず，そしてまたそれ故に任意の交渉に応じているように思われる[6]。そうだとすれば，それは，自由としての団交権として捉えれば良いのであり，それには当然刑事免責・民事免責が伴うが故に全く法的に無防備という訳ではないから，そうした点への配慮からの無理な構成を必要としないのである。しかし他方で，一般市民と同じ任意の交渉が，一方は刑事・民事免責で守られ，他方は責任ある場合例外的にしか免除されないことを，どう考えるべきであろうか。労働者にのみ憲法第28条が団交権を保障していること，——無制約ではなく——労働者の生存権的生活利益に関わる範囲内という限定があることから，止むをえないことであろうか。ところが，一般市民においても生存権的生活利益が問題となりうるし，また著者としては，戦後労働法学における団交中軸的団結論と団結権・争議権を中心と考える「戦後労働法学」の団結権論の対立の，相対化[7]という問題との関わりで，次のように考えたい。一般市民との交渉に，行政機関・地方自治体が積極的に応じそれなりに誠実に対応して行くという労働組合に対すると同じようなあり方が，慣行的に積み上げられて来ている。そうとすれば，——実定法上の根拠は欠くが——一般市民の交渉にも刑事・民事免責が慣行的権利として確立しており，それにより行政機関・地方自治体の側からの労働者との公正・公平な扱いが，担保されるのである。このレベルでは，区別よりも扱いにおける平等性が大事であり，それを導き出すためにも，「自由としての団交権」という設定が意味を持つのである。[8][9]

1) 正当理由があれば団交を拒否出来るという側面に着目すれば，請求権として構成されるし，逆に正当理由がない限り団交を拒否出来ない点を強調すれば，形成権という構成になる。しかし，この点を論ずることが本章の焦点ではないので，これ以上には触れない。
2) この争議権を争議権を含む団体行動権に置き替えたり，この三権に（争議権とは別の）団体行動権を加えても，同じであるが，少し煩わしいので触れない。
3) 本書では，組合活動の自由・権利とりわけ正当性の問題を扱っていないが，著者としては，「戦後労働法学」と同じ「受忍義務」論の立場──本書第2章第1節2注4）で示唆している如く，見直し・修正されたところの──を採っている。「受忍義務」論における「使用者の法益との矛盾・衝突における調整」の結果としての「使用者の受忍」は，決して使用者に積極的な作為義務を課すものではない。
4) 自由としての団交権でも，それに相手方が応ずる限り一定の誠実交渉義務が生じるが，指摘に止める。なお，以下では，労働組合と使用者との間の団交を念頭に置いて，叙述する。この段階では，団交権の主体も直接の使用者以外への拡張も，未だ論じていないからである。
5) これは，寺田博「団体交渉権論」（籾井常喜編『戦後労働法学説史』所収，労働旬報社，1996年）が示す「大衆交渉」に関する問題意識に共感しつつ，従来の団交権理論に止まる限り無理であるという認識に基づく。著者が以下で試みようとする団交権理論の転換によって，団交義務の伴った大衆交渉が可能か否かは，また別問題である。
6) 団交概念の拡大──言い換えれば，団交権の法的レベルの区別──が，直ちに行政機関・地方自治体の団交義務を導き出す──井上英夫「団体交渉における行政機関」（日本労働法学会編『現代労働法講座』4所収，総合労働研究所，1981年）が示唆する方向性であって，刑事・民事免責を受けるという点では著者の見解と同じだが──訳ではない。
7) 本書第7章第5節参照。
8) このレベルでは，団交権の一般市民への拡張は不要である。
9) 本章では，不当労働行為制度には触れない。労組法第7条第2号は，当然のこととして「正当理由」のある団交拒否を認めているがそれを別としても，全ての団交，使用者の全ての団交義務を網羅している訳ではない。したがって，団交権・団交義務は，不当労働行為制度の対象となるものとそうでないものとに，分けられる。その点を含めれば団交権は三重構造であるが，指摘に止める。

2 団体交渉権・団体交渉義務の根拠

団体交渉権とは，単に団交を申し入れる権利に止まらず，否より正確には団交の席に着くことを使用者に求める権利であるに止まらず，その権利が侵害された場合法的救済を求めうる権利でもある。そしてそうした権利として保障される限り，理の当然として，使用者には団交義務が課されるのである。では，

そうしたことは，如何なる根拠に基づき可能となるのであろうか。従来の団交権理論においては，それは，生存権原理に求められていた。何故なら，使用者は市民法上は交渉に応ずる義務がなく，そこに義務を課するとすれば市民法原理に優越する原理を必要とするが，そのために生存権原理に求めざるをえなかったからである。しかし今や，生存権原理が市民法原理（＝自由）に優越するのではないどころか，その逆とさえされているところの「「戦後労働法学」の見直し・転換」そして著者のその徹底という立場において，それはなお維持されるのであろうか，それとも別の根拠が必要なのであろうか。

　別の根拠としては，労使対等決定原則あるいは共同決定ないしは関与権という理念が[3]，考えられる。労働者の労働条件は，使用者が一方的に決定するのではなく，個別的にも労使対等で決定すべきであるが，団結を媒介とした集団的レベルにおいてもその理は妥当するだけでなく，それによってこそ真に労使対等決定原則が担保されるとされる。そうとすれば，労使対等決定原則は，団交権・団交義務を根拠づけそうである。ただ，問題が二つある。一つは，それが，団交義務を前提とした上での，その義務の履行レベルではないかという疑問である。組合活動や争議行為に関する労使間のルールの設定あるいは経営参加といった事柄が，団交の対象となるが，それらの問題と労使対等決定原則との関係が，労働条件決定の場合と全く同じかどうかは一の問題だが，ここでは労働条件決定の場合に限定して考えることにする。労働条件の新たな設定，既存のものの変更に際して，使用者は，一方的に行ってはならないどころか，組合の申入れの有無を問わず団交を行う積極的義務があるとするのが，労使対等決定原則の帰結である。しかしそれは，一般的な団交義務ではなく，それを前提とした上でのその具体的な履行レベルの義務であって，団交義務それ自体を根拠づけるものではないと考える余地がある。何故なら，ここで問題としているレベルは，使用者が労働条件の新たな設定，既存のものの変更を行おうとする場合に要求される条件であって，組合はそうした場合以外にでも団交の申し入れを行うことが出来，使用者にはそれに応ずる義務があるからである。労使対等決定原則を団交権・団交義務の根拠とすると，さしあたりは後者について説明がしがたいのである。もう一つの問題は，労使対等決定原則の担保という

側面との関わりである。一般的に言えば、労使対等決定原則は、個別の労働契約関係に貫徹していれば十分である筈であるが、それが現実には貫徹しがたく、その担保こそが労働組合だとされるのである。もしそれが正しいとしても、それでは、原則自体ではなくその担保が団交義務を基礎づけるということになり、説得力に乏しい。言い換えればそれは、「団交権が保障されるから団交義務が課される」と言っているに過ぎず、両方の根拠づけたりえていないのである。他方では、共同決定・関与権の理念は、労働者個人に関わる事柄の決定に自己が関わるべきことを要請するものであり、——先に留保した事柄を含め——労使対等決定原則の難点の大半は克服されるようである。しかし、——後述する団交権の拡張の問題を度外視しても——労働者の自己に関する問題の決定プロセスへの関与なり共同決定は、団交システム以外の別のシステムによっても、満たされうるものである。そうとすれば、団交権・団交義務の固有の根拠としては、不十分と言わざるをえない。その上に、その理念は、使用者に市民法上の義務なき義務を課すというレベルで、十分な根拠となるか疑問である。何故なら、——団交の対象が、自己に関わらないことがありうることを、度外視しても——労働者が自己に関わる事柄の決定プロセスに関与するまた共同決定するというレベルは、使用者の団交義務の履行のレベルと評価される余地があるからである。そうでないとしても、共同決定・関与権の理念は、団結権、団体行動権、争議権の根拠としての意義があるとしても、それ以上に団交権とりわけ団交義務まで導き出せるであろうか、そのためには取引の側面とりわけ使用者の権限が登場しそれ故に義務が課されるという論理が、必要のように思われる。それは、共同決定・関与権の理念が、団交権・団交義務の固有の根拠として全く無意味という趣旨ではなく、それでは不十分で決定的な環を欠くということである。

それでは、取引の側面、使用者の権限とは、どういうことであろうか。団交とは、労使双方が、自己の要求・主張の正当性、妥当性を、逆に相手方の要求・主張の弱点、問題性を指摘し合い、自己の要求・主張を相手方に認めさせようとする行動であるが、双方が、相互に隔たりのある自己の要求・主張への固執に止まる限り、団交は有意味なものとなりえない。それよりも、自己の要

求・主張における譲れない線と譲れる線を示しつつ，相手方の要求・主張との接点を見い出し擦り合わせ，結局どこかで妥協することで，決着を図ろうとするものである。正に一言で言えば，取引である。しかも，同じく取引の側面を背後に抱えた例えば争議行為と異なり，形式も実質も取引である。そうだとすれば，労使両当事者が取引の場に現実に登場しなければ無意味であるが，その取引の場への現実の登場を媒介するのが，団交権・団交義務に他ならない。その上に，使用者は，自ら処理・処分する権限内で，労働者の生存権的生活利益を左右しうる立場にある。使用者が，労働者の生存権的生活利益を左右しうる立場にいながらそれをめぐる取引の場に登場しないという選択をすることは，法的正義に反する。市民法上任意であるはずの団交を，義務づけられる所以である。では，何故個別的取引ではなく団交なのかが問題となるが，それは，労働力の掌握の問題である。[6]労働組合とは，個別的取引では弱い立場にある労働者の労働力を掌握し，それに関する集団的取引を行おうとする団体であり，使用者が自己の下に労働力を掌握しようとすれば，その団体と取引せざるをえないのである。そして，その団体の存在と活動が権利（＝団結権）として保障されている限り，その団体の側の集団的取引も権利となり，その反面で使用者の団交義務が発生するのである。いずれにしても，こうした論理を十分に根拠づけるのは，生存権原理以外にはない。

　以上の展開を要約すれば，労働法とりわけ「団結権」の理念において，生存権原理の位置，比重の低下があるとしても，その中での団交権・団交義務に関しては，その究極的根拠は，生存権原理にあるとせざるをえない。ただ，――生存権原理の位置，比重の低下に対応してかどうかは別として――労使対等決定原則，共同決定・関与権の理念は，その補充的・補完的根拠としては有意味であるように思われる。

   1）　以下では，当然のこととして「自由としての団交権」は除外する。
   2）　法的救済，団交義務の具体的中身は，ここでは問わない。
   3）　西谷敏教授が提起する労働法，「団結権」の新しい理念――同『労働法における個人と集団』（有斐閣，1992年），同『労働組合法』（同，1998年）参照――が，とりわけ団交義務の根拠となるかどうかを検討するという角度から，借用したものである。西谷教授が，団交義務の根拠としてその理念を直接明確に設定している訳ではない。なお，こ

の理念が成り立つためには，団交権の主体の問題の解決が先決だが，ここでは無視する。
4）　労働組合が，その担保として殆ど役に立っていないという現実があるが，ここでは度外視する。
5）　これは，具体的な法的権限を念頭にはしているが直接的にはそれではなく，以下のような使用者の立場に対する便宜的な呼称である。
6）　念のため言えば，これは，平常時の労使関係と争議時の労使関係との相違――本書第9章第5節参照――としての，使用者，労働組合のいずれが労働力を支配しているかという問題とは，別次元のものである。

第3節　団体交渉権の主体と団体交渉権の構造

1　団体交渉権の主体

　従来の団交権理論においては，憲法第28条と労働組合法との関係をどう捉えるかはともかく，労組法第1条第2項＝刑事免責規定が「労働組合の団体交渉」という表現を採り，第6条＝交渉権限規定が「労働組合」に限定していることもあって，労働組合を団交権の主体とすることで一致していた。それに対して，根底的な問題提起をされたのが，中山和久博士である。それは，団交権が人権であることから，労働者個人の権利であるという脈絡のものである。著者も，「団結権」を徹底して労働者個人の権利と捉えているが故に，そして団交権のみ別に考える契機を欠くことから，団交権の主体が労働者個人であることを承認する。
　しかし，労働者個人を団交権の主体とした場合，解きやすい問題とやっかいな問題が生じる。前者は，労働組合以外の団結体を，団交の主体（＝当事者）として認めるという当事者の拡大が，典型例である。労働者個人が団交権の主体であれば，自己の団交権を労働組合を通じてしか行使しえない訳はなく，それを如何なる団結体を当事者として行使するかに，制約はありえないからである。後者は，その権利が団体交渉権であることに関わる。まず，団交権の構造が問題となる。労働者個人の団交権は，――さしあたり――団体を媒介として行使されるが，その団体は団交権の主体なのか，主体とすればその団交権は労働者個人の団交権とどのような関連にあるのか，主体でないとすればその団体

の団交をどのような法的構成において把握するのかが，問われる。次に，労働者個人の団交権を，極限的には単独で行使しうるものと捉えるかどうかが問題となる。それは，団体を通じた団交でも問題化する。何故なら，団体を通じた団交として開始されてもその団体の団交に不満であるといった場合，団交の途中で別の団体を通じた団交に切り替えることは勿論のこととして，それ以上に団体を通じるやり方を止め自己の団交権を単独で行使することが可能かどうかが，問われるからである。従来の団交権理論においては，団結体＝労働組合に団交権があるということには，労働者個人の個別交渉の禁止――使用者に対する不当労働行為としての禁止をも，法的担保としての――が，不可欠の構成要素として含まれているという捉え方であった。したがって，労働者個人の団交権ましてやその単独の行使といったことが，その理論には入る余地がなかったと思われる。ところが，団交権が労働者個人の――抽象的ではない――具体的な権利であると捉えられるとすると，労働者個人の個別交渉の禁止は，少なくとも一般的な団交権の不可欠な構成要素ではなくなる。そうだとすれば，個別交渉禁止のためには，特別の要件なり要因が必要となって来る。その特別の要件・要因が労働組合側になければ，当該労働者の同意が必要とされることにならないか，そうだとしてその同意はいつでも撤回出来るのか，また労働者個人の団交権の単独の行使は，団体交渉権という権利の性格と両立しそうにないが故に許されないのか，認められるとしてそれは使用者と労働者の個別の取引とどこでどう区別されるのか，さらに――それにも関わって――交渉事項の範囲は当該労働者の問題に限定されるのか，といった問題に解答が与えられねばならない。

1) 中山和久「団体交渉権とその法的構造」（日本労働法学会編『現代労働法講座』4所収，総合労働研究所，1981年）参照。寺田博「団体交渉権論」（籾井常喜編『戦後労働法学説史』所収，労働旬報社，1996年）も，その方向を肯定している。
2) ここでも，争議権については，その具体的な検討が未だない段階なので，抽象的・一般的主張に止まる。
3) しかし，著者の問題意識は，以下のような問題に解答が与えられない限り，労働者個人が団交権の主体であることをいくら強調しても無意味であり，その先に進むべきというものである。したがって，ここで言う「団体」の交渉権という側面については，次で問題とする。
4) この場合でも，次の問題および団交権の主体と団交の当事者――担当者ではなく――

第8章　団体交渉権理論の転換

　　　の分離が可能かという問題の解決が，前提となるが，ここでは指摘に止める。後述本節
　　　2，3参照。
　　5)　これは，──既述の通り──戦後労働法学の団結権論が，その権利主体を第一義的・
　　　第一次的に労働者個人としながら結局は団結体のそれに収斂・吸収して来たことを，念
　　　頭に置いた表現である。
　　6)　この特別の要件・要因については触れないが，統制違反の個別交渉の禁止が想定され
　　　る。それがない場合に禁止が許されるのは，労働者個人の意思によるしかありえないの
　　　は，理の当然である。

2　団体交渉権の構造

　団交権が労働者個人の権利であるということは，まず第一に，団結体としての団体には団交権がないことを意味する。[1] もし労働組合に団交権があるとすると，二つの権利がどのような連関にあるのか，両方の権利が矛盾・対立する場合どう調整するかが，問題となるが，実は連関・調整という問題がありえないために，問題となりえないのである。何故なら，そうではなくて，労働者の個別交渉を禁止あるいは抑制することでしか団体交渉が成り立たないとすれば，常に労働組合の団交権が優位するあるいは優越する形で問題処理がなされざるをえず，「労働者個人が団交権の主体である」とする捉え方は，殆ど無意味となってしまうからである。それは，戦後労働法学において，団結権──広義でも狭義でも──の第一次的権利主体を労働者個人としながら，具体的には第二次的権利主体としての労働組合のそれに吸収・統合されることにより有意味となると捉えられ，結局は，労働者個人の第一次的権利主体性が実質的に否定されたことと，同レベルであるとともにその帰結でもある。したがって，労働組合に団交権を認める訳にはいかない。しかし第二に，労働者個人の団交権は，団体＝労働組合を通じてあるいは媒介として行使されることである。その意味は，一つは，労働者個人の団交権がここでは単独では行使されないこと，二つには，労働組合という団体を通じ・媒介として権利行使がなされること，その特有性である。[2] 問題は，その特有性と労働者個人の権利としての団交権との関連である。これを，権利の保有と行使のレベルの相違と押さえたとしても，労働組合を通じ・媒介とする形が他に選択の余地なく必然であるとすると，労働者個人にとって，団交を行うか否かの選択の自由はあれ，団交を行う限り労働

組合を通じ・媒介とする形態しかないことになる。それは，実質的には，労働組合の団交権を認めたことになり，従来の団交権理論の域を越えるものとはならない。いずれにおいても，組合員の討論を媒介とした団交意思の決定，それに基づく団交というプロセスは同じである上に，そのプロセス以外の方法はないから，説明の仕方の相違か，せいぜい労働者個人の意見の尊重とか，団交権限を有する代表者（＝執行部）の独走の牽制の強調の根拠となるか——しかし後者の点は，組合民主主義論とか公正代表義務を導入することにより，従来の団交権理論でも不可能ではない——，でしかない。そうとすれば，——特有性の第一の点は，さて措き——第二の特有性は「労働組合という団体を通じ・媒介とする」ことであるが，その重点を「団体」に置くとともに，そこに労働者個人の団交権を徹底するとすれば「団体」が労働組合に限定されないこと，したがって，「労働組合を通じ・媒介とする」のは，労働者の選択の結果でしかないと捉えるべきことになる。そしてそれは同時に，「(労働組合ではない)団体を通じ・媒介とする」ことも労働者の選択として可能であることを，意味する。しかしそれだけではなく，労働組合を含む団体を「通じ・媒介と」しないという選択が許容されるという捉え方が，なされなければならない[3]。要するに，労働者個人の団交権は，団交をするか否かとともに，如何なる団体を通じ・媒介とするか，そもそも団体を通じ・媒介としないかの選択が，全て労働者個人に任されていることにより，完結するのである。

では，労働組合には団交権がないとすれば，その団交権限はどこから生じるのであろうか，またその権限とは如何なるものなのであろうか[4]。団交権を有しない労働組合が団交権限を持つとすれば，それは，団交権の主体である労働者個人から託されたと考えざるをえない。即ち労働者個人は，自ら保有する団交権に基づき団交権限を当然のこととして有するのだが，その団交権限を労働組合に譲渡するあるいは付与することにより，労働組合の団交権限が生じるのである[5]。これは，——現実にも行われている——団交権の委譲あるいは委任という法的論理でも，可能である。しかし，前者は，労働者個人の団交権を徹底するという方向性にそぐわないし，団交権限の引上げの余地[6]——それもまた，一つの選択の自由である——を残しておくべきことから，採りえない。後者は，具体

な「交渉権限における委任」がその上に重なりうるので煩わしいし，団交権の主体の正に主体にふさわしい法的形式ではないから，これも妥当ではない。「授権」という法的形式こそが，団交権の主体を労働者個人とすることに一番適していると思われる。授権である限り，それには包括的授権と限定的授権の両方がありうるが，いずれを選択するかは，労働者個人の自由である。両者は，団交事項（＝範囲）レベルと権限の広狭のレベルのそれぞれで可能だから，四つの類型がありうることになる。即ち，前者で言えば，団交事項となりうるもの全てを団交の対象とする権限を与えるところの包括的授権か，その事項を限定・特定して権限を認める限定的授権かという区別である。後者では，簡潔には，交渉権限のみの授権（＝部分的授権）か，妥結権限を含む授権（＝全面的授権）かが区別される。従来の団交権理論においては，労働組合のみが団交権を有するから，授権という構成はありえなかったが，他方では，交渉権限と妥結権限を区別し，後者は団交の当事者である労働組合のみが持つとしていた。その後者の面では，著者の見解と同じになりそうであるが，実は形式上決定的な違いがある。何故なら，団交権の主体が労働者個人である限り，労働者が，自己の有する交渉権限と妥結権限につき，ともに授権するか前者に止めるかは，その自由な選択によるところであるが，前者を選択した場合，授権された側ではその二つの権限が分離することはないからである。従来の団交権理論と同じ構成となるのは，――現実的には想定しがたいことではあるが――交渉権限を労働組合以外に授権し妥結権限を労働組合に授権する場合である。いずれにしても，労働者個人の団交権の授権という法的構成は，従来の団交権理論とは，形式・実質ともに異なるものである。

　労働組合の交渉・妥結権限が，労働者個人の団交権の授権により生ずるとすると，それは，労働者個人の個別交渉の禁止を，当然含むことになるのであろうか。その解答は，一方では，授権の内容によって異なって来る。授権の権限レベル，即ち部分的授権か全面的授権かというレベルでは，いずれにしても最低限交渉権限を授権しているのだから，労働者個人の個別交渉は，労働者の側では，その授権に反する行動＝背信行為として責任を問われるべきであるし，労働組合の側では，禁止の対象としうることは当然である。団交事項レベルで

は，限定的授権の場合，授権していない事項についての個別交渉が禁止される いわれはないが，限定的授権であろうと包括的授権であろうと授権した事項に ついては，授権の権限レベルと同じである。しかし他方で，労働者個人の団交 権の単独行使に対する評価次第で，以上の結論が変わりうる余地がある。労働 者個人の団交権の単独行使を認める立場に立つならば，そして労働組合への授 権による団体交渉と個別交渉とが両立しうるならば[10]，労働組合の側からの個別 交渉の禁止はなしえず，禁止が出来るのは，労働者がそのことに，授権とは別 に同意する限りにおいてである。勿論，労働者個人の団交権の単独行使を否定 するならば，前述の事柄が妥当する。しかしそれでは，団交権を労働者個人の 権利と捉えることと，いささか不整合である。そこで考えられるのは，労働者 個人の団交権の単独行使の限定的承認——逆に言えば，限定的否定——である。 即ち，「労働組合を通じ・媒介と」しないという選択をした場合には，単独行 使が許されるが，「労働組合を通じ・媒介とする」という選択をした限りで， 労働組合の側からの個別交渉の禁止が，可能ということである。労働者個人の 団交権の単独行使が実現するためには，「労働組合を通じ・媒介とする」とい う選択をしない，労働組合に授権しないことが必要であるとともに，「労働組 合を通じ・媒介とする」団体交渉が行われないことにより生じうるリスクを， 自ら引き受けることによってである。

　ところで，ここまでの労働者個人の団交権の授権については，関係する労働 者全てが一致して同じ内容の授権をしていると想定して検討して来たが，考え てみれば，そうした想定が成り立たない場合がありうることを，労働者個人の 団交権として徹底する限り認めざるをえない。それでは，授権の内容が労働者 によって異なる場合，関係する労働者の一部が授権しなかった場合，どう考え るべきであろうか[11]。前者は，ある労働者は包括的授権をしたが他の労働者は限 定的授権をした場合と，部分的授権の労働者と全面的授権の労働者とに分かれ た場合である。包括的授権と限定的授権との違いは，団交事項の違いでしかな く，それぞれが授権した事項の範囲内で交渉を労働組合に託し，また——妥結 権限の授権を前提としてだが——その事項の範囲内で妥結した内容につき拘束 を受けるということであり，取り立てて問題が生じる訳ではない。部分的授権と

全面的授権とでは，交渉の進展に左右される。即ち，交渉は行われたが妥結までは到らなかった場合，いずれの授権においても，さしあたり問題は生じない。何故なら，妥結に到らなかったのだから，部分的授権の場合はその授権の範囲内に収まるし，全面的授権では妥結に到るか否かで問題が生じる余地は全くないからである。しかし妥結にまで到れば，問題は次のように設定される。部分的授権をした労働者に関しては，労働組合に妥結権限まで授権していないのだから，交渉が妥結に到るということは，労働組合が権限を越える行動をしたということであり，その権限逸脱の責任を追及出来るとともに，その妥結内容には拘束されない。拘束されるとすれば，その段階で妥結権限を授権するか，──それがあまりに形式論理的なあるいはまわりくどい処理に過ぎるとすれば，単刀直入に──その妥結に同意する限りでである。ただ，妥結権限はあくまで労働者自身に留保されているのだから，その同意とは，妥結権限の行使という性格のものではあるが，交渉は妥結の可能性を持ちかつ労働者にはそのことの予測が可能であることからすれば，労働者は，同意を求められる法的地位にあると考えるべきである。即ち，妥結権限の行使・不行使という形式における同意権の濫用が，問題化する余地がある。全面的授権の労働者については，従来の団交権理論における処理の仕方と同じである。即ち，妥結権限は労働組合にあるから，組合の意思決定機関における妥結の承認手続きが要請される。そこで承認されればその妥結に拘束されるし，もし不承認ということであれば拘束されない。他方，関係する労働者の一部が一切授権しなかった場合どうなるかであるが，妥結権限どころか交渉権限さえ授権していないのだから，妥結に拘束されないどころか，それへの同意を求められる法的地位にもない。したがって，労働者には何ら問題は生じない。

　ところで，使用者についてはどうであろうか。使用者は，一般には，労働者が自己の有する団交権を，如何なる団体──それが複数であろうと──また個人に授権するか，どのような授権をするかにつき，何かを強制するとか何らかの期待を抱く立場にないことは，言うまでもない。しかし，労働者が授権という形態で団交をするという選択をした限りは，妥結が授権した労働者を拘束すること，そのために迅速な妥結への承認あるいは同意の手続きが採られることに

については，それらを期待しうる法的地位に立つ。それ故，その期待が満足されない場合には，団交義務の緩和を認められる余地がある。即ち，例えば妥結への承認あるいは同意の手続きを怠るとか迅速さに欠けるといった場合，その手続きの迅速な履行を要求出来るとともに，それがなされないあるいはその保証のない間は，引き続き必要とされる団交や新たな団交に応じないことが，認められるのである。ところが，組合員である労働者に関しては，次のようなことが付け加わる。使用者には，団結承認義務があり当該組合との団交が原則として義務づけられている。したがって，使用者は，労働組合の団交権限の存否の如何を問わず，その組合員に関わる問題を当該組合との団交を通じて解決しようとするし，そのことに期待して良い立場に立つ。ところが，組合員の一部が，労働組合に交渉・妥結権限を全く授権しないということでは，使用者にとっては，労働組合の責任を云々したい事態である。それ故に，その組合との団交を一切拒否することまでは許されないとしても，組合員全員が少なくとも交渉権限を組合に授権することになるよう，努力することには期待して良い。そして，その努力がなされないあるいは不十分な場合，努力したと評価しうるまで団交を拒否することは，許されて良いように思われる。問題が残るとすれば，組合に授権した組合員がいることであり，既に組合が団交権限を有していることである。それに対して使用者が団交義務を負うことは，言うまでもない。しかし，使用者の期待的地位からすれば，その程度の団交義務の言わば猶予は，認められると思われる。そうとすれば，労働組合は，労働者個人の団交権に基づく授権の単なる受動的な受け手であるに止まらず，そうした義務・責任を果たすべき主体でもある。[16)17)]

1) ここでも労働組合を念頭に置いて叙述し，それ以外の団体については主として本節4で触れる。なお，以下の論述は団交の自由レベルにも妥当するが，団交義務を伴う団交権を焦点としている。
2) この点が，団結権，争議権等との違いであるが，問題はそれに止まらない。
3) 詳細は，後述本節3参照。
4) 念のために言えば，これは，団交担当者の権限（労組法6条）ではなく，団交当事者としての権限である。
5) 団交権の授権ではなく，団交権限の授権ではあるが，若干煩わしいので以下「団交権の授権」と表記することがある。譲渡と付与は，厳密には区別出来るが，本章では特に

第 8 章　団体交渉権理論の転換

　　は区別しない。なおここでも，以下両者併せて「授権」と表現する。
6）　委譲を，団交権限の委譲という意味に限定すれば，上記と同じとなるが，ここでは委譲を権利の委譲と理解しておく。また，現行労組法でも認められている交渉権の委任と授権とを，同視することは出来ない。前者では，直接には妥結権限の委任を含まないからである。他方，妥結権限の委任が可能だとすれば，「授権」ではなく「委任」でも良さそうだが，問題の性格・内容にふさわしい表現として，また前者は全く別の法的問題であることを明確にする意味でも，「授権」という表現を採ることにする。
7）　念のため言えば，それは，団交事項の範囲の枠組みでしかなく，その枠内でどのような要求・主張を団交を通じ・媒介して実現しようとするかは，また別問題である。それは，基本的には，授権された組合の中での団交意思の形成・決定の課題であるが，授権した労働者の関わり方については，一組合員としてかさらなる授権が可能な主体か，その授権はどこまでどのような内容まで許されるのかという問題がありうるが，省略する。ただ，「団交意思」を含めた正に包括的授権がありうることのみ，指摘しておく。
8）　交渉権限の授権については，論理的には，授権された交渉権限の配分を労働組合に委ねる方法と，その代表者に限定する方法がありうる。また，両者について委任に関する授権という問題がある。しかしここでも，指摘に止める。なお，当然生じうる授権の四つの組合せのそれぞれについて詳説はしない。
9）　単産等の連合体においては，下部組織による上部組織への三権（交渉権・妥結権・争議権）委譲が行われることがあり，それを法的にどう評価するかといった問題がありえたが，本章の問題レベルでは不必要なことなので，触れない。
10）　「両立しうる」ということは，両者の矛盾・対立の局面において，調整可能であることを意味する。もし調整不可能だとすると，団交権は労働者個人のものであるが故に，個別交渉の優先となる（＝「両立しえない」）が，ここではこれ以上は問わない。
11）　授権後の授権の撤回あるいは授権内容の変更も，同じ問題を提起するが，ここでは特には触れない。なお，「妥結」とは，団交における交渉のまとまり即ち労使の合意レベルではなく，その合意の承認権限なり合意の承認レベルを，直接には意味する。しかし，論述の煩わしさから，以下前者のレベルもその表現を使用する。
12）　勿論，妥結に到ることまで期待して妥結権限をも授権した労働者としては，その期待に反した・そわなかった労働組合に対し，その責任を追及することは可能であろう。しかしそれは，労働者間での授権の相違がもたらす問題ではない。
13）　ここまでの展開において，妥結に拘束される場合に共通して，妥結の中身，内容によっては拘束されないことがあるという問題があるが，それについては，本書第 10 章第 6 節参照。また，交渉レベルで妥結しながら組合の意思決定機関で否認された場合の，使用者・交渉代表者間，組合・交渉代表者間の責任問題については，──ごく一部を除き──触れない。
14）　ここでは，団交権の単独行使の問題は，視野の外に置く。
15）　個人に対する授権については，後述本節 4 の最後で指摘することを除き，これ以上には触れない。
16）　そしてこのことは，労働者個人にも跳ね返る。何故なら，その義務・責任の主体たる労働組合のありようを決めるのが，結局組合員たる労働者だからである。したがって，

245

労働者は，自己の団交権を授権するか否かの選択の自由を持つと同時に，組合のその義務・責任を自らの課題として課されてもいるのである。即ち，その選択は，実は危険負担を負った選択なのであって，そのことに十分留意されるべきである。
17) ここまでの展開では全く触れなかったが，授権される組合の側の選択，即ちある労働者の授権は受けるが他の労働者については拒否するということが許されるのかは，一の問題である。基本的には差別性の問題と指摘するのみで，これ以上には触れない。

3　労働者個人の団体交渉権の単独行使

　労働者個人の団交権の単独行使が認められるためには，幾つかの問題のクリアーが必要である。第一に，労働者個人の団交権の，「団体を通じ・媒介とする」行使と単独行使との同一価値性の承認である。その承認の形式的理由としては，労働者の有する団交権を，ただ労働者個人が単独で行使するに過ぎないから，権利行使として同一価値であるとするものである。しかしそれでは，「団体を通じ・媒介とする」ところに特有な性格がありそうな団交権というイメージとの関わりで，説得力を欠く。労働者の「団体」との関わりを持たない交渉権が，関わりを持つ交渉権と同列化しうるかが，問題だからである。その問題の解決は，団結志向性や団交権の単独行使の一時性なり例外性といったものに，求められるであろうか。著者には，そうは思われない。何故なら，労働者個人の団交権が真に意味を持つのは，団交権の単独行使のレベルであるからである。団結志向性を持つ労働者が，たまたま労働者にとって「通じ・媒介とす」べき団体がなく，止むをえず単独行使を選択せざるをえなかった場合につき，それが，「通じ・媒介とする」団体の原理的排除ではなく，一時的，例外的ないつかは本来のあり方に戻るべき・戻りうる状態である，したがって単独行使を認めて良いとするのであっては，それにふさわしくないからである。徹底して労働者個人の団交権と捉える限り，──逆に──その単独行使の原理的排除であってはならないどころか，それ自体が正当とされねばならない。労働者個人の団交権の単独行使が正当とされるのは，自己の有する団交権を「団体を通じ・媒介と」して行使するか単独で行使するかは，労働者の権利行使におけるその方法の選択の問題であるからである。比喩的に言えば，言論・表現の自由の行使の方法として，紙媒体を使用するか電子媒体を活用するかが権利主

体の選択に委ねられていることと，同じである。そうだとすれば，前者が原則で後者は一時的，例外的に許容されるという問題構成は，否定されねばならない。要するに，権利行使のレベルでは「団体」は不可欠ではないのである。しかしそれでいて，単独行使されるのは，あくまで団体交渉権であることについて，説得的説明が必要である。それが以下の二点である。

　第二に，団交権の単独行使と労働者の個別的交渉権とが，区別されねばならない。区別のポイントは，「団体」に開かれているか否かと交渉事項の違いであろうか。前者は，妥当な区別のように思われる。何故なら，個別的交渉権が「団体」を通じ・媒介として行使される，具体的にはある団体に交渉を任せるとか個別的交渉権の集団的行使ということがありえないわけではないが，それらは例外的である上に，使用者が個別的交渉に固執する限り，それらへの対応を使用者に法的に強制出来ない，即ち例外さえ実現されえないことがあるからである。それに対して団交権の場合には，当面は単独行使であったとしても，いつでも「団体を通じ・媒介とする」行使に切り替えることが出来るし，使用者は，その「団体」との交渉を法的に拒否しえない立場に置かれるのである。その違いは明確であるが，その切り替えがなされない中での区別は，何によるのであろうか，次の交渉事項であろうか。個別的交渉権においては，交渉事項は，自己の問題，自分が左右しうる・決定出来る問題に，限定される。労働者の側から見れば，それ以外の正に他人の問題を取り上げようとすることに法的支障はないが，それにより使用者を拘束出来る訳ではない。団交権の場合には，労働者の利益・連帯的生活利益に関わるものに止まらず，およそ団交を通じて処理・処分しうる事項である限り，全て交渉事項に出来る筈であり，自己の問題に限定されるいわれはない。問題が残るとすれば，妥結の効力の及ぶ範囲や他の妥結との——抵触する場合の——優劣である。しかしその問題は，団交権の単独行使の是非自体を左右しえない上に，交渉事項と妥結の効力とは，法的次元を異にする。妥結の効力如何が，交渉事項の範囲を広くあるいは狭くする訳ではないし，妥結に達しえなかったからと言って，交渉の対象となった事項そして交渉自体が，法的に無意味になることはありえない。いずれにしても，団交権の単独行使と労働者の個別的交渉権とは，明確に区別されうるので

ある。

　しかしなお，何故「団体」交渉権なのかという謎が，残されている。それを解き明かすのが，第三の使用者の団交義務である。ここで問題にするのは，「団結権」の連関構造とその現代における変容である。「団結権」の連関構造とは，団結とは労働力の抽象的掌握であり，その使用者の掌握条件の取引が団交であるとともに，その条件に不満があればあるいはより有利な条件を獲得するために，争議行為という団結の下への労働力の引上げ（＝労働力の具体的掌握）を行うし，広い意味での交渉（力）を有利にするために団結の強化・拡大を図る，他方使用者は，労働力を常に自己の下に掌握するためにこそ，団結を承認しそれとの団交を行い——あくまで取引としての——争議の解決を図る，こうした連関が権利構造に反映しているということである。ところで，従来の「団結優位」の連関構造は，少なくとも次のように変容している。「団結権」は，徹底して労働者個人のものであるし，その行使・不行使は労働者の選択に任されている，団結体特に労働組合とその権限は，労働者個人の授権によってのみ，法的に存在しうるのである[6]。そうだとすると，連関は以下のようになる。連関は，所与でも必然でもなく労働者の選択如何に依存するから，ありうるのは，労働者個人レベルでの団結権・団体交渉権・争議権といったものの連関である。しかしそれは，あくまで労働者個人の意識的な選択として構成されるし，その選択としての連関は，さしあたり偶然の産物である。しかし他方で，使用者は，その選択に介入・干渉出来ないのだから，どのような連関を選んだのかという選択の結果だけでなくどのような連関を選ぼうとするのかの過程をも，そのまま受容しなければならない。そしてそのことは，労働者が，自己の権利相互間に連関をつける可能性，他方で団結体に全権限を授権し団結体レベルで連関が構成される可能性のいずれに対しても，何らの障害を与えることも許されないことを，意味する。そうだとすると，使用者は，労働者個人の団交権が団結体に開かれているのみではなく，その可能性を含めてそれに対して全体として対応すべきことになるから，労働者個人の団交権を正に団体交渉権として，団結体の団体交渉権と同じ価値を持つものとして，扱わなければならない。使用者の団交義務は，両者に対して対等でなければならない。それ故，労

第8章　団体交渉権理論の転換

働者個人の団交権の単独行使は，団体交渉権たりうるのである。
　以上によって，労働者個人の団交権の単独行使が可能であり，使用者はそれに対し団交義務があるとすると，極限的には全ての労働者がそれぞれ別々に，団交権の単独行使をしうることになるが，それをどう処理すべきであろうか。ここでも，労働者個人への対応と団結体へのそれとは，異なって来る。使用者が団結体としての団体を相手として交渉するのは，当然，団交権が保障され自らに団交義務が課されているからではあるが，そのことを別にすれば，使用者にとってもメリットがあるからである。つまり，労働者の集団的まとまりを相手にすることにより，一人一人の労働者を相手とせざるをえないことによる面倒を回避出来るだけでなく，一人一人を相手としたと実質的に同様の結果が得られるからである。確かに，労働者個人の団交権の単独行使に全て対応すべきだとすれば，そのメリットが失われるが，問題は，そのメリット故に労働者個人との交渉を拒否出来るかである。まず，労働者の個別的交渉権との比較が，意味を持つ。使用者は，労働条件の集団的・画一的処理を就業規則で行えるとは言え，それが労働契約を規律するあるいは労働者に対し拘束力を持つのは，労働者の同意による。⁷⁾それ故，就業規則の場合でも，——その中身・内容についてはともかく——同意の条件，適用除外条項，有利な契約といったことをめぐる交渉の余地がある。ましてや個々の労働契約を通じて契約内容が決まる事項，局面において，交渉は不可避である。したがって使用者は，論理的には，全ての労働者の個別的交渉権に対応しなければならない筈である。そうとすれば，それは，労働者の団交権の単独行使でも，同様に考えられる。ましてや労働者個人の団交権は，——労働契約上の交渉権とは別に——保障された権利であるばかりではなく，使用者にはそれに対応する法的義務（＝団交義務）が課されているのである。言わば労務管理上の都合としてのメリットが，優先する訳がない。せいぜい使用者が出来るのは，「団体を通じ・媒介と」した団交への転換の要請とその期間的猶予の確保（＝その間の交渉拒否）ぐらいであるが，いずれも労働者に拒否されれば，直ちに交渉に応じなければならない。
　では，労働組合に所属する労働者の団交権の単独行使については，何らかの要因が介在し以上とは異なることになるであろうか。考えられるのは，使用者

の労働組合への対応である。まず，労働者の団交権の単独行使を回避する努力の要請であるが，それは，一般的な要請として許されるだけで，例えば統制権の行使といった強制力の発動まで要請出来るものではない。いずれにしても，それらの要請を組合が拒否すれば，それまでである。他方，そうだとすると，使用者は，組合に対し団交拒否という対抗手段を採ろうとする——それも一つの取引ではある——であろうが，それが許されるかが問題となる。使用者としては，組合員全体の意見・意思をまとめ上げた組合であるが故に，それと団交をしようとするのであり，それが出来ない組合を，信義，信頼に欠けるとして相手にしないとする態度を採ろうとすることは，理解出来ない訳ではない。それは，複数の組合相互の関係において，意見・意思をまとめ上げるということではなく，同一の組合とその所属の組合員という関係だからである。しかし，使用者は，——既述の如く——労働組合の団交権限と労働者個人の団交権の単独行使とを，対等に扱うべく義務づけられているのであるが，その理は，労働者が組合員であっても妥当する。組合員であっても，自己の団交権を，自ら所属する組合を「通じ・媒介と」して行使するか，別の団結体や——団結体ではない——団体に託するか，また単独行使とするかは，その労働者の選択に任されている。使用者が，労働者の団交権の単独行使に対応するとすれば，その単独行使の尊重レベルでは問題がない。しかし他方で，労働者の団交権の単独行使要求を理由として組合との団交を拒否することは，逆に組合の団交権限を侵害することになるが故に，許されない。そうすると，使用者に残された道は，両方の団交に応ずることだけとなる。ただ，なお二つの問題が，残されている。一つは，統制違反と団交拒否の関わりである。組合員の団交権の単独行使自体が，それだけで統制違反を構成する余地はない。しかし例えば，交渉・妥結権限を組合に授権するだけでなく，団交を通じて要求・主張する組合意思に賛成しておきながら，団交権の単独行使をすれとなれば，統制違反とされよう。いずれにしても，組合員の団交権の単独行使が統制違反とされる限り，使用者は，不当労働行為責任を問われるリスクを負いつつ，単独行使に応じて問題解決を図るか，それとも——単独行使を相手にせず——統制違反への対処があるまで組合との団交を拒否するか，いずれかの選択が可能である。もう一つは，妥

結の効力である。これは，使用者が両方と交渉し妥結するとともにその妥結の内容が異なる場合のみ，問題となる。即ち，複数の異なる合意が，同一の団結内に存在するという特殊な問題である。これは，恐らく現実的問題ではなく理論上ありうるということであろうが，さしあたりここでは，合意の効力の次元の相違として，押さえておく。

1) ここでは，労働組合に限定せず団体一般という問題次元で扱う——前者に特定して扱う問題は別として——とともに，個人を「通じ・媒介とする」というレベルは，度外視する。問題の焦点が，労働者の団交権の単独行使が認められる否かであるからである。
2) これは，労働契約関係における労使の個別交渉を主として念頭に置くが，実際にはそれよりも広いであろう。他方，団交権の拡張——後述本章第5節——如何では，かなり重なって来る余地がある。ここでは，前者の面に限定する。
3) ここでは，それは，労働者個人の団交権に対応する団交義務というレベルのものでしかない。その意味・内容が「団体」の違いによりどうなるかの問題については，後述本節4参照。
4) 「処理・処分」というレベルに関わって，説明・上申という対応の問題があるが，ここでは無視する。また，この段階では，団結体の団交権における論理を使用しており，労働者個人の団交権の単独行使において何故自己の問題に限定されないのかについては，「一人協約」の可否，その効力の及ぶ範囲といった問題こそが重要であるので，本書第10章第4節3に譲る。
5) これらの問題は，結局労働協約の効力問題であるので，詳しくは本書第10章に譲る。
6) ここでも，争議権については，抽象的にそうであるに過ぎない。
7) ここでは，著者の見解——拙稿「現代就業規則論の課題」（『島大法学』48巻4号）——に基づき叙述する。
8) ここではまた以下でも，労働組合に統制権があるとの前提で，その統制権の行使・不行使が団結自治の問題であるという脈絡で，論じている。そして，団交権の単独行使に対し統制権を行使しうるか否かは，別の法的問題——後述——である。
9) 組合の統制権は本書では扱わないので，ここでは，これまでの統制論からの帰結として，論じておく。なお，交渉権限のみの授権の場合には，少し異なるであろうが，問わない。
10) 具体的には，本書第10章第6節参照。

4 労働者個人の団体交渉権限を授権される団体

従来の団交権理論においては，労働組合に団交権があることを前提に，一方では，労働組合の下部組織が団交権の主体（＝当事者）となりうるかという脈絡で，主として交渉権限の配分問題が論じられ，他方では，交渉権限の委任

（＝交渉担当の委任）の範囲問題として，団体委任の可否が検討されている。本章の立場では，両方とも，「労働者個人の団交権を授権される団体」として，統一的な説明が可能であるし，その団体を労働組合に限らず広く捉えることが出来るようになる。

　そうだとしても，念のため，幾つかの点を鮮明にしておく必要がある。第一には，団交権限を授権される団体は，労働組合ではないとしても，労働者の団結体に限定しなくて良いのかという問題がある。従来の団交権理論では，労働組合に団交権があるということが基本であるから，広げるとしても団結体に限定せざるをえない側面があったように思われる。しかし，労働者個人に団交権があるとする本章の立場では，労働者がそう選択する限り，団交権の授権の相手方を団結体に限定することは，不要であるどころか限定すべきではないと言える。確かに，団交を円滑・効率的に進め成果を得ようとすれば，当該団交事項に精通していること，要求・主張を裏付ける資料・データを整備出来ること，相手方を納得させる説得的論理や駆け引きを展開することが必要であって，そうした交渉技術を備えたあるいは備える可能性が高いのは，当該労働者が所属する団結体や所属はしていないとしても身近な団結体ではあろう。しかしそうしたことは，労働者の選択を事実上は左右するとしても，労働者の団交権の授権を法的に制約するものではない。それと同じように，第二に，労働者の団体に限定されないことである。従来の団交権理論においても，交渉担当の委任のレベルでそのことは認められていたが，労働者の団交権の授権という論理でも，その点は変わりない。交渉担当の委任は，団結自治の問題として労働組合の自由な選択が許されるのと同様に，労働者の団交権の授権をどのような団体に対して行うのかは，当該労働者の自由な選択に任されているのである。授権の対象が，団結体でなければならないという限定がないのと同様に，少なくとも労働者の団体である必要があるという限定についても，それを認める根拠がないからである。労働者の団交権の授権における選択の自由は，そこまで徹底されねばならない。

　第三は，団交権の授権と交渉担当の委任との区別である。団交権を有する労働者は，それを授権するか単に交渉担当の委任に止めるか，いずれかを選択出

来るし[1]，団交権限を授権された団体が，自ら交渉をするか交渉を委任するかは，その団体の自由である[2]。しかし，団交権の授権と交渉担当の委任とでは，次のような相違がある。一つは，権限の範囲の相違である。団交権の授権が交渉権限の授権に止まる限り，交渉担当の委任と権限的には変わりはない。しかし，前者では妥結権限までの授権がありうるが，後者ではありえない点が，根本的に異なる。とは言え，交渉の委任とは別に妥結の委任をすることは不可能ではなく，それが行われる限り，委任と授権の区別はなくなる[3]。しかし，もう一つの権限レベルの相違がある。授権とは，団交権を有する労働者個人による団交権限の譲渡・付与であって，それまで団交権限のなかった団体に，新たに団交権限を発生させることである。それに対して，委任は，労働者が行う場合には，その団交権限に基づく交渉権限の付与であるが，団体による委任の場合は，授権された自らの団交権限に基づくところの交渉の委任である。ここまでは，権限レベルとしてそれ程違いがある訳ではない。しかし，労働者は団交権限を授権する際に，──労働組合を別として──交渉委任の禁止とか交渉委任につき「委任される者」を指定出来るのだから，その限りで委任は授権に左右される，したがって言わば権限の上下関係があるということである。即ち，委任と授権の区別よりも，委任は，授権と抵触しない限りで許されるということが，ポイントであろう。

　ところで，第四に，ここまでは授権の相手を団体として来たが，個人に対する授権も可能であろうか。労働者個人の団交権の単独行使が可能であるから，その延長線上の問題として，個人への授権も肯定される余地がある。少なくとも交渉権限については，現行労組法が，労働組合につき個人への交渉委任を認めていることとの対比で，肯定して良いし，妥結の委任まで認められるのだとすると，個人に対する授権は，全面的に肯定出来る。ただしかし，個人への授権は，団体交渉権という権利の性格の否定ないしは切断と考えられる面がある。それは何故かと言うと，労働者個人の団交権の単独行使は，団体への団交権限の授権に代わる労働者の選択であって，「団体を通じ・媒介とする」交渉の可能性を排除しないのに対して，個人への授権は，さしあたりその否定であるからである[4]。その上，団交権の単独行使が，自己に保障された権利の直接の

253

行使であることも，重要である。両側面を踏まえれば，個人への授権を団体交渉権性を否定するものと捉えることが，可能だからである。個人への授権につき，いずれの考え方も成り立つとすれば，残るのは政策判断であろうか。そうだとすれば，労働者個人の団交権の単独行使まで認める著者としては，個人への授権を原則として否定するとともに，個人への授権に止むをえない事情・要因がある場合のみ，例外的に認める立場を採ることにする。

1) 交渉担当の委任と交渉権限の授権とは，前者においては，自らも一緒に交渉することが認められるが，後者ではそれがありえない点で，区別される。
2) 労働組合に交渉権限を授権した労働者は，その組合が交渉委任することを禁止することが，可能である。しかし，労組法第6条が，労働組合の交渉委任を認めていることとの関わりで，ここでは，授権の対象が労働組合の場合，委任禁止は出来ないとしておく。
3) これは，理論上の想定であり，現実にはありえないとは思われる。
4) 勿論両方とも，団体への授権への切替えが可能であるが，意味が異なる。団交権の単独行使の場合における切替えは，ともに当該労働者の選択でしかないが，個人への授権における切替えは，被授権者の授権の趣旨・目的に背反する言動なり交渉能力の低さが証明されるといった特別の事情がない限り，信義に反すると考えられる。したがって，そう捉える方が妥当と思われる。

第4節　代表交渉と大衆交渉

1　問題を考える視点

　団体交渉が，労使間の相互不信に彩られたつるし上げを含む感情的・激情的な大衆交渉ではなく，安定的な労使関係の下での——それなりの——相互信頼に基づくところの代表交渉であること，使用者は，余程のことがない限り，大衆交渉を正当に拒否出来ることは，かなり前から定着した考え方である。しかし，次の三点との関わりで，大衆交渉を再評価する必要があるように思われる。第一に，団交の形骸化という事態との関わりがある。勿論，団交の形骸化は，企業社会における圧倒的に強い使用者，他方での労働組合の組織率の低下，争議行為を背景としない団交の迫力の乏しさ，それらを含む組合の闘争力の弱体化，労使・企業協調的労働組合の支配といったことによるものであるか

第8章　団体交渉権理論の転換

ら，団交の場に限定した形骸化の克服策があったとしても，それが決定打になるとは考えられない。しかし，団交の場に即して少しでも形骸化を防ぎ克服しようとすれば，さしあたりは大衆交渉を導入するしかない。とは言え，それが，代表交渉を全て大衆交渉に取って替えることまでを意味しないとすれば，一方では，大衆交渉の部分的な導入でしかないから，団交の形骸化への歯止めとしてどこまで有効かに，疑問がつきまとう。他方では，大衆交渉であれば団交が形骸化しないという保証はない。それは，多人数が団交の場に出席することによるプレッシャーを別にすれば，言わば少人数の代表が多人数になることだけで，理性的交渉における実質的な話し合いになるとか論理的また資料的説得力が増すとは限らず，使用者側の言わば説明の域を出ない団交が規模を拡大したに過ぎない，ということになる可能性もあるからである。もしそうだとすれば，大衆交渉とは，最低限，《数の圧力＋代表＝交渉担当者の監視》ということでしかないことになる。それでは，団交の形骸化の克服策そして交渉力の増大としては不十分と考えられ，それらは，その延長線上での努力や別の組織力・闘争力の強化の方策に，求めることが本筋となる。しかしそうではあっても，その最低限の役割としてそれが団交の形骸化の克服策の出発点になることから，大衆交渉に意義を認めて良いように思われる。

　第二に，組合民主主義[1]の団交の過程への貫徹との関わりがある。団交をめぐっては，組合民主主義は，通常，団交開始以前における団交開催と団交で取り上げるべき要求・主張の決定，そして団交の結果としての妥結に関する決定の各レベルで，機能すべきものと考えられる[2]。この両面における組合民主主義が，組合員の自由な批判・討論を媒介とした組合員の意思に基づく決定としてでなく，執行部の専制的決定，上からの説明・説得に終始し，侵害され形骸化しているというのが現在の実情である。それがまた，団交の形骸化の要因にもなっている。そうした問題性を抱えた上に，もう一つ問題となるのは，団交の開始と終結までのプロセスに，元々組合民主主義が十分に関与しうる条件があるのかということである。一般的に言えば，団結活動の全ての領域，局面において，組合民主主義が機能すべきであり団交も例外ではないから，団交の全プロセスにおいて組合民主主義が働くべきであるとは，一応言える。しかし，代

255

表交渉の場合，団交情報の迅速・的確な開示があっても団交の全プロセスに密着した緊密な組合民主主義の貫徹は難しいし，ある意味ではそれを放棄し代表に任せるという側面があることも，否定しがたい。そうだとすると，組合民主主義を団交の全プロセスに貫徹するためには，大衆交渉を導入する他ない。大衆交渉の導入は，直ちには組合民主主義の貫徹を保証するものではないが，それに道を拓くとは言えよう。

　第三の問題は，団交権が労働者個人の権利であることとの関わりである。ここまでの論述においては，労働者の団交権は，単独行使は当然別として「団体を通じ・媒介と」して行使されるししかも代表交渉を所与のものとして想定しており，そこに大衆交渉が入る余地はなさそうである。しかし，翻って考えれば，妥結権限も含めて団体に授権したとしても，それによってその間一時的でも，労働者が団交権の主体であることが否定される訳ではないし，そもそも団交権限の授権とは，労働者の団交権の放棄ではない。それは，あくまで，単独行使か「団体を通じ・媒介と」しての行使かという団交権の行使の仕方の違いでしかない。そうだとすれば，大衆交渉は，「団体を通じ・媒介と」した団交権の行使において，なお労働者個人に団交権があることの明確な表明としての意義を担う，とも考えられる。また，労働者個人の団交権の単独行使の場合において，単独行使した労働者が複数で一緒に交渉しようとすれば，現象的には大衆交渉の形態を採らざるをえない。単独行使でありながら集団を形成して交渉することの是非は，この段階ではブラック・ボックスであるが，それが可能とすれば，大衆交渉を法的に排除しうる根拠は見出しがたい。[3] いずれにしても，権利レベルでは，大衆交渉という形態を採るか否かは，さしあたり労働者の自由である。

　大衆交渉が，そうした意義を担いかつ労働者の自由だとして，問題は，それに対して使用者にはどこまでの団交義務があるのか，また団体への団交権限の授権の場合，それとの関わりで大衆交渉がどこまで認められるのかである。[4]

　1） 本書の組合民主主義論については，拙著『組合民主主義と法』（窓社，1999年）参照。
　2） その他，団交の途中での団交の中断またその再会の決定もありうるが，ここでは度外視する。

3） 後述本節3参照。
4） 以上については，寺田博「大衆交渉」（日本労働法学会編『現代労働法講座』4所収，総合労働研究所，1981年）参照。ただここでは，著者による団交権理論の転換の脈絡に位置づけている点が，異なる。

2 団体に団体交渉権限を授権した場合

　団体に団交権限を授権した場合には，通常一般的には，大衆交渉は必要とされない。それは，代表交渉と大衆交渉とは矛盾・対立しかねず，両者を同時に行うとすればその間の面倒な調整を欠かせないが，その回避を含めて労働者が代表交渉を選択したと考えられるからである。これは，大衆交渉が，団交権の主体である労働者の選択によって，予め排除されたことを意味する。しかし逆にそのことは，大衆交渉を排除しない選択がありうることを，示唆するものである。

　大衆交渉は，当然のこととして，代表交渉を完全に排斥しては成り立たない。問題の連関は，団体に団交権限を授権することにより，初めて代表交渉が可能となるのであるが，授権と代表交渉との間に必然的つながりがある上に，代表交渉であることを基本としながらなお大衆交渉が成り立つのかということであるからである。したがって，大衆交渉は，代表交渉とは無関係な別の交渉形態ではなく，あくまでも代表交渉がなされている中でのそれにプラスされた交渉形態である。そこで大衆交渉は，二つに区別される。一つは，交渉はあくまで代表交渉として行われる，即ち交渉のテーブルに着くのは代表のみであるが，監視と圧力のために交渉の場に出席するという形態である。つまり，代表以外の労働者が，交渉のテーブルの周辺に位置して，交渉のプロセスにおける代表の言動が団体の意思から離れて独走しないよう監視する，また数の力で無言のあるいはヤジを飛ばすといった圧力を使用者にかけるものだが，主要な機能は，前者にある。何故なら，単に交渉のテーブルを囲むとかヤジを飛ばすことは，確かに使用者に対する圧力ではあっても，交渉を通じた要求・主張の貫徹にどれほど有効か疑問であるからであるとともに，団交は，決して使用者側に対するつるし上げとか物理的強制力の行使の場ではないからである。そして，監視・圧力という域を出ることを許されないこととの関わりで，代表は，

言わば代表交渉の秩序——以下,「団交秩序」と称することがある——の枠内に,その監視・圧力を止める責任がある。もう一つは,代表交渉を補完する形態である。団交は,基本的には,代表の設定した議題の順序に従い代表のイニシアティヴで進められるが,それは,議題毎の交渉の途中で大衆が参加するとか——少し強い表現をすれば——交渉に割って入るものである。それは,代表交渉を排除しないという限界に止まる限り,代表の承認の有無を問わない。問題が残るとすれば,代表交渉と大衆交渉との間の意思の不一致,言い換えれば複数の団交意思の併存であるが,それが「団交秩序」の侵害と評価される限り,大衆交渉を排除するか,自己の団交意思に団交参加労働者を服従させるか,いずれにしても基本である代表交渉を成り立たせる責任が,代表に生ずる。それが「団交秩序」の侵害でないとみなされ代表が交渉を継続した場合には,それは,複数の団交意思の存在を容認しその上で団交に望むという選択をしたものと評価される。

では,こうした大衆交渉に対して,使用者は,団交義務を負うのか,またどう対応すれば法的に許容されるのであろうか。従来の団交権理論に立つ限り,大衆交渉がつるし上げ・物理的強制力の行使でなく単なる監視・圧力でしかないとしても,使用者は,一般的には,それに応ずる義務はないとされる。ましてや代表交渉の補完としてであれ,直接の交渉を拒否することは,正当であるとされる。しかし,団交権を労働者個人の権利として徹底する著者の立場では,言わば原則と例外は逆転されねばならない。即ち,団交権を有する労働者が,代表交渉を基本としつつしかしその補完として大衆交渉が必要としてそうした選択をする限り,それは,労働者の団交権の行使の一環であり,使用者は,それに応ずる義務を負う。しかし,その義務には限定が付く。まず,監視・圧力型の大衆交渉については,それが,監視・圧力の域を越え「団交秩序」を乱すならば,代表に対して,「団交秩序」の回復を要求出来るし,それが拒否されたり手間取る限り,少なくともその間の大衆交渉を拒否することは許される。次に,代表交渉の補完としての大衆交渉も,基本的には同じである。ただ,「団交秩序」の侵害が軽微である場合には,交渉拒否は出来ないと思われる。それは,労働者の団交権の行使という側面が一層鮮明であるからで

あるし，団交意思の不一致がない限り代表交渉と大衆交渉とは一体のものであり，代表に許される程度の「団交秩序」の侵害は大衆交渉にも認められるからである。こうした一体のものとしての団交において，大衆交渉を正当に拒否しうる限り，それは，代表交渉についても同様でなければならない。その点が，監視・圧力型との相違であるが，それに対して使用者は，大衆交渉を排除した代表交渉として団交を継続するか，代表交渉・大衆交渉ともに拒否するかを，選択出来ると思われる。何故なら，正当に拒否しうる団交を継続するための条件整備を団体側に求めうる，求めて良いからである。では，代表交渉補完型の大衆交渉において，団交意思の不一致が生じた場合，どう考えるべきであろうか。団交意思の不一致とは，代表交渉と大衆交渉とが一体のものでなくなるということであるから，大衆交渉を拒否して代表交渉のみ継続するという選択が，許されるのは当然である。否逆に，大衆交渉が排除されることにより団交意思の単一化がなされるのであるから，その単一化された団交意思を担う代表交渉を拒否することは，許されない。しかし，大衆交渉を拒否する意思・意図がないのであれば，代表による自己の団交意思に団交参加労働者を服従させる責任との関わりで，それが果たされるまでは代表交渉を拒否することも，正当である。しかしそれでも，労働者の団交権の行使という側面から，疑問が残る。そこで，問題は，——既述の如く——労働者側には複数の団交意思による団交の継続という選択が許されるが，それに対して使用者はどう対処すべきかである。確かに，団交意思の不一致とは言え，複数の団交意思の一方は団交権を有する労働者のものであり，大衆交渉拒否とする限り，労働者の団交権の侵害と一応評価出来る。しかし，同一の団交の場において複数の団交意思に対応せざるをえないのは，使用者にかなり無理な負担を負わせるだけでなく，交渉として成り立たないのではないかと思われる。そうだとすると，交渉として成り立たない団交——形容矛盾だが——に応ずる義務を使用者に課すことは，出来ない。したがって，使用者は，結局，団交意思の単一化を要求しそれが満たされるまで代表交渉・大衆交渉ともに拒否するか，一方の団交意思との交渉——具体的には代表交渉であろうが——を選択するか，いずれかである。後者が許されるのは，団交意思の不一致という状況を生み出した側が，他方当事者を批判・

非難出来ない・すべきではないというクリーン・ハンドの原則によろう。
　こうして見ると，使用者の団交義務が認められる大衆交渉は，幅の狭いものである。したがって，大衆交渉の意義をいくら強調しても，看板倒れでしかないようである。しかし，大衆交渉がそれなりに意義を持つとすれば，絶えず大衆交渉を組織化しその積み上げを通じて使用者に迫り事実上義務化していく中で，意義の実現を図るということが，一つの目標になるように思われる。[7]

1) したがって，代表交渉を完全に排除した大衆交渉は，授権をした限りで行えないし行うべきではない。
2) その他に「団交秩序」という限界もあるが，この場合には労働者は自己の団交権に基づき交渉に参加するのであるから，その侵害の有無の判断は，微妙であろう。使用者の団交義務の存否レベルで処理した方が，良さそうに思われる。
3) 授権された——団体の——代表がこうした選択をすることは，稀であろう。授権に関わる信頼なり信義にもとる面があるし，自己のプライドが許さないであろうからである。しかし，理論的には可能である。勿論，団交を通じた要求・主張の貫徹・実現ということにとって，そうした選択がまた選択せざるをえなくさせることが有効か否かは，当然別問題である。
4) 使用者による不当労働行為そしてそれへの抗議といった，いわゆる緊急事態においては，大衆交渉に応じる義務が例外的に生じうる。しかしここでは，そうした例外は無視する。
5) 代表交渉をも拒否出来るかは，事情によろうが，少なくとも，大衆交渉拒否が代表交渉の拒否を伴わない限り不可能な場合には，代表交渉の拒否も許される。
6) 労働者側が言わば譲歩して，監視・圧力型の大衆交渉に切り替えて団交を継続することが認められるかについては，団交意思の不一致を越えた「団交秩序」の侵害の存否によって判断されることになろうが，指摘に止める。
7) 勿論，こうした努力が法的義務化につながるかは，保証の限りではない。

3　団体交渉権の協同的行使[1]の場合

　団体交渉権の協同的行使とは，労働者が自己の有する団交権を単独行使する際に，何らかの理由により他の単独行使の労働者と協同で交渉を行うものである。そこでは，その協同した集団を代表する者は存在せず[2]，また団交権限の授権ということもありえない。そして，労働者自らが自己の団交権により交渉するのだから，団交に対する監視・圧力という契機はなく，また団交の補完でもありえず，それは団交そのものである。ところで，それが団交としての大衆交[3]

渉として成り立つためには，その協同した集団に一個の統一した（＝単一の）団交意思が，存在しなければならない。そうでなければ，団交意思は団交権を単独行使した各労働者が有しそれに基づき使用者と交渉するのだから，それは，団交権の協同的行使には当たらず，本来各労働者毎に別々に行われる交渉を，ただ同一時間帯に同一場所で併行して行う，という形を採るだけに過ぎない。したがって，団交権を単独行使した労働者が協同して交渉を行うためには，単一の団交意思を形成すること，自己規律として「団交秩序」を確保する責任を負うことが，不可欠である。

　使用者は，団交権を単独行使した労働者との団交義務を負うことは，既に述べた。では，この協同的行使についてはどうであろうか。労働者の団交権の側から考えれば，団交権の単独行使とは，「団体を通じ・媒介する」行使によらない権利行使であるというだけで，その権利行使に基づく交渉を単独で行うか協同して当たるかは，労働者の交渉形態の選択の問題として，その任意の意思に委ねられていることになる。任意の意思によるから，その協同的行使からの中途の離脱は自由であるが，ただ少なくとも団交権の協同的行使をする限り，その労働者は，――離脱以前においては――協同した集団の中で単一の団交意思を形成すること，「団交秩序」を確保することに責任を負わねばならず，他方，協同的行使をする集団の側においては，その責任を果たしえない労働者をその集団から排除しなければならない。逆に，そうした労働者は，労働者的モラルの問題として，自ら協同的行使からの離脱をすべきである。いずれにしても，団交権の協同的行使は，労働者にとっては自由になしうるものである。そうだとすれば，使用者は，その二要件を備えた団交権の協同的行使に対しては，団交義務を負うし，逆に，いずれかの要件を欠く協同的行使については，団交拒否しても正当である。そして，その二要件は，団交の全過程に備わっている必要があるから，団交の途中においていずれかの要件が満たされなくなった場合，団交を打ち切ることも，また二要件が確保されるまで団交拒否をすることも，許される。

　ところで，使用者にとっては，団交権を単独行使した労働者と一人一人別々に交渉するよりは協同的行使に対応する方が，効率的というメリットがある。

そのメリットは，使用者の団交義務を規定しないであろうか，具体的には——既述の——二要件の中一要件を欠く場合でも，団交拒否が許されないということにつながらないであろうか。そのメリットは，使用者の意思によるのではなく，労働者側の団交権の協同的行使という選択により生じたメリットである。そこで，そのメリットを享受するために否し続けるために，通常は許される団交拒否を自己抑制することを，使用者に対し求めて良いのではないかと思われる。とは言え，求めうるのは，団交意思については，団交意思の不一致が生じるとか単一の団交意思が失われたといった場合，団交拒否ではなく団交を継続しつつ一定期間の猶予を与えること，「団交秩序」については，些細な秩序侵害の受忍（＝団交拒否をしないこと），重大な秩序侵害への——前述の如き——猶予の付与である。しかしこれは，使用者に非がある訳ではないから，クリーン・ハンドの原則ではなく政策判断の問題とする方が妥当であろう。

1) これは，権利行使としてはあくまで単独であるが，交渉自体は，その単独行使の労働者が協同して行うものを指す。
2) 交渉の便宜のため，議題，日程等のいわゆる窓口交渉のレベルで，その集団の代表を選び事に当たらせるということは，ありうる。しかしそれは，団交の当事者の代表者ではない。
3) そうとすれば，これを代表交渉と対比される大衆交渉と捉えることは，必ずしも適切ではない。しかしここでは，それも大衆交渉の一環として扱う。
4) 自己規律であるのは，その集団を拘束し規律する存在がありえないからである。なお，以下この二つを「二要件」と記す。
5) 単一の団交意思が，団交の途中で複数の意思に分解した場合，一方の多数集団を構成する労働者の団交意思との団交なり当初の団交意思を保持する集団との団交という選択が想定されるが，度外視する。
6) 団交意思の統一なり単一の団交意思の回復なりの努力を労働者側に求め，一定期間経過後においてもそれがなされない場合，初めて団交拒否が出来るということである。

第5節　団体交渉権の拡張[1]

1　問題の意味

従来の団交権理論では，団交義務のある使用者を，労働者の労働条件を左右する権限を有する限り，その労働者を雇用する使用者以外にも拡大する，同じ

第8章　団体交渉権理論の転換

ような事情にあれば行政機関をも当事者とする，いわゆる経営事項・管理運営事項を団交事項とする論理を作り上げるといったことを通じて，実質的な意味で，団交権の拡張に努めていた。しかしそれは，使用者と団結体とりわけ労働組合とが，その組合員に関わる労働条件，団結活動をめぐる労使間のルール，あるいは経営参加に関わって，闘争的，対立的な交渉を展開し，言わば勝ち負けとして妥結が形成されるという団交の枠組みを基本とし，その基本的枠組みを，問題の性格，内容に応じてそのまま広げる，即ち量的拡張と捉えられるものである。言い換えれば，団交権の性格，内容に全く変化がない中での，外延的拡張である。ここで問題にするのは，形の上では外延的拡張ではあるが，従来では団交と無縁と考えられた領域に団交権を広げる，問題を団交の場に引き入れるためにはかなり無理な論理を必要とするような相手方を団交の当事者とする，──労働者ではない──一般市民の特に行政機関との交渉と団交との接点を探るといったことであるので，団交権の質的拡張と言って良い内容である。

　そうした団交権の質的拡張を問題とする理由は，一つは，労使紛争の多様化とそれに対応した労使紛争処理・解決システムの多様化である。それは，別の面から見れば，従来は団交にかけられて処理・解決されていた問題が，団交以外の方法によっても処理・解決されるということだから，団交機能の形骸化，低下の反映でもあろう。それに対して採りうる選択肢として，団交機能の充実により再び団交の場に問題を取り戻すという途が，考えられない訳ではない[2]。しかし，労使紛争処理・解決システムの多様化は，労使紛争の多様化に規定されたものであるとともに，労使紛争の性格，内容に適合した形で創出されて来たもので，それなりの必然性を持っている。言い換えれば，団交で処理・解決しえない・しがたいから，別の方策が求められたのでもある[3]。そうとすれば，様々な紛争処理・解決の制度を尊重しその発展を図りつつ，団交と並立させるという選択肢の方が妥当であろう。しかし，それらの紛争処理・解決システムをどう法的にコントロールするのか，そしてそれをとりわけ労働者が主体的に自らの要求・主張の実現の場として活用するには，どうしたら良いかという視点で考えた場合，団交権をそこに拡張するという選択肢の方が，優れているように思われる[4]。

もう一つは，団交の闘争的，対立的性格の希薄化である。それも団交機能の形骸化，低下の一環ではあるが，しかし他方で，様々な方策と努力による団交機能の充実が図られたとしても，かつてのような争議・争議行為と一体となったような闘争的・対立的な団交が再現されるとは，思われない。出現するのは，対話，コミュニケーションの充実，それらを通じた責任あるかつ生産的な問題の処理・解決であろうしまたあるべきである。そして，そうした質を持った問題の処理・解決は，団交以外の紛争処理・解決の制度にも求められるところである。それは，その制度の合理性を通じて達成されうるとしても，より根本的には，労使のその方向への努力によると思われる。そうとすれば，その努力に労働者が主体的に関わる，そして団交における「対話，コミュニケーションの充実」の経験を他の紛争処理・解決制度に持ち込み，それを活性化させることを目指すべきであるが，その媒介となるのが団交権の拡張である。

　さらに，政策の立案・決定・執行過程の民主化という問題が関わる。労使・企業協調的な労働組合が支配的となったことと相まって，労働組合が政策の立案・決定・執行に関与・参加することが，政策・制度闘争あるいは労働政治として展開され，かつてのような問題の政治的決着としての「交渉」ではなく，実質的な話合い・協議が，政府・各省庁との間で行われるような状況がある。他方，地方自治体レベルでは，政策の立案・決定・執行をめぐり，自治体側の独断専行型から対話型への転換，住民・市民運動の対決・抵抗型から参加型への転身があり，ここでも対話・コミュニケーションを媒介した政治・行政が行われて来ている[5]。この両方とも，従来の団交権理論では視野に容れていなかったことは，言うまでもない。本章でここまで展開している新しい団交権理論でも，同じである。結局それらは，一方では，政策主体の側の裁量――そうした裁量を働かせる上での運動とその力があったとしても――によって生じた事態であるとともに，他方では，そうした状況の変化があっても，交渉というレベルで見ると，市民的自由の問題であり，交渉の申入れの自由とそれに対する任意の対応としての交渉の実現――交渉の義務はなく，いつでも打ち切ることが出来るもの――でしかないことに，変わりはない。しかし，状況の変化に規定されつつ，政策の立案・決定・執行レベルでの交渉が，それなりに普遍化し定着して来て

第 8 章　団体交渉権理論の転換

いるとすれば，それにより強固な権利の網をかぶせることにより，交渉を安定的なものとし無用な混乱を避ける必要性が，生じていると言えよう。ところで，こうした交渉に関して，従来の団交権理論による限り，労働組合による交渉については，何らかの論理によって団交権の保障が及ぶこととなる可能性があるが，一般市民の場合にはそうはならない。そうだとすると，同次元で政策の立案・決定・執行をめぐる交渉を行っているに拘わらず，一方が権利でかつ労働法上の特別の保護を受け，他方が権利ではなく特別の保護を享受しえないということになり，不公平感を拭えない。それを解消しようとすれば，——団交権保障をそのまま及ぼすことが，無理か否かを問わず——団交権の拡張が必要とされる。それは，憲法第28条を一般市民にも適用ないし準用する——さしあたり団交権だけだが——ことなのか，または28条と無関係に政策の立案・決定・執行をめぐる交渉についての全く新しい権利として構成されるものなのか，いずれにしろそれは可能であろうか[7]。

1)　本章では省略した団交権の法的レベルで言えば，団交権の拡張は，不当労働行為制度の保護までは受けないが，使用者に団交義務は課されることを意味する。なお念のために言えば，本節で示す事柄の次元は，団交権の拡張の可能性の検討であって，その結果として拡張が可能という結論になったとしても，団交権の拡張は自動的に行われる訳ではない。それは，労働者が，「団交権の拡張」を選択した限りで生じることである。
2)　紛争処理・解決システムの中には，団交代替性を持たない，持ちにくいものもありうるが，その点は無視する。
3)　労働組合の組織率の低下は，それ自体さしあたり労働組合による団交での問題の処理・解決の狭さを示すし，また企業による労働者の個別的管理の進行・強化も相まって，団交では取り上げにくい個別的労使紛争の増大となって来ている。「個別労働関係紛争の解決の促進に関する法律」(2001年)や「労働審判法」(2004年)が制定される所以である。
4)　これは，その制度に即した法的コントロール——それがありうるとして——だけでは，使用者の利害の貫徹の一方で労働者側の利益軽視となるのでは，という現実的判断に基づく。
5)　勿論，前者は「労働なきコーポラティズム」と評価されたり，後者では対話型に反する事態も多々ある。しかし，そうした動向が生じていることを団交権理論としてどう位置づけるかこそが，ここでの問題である。なお，現在の「構造改革」・新帝国主義化の動向の中ではあるいはそれ以前から，「労働なきコーポラティズム」でさえ消滅していると評価されうることについては，問わないが，だからこそ「団交権の拡張」が必要だとも言えそうではある。

6) ここでは，後で触れる「生存権的生活利益」という分水嶺については，捨象する。
7) 本書第7章で「団結権の拡張」を論じた際に，《労働者──一般市民》という区分ではなく，《労働者──新しい社会運動──一般市民》という区分をしている。しかし本章では前者を採るが，それは，本来義務なき者に団交義務を課するという点で，一般市民と区別して新しい社会運動に特権を付与する契機に乏しいとともに，一般市民による団交においても課題と交渉の進展次第では，新しい社会運動と重なりうるからである。

2 労使紛争処理・解決システムへの拡張

（1） 課題限定の理由

ここでは，労使紛争処理・解決のための全ての制度ではなく，労使協議制，労働基準法の過半数代表制[1]，苦情処理制度の三つを取り上げ，そこに団交権を拡張する可能性を探ってみたい。これらの制度を取り上げるのは，次の理由による。労使協議制は，従来において，団交と厳密に区別されながら現実にはそれが団交の代わりとして機能させられ，団交の形骸化の一要因となっていると批判的に捉えられて来た。それに拘わらず取り上げるのは，その捉え方を現在でも維持するのが妥当なのかを，問うためである。過半数代表制は，労働者の過半数を代表する者が，使用者と協議するだけに止まらず，その間の合意によって書面協定──労使協定とも称する──が締結され，労基法が定める労働条件の最低基準の規制を緩和する形ではあるが，新しい労働条件を設定出来る仕組みである。それは，法体系的位置としては，団交権が含まれる団結権保障法（労働団体法，集団的労使関係法）ではなく，労働権保障法（労働者保護法，個別的労使関係法）に属するものであって，従来においては，それに団交権が関わるという発想が生じる余地がなく，そうした問題提起は一蹴されて来た[2]。しかし，過半数代表の民主的選出という年来の懸案課題が一応それなりに解決された現在においては，それを団交権との関わりで捉えた方が，労働者の利益の維持・増進にとって展望的なように思われる[3][4]。

最後に，苦情処理制度についてだが，それが何に基づき──例えば就業規則により使用者が一方的にか，労働協約という使用者と労働組合との合意＝協同的にか──設置されるか，労働者の代表も参加する組織が苦情処理に当たるのかといった内容は，様々であろう。しかし共通するのは，労働者が自己の問題に関する苦

情を申し立て，使用者側との協議を通じて問題解決を図ることである。そうだとすれば，その問題解決を労働者にとって有利な方向で図る上での一つの要因として，権利保障の側面でより強固にしておく必要性があるとすれば，団交権の拡張がそれにふさわしいと思われる。[5]

　（2）　労使協議制

　団交が，闘争的，対立的な場としての性格を薄め，理性的な対話，コミュニケーションの場に転換している・するべきと捉えられるならば，団交と労使協議制とを厳密に区別する必要性は，なくなる。勿論，——現実の機能は別として——団交とは別に労使協議制を設けるのは，それに団交とは異なる働きを期待するからではある。そしてそれは，合意を目指すというよりは，説明や協議を通じて，とりわけ使用者側が労働者側の理解を求めるとともに，使用者側が提起した問題の自発的な受容を促す媒介の役割を期待されているのである。とは言え，合意あるいは同意を要件とする労使協議制が全く排除される訳ではないし，そうでないとしても，そこに交渉の余地がないでもない。そうだとすると，労働者の利益の維持・増進を目指して，労使協議制を団交に近づける努力があって良い。そして，労使協議制における労働者側の交渉とそれをめぐる言動に対し，労使協議制自体が労働者側に与える法的保護より手厚い保障を与えようとすれば，労使協議制を団交の一環として認めること，そこに団交権を拡張することが，不可欠である。

　労使協議制に団交権を拡張する上で支障になるのは，主に次の三点である。一つは，団交とは別に労使協議制を設けた使用者側の言わば期待的利益である。[6]労使協議制について，使用者側は，決定権限を留保しつつ，交渉，取引ではなく協議を通じて，実質上の同意を取り付けること，そしてそれが，団交的機能を媒介しないで決着することを，期待している。言い換えれば，使用者側には，協議義務はあるが団交義務がなく，団交権が拡張され団交義務が生ずることは，予測外の事態である。しかし，労働者側が，労使協議に徹するのでなくそこに団交の側面を付与しようとする限り，労使協議を団交の一形態として選択することが労働者側の自由であること，そして団交は団交の申入れから始まる型通りのものである必要性が必ずしもないことが，考慮されねばならな

い。あるいはそうではなく，労使協議制は，こうした媒介項抜きでストレートに団交の一形態と捉えられる余地がある，と考えるべきかも知れない。いずれにしても，使用者側の言わば期待的利益は，団交権の拡張を阻止しうる程のものではないと思われる。もう一つは，それでも労使協議制は，労働者側の同意があるが故に存立することである。それは，労働者側が，一定の事項を労使協議に止め，それに関わる団交権限を自己抑制したことを意味する。労使協議制の廃止や労使協議事項の団交事項への変更をしないでおいて，労使協議を団交化することは，その自己抑制に抵触すると考えられない訳ではない。しかし，その自己抑制は絶対的なものではなく，団交形態の選択の自由に支えられたところの，労使協議を団交化するという労働者側の選択を，阻止しうるものではない。最後に，労使協議事項が，いわゆる経営事項である場合の問題性である。使用者側としては，経営事項は労働条件ではないから団交の対象ではない，あるいはたとえ団交の対象であっても扱う角度が異なるとして，労使協議制を取り入れるのであろう。したがって，それが団交の対象とされるということは，想定外のことであるかも知れない。しかし，労働条件に直接あるいは間接に関わるかどうかはともかく，経営事項は，労働者の地位，働き方等に影響を及ぼすもの，即ち正に労働者の利害に関わるから，それは，団交の対象となりうるのである。また一般的に，何を団交で取り上げ解決しようとするかは，それが団交になじむ限り労働者側の自由である。そうとすれば，経営事項ということは，団交排除の理由とはならない。結局，労使協議制に団交権を拡張することには，何ら支障がないということになる。[7][8]

(3) 過半数代表制

労働法体系論的視点は別にしても，過半数代表制に団交権を拡張するという発想が生じることは，二つの理由で難しかったように思われる。一つは，言うまでもなく団体交渉権という権利とその主体の捉え方にある。即ち，団交権は，労働組合ではなくても少なくとも団結体に帰属するし，あくまで団体の権利とされるのに対して，従業員としての労働者総体は，団結体でも団体でもないから，団交権の拡張など想定しがたいことになる。そうしたことは理解出来ない訳ではないが，そうだとしても，争議団といった一時的団結に習えば，過

半数代表が締結する特定の書面協定は、労働者総体の特定の労働条件を規律するものであるから、労働者総体をその締結・締結の内容をめぐる団結体ないしは団体と想定し、団交権をそこに拡張することが考えられて良かったように思われる[9]。それはやはり難しかったとしても、団交権を労働者個人の権利と捉える本章の立場からすると、労働者総体は従業員団か団結体かはたまた団体かを問う必要はなく、過半数代表制に団交権を拡張することは、さしあたり政策判断レベルでは直ちに可能である。

　しかし、法的判断レベルにおいては、なおクリアーすべき問題がある。一つは、過半数代表制の場合、労働者の団交権限の授権が、団体ではなく「労働者の過半数を代表する者」即ち個人に対しなされることである。これについては、――政策判断次元として――可能であることを既に論述しているから、問題は次にある。それは、労働者の団交権限の授権の意思表示の担保である。例えば自己の所属する労働組合への授権であれば、団交意思の形成・決定の過程に関与する中で、授権の意思表示は明確になされるであろうし、別の団体や個人への授権では、授権の明確な意思表示抜きには授権はなされない。しかし過半数代表制では、少なくともかつてにおいては、授権の意思表示の担保は存在しなかった。何故なら、「労働者の過半数を代表する者」の資格・選出手続に関する法的規制がなかったため、労働者の意思により選出されるという保証がなく、労働者の何らの――授権どころか――意思表示なしでも過半数代表者が出現しえたからである[10]。過半数代表者の資格が限定された上に、その労働者による「民主的」選出が制度的に保障された現在においては、――それがその通り運用、機能する限りかどうかはともかく――授権の意思表示の担保の問題点は、一応解消されている[11]。しかしそれでも――本章の立場故に――第二に、労働者の団交権の単独行使問題の処理が、必要である。過半数代表制においては、その存立の余地がない、それが制度的限界であるという理解で良いのであろうか。使用者は、労基法の規制の例外（＝緩和）としての労働条件を設定するためには、過半数代表との間で書面協定を締結しなければならないが、これには条件がある。まず、労働者側が協定締結のために過半数代表を選出すること、次に、その代表との間で協定締結のプロセスを設定すること、最後に、その代表の協定

への同意を得ることである。第二，第三の条件に関わって，過半数代表が使用者の提示する協定原案に何ら異議を示さず同意するということでない限り，何程かの「交渉」がなされるのであり，使用者は，書面協定締結のために，「交渉」義務を事実上負わされている。そして，過半数代表は，不利益取扱禁止の保護を受けるのである。したがって，過半数代表に関わって団交権の拡張を言うことは，容易である。ところが，この労使協定締結に関して労働者の団交権の単独行使を認めるとすれば，次のような問題が生じる。まず，使用者がその義務として労働者の団交権の単独行使に応じたとしても，それにより労使協定の締結そして締結内容を，直接には左右しえない。直接に左右しうるとすれば，過半数代表制と相容れないからである。使用者が出来るとすれば，せいぜい締結内容に反映させるべく努力するということでしかなく，それでは，単独行使される労働者の団交権を否定することになりかねない。しかも，それでもなお団交権の単独行使に応ずる法的義務を使用者に課するとすれば，理論的には，半数未満の労働者の単独行使に応じなければならず，それでいて労使協定の締結および内容の決定は，過半数代表との「交渉」・合意によるのだから，極めて過重というだけでなく，無意味な義務とならざるをえないのである。やはり，団交権の単独行使は，制度的限界故に否定されると考えるべきである。[12]

　団交権の拡張という発想を阻んだもう一つの問題は，過半数代表の実態と書面協定の規制緩和機能である。過半数代表の民主的選出の制度的保障がない中で，現実の過半数代表の実態が，使用者が指名した者であるとか管理職が自動的になるということであれば，団交権の問題と捉える余地はなかったであろう。しかも，過半数代表との書面協定は，労働条件の最低基準を下回ることを認めるという規制緩和機能を持つのだから，労働条件の維持・改善のための権利であるべき——それがたとえ形式的建前でしかないとしても——団交権をそこに及ぼすことは，許されるべきこととはおよそ考えられなかったのであろう。しかし，第一の点は，そういう実態だとしても，それを許しているのは労働者自身であると評価せざるをえないし，とりわけ過半数代表の「民主的」選出の制度的保障がなった現在では，それはもはや口実としても使えない段階にある。労働者による主体的コントロールの下に置かれる過半数代表と使用者との「交

渉」は，団交権の拡張に適していると言える。また第二の点については，逆に考えるべきである。勿論，書面協定を締結しないという選択肢は，ありうる。しかしその場合，それで終わるとは考えられず，他の問題に関する書面協定の締結そしてその内容，既存の書面協定の改定，その他の労働条件の変更といったことが，当該書面協定締結のための取引の材料になったり差違え条件となるという可能性は高い。そうしたことは，当該書面協定を取り巻く状況との関わりで，「交渉」を行う必要性が生じることを意味する。それ以上に，当該書面協定を締結するという選択をすれば，一方では，どこまでどのような内容において規制緩和（＝労働条件の引下げ）を認めるのか，他方では，その引下げに代わる何を獲得するのかが，当然課題となるのであり，それらは全て「交渉」を経て決着するものである。いずれにしても，規制緩和の悪影響に出来るだけ歯止めをかけ労働条件の維持・改善が図られるべきだとすれば，それらは，使用者との「交渉」を通じて確保されるべきことになる。それは，そこが団交権拡張にふさわしい局面であることを意味している。[13]

（4） 苦情処理制度

苦情処理制度に団交権を拡張するためには，幾つかの問題のクリアーが必要である。第一に，苦情処理制度において交渉というものが入る余地があるのか否かである。そもそも交渉の成立の余地がなければ，団交権拡張など不可能である。苦情処理制度がどのような制度として構築されているかによっては，交渉が入る余地がない訳ではないが，ここで問題とするのは，具体的な制度を越えた一般論である。問題解決の鍵は，「紛争の解消」という側面にあるように思われる。苦情という形で発生した一種の紛争が，使用者の一方的意思による処理という形で，解消されることがない訳ではないであろう。しかし，苦情の申立てをした労働者の意思，意見を反映しまた取り入れた処理でなければ，紛争は解消されず継続しがちとなろう[14]。また他方で，苦情処理制度のメリットは，労働者が苦情という形で自己主張し，それに使用者が耳を傾けるとともに説明すべきことは説明する，そしてそうしたことを通じて——その苦情自体は，直ちには解決されないとしても——苦情発生の原因，要因に対する将来的な改善の姿勢を示すことにより，労使の信頼関係を回復ないしは確立するというとこ

ろにある。そうとすれば，最低限，労働者が自己の主張を使用者の面前で展開する，他方使用者が──それをただ聞き置くだけではなく──自らの見解を説明するという場が，なければならない。ましてや，苦情処理のあり方，内容に労働者の意思・意見を反映させ・取り入れようとすれば，しかも使用者の立場を損ねない形で行おうとすれば，苦情処理に交渉という側面を導入するしかない。

　第二に，苦情処理の個人性である。勿論，自己の苦情を，自己の所属する団体あるいは別の団体に託して処理に当たらせるというやり方が，その制度において認められているのであれば，──団交権の授権の論理の「準用」として──団交権を拡張することに，支障はない。そうではなく，あくまで労働者個人が苦情処理手続きを進めるのであれば，団交権の拡張の前提として，労働者個人の団交権の単独行使の承認が，必要である。それを認める著者には何ら問題はないが，認めない立場であれば，苦情処理への交渉の導入を認めたとしても，それは，団交権の問題ではなく労働契約上の個別的交渉権レベルの問題でしかない。交渉の余地さえあればそれで良いという政策判断はありうるが，それは，あくまで団交権という権利に関する政策判断ではないし，それが政策判断として有意義となるのは，苦情処理制度における個別的交渉権の行使が，一般のそれに何らかのプラス α がある場合のみである。しかし，団交権の拡張というもう一つの政策判断のためにこの理論的障害を乗り越える方向で努力する方が，妥当ではなかろうか[15]。

1) 労働者の過半数代表──労働者の過半数を組織する労働組合もしくは労働者の過半数を代表する者の両者を指すが，「団結権の拡張」という課題において意味を持つのは後者であり，ここでは後者のみを指すことにする──は，労基法以外の法領域でも果たすべき役割があるが，一番重要なのは労基法であるので，焦点をそこにしぼることにする。
2) 本書第7章第7節4注5）参照。
3) とは言え，その解決がなかったとしても団交権の拡張を行うべきであるというのが，本来の趣旨である。
4) その意味でも，使用者の就業規則の作成・変更に関する過半数代表の意見聴取義務を協議さらには同意にまで改善することが，課題であり続けている。
5) ここには，労働者は苦情を申し立てるだけで解決には全く関与しない制度を対象外とすること，逆にそれを少なくとも協議的関与の制度に改めるべきである，という主張が含まれている。なお，日本における苦情処理制度の未発達という状況と今後の発展の可

能性の乏しさからすれば，ここで他の制度と同列に論ずることには，疑問があろう。しかし，労使紛争処理・解決システムは，企業内でも確立されるべきであり，それにより企業外のシステムがより有効な機能を発揮すると考えるので，ここに加える。
6) ここでは，合意あるいは同意を要件とする労使協議制は省く。それには，先の論理が妥当するからである。
7) この場合，労使協議事項が団交事項であることが，前提となる。しかしその問題は，既に解決済みである——本節1参照——とともに，第三点で再説する。
8) 念のため言えば，ここで労働者の団交権限の授権とか労働者の団交権の単独行使といったことが問題とならないのは，既に存在する労使協議制が対象であるからである。したがって，これから労使協議制を設置するとともにそこに団交権の拡張を予め組み入れようとすれば，それらの問題が浮上するが，これも指摘に止める。
9) これは，労働法体系論的に言えばということであって，団交権のストレートの適用と捉えられる余地があるが，指摘に止める。
10) そうした授権の意思表示の担保を作れたか否かは，労働者の責任でもある。しかし，制度的保障のない中では，作れたところには団交権が拡張されそうだがそうではないところでは否定されるということでは，法的論理としてはおかしいというのが，ここでの趣旨である。
11) 現行の法的規制は，労働者の過半数が支持するという数的代表であって，労働者の過半数の意思の代表ではない点で，なお問題があるが，指摘に止める。
12) 労働者の団交権の単独行使を尊重する途は，労使協定締結後のその拘束力発生のレベル，即ち協定の就業規則化ないしは労働協約化におけるそれを上回る協約ないしは契約の存立可能性に求めることが，考えられる。ただ，協約論としては，幾つかの点での検討が必要なので，本書第**10**章に譲る。他方就業規則については，拙稿「現代就業規則論の課題」（『島大法学』48巻4号）参照。
13) 以上の理は，労基法38条の4に規定する労使委員会の決議とりわけ委員会決議による労使協定への代替にも，妥当する。ただ，議決要件が全員一致から4／5に変更されたことが，その妥当性の水準を低下させるのかどうかについて検討が必要だが，指摘に止める。
14) その苦情が，申し立てた労働者一人に固有のものでなく，他の労働者と共通する苦情である場合がありうるが，そうした側面には立ち入らない。
15) 団交権の拡張が認められるとすれば，使用者の団交義務の問題が残るが，それは，(2)，(3)で展開した論理が，——そのままではないとしても——当てはまると思われるので，省略する。

3　一般市民への拡張

　団交の自由レベルでは，一般市民が行政機関・地方自治体を相手として行う交渉を，同次元のものとして扱うことが可能であることについては，既に述べた。しかしここで問題にするのは，「行政機関」に団交義務を課す形での団

交権の一般市民への拡張の可否であり，その一般的，抽象的レベルではない根拠，理由づけである。

　まず，一般市民が主体であることによる障害が，問題となる。団交権を含む「団結権」は，労働者のみに保障され労働者であるが故に——一般市民とは異なる——労働法上の特別の保護を受けるのであって，団交権が一般市民に拡張されるのであれば，憲法第28条の存在意義，規範的意義が失われかねないからである。それについては，一般市民への団交権の拡張によっても，一般市民には労働法上の特別の保護が与えられないとするのが，一つの解決法であろう。即ち，一般市民への団交権の拡張は，「行政機関」への団交申入れそしてその反面での「行政機関」の団交応諾・誠実交渉の義務づけの限りでの権利であって，団交をめぐって生じうる刑事上，民事上の責任を免除する訳ではないとするのである。しかしその解決法には，二重の問題がある。一つは，団交権保障と労働法上の特別の保護とは表裏一体ではないかという理論的問題である。著者は，団交を純化させるという趣旨で，例えば団交を要求する様々な行動を団交権ではなく団体行動権の問題と捉えており，そのことにより団交権と労働法上の特別の保護との切断が可能だと考えてはいる[2]。その考え方を採用しない限り，こうした解決法は成り立たないように思われるが，果たしてどうであろうか。もう一つは，団交とは，理性的な対話・コミュニケーションであることとの関わりである。それは，団交とは，かつてのような多人数で団交の相手方を取り囲み，つるし上げたり物理的強制力で要求・主張を呑ませたりするものではなく，少なくとも平和的な話し合いであるという捉え方が，労働者であろうと一般市民であっても定着している——例外は勿論あるが——ことから生ずるところの，現実的問題である。つまり，団交をめぐって刑事上，民事上の責任問題が生じることは殆どなく，あったとしても，労働法上の特別の保護を受けないために成立する一般市民の責任と，正当である限りその責任が免除され不当であって初めて生じる労働者の責任とを比較すれば，——理論上はともかく——現実にはそれ程差異がないのではないかということである。そうだとすれば，団交権の拡張が労働法上の特別の保護を伴うか否かは，言わばどうでも良いことになる。即ち，その解決法は，決定打にはならないということである。

そこで、団交権と労働法上の特別の保護を一体のものとした上で、それが何故労働者のみに保障されるのかという問題、言わば原点からのアプローチが必要とされよう。労働者への保障は、市民法上の自由・権利が労働者であるが故に形骸化するないしは失われるから、その回復を図るということ、労働者が労働者であるためにその生存権的生活利益を脅かされるから、その維持・増進のためにそれが必要であること、そうしたことの故である。ところで、現代において一般市民も、様々な領域においていろいろな程度においてその「生存権的生活利益」が脅かされ、その維持・増進が必須の課題となって来ていることは、明瞭である。それへの対応として、市民法レベルでの新しい立法の登場や一般市民の「生存権的生活利益」に配慮した現行法制の解釈が、展開されて来ているところである。しかしそれらによっても、一般市民の「生存権的生活利益」の維持・増進が不十分、不可能であるとすると、労働者並みの権利保障が求められることは、理の当然である。成程、団結権、争議権であれば、一般市民においてその保障を欠いても、自らに保障されている市民的自由で――十分ではないとしても――代替出来る面があるから、さして支障はないかも知れない。しかし、「行政機関」との団交を考えれば、団交を行うか否かを含めて「行政機関」の任意の意思に委ねられる団交の自由、ましてや市民的自由だけでは、決定的に不十分である。即ち、交渉を通じて自らの「生存権的生活利益」の維持・増進を図ろうとする限り、その交渉の場に出席し誠実に交渉することを「行政機関」に義務づける団交権の保障が、絶対的要請となる。それは、市民的自由にはありえないものであるから、団交権の拡張が必要なのである。それでもなお残りうる疑問、憲法第28条の存在意義、規範的意義の希薄化という問題に、どう答えるべきであろうか。著者としては、例えば憲法第28条と憲法第21条との差異の解消という究極的問題であればともかく、団交権のみについてのしかも「生存権的生活利益」という歯止めのある拡張であることから、その疑問自体が成り立たないと考えている。逆に言えば、第28条の存在意義、規範的意義は、主体の面で言わば横滑り的拡大をすることにより現代的要請に対応することになり、反って増大すると見るべきである。

 最後に、「行政機関」の団交義務の根拠が、問題となる。ここまでの展開で

示したのは，一般市民の側から見た団交権の拡張の必要性であり，それだけでは「行政機関」の団交義務が生じるとは，考えがたい。一つの根拠は，労働者の団交の相手方として「行政機関」を据える論理が，使えるのではないかということである。労働者であれば，どのような問題であっても，「行政機関」を義務的団交主体に出来るという訳ではない。それが可能なのは，「行政機関」が労働者の生存権的生活利益を侵害するまた維持・増進に関わる，一言で言えば「左右する」地位にあるまたはそうした権限を持つからであり，それに関わって交渉する限りにおいてである。一般市民についても，「行政機関」がその「生存権的生活利益」[5]を左右する直接的な地位・権限を持つこと，それに関わる交渉の限りでは，「行政機関」が交渉に応ずるかどうかを自由に決められるとすることは，現在においては法的正義に反すると評価されよう。そのレベルでは，「行政機関」は，一般市民にとって通常の「行政機関」とは区別されるのである。[6] その点に付け加えるとすれば，その一般市民の「生存権的生活利益」の侵害や維持・増進に関わって，他の方法，手段によっては解決しえないか大変困難であり，「行政機関」との団交を通じてより良い解決が図られるないしはその方法しかありえないといったものに，限定することが考えられる。しかしこの点は，政策判断の問題とした方が妥当であろう。もう一つの根拠は，現代行政のありようと民主主義からの要請である。この点については，一般論としては既に触れたが，ここで問題にしたいのは，紛争解決と知恵である。「行政機関」は，政策の執行を「立法」に規律されながらも幅広い裁量の下に行っているが，実は，その裁量こそが紛争の火種を提供しているし，そうでありながら紛争解決の方法を持ちえていないことが多い。それを「行政機関」が紛争解決の知恵を持ち合わせていないと表現すれば，紛争当事者の市民に，解決の知恵を借りるしかない。その知恵を借りる場が団交だとすれば，「行政機関」に団交義務を課することは，反って「行政機関」にとってもメリットがあることを意味することになる。また，対話型行政が「行政機関」と一般市民との対話・コミュニケーションとしての団交でこそ，最も明瞭に姿を現すのであれば，「行政機関」に団交義務を課したとしても，「行政機関」に過度な負担を負わすことにはならないと思われる。

ところで，一般市民の団体といっても多様かつ多数であり，その全てと団交を持つことは事実上不可能であろう。そこで，義務的団交を当該問題に関する代表的団体に限定することは，許されて良いと思われる。勿論，如何なる団体が代表的かについては，「行政機関」の恣意的判断に任されるべきではないし，そこにおける差別があってはならないのは，当然のことである。[7]

1）　以下，煩わしいので，「行政機関」とのみ表記する。
2）　団交義務の承認自体が労働法上の特別の保護だとすれば，完全な切断ではないが，ここでは団交義務を扱っていないので，指摘に止める。
3）　それらの一部例えば公害・環境法を，市民法の変容・拡大としてではなく，社会法の領域拡大と捉えることが可能だが，指摘に止める。
4）　ここまでは，「行政機関」との交渉を，当然のこととして「団体」交渉として論じて来た。労働者と同様な市民個人の団交権の単独行使は，理論的にはともかく，現実性がないためである。
5）　一般市民における「生存権的生活利益」が，労働者のそれと全く同じないしは同じとみなしうる程のものでなければならないのかについては，生存権原理が，市民法と労働法との区別の決定的理念ではなくなって来ている現在では，否定的に考えて良いと思われる。ただ，問題にしているのは，一般市民への——「団結権」全体でも労働法総体でもなく——団交権の拡張であるので，違いを示唆する意味でカギカッコに入れている。
6）　「行政機関」による政策の執行は，一般に，一般市民の「生存権的生活利益」を多少とも左右しうるので，前掲注5）を踏まえた上でなおもっと明確なメルクマールが必要とされるであろう。しかし，そこまでは本書の課題ではないので，省略する。
7）　そうした代表的団体が存在しない場合はどうかといった問題があるが，触れない。

第**9**章

争議権理論の転換

第1節　問題の所在と本章の課題

　日本の労働争議・争議行為をめぐる問題状況には三つの大きな特徴があり，そのことが，争議権理論を性格づけるとともに，厳しい理論的対立をもたらしても来た。第一は，官公労働者に対する争議行為（特にストライキ）の全面・一律の禁止である。全ての労働者に争議権を保障している憲法第28条が存在するにも拘わらず，違憲と評価される（少なくとも疑われる）法律による争議行為の制限が，広範にかつ長期に渡って存続している。とりわけ，全労働者の4％程度を占め，かつ組織率が高いため全労働組合員数に占める比率が一割を越える官公労働者[1]が，ストライキを全面・一律に禁止されていることは，重大である。しかも，最高裁判所は，一貫して，この全面・一律の禁止を合憲とする判例を形成して来た[2]。そのため，これらの争議行為制限法規の合憲・違憲性の問題が，争議権理論の一つの焦点となっている。そして，とりわけ官公労働者に対する争議行為（特にストライキ）の全面・一律の禁止法規の違憲性をめぐって解釈論，裁判闘争論，判例批判論が展開され，また従来の労働法学では珍しく立法構想・立法闘争論さえ——一時的ではあるが——提唱され，そうした中で争議権理論が構築・錬磨されて来た。また，そうした制限法規を免れるためもあって，諸外国にはない順法闘争という戦術が編み出され，それをめぐる法理も争議権理論の一環を構成している。第二は，ストライキの自由をめぐる問題である。企業別組合という組織形態，労働者の企業意識の強固さ，使用者の反組合的傾向の強さと相まって，争議行為がストライキ——労務提供の拒否という消極的不作為——に止まらず，職場占拠，ピケッティングといった実力行使（＝積極的作為）を伴いがちである。争議権理論も，そうした実力行使を素材とし，

それが市民法上違法であるにも拘わらず，労働法上の特別の免責・保護を何故にまた如何なる範囲で受けるのか，ということを焦点として構築されて来た（争議権の生存権ないし社会権的側面）。他方，日本においては，ストライキの自由化段階を十分には経験することなく，戦後改革において一挙に争議権が確立したためもあって，憲法第28条により全ての争議行為が保障されているないしは保障されるべきという，言わば憲法第28条万能論的傾向を生み出す一方で，逆に憲法第28条の保障を受けない争議行為は，全ての点で違法であるかの如き捉え方に短絡し易かった。また，争議行為を生存権実現の手段と捉える傾向が，学説，判例を問わず極めて強固であった。そうした中で，代償措置さえあれば争議行為の禁止が可能である，禁止法規に違反した争議行為は刑事・民事免責を当然失う，争議行為のいわゆる「原動力」となった者への刑事制裁を是認するという現在の最高裁判例が，その最も悪しき典型例として存続するとともに，学説は，その批判的克服の理論を提示し切れなかったのである。日本の労働者における契約や自由の意識の昂揚・強化にも規定されつつ，争議権の複合的構造，とりわけ争議権の自由権的側面ないしは争議権の基底にある自由の意義を明らかにする必要性が認識されるようになるのは，こうしたことが契機となっている。第三は，ストライキ権行使の低調さである。確かに，戦後労働組合運動史や争議史を紐解けば，極めて長期のしかも大企業における大争議に彩られていることが解るが，それは，企業社会が成立する1960年代前半までであるし，全体として見た日本の争議においては例外的現象である。日本の労働争議の特徴は，ストライキの少なさ，期間の短さ，したがって争議損失日数の少なさにある。この傾向は，企業社会が確立した1970年代後半以降一層強まり，日本の労働組合運動の一大イベントである春闘も，「ストなし」が定着している。他方で，争議行為が目立つのは，企業社会の周辺に生じるもの，即ち大企業の少数派争議や小零細企業の倒産争議といったものである。争議行為は労働組合がなくても発生するが，多くは組合の組織化によるものであろう。現在の労働組合組織率の低さと相まって，争議権・ストライキ権に関わらない労働者が圧倒的多数という状況下では，争議権に対する労働法学界の関心が殆どないのも，頷けるところである。

そうした状況にも拘わらず,「戦後労働法学」の争議権理論の転換に取り組むのは,勿論,著者の「団結権」論の完結にとって欠かせないからではある。しかしそれだけではなく,一方では,歴史的課題性に基づく。それは,憲法上保障された人権である争議権が,これほど長期に渡って違憲の法律により制限されて来たことの深刻性を,二重に受け止めるべきと思うからである。それは,一つは,争議権(＝憲法第28条)には,その保障に到る先人の歴史的苦闘が凝縮されていることとの関わりである。違憲の法規がまかり通っていることは,その歴史的苦闘への侮辱であり,労働法学に携わる者としてのプライドが許さないのである。そのプライドを懸けて,違憲法規に対抗する理論を構築したいということである。「戦後労働法学」の争議権理論は,この課題への取組みにおいて敗北した——きつい表現であり,また「戦後労働法学」の争議権理論のみの責任ではないが——のであるから,それに代わる理論を探求せざるをえないのである。もう一つは,争議権が今でも人権である[3]こととの関わりである。違憲の法規の存在は,歴代の政府・国会・国民により,人権であるものが人権として扱われて来なかったということであり,これは,著者の人間としてのプライドが許さないことである。しかも,人権が,「現在及び将来の国民に対し,侵すことのできない永久の権利として信託されたものである」(憲法第97条)に拘わらず,著者は,これまでその信託に応え切れていなかったという反省に立っている。その反省を踏まえて著者は,今現在において応えるとすれば,人権たるにふさわしい争議権理論を構築することであると考えている。他方では,実践的課題性に基づく。争議権・ストライキ権に関わらない労働者が圧倒的多数という状況は,労働組合・労働組合運動の闘争力・組織力の脆弱化,労使・企業協調路線に立つ組合の支配,そして決定的には企業社会の成立・確立に,起因する。しかし,そうした原因・理由を指摘するだけでは,一歩も前進しないのであって,それに対抗し克服しうる理論が,対置されねばならない。その際に最も考慮すべきなのは,権利意識と社会的・国民的影響である。権利意識としてここで指摘したいのは,日本の労働者・国民の権利意識の低さといった問題ではない。それはそれで当たっているとしても,これも,そうした指摘だけからは何も生まれない。必要なのは,労働者・国民の権利意識についての新し

い捉え方なり視角である。勿論,争議権理論は,労働者・国民の権利意識に働きかけそれを引き上げる,という役割を果たすべきものでなければならない。しかしその際に必要な構え方は,かつてのような言わば上からの啓蒙的な教示であってはならない。必要なのは,例えば「ストライキ権行使の低調さ」を,様々な要因,条件を考慮した上で労働者が選び取った態度であると考えること,それが現代における労働者の権利意識であると捉えることである。そうした捉え方をする限り,上からの啓蒙的な教示であっては,その権利意識とすれ違いになるだけで何ら役に立たないのである。したがって,要請されているのは,労働者・国民の権利意識に即しそこに浸透し受容されるような理論である。著者が既に,団結権論・団体交渉権理論において徹底して労働者個人の権利として構築しようとして来たのも,そのためである。労働者の権利意識は,従来の「団結権」論を拒否するという選択を既にしているのであるから,それに代わる「団結権」論が提示されねばならないし,争議権理論においても同様である。それによって労働者・国民の権利意識に働きかけ本来の憲法適合的な権利意識を形成し,違憲法規の廃棄の動きを作ろうというのが,著者の意図である。

本章で扱うのは,新しい争議権理論の提示とは言え,その基本的骨格ないしは問題を捉える視座にしか過ぎない。本章が提起する視座は,本書第7章における「団結権論」の展開に手掛かりを得たものである。その第一は,団結権論における,従来の「『団結=目的』・『団結権=手段』」論から「『団結権=目的』・『団結=手段』」論への転換であり,第二は,「『団結しない自由』の積極的承認」である。そして第三は,「団結権の主体は,徹底して労働者個人であり,団結は,その権限の付与・譲渡(=授権)の限りで存立・存続しうること」である。そこで本章の課題として設定する第一のものは,そうした内容を争議権理論においてもそのまま展開して良いのか,何らかの修正ないしは付加が必要かを検討することである。そこにおいて焦点となるのは,一般的にこれまでの争議権理論においても問題となるが,特殊的にはその転換における難問であるところの「集団と個人の関係」をどう構成するかである。第一,第二の手掛かりは,争議権理論において展開する上で,さほど重大な問題があるとか極め

て難しいということは，なさそうである。しかし，第三の手掛かりに関しては，「集団と個人の関係」の構成次第では大変やっかいな問題を提起するし，それに成功しないと，「争議権理論の転換」が不可能ないしは不十分・不徹底となる可能性を秘めているのである。そうした理論レベルでは，とりわけ，「違法争議行為における団体責任と個人責任」という従来のとりわけ「戦後労働法学」において極めて簡単な割り切りがされている問題について，説得的な批判とその克服の方向を提示することが，困難となる。第二の課題は，争議権理論に固有のものとして，批判的に検討すべきものがあるかどうかである。第一の課題を基礎理論的課題と称するとすれば，具体的理論課題ということになるが，問題は以下のように設定される。基礎理論的課題と具体的理論課題との関連性，即ち，基礎理論的課題と具体的理論課題とは緊密な関連があるから，前者における何らかの変容・変更は後者に影響を及ぼすのか，後者はそれなりの独自性を有するため，前者における何らかの変容・変更はそれ程問題にはならないのかである。その問題は，争議権理論の転換においても同様の問題を提起する。しかし，後者の関連しかない場合であっても，基礎理論的課題レベルでの理論転換を踏まえて再検討すべき内容が生じるのかどうかも問題となる。そうした具体的理論課題とは，第一に，争議行為の定義ないしは概念である。これには，争議行為の対社会的影響・影響力の拡大・変容とかインターネット時代・IT革命という状況の変化も，関わる。第二に，争議行為の本質とりわけ民事免責の法的根拠および法的構成が，問題となる。他方，刑事免責についても特には問題がなく，あえて言えば争議権理論の転換が，その法的根拠の説得性を強化し現実化へ一歩進めうるのかどうかという実践的次元が，問題となるだけである。第三に，争議労働関係の設定の是非と設定する場合の法的意味である。争議労働関係を設定すべきであるとすると，そこには争議中の労働契約関係のありようという，争議権確立段階から問題となった古くからの問題がある一方で，既に決着の付いた問題とされるものも，含むことになる。ここでの問題は，恐らく，設定の是非・法的意味それ自体ではなく，設定の不徹底さないしはその法的効果との関わりでの設定の不明確な中断という次元，言わば理論の首尾一貫性であろう。第四に，争議行為と団結自治・団結承認義務との

第9章 争議権理論の転換

関係である。この問題は，従来においては，「争議行為と不当労働行為」，「違法争議行為と統制処分」という問題における団結自治・団結承認義務の適用・援用という，言わば個別的問題レベルでしか論じられて来なかったものである。しかしそれで良いのかが，争議権理論の見直し・反省の中から提起されたが，これを争議権理論の転換がどう受け止めるのか・受け止めうるのかという問題である。最後に，争議行為の責任を論ずる観点である。端的に言えば，「市民法的観点」で良いのか，「労働法的観点」がありうるのか，あるとしてどのような意味・内容においてなのかが，問われて来ている。これは，後者を争議権理論の転換が肯定するのかというレベルと争議権理論の転換にとって後者が持つ意味が，問題となる。[4]

最後の課題が，違法争議行為と民事責任とりわけ損害賠償の問題である。——既述の課題にも重なりつつ——これが本章のメインの一つとなるのは，当然初出のテーマがそうであったことによるが，それだけではない。支配的であった「戦後労働法学」の争議権理論に対する言わば挑戦は，一方では，判例とりわけ最高裁判例によってなされて来た。しかしこれらは，——既述の官公労働者の争議行為禁止に関するものを含め——少なくとも理論的にはその争議権理論を凌駕するものではなかった。したがって，「戦後労働法学」は，判例批判という構え方で済んでいた。ところが他方で，学説による——本書で扱い論じているものとは異なる——「戦後労働法学」の批判・見直しが，1970年代に入り登場して来た。それは，「争議行為と民事免責」，「争議行為の概念」という問題を中心にして，批判とともに新しい理論が提示された。——後者はともかく——前者については，従来の「戦後労働法学」もその見直し・転換を図る論者も，この批判・理論に正面から応え切れていないように思われる。「戦後労働法学」の転換として新しい理論を提示しようとする著者にとって，この批判・理論に応えることは，争議権理論の転換の完結にとって避けられない課題である。

1) かつては一割以上であったが，総定員法に基づく定員削減，公共企業体の民営化，独立行政法人化，国・地方自治体の行政改革等により，一貫して減少している。
2) 周知のように，1960年代半ばから1970年代初めにかけてのいわゆる「人権派優位の時代」において，全逓中郵事件判決，東京都教組事件判決が出され，違憲判決一歩手前ま

で行ったが，全農林警職法事件判決により判例変更がなされ，今日に到っている。
 3） 本書において既に「憲法28条＝変質」論を展開しているのに，人権性を強調することは，矛盾と思われるかも知れない。しかし，「憲法28条＝変質」論は，現状認識であって，そこから出発して本来の28条を回復する・再確立することの課題性を，指示するものである。
 4） 戦後労働法学における争議権理論の総括については，清水敏「争議権論」（籾井常喜編『戦後労働法学説史』所収，労働旬報社，1996年），具体的理論課題については，大沼邦博「争議行為法をめぐる基礎理論的課題（上）～（下）」（『季刊労働法』106～108号）参照。後者に関わっては，そこでの指摘を再整理している。

第2節　「『争議権＝目的』・『争議行為＝手段』」論への転換

　争議権を，労働者の生存権あるいは生存権的利益という目的の実現の手段とした戦後労働法学の捉え方では，刑罰を担保とした官公労働者の争議行為の全面・一律の禁止の体制の克服が不可能であることは，既に明確であった。そしてそのことも踏まえて，争議権理論の見直しが開始されて，早や30年近くを経過している[1]。しかしそれは，未だ労働法学界の支配的見解になっているようには思われないし，ましてや判例に少しでも影響を及ぼしているという状況には，到っていない。それは，「争議権＝手段」からの完全な脱却が出来ていないからであり，争議権の目的への転換が完結していないからと思われる。
　その現れの一つが，生存権原理への執着の残存である。それは，一方では，生存権原理を争議権の理念，根拠レベルで維持している捉え方が，未だ強力であることに窺われる。他方では，そのレベルでは生存権原理を放棄している見解であっても，「争議権＝目的」ということに徹し切れず，生存権原理――それを明示すると否とを問わず――を，なお目的の位置に据えているからである。そうした傾向が残存するのには，争議行為の法律上の定義・概念，即ちまず労働関係調整法第6条が，労働争議につき「労働関係の当事者間において，労働関係に関する主張が一致しないで，そのために争議行為が発生してゐる状態又は発生する虞がある状態」とした上で，第7条が，争議行為につき「労働関係の当事者が，その主張を貫徹すること目的として行う行為……」と定義づけ概念化したことが，関わっている。戦後労働法学における争議行為の定義・概念

第9章　争議権理論の転換

は，殆どこれに依拠して形成されて来た。したがって，それに規定されて，争議権をその争議行為の目的を実現する手段と捉えることは，言わば自然の流れだったとは言えよう。それ故，一面では止むをえないと考えられない訳ではない。争議権とは争議行為をする権利であり，その争議行為の目的が生存権・生存権的利益と捉えられるからである。しかしなお，法律が争議行為の定義・概念をどのように設定しているにせよ，争議行為の目的と争議権という権利の性格とは，異なる問題である筈である。保障された争議権を行使して争議行為を行う，そして争議行為が生存権・生存権的利益の実現の手段として機能することは，事実である。とは言え，その事実問題が，直接に争議権の性格を規定するものではない。争議権と争議行為とは，厳密に区別されなければならない。それは，一方では，争議権の保障が自動的に争議行為を発生させる訳ではなく，争議行為は，争議権の主体[2]がその権利の行使をするという選択をした結果であるということである。他方では，争議権の保障の範囲，争議行為の正当・不当性あるいは合法・違法性，争議権の保障の法的効果はともかくとして，争議権を生存権・生存権的利益の実現の手段として機能させるのは，権利自体の性格の故ではなく，権利主体が争議権をそうしたものとして活用しようと選択したからである。確かに，生存権原理は，争議権理論とその展開にとっては，不可欠である。しかし，それが主として働く次元は，争議権の保障の範囲，争議行為の正当性の判断や争議権の保障の法的効果という問題レベルであって，決して争議権の性格レベルではないのである。争議権の理念・根拠レベルにおいては生存権原理を徹底的に排除し，例えば官公労働者の争議行為の全面・一律の禁止を合憲とする議論とりわけ代償措置論に対して，この面でつけいるスキを与えるべきではない。その意味で争議権は，徹底して自由権としてかつ労働者にとって根源的に自由な権利として，把握されねばならない。[3]

　もう一つは，争議権を「労務提供の拒否（＝自由）プラスa」として捉えるとともに，このプラスa（＝実力行使）を争議権の基軸に据える傾向である。争議権論の見直しという取組みも，前者にのみ収斂しつつ，後者を所与の前提としてのものであったように思われる。しかし，ストライキ以外の争議行為も，ストライキ防衛の自由——それ独自の目的がない限り，職場占拠，ピケッティ

ングは，ストライキ防衛のための行動である——や，それを越えるとしても様々な形態による実力行使の自由として，したがってここでも徹底して自由として捉えるべきである。その上に，如何なる争議行為を行うかは，労働者側の——使用者の対応に規定されつつだが——選択に任されているのである。言い換えれば，どのような争議形態において争議権を行使するかは，争議権自体において決まっているのではなく，その権利の担い手が決めるのである。そうだとすれば，争議行為の形態如何によって，争議権保障の意義が変わるという構成は，誤っていよう。争議行為の形態上の差異は，争議権の保障の範囲，争議行為の正当性の判断，争議権の保障の法的効果レベルで考慮されるべきである。実力行使論的争議行為観は，争議行為の現状と乖離し過ぎているばかりではなく，——生存権原理とは別の面で——争議権を手段に止めかねない。そうした問題性は，徹底して払拭されねばならない。

　争議行為が事実として手段という側面を持つことは，従来においても現在においても，同じである。しかし，従来においては，「争議権＝手段」論の帰結としての手段視であって，「争議権＝目的」とした上での手段視ではなかった。現在問われているのは，「争議権＝目的」とした上で，争議行為を労働者側の選択的手段として純化させることである。それは，第一に，労働者側が如何なる目的の実現のために争議行為を行うのかが，労働者自らの選択に任されていること，そのための手段としてのみ争議行為を扱うことを意味する。第二に，そのために如何なる争議行為形態を選ぶのかも，手段の選択として，労働者側の決断次第であることである。第三に，選択的手段であるが故に，一方では，代替的手段に開かれてはいるが，代替的手段を採るかどうかは，労働者側のみが決められるということである。したがってまた他方では，争議行為の制限・禁止という立法措置は，この手段性を狭めるものとして，何よりも厳しく合憲・違憲の判断がなされるべきことである。前者は，——規範論的にではなく——争議行為をすることを通じて目的を達成しようとするのか，それとも代わりの手段でそれを図るのかが，労働者側の選択によることを意味する。したがって，例えば争議行為の激減という現状があっても，それは，規範的批判・非難の対象とはならないのである。それは，その原因・要因が何であれ，権利論

的にはしたがって法的には，あくまで労働者側の選択の結果として，冷静に受け止められるべきこととなるのである。後者は，争議行為の制限・禁止法規批判として，新たな観点を提示するものである。即ち，争議行為の制限・禁止法規は，争議行為の自由に対する制限・禁止に止まらず，争議行為の選択手段性との関わりで，その選択手段としての採用に制限・禁止を加えるものであるから，完全であるべき選択手段性を不完全なものに貶めているのである。したがって，争議行為の制限・禁止法規は，二重に法的に批判・非難されるのであり，その違憲性は一層明確となると思われる。

1) 籾井常喜「『争議権』論と見なおしの視点」(『季刊労働法』100号) が，その先駆的問題提起であるが，それは1976年のものである。なお，同『ストライキの自由』(労働旬報社，1974年) が，それに先行する。
2) これについては後述本章第4節で触れるため，叙述の必要上結論先取り的展開を示す所がある——他の事柄でも——。
3) 本書第7章で，——争議権の理念を部分的に転用する形で——団結権の理念の複合性 (したがって自由の理念は，その一部を構成する) を提唱している。それとの関係ではこうした表現は妥当ではないであろうが，生存権原理を徹底的に排除するためにそれと最も対立的なものとして，言わば象徴的な表現をここでは採っている。なお，西谷敏『労働組合法』(有斐閣，1998年) が示す「労働条件・経済的地位の向上やその決定への関与権」という理念も，手段論の一つとされる限り，なお不十分である。
4) それは，そうした現状が使用者による労働者支配の貫徹によるとしても，不当労働行為の排除以外は法的に問題としない，労働者側の選択の産物として肯定的に捉えることを，意味する。その点をより明瞭にするのが，次の本章第3節である。

第3節 「争議行為をしない自由」の積極的承認

争議行為に参加しない，ましてや争議行為の過程から脱落する労働者は，事の是非を問わず，厳しく規範的批判・非難にさらされるとともに，除名を含む統制処分の対象とされて当然とするのが，戦後労働法学とりわけ「戦後労働法学」の基本的構え方であった。ただ，1970年代以降，争議意思・争議行為と違反行動との比較考量を通じて，統制処分を緩和して来てはいる。しかし，その基本的構え方は，根本的に転換される必要がある。

まず第一に，争議権を保障された労働者がそれを行使して争議行為を行うか

どうかは，全くの自由意思に任されているのであって，それは，争議行為をしないことにも平等に開かれていることである。手段としての争議行為である以上，どのような手段としてそれを活用するかということとその手段にさしあたり手を着けないということとは，法的に対等である筈である。したがって，争議行為をしない自由は，十分に保障されるべきであって，それがいつどのような局面で行使されるかは，問われる筋にないし問うべきではないのである。[1]

　第二に，争議行為をしないという選択は，いろいろな要素，要因，条件の考慮の上でなされるものであろうが，そのことの持つ意義・意味が問題となる。その中には，争議行為を行うことにより生じうる状態を考慮して争議行為をしない，という選択がなされることがありうる。それは，例えば労使の対立の激化なりそれによる労使関係の悪化とか国民生活への影響といったものを，回避しようとする選択でありうる。そうした選択は，一つの価値選択であり，それ自体として尊重され重視されるべきであるとともに，それが，「争議行為をしないという選択」により表明されることを，法的に肯定的評価をするべきである。それが，原因―結果レベルの問題だとすれば，もう一つ問題になるのは，労働者側の目的達成に関する選択である。労働者側の目的達成のために争議行為を行うことは，一つの選択であるが，同じ目的達成のために争議行為という手段に訴えないという選択がありうることにも，留意されるべきである。それらは，いずれにしても，国際的レベル，歴史的レベルにおいて争議行為が果たした役割を，否定的媒介とした選択でありうる点で，尊重・重視に値する。そしてまたそれは，争議権が，実質的な労使対等の実現という理念・原理に基づき保障されていることを踏まえた選択として，尊重・重視されるべきである。つまりその場合には，「争議行為をしない」ことが実質的な労使対等の実現であると判断されて，争議行為が行われないということであり，そうした評価がされるべきである。

　第三に，労働組合内の多数意思としての争議意思は，それを積極的に担う労働者の行動の法的尊重を主張しうることは当然としても，それ以上ではないことである。[2]即ち，争議意思に従った労働者の行動への例えば使用者の支配・介入あるいは不利益取扱が，法的に否認されるのは当然である。しかし，その争

議意思に従わない労働者の行動の否定的な法的取扱も，それと同じ意味を持つのである。つまり，争議意思に従うか否かは，全て労働者の選択に任されるのであって，従わないという選択をしたことの故に，法的非難の対象とされるいわれはないのである。団結一般のみでなく争議行為においても，団結への統合――この場合は，争議行為への統合ないしは動員――は民主的な自己努力によって行われるべきであって，その不十分さや不成功の責任を労働者に転嫁してはならないのである。[3]

1) 例えば，使用者と通謀してのスト破りは，争議権保障との関係での価値的批判・非難の対象とすべきではない。価値的批判・非難の対象となるとすれば，それは，この「争議行為をしない自由」とは無関係なものとしてか，もしくはそれに含まれるとしても別の観点からのものとして，処理されるべきである。
2) 争議行為は労働組合のみが行うものではないし，労働組合がなければ出来ないものでもないが，ここでは典型としての労働組合の争議行為を想定して，叙述する。
3) その意味では，本書第7章第4節で述べた「団結しない自由」は，このレベルでも貫徹するのである。ただ，労働組合の統制権・統制権限との関連については別個に考慮が必要であるが，著者としての――本書の理論に基づく――「統制権・統制権限」論を未だ展開していない段階であるので，問題指摘に止める。また，拙著『組合民主主義と法』（窓社，1999年）によればどうなるかも，ここでは問わない。

第4節　争議権の主体＝労働者個人

戦後労働法学とりわけ「戦後労働法学」において，「団結権」の第一次的主体を労働者個人としつつ，それが最も貫徹しなかったのは争議権レベルである。それは，争議行為が集団（とりわけ労働組合という団体）を不可欠とし，それにのみ担われると捉えられていたからである。しかし，集団の優位・集団主義的傾向に立つところのとりわけ「戦後労働法学」を，労働者個人優位の方向に見直し・転換すべきだとすれば，争議権レベルでもそれは同様である。しかし問題は，それが果たして法理論的に可能かどうかである。その見直し・転換とは，争議権の主体を徹底して労働者個人とすることでなければならない。しかしそうだとすれば，争議行為とは，他の労働者の争議権の行使との協同的行為であることを意味するが，そのことをどのように法的に説明し切れるかが難

問であるからである[1]。これに関しては，争議行為を労働組合によるものを典型とし，それ以外を例外とする従来的な争議行為観では，説明不能である。争議行為は，労働組合によるものであれ，一時的団結としての争議団あるいは団結内の部分集団のそれ——山猫争議として法的にどう評価されるかは，ともかく——であれ，争議意思とそれに従った労働者の集団行動として，現象する。この場合，争議意思の形成・決定過程は，如何なる捉え方であろうと，「構成員」の民主的討論を踏まえた多数決原理による決定という点では，同じである[2]。しかしとりわけ問題になるのは，争議行為を「二重の（二面的）集団性」において捉えるとともに，集団＝団体のみを責任の引受け手として来たところの，「戦後労働法学」の把握の仕方である[3]。この把握の仕方を清算しない限り，争議権理論の見直しとりわけ転換は完結しない。著者は，次のように捉えるべきだと考えている。

争議権の主体が労働者個人であるとすると，それは，争議行為をするか否か，争議行為をするとしてそれを如何なる集団においてまたどのような形態・態様において行うのかを，労働者が決められる，労働者の選択に任されているということを意味する。それだけではなく，争議権の主体を徹底して労働者個人とすることは，「第一次的，第一義的」という表現を，形式のみでなく実質においても明確化すること，即ち労働者個人にしか争議権がない・保障されていないこと，したがって集団自体には争議権がないことをも意味する。そうだとすると，争議権を有しない集団が争議権の主体になるためには，労働者個人が，その集団に対して自己の争議権を付与・譲渡することが，絶対に必要である[4]。そして，どのような権限を授権するのかは，労働者が決められるのである。したがって，争議意思とは，その形成・決定過程やその正当性のみでなく，如何なる授権が集団に対してなされたのかをも示す意義を，持つことになるのである。そしてそれは，違法争議行為を含む争議行為に関する集団の責任の所在を導き出すキーなのである[5]。違法争議行為に限定して言い換えれば，それにおける集団の責任，個人の責任とは，労働者が集団に対して如何なる権限を授権したかで決まるのであって，決してそれ以前にアプリオリに生ずるとか決まっているものではないのである[6]。

第9章　争議権理論の転換

　こうした捉え方では，授権のありようによって無数の異なる争議行為が生じることになり，それぞれ異なる争議行為として，法的評価の対象となることになる。争議行為における集団の責任のありようは，争議行為毎に千差万別とならざるをえない。こうしたことは，法的安定性と法的処理の面で，疑問とされるであろう。しかし，争議行為の正当・不当性，合法・違法性に関する判断，また不当ないし違法における責任追及は，全て事後的になされるものであり，それ程の問題ではない。問題があるとすれば，争議行為を行おうとする労働者側が，当該争議行為についての法的判断が不明のままで争議行為を行う場合がありうることである。しかし，その言わば危険性を覚悟しそのことを事前に明確にしていれば，何ら問題は生じない。他方，こうした捉え方は，個人責任を問いうる局面において，それを集団に転嫁することを可能とするものと受け止められるかも知れない。しかしそれは，アプリオリに集団もしくは個人の責任を問うという従来の捉え方に対して，個人による自己決定としての責任の引受けを許容するものであって，争議権を徹底して自由と捉えることに相応するものである。

1）　著者がこれから展開する争議権理論では，――集団＝団体とは言えない――一人の労働者による争議行為や労働組合ではない団体を通じた争議行為の可能性があるが，省略する。考えていることは，本書第8章および次章の内容から，推測されうるであろう。なお，フランスにおいて一人争議行為の可能性が論じられている――石井保雄「労働者が単独でストライキ権を行使することは可能か」『亜細亜法学』第34巻1号）参照――ことは，この問題の普遍性を示唆しているように思われるが，指摘に止める。
2）　企業倒産・再建争議において全員一致制が採られることがありうるが，ここでは例外として無視する。
3）　以下，「集団」とのみ表記する。
4）　正確には，争議権ではなく争議権限の付与・譲渡であるが，ここでもこう表現することがある。また，付与・譲渡を以下「授権」と総称する。
5）　ここでは，違法性の内容およびそれの如何による責任追及のありようの偏差は，問題としないとともに，法的責任が生ずることを前提とする。
6）　集団責任のみを肯定する「戦後労働法学」も，それを真っ向から批判し個人責任――のみではないが――を肯定する菅野和夫『争議行為と損害賠償』（東京大学出版会，1978年）も，画一的処理ないしは一元的枠組みで判断するという点で，問題である。
7）　個人の責任については，後述参照。

第5節　争議労働法の基本的問題

1　争議労働関係の意義[1]

　組合活動と争議行為を,「業務の正常な運営の阻害」をその本質的要件とするか否かで区別する[2]ことは, 結局言わば平時の労働関係と争議時の労働関係を区別することである。しかしその意義は, 両者の法的意味の相違, 具体的には, 労働契約の存続か停止か, それ故何らかの理由に基づく契約上の責任追及が可能か否かということを, 鮮明にすることである。そしてまたそれは, 労働争議において, 労使対等を原則としつつ, 力の対抗を通じて問題解決を図るとともに, そこに生じうる労使の法益の衝突の調整を労働争議という特有な局面において行うことを, 可能とする。そうだとすれば, 正当な争議行為, 不当な争議行為, 不当かつ違法な争議行為全てが, 何ら区別なく, ともに争議労働関係における問題として法的処理されるべきことになる。

　ところが, 戦後労働法学においては, 一方では, 争議行為の「二重の集団性」を強調することによる個人責任の否定＝団体責任への一元化との関わりで, 労働契約上の責任の否定を導き出すのであるが, 不当・違法な争議行為とされれば, その争議行為の集団性が否定され逆に個人責任が肯定されるという傾向にあった[3]。他方では, 争議労働関係という特有な労働関係を設定しないで争議行為の法的判断をするとか, 設定してもそうした法的判断には必ずしも結びつかないという点で, 上記の意味では不徹底な傾向が見られた。例えば, 争議行為に対する使用者の懲戒処分が否定されるのは, 争議労働関係という特殊な法的関係が存在するからであって, そのことは, 争議行為の正当・不当性, 合法・違法性を問わない筈である。それにも拘わらず, そうした捉え方をしないもしくは不十分であるために, ——損害賠償に関わる民事責任はともかく[4]——懲戒処分を否定する根拠, 理由に苦労することになるのである。

　しかしそれのみではなく, とりわけ労務不提供型の争議行為即ち単純なウォークアウト型ストライキについては, 債務不履行責任も生じないのであって, その点において戦後労働法学には問題があった[5]。債務不履行責任が生じる

のは，勿論争議行為が不当であることが前提であるが，別の根拠に基づく。つまり，争議意思に基づく争議労働関係が形成される限り，争議行為の正当・不当，合法・違法を問わず，——契約上の義務違反の直接の法的効果は，さておき——契約上の責任追及はその法的根拠を欠き，なしえないのである。責任追及を可能とするのは，例えば違法争議行為であれば，その違法性の中身，否その中身との関わりでそれが労使対等原則を破りその故にその回復が必要という要因との関わりにおいてである。そうであれば，債務不履行責任の存否は偶然に左右されることになり，ここでも法的安定性・法的処理の面での疑問がつきまとうし，また使用者の法益の保護に欠けるようではある。しかし，争議権を労働者個人の権利としかつ争議労働関係を肯定する限り，止むをえないのである。

1) 本章では，争議行為の定義や刑事・民事免責の法的構成について，詳説はしない。前者については，後述するが組合活動との区別がつく限り労調法の定義で十分と思われるし，リボン闘争のような境界・限界領域的問題については，この争議労働関係の定立により解決されうるからである。また後者の差異，即ち正当説・違法性阻却説といった違いは，正当・不当，合法・違法の法的次元の相違が押さえられている限り，重大とは思われないからである。
2) 大和田敢太「争議行為の正当性」(日本労働法学会編『講座21世紀の労働法』第8巻所収，有斐閣，2000年）は，著者と同じような理論傾向を示しつつ，従来からの示威型争議行為という類型を一般化して「意思表示・言論型争議行為」類型を提唱している。そして，——そのためにと思われるが——争議行為の概念として，「業務阻害性」を不可欠ではないとしている。しかし，この捉え方は，争議行為と組合活動との区別を難しくするし，争議行為の本質的要件を変更するものであるとすると，賛成しがたい。
3) 争議行為の「二重の集団性」とは，本来争議行為が正当であろうと不当であろうと，また違法であっても，常に貫かれるべきものである筈である。したがって，その傾向は，「二重の集団性」論の法論理的帰結ではありえない。初出で「いつの間にか」と表現したのは，そういう趣旨である。
4) 日本においては伝統的に，不当・違法争議行為についての労働組合に対する損害賠償ましてや労働者個人への請求は，殆どなされて来ていない。その理由はともかくそのために，不当・違法な争議行為について民事責任を肯定しても，現実的には重大な問題を生じさせることはないと思われる。責任追及の焦点は，懲戒処分であったし，今でもそうである。そこに戦後労働法学の苦心があることは，主観的意図としては理解出来る。
5) 債務不履行責任として問題になりうるのは，主として契約の解消即ち解雇と労務不提供を理由とする賃金カットであるが，解雇については，それを肯定しうるだけの不当性が要求される——「解雇権濫用の法理」の直接の適用か，重畳的適用か，あるいは無関係かはともかく——し，解雇しうるとしても不当労働行為であれば無効となるからそれ

程容易にはなしえないので，問題の焦点は賃金カットであった。しかし，戦後労働法学は，「ノーワーク・ノーペイ」論を乗り越える理論を遂に提供しえなかったのである。

2 争議行為と団結自治・団結承認義務

　違法争議行為における労働者個人の責任の否定，そしていわゆる幹部責任の否定を主張して来たとりわけ「戦後労働法学」の法的論理が，主として争議行為の「二重の集団性」であったことは，既述した。それに対して，その見直し・転換の過程において，それでは不十分として強調されているのが，団結自治ないしは団結承認義務である。[1]しかしそれは，争議権を徹底して労働者個人の権利とするが故に，争議行為の責任についても労働者個人の責任を軸として構成しようとする本章の論理とは，相容れない。これについて，どう考えるべきであろうか。労働者が批判・討論を媒介として争議意思を形成・決定すること，その争議意思に従って争議行為を行うないしはそれに参加すること，そうした過程に対して使用者が介入するといったことが，団結自治に反し，また使用者の団結承認義務に抵触することは，言うまでもない。違法争議行為であっても，使用者による労働者個人および幹部に対する責任追及が，そうした意味・性格を有する限り，不当労働行為として許されないことも，勿論である。問題は，労働者個人および幹部に対する責任追及が，一般的にそうした意味・性格を帯びるかどうかである。

　本章のような争議権理論の構成を採らない論者が，「二重の集団性」という「戦後労働法学」の法的論理では不十分として，そこに団結自治・団結承認義務を持ち込み補強を行おうとする意図は，十分理解出来る。しかし，団結自治・団結承認義務とは，労働者個人・幹部の責任を否定する媒介論理たりうるであろうか。一般的に考えても，責任あるものに責任を帰属させることと団結自治・団結承認義務とは，何ら関係がないように思われる。確かに，団結が自ら決めたことについて，団結内部における責任を，対外的に云々されるいわれはない。使用者による責任追及が，その負う団結承認義務と抵触するのであれば，その責任追及は許されないものである。しかし，問題となるのは，団結内部の責任ではなく対外的責任であるし，使用者の団結承認義務を越えたところ

第9章　争議権理論の転換

の責任が，問題になる可能性がある。それにも拘わらず，それによって責任追及が否定されるとすれば，行き過ぎである。その上に，団結自治・団結承認義務を踏まえたとしても，本章が採る争議権理論からすれば，争議行為とは，自己に責任が帰属しうることを自覚し覚悟の上でなされるところの労働者個人の争議権の行使であって，そこにおいて団結自治の侵害——団結承認義務は労働者に課されるものではないが，課されるとしてその違反含む——という事態は，個別的にしか生じえない筈である。他方で，集団に対して，どのようなまたどの程度の権限を授権するのか自体が，団結自治の領域の問題であって，それをこそ承認・尊重するのが，使用者の団結承認義務に他ならない。いずれにしても，労働者個人・幹部の責任の否定の論拠としては，団結自治・団結承認義務が適切とは思われない。

　それでもなお残る疑問としてありうるのは，——その争議行為が正当・合法であることに関して，執行部・幹部から事前の明確な説明があったか否かを問わず——団結忠誠として争議意思に従っただけの労働者個人，また幹部なるが故の組織規範上の義務の履行として争議行為の指令・指導をしたに過ぎない幹部に対して，責任追及が出来るのかということである。それは，恐らく，労働者個人・幹部の琴線に触れるような，率直かつ素朴な疑問ではある。しかし，従属性のみを帯びた労働者像を清算し，主体性を中心に描かれる労働者像に転換した現在においては，少なくとも「戦後労働法学」の見直し・転換という立場に立つ論者においては，労働者個人・幹部の自己責任を，集団に転嫁するような捉え方をすべきではない。自己の責任は，自らが負うべきであるし，自己責任を否定するのも，実は自己の決断に基づく選択であって，そうしたことを阻害することは，——その主観的意図はともかく——客観的には見直し・転換の対象である「戦後労働法学」に戻る議論，とならざるをえないと思われる。

1) 大沼邦博「争議行為法をめぐる基礎理論的課題（下）」（『季刊労働法』108号，西谷敏『労働組合法〔第2版〕』（有斐閣，2006年）450〜452頁参照。
2) 本書第6章第2節参照。

3　争議行為の法的評価における労働法的観点[1]

　戦後労働法学における争議行為と責任の連関図式は，——その根拠なり説明の仕方は異なれ——《(正当な争議行為 → 責任免除)，(不当な争議行為 → 刑事責任＝構成要件該当性・違法性・有責性の有無による存否，民事免責＝不法行為・債務不履行成立要件該当性の存否)》というものである。前者の正当性判断においては，市民法と区別——厳密かどうかはともかく——された労働法的観点なり労働争議の特殊性からの評価，例えばそれまでの労使関係や争議行為に到るまでの使用者の対応といった事柄を踏まえて，実質的に正当性の評価をして来ている。また，刑事責任に関しては，たとえ不当かつ違法な争議行為であっても，そうした観点・特殊性を考慮して可罰的違法性を否定するとか，その争議行為への参加における拘束性を踏まえ有責性を否定する，といったことがなされて来た[2]。しかし，後者においては，特殊労働法的保護の枠が外れると，市民法が生の形で復活するというものであった。それに対して，——不法行為のレベルであるが——労働法的観点からの政策的判断を導入する手法が，提唱されている[3]。それは魅力的な主張であるが，何故可能なのであろうか。

　確かに，形式的に考えれば，市民法上違法とされる争議行為[4]が，争議権保障法制の下，正当である限り責任を免除されるということは，労働法上の特別の保護の問題であるから，その保護を排除される不当な争議行為につき，市民法が適用されるのは，当然の事柄である。他方，争議行為という労働法的現象の法的評価は，争議行為の正当・不当の如何に拘わらず，一貫したものであり，「二重の集団性」論は，そのことの法論理的主張であったと思われる。市民法と峻別された労働法という体系的位置づけにおいては，後者の捉え方の方が，妥当であろう。しかし，「戦後労働法学」の見直し・転換の試みにおいては，そうした「峻別」論は放棄されている。そうとすれば，特別に免除された責任[5]が，その契機を欠く限り，再浮上するのは当たり前のことである。その上に，争議権は個人たる労働者の権利であり，争議行為は各労働者の権利行使のさしあたり総和であって，集団が争議権の主体となるのは，労働者からの授権の限りであることが，考慮されねばならない。したがって，労働法上の特別の保護を受けられるかどうかは，結果論であって，労働者は，争議行為に入るに当た

って，その保護を受けられないこともありうることを覚悟の上で，保護を受けられない限り生じうる責任を引き受けているのである。争議行為は，原則として正当と考えるべきであること，正当性の幅は拡大されて来ていること，といった要因は無視出来ない。しかしそれらは，あくまで，正当性判断レベルにおける「労働法的観点」であって，それを不当・違法争議行為の法的判断レベルにまで拡張すべきではない。

1) ここでは，不当・違法な争議行為につき，労働法上の特別の保護が外れてもなお，直ちには市民法理を適用しないというレベルでのみ，論ずる。
2) 最高裁流の「諸般の事情」論もそうした性格を持ちうるが，それは必ずしも保証の限りではなく，とりわけ「社会通念」を媒介論理にする場合そうである。なお可罰的違法性に関しては，法的判断の恣意性なり法的安定性の面での問題性が，指摘されなかった訳ではない。
3) 大沼邦博『『違法』争議行為と不法行為責任」（『日本労働法学会誌』53号）参照。
4) 市民法上も違法でない争議行為があるが，ここでは無視する。
5) この「特別」性は，現在においては，本書第7章第6節2で問題とした「特権」としての特別性であることを，踏まえる必要があるが，指摘に止める。

第6節　違法争議行為とその責任[1)]

1　民事免責成立の条件

本章で展開した争議権理論が正しいとすると，違法争議行為による民事責任としての損害賠償責任が生じるのは，不当な争議行為が不法行為を構成する場合に，限定される。

それは，第一に，官公労働者の争議行為禁止を初めとする争議行為の立法的制限に違反するという意味での違法争議行為は，それだけでは正当性を失わないからである。争議行為の立法的制限には各種のものがあり[2)]，それぞれ争議行為に対して守るべき法益が設定されているが，その中に使用者の法益は含まれていないからである。とは言え，争議行為の当事者以外の第三者に与えた損害については，責任を論ずる余地があるが，それを含めて違法争議行為ということだけでは，損害賠償責任は生じない。何故なら，制限法規違反である争議行為に対する制裁ないしは法的反作用は，制限法規の政策目的実現の限りで許さ

れるのであり，それを越えて責任を問われるいわれはないからである。何よりも，制限法規に違反しているか否か即ち合法か違法かと争議行為の正当・不当性とは，法的次元を異にするからである。第二に，労働協約による争議行為の制限——平和義務，争議行為の手続・ルールといったもの——に違反する争議行為は，あくまで協約上の債務不履行でしかなく，それは，争議行為の正当性を否定しうるものではないからである。第三に，労働者個人の債務不履行責任は，——既述の如く——争議行為が争議権の行使であると認められる限り，争議行為が不当であろうと成立しないからである。それは，争議行為においては，争議労働関係が成立し労働契約が停止されるとともに，平常時の使用者の権限，責任追及の方法が排除されることによる。但し，労使対等原則という政策目的との関わりでのその成立という例外がありうることも，既述したところである。[4]

したがって，そうした例外を除けば，使用者が争議行為の民事責任を追及しうるのは，それが不当でありかつ不法行為を構成する限りにおいてである。勿論，不法行為の要件を充足する必要があることは，言うまでもない。

1) 刑事責任に関しては，免責の根拠は本書第7章第2節——直接には団結権についての刑事免責だが——，本章第2節から導き出せることであり，特には論ずることはない。したがって，本節で扱うのは民事責任のみだが，懲戒処分については既述のことに尽きるので，——後述の「幹部責任論」において論ずる以外は——触れない。
2) ここでは，現行の立法的制限のみでなく，招来において生じうるものにも妥当する論理を展開するとともに，それらが，合憲であるとの前提で論ずることにする。
3) その責任主体は，協約の当事者・締結主体であるが，その意味については，次章第4節参照。
4) これは，責任の所在・帰属とは次元が異なるものである。しかしまた，それ故に解雇が認められるか否かも，それが不当労働行為になるかどうかを含めて，別の法的問題である。なお，損害賠償問題には，その責任の存否とともに，損害の範囲・程度という重要な問題があるが，省略する。また，以下ではこの例外には触れない。

2　責任は誰に帰属するのか

「不当な争議行為」には，周知のように二種類ある。一つは，争議行為全体が何らかの理由で——例えば争議権保障が及ばない争議目的の故に——不当とされる場合である。もう一つは，争議行為全体は正当であるが，個々の争議手段ないしは個々の労働者のいわゆる逸脱行動が不当とされる場合である。両者にお

ける個人責任—集団責任の捉え方に違いがあるので，以下区別して論ずる。[1]

（1）争議行為全体が不当な場合

　争議行為全体が不当とされる場合には，個人責任—集団責任は，次のように捉えられる。例えば労働組合という集団であれば，当然のこととして責任が生ずるという訳ではない。責任が生ずるのは，当該争議行為に際して，労働者から労働組合に対して，争議行為の権限が授権されたからである。そして，その権限が如何なるものかにより，集団としての責任のありようが，異なって来る。例えば100％の授権の場合，即ち争議意思の形成・決定，争議行為の指令・指導，統制機能，争議終結の意思決定等争議行為に関わる全ての権限を労働組合に授権した場合，不当争議行為の全責任は，集団としての労働組合が負うのである。他方，例えば争議指令権のみ授権した場合には，それが，争議行為の開始か中止かを左右するものか，単なる指令時期の権限かにより，異なる。前者であれば，50％程度の責任，後者は，争議行為の開始自体を左右出来る訳ではないから，責任が殆どないと考えられる。いずれにしても，集団責任以外になお残る責任があるとすると，それは全て労働者個人のものであり，争議行為参加者の共同責任となる。

　したがって——既に述べたように——，アプリオリなものとして，全責任が集団にあるあるいは労働者個人にあるということは，問題構成上ありえず，正にケース・バイ・ケースで判断されるのである。言い換えれば，集団にどの程度の責任を負わせるのか，またそれにより自己の責任をどれくらい免れるのかは，労働者が決められるということである。争議行為が不当となり，誰かが責任を負う危険性があることを見越して，その上で，自らの責任として引き受けるのか，集団に責任を負わせるのかは，労働者の決断次第で決まるのである。勿論，最終的には，争議関係労働者の決断の総和がそれを決めるし，ある労働者の決断に対して他の労働者が同調することにより自己の決断と同じ決断の総和が得られるかは，別問題ではある。いずれにしても，だからこそ，争議権は労働者個人のものなのである。集団が全責任を負い自らはその陰に隠れるという形での責任回避は，可能ではあるが，それがアプリオリなものである限り，争議権の主体が労働者であることにそぐわない。[2] 言い換えれば，徹底して争議

権を労働者個人のものとする捉え方が完結するのは、この責任論を採用することによってである。とは言え、自らの権限の授権により労働者個人の責任を縮小する途は、開かれてはいる。[3)]

　問題が残るとすれば、権限の授権は明確であるがその程度が不明の場合、授権自体が曖昧である場合である。労働者の暗黙の意思を推定出来れば、それによろう。それさえ不可能な場合には、集団とりわけ労働組合を通じた争議行為という伝統的なあり方に対する労働者の意識状況の濃淡により、判断すべきであろう。逆に言えば、それは、労働者個人の争議権意識の強弱に規定されるが故に、その意識状況が決定的要因になるということである。したがって、伝統的あり方を重んじ個人としての争議権意識が弱ければ、集団（＝労働組合）単独の責任となるし、逆であれば、労働者個人の責任であると捉えられるべきことになる。

　（2）　争議手段ないしは逸脱行動が不当とされる場合

　個々の争議手段ないしは個々の労働者のいわゆる逸脱行動が不当とされる場合には、その前提として、次のような考え方を採用すべきである。それは、争議意思より具体的には労働組合の統制機能との関わりで、従来的な捉え方を大きく変更する必要があることである。戦後労働法学においては、一般に、争議手段ないしは逸脱行動が、争議意思に基づくとともにその統制機能の枠内のものか、それを越えているかによって、集団責任か個人責任かに振り分けて来ている。即ち、争議意思に基づきその争議行為の一環として組合の統制の下に遂行された争議手段が不当とされる場合、その責任は、その争議手段を担った労働者個人ではなく、労働組合のものとされる。他方、争議の場において、争議意思に基づかずまた統制を無視ないしは反して行われた逸脱行動は、不当とされる限り、それを担った個人に責任を帰するのである。

　そうした捉え方は、争議権を徹底して労働者個人の権利とする本章の立場では、直ちには肯定しがたい。何故なら、労働者個人がそうした統制機能を組合に授権したか否かが、先決問題であるからである。もし統制機能に関する授権を全面的に行っていたとしたら、以上の理は、この場合には妥当する。しかし、授権された統制権限が、例えば争議意思に基づく争議指令の権限だけであ

るとすると、その権限行使自体が争議手段の不当性を導き出すものでなければ、また逸脱行動がその指令と関わらなければ、組合の責任は生じえず、責任は専ら個人のものである。また、そもそも労働者自身の自覚的規律に基づく争議秩序の確保を図ることを意図して、一切統制権限を授権しなかった場合には、組合の責任が生じる余地はありえない。したがってここでも、戦後労働法学の一般論が妥当するか否かは、言わば偶然に左右されるのである。

（3） 山猫争議行為等の場合

山猫争議行為、――一時的団結である――争議団の争議行為、非組合員の争議行為は、それらが不当とされる限り、全て労働者個人の責任とされるのであろうか。戦後労働法学は、概ねそう捉えて来たが、その理由は、そこに争議権の主体としての団体＝労働組合が存在しないからである[4]。

しかし本章の捉え方では、労働者の団体は、法的には、労働者個人が自己の「団結権」を授権することによってのみ、権限を持った存在たりうるのである。そうとすれば、労働者個人が、山猫集団・争議団・非組合員集団に授権しない限り、団体として法的に意味ある存在ではないのである。しかしそれ故に逆に、授権する限り、その権限の枠内で法的に意味ある団体となり、その限りで責任を負えるのである。その場合、損害賠償責任を担保する財産がないと、責任が完結しないように見える。しかしそれは、不法行為一般と同じと考えて良いし、少なくとも争議資金が労働者個人の財産とは別に存在する限り、それが担保となると考えるべきである。したがってここでも、労働者個人は、完全に自己責任とするか、それの一部ないしは全部を団体に肩代わりさせ自己責任を縮減するかを、選択出来るのである。

1） 以下では、労働組合の争議行為という典型例で論述するとともに、それ以外については、後にまとめて論ずる。
2） 菅野和夫『争議行為と損害賠償』（東京大学出版会、1978年）が、「あまりにも広範な個人無責任の原則」とか「比較法的にも類例のない広範な責任免除の論理」と批判するのは、その限りで当たっている。
3） これは、――既述の――責任回避ではなく、権限配分に規定された責任の分担である。
4） 争議団は一時的にせよ団結であるから、一定の条件（例えば集団としての争議意思の確立、統制機能）を満たせば組合の争議行為と同じ扱いが可能であるし、そうした捉え

方も存在はしたが，ここでは労働組合ではない点に着目している。山猫争議行為も，やはり一定の条件（例えば，その集団の固有の権限・利益の存在，組合による承認ないしは黙認）があれば，労働組合の争議行為となりうるが，度外視する。

3　幹部責任論

戦後労働法学においては，争議行為の「原動力」として，労働組合の役員（＝幹部）に――一般の組合員に比し――特別重い責任を課することを認める説は，少数であって，原動力であることを否定するか，あるいは原動力としては認めても特別に重い責任を負わせる根拠がないとするか，とりわけ後者では幹部の「組織規範上の義務」論を根拠としているか，いずれにしても幹部責任を否定する説が，支配的であった。それに対して，「組織化する行為」論を媒介として幹部責任を認めうるとする見解が，打ち出されている[1]。それらは，使用者の争議行為に対する責任追及の方法として，損害賠償が殆どなされず，その代わりとしてかつ労働組合に対し重大な打撃を与えるものとして，懲戒処分しかも幹部狙打ちのそれが多用されていることに，――主観的にはともかく――規定されたものである。したがってここでは，懲戒処分の可否を論じた上で，幹部責任を検討することにする[2]。

（1）「戦後労働法学」の不十分性

「戦後労働法学」が，争議行為に対する責任追及としての懲戒処分を否定して来た理由は，二つある。一つは，――説明の仕方はいろいろだが――争議労働関係の成立，即ち平常時の労使関係（＝使用者の労務指揮権の支配下にある状態）から離脱しているから，（労働）契約上の責任追及をなしえないということである。もう一つは，集団的行為としての争議行為に対し，個人的責任追及の方法がなじまないことである。しかし，争議労働関係の成立のみでは，懲戒処分の否定の根拠としては不十分である。何故なら，それは債務不履行責任は否定するから，それとの関わりでの懲戒処分は否定出来るが，不法行為との関わりでの懲戒処分の成立の余地があるからである。また，個人的責任追及の方法がなじまないのは，争議権を労働組合の権利としつつ「二重の集団性」論に立つからである。本章の採用する争議権理論であれば，個人的責任追及の方法がなじまないのは，あくまで労働者個人がその権限を全て団体――ここでは労働組合

——に授権している場合に限定され，それ以外においては懲戒処分という形態での個人責任の追及が，可能であるからである。

したがって，一般的に，争議行為に対して懲戒処分は出来ないとは，言えない。懲戒処分が可能か否かは，まず，団体責任の成立とその程度，次に，不法行為としての争議行為が，懲戒処分を可能とする程の企業秩序・職場秩序侵害性を帯びるか否かの判断を経て，結論が出るのである。

(2) 幹部責任論の転換

幹部責任論は，二つの問題側面を持つ。一つは，争議行為に対する懲戒処分が可能として，幹部なるが故の狙打ち的やり方が許されるのかである。もう一つは，懲戒処分の可否を問わず，幹部なるが故に一般の組合員より重い責任を負わされるべきなのかである。いずれにしても，幹部に特別過重な責任を負わせるのであるが，それは何故可能であろうか。この場合，幹部の法的権限の存否で，区別される。第一に，労働者個人から何ら授権されていない場合である。その場合には，組織規範上の義務として指令・指導を行うのは，法的義務・権限としてではない。それにも拘わらず，幹部なるが故に重い責任を問われる可能性があることを承知の上でそうした指令・指導を行うのであるから，幹部責任を追及されても仕方がない。言わば，法的義務・権限を越えた自己責任の発揮であるからである。それが，幹部に対する狙打ちとして不当労働行為になるか否かは，別個の法的問題である。他方，幹部としての義務・権限が労働者個人から授権されている場合には，その義務・権限は法的なものであるとともに，幹部にはそれから逃れるすべはないのであるから，それを捉えて幹部責任を問うことは，許されない。ここでも，労働者個人が，幹部責任を自己責任の一環として位置づけるか，特別の責任とするかを，選択出来るのである。したがって，幹部責任論は，使用者側からの責任追及の是非という次元から労働者個人が幹部責任を認めるか否かの次元に，転換されなければならない。

1) 菅野和夫『争議行為と損害賠償』(東京大学出版会，1978年) 参照。それは，幹部責任のみの肯定としての議論ではないが，その肯定に道を開くので，そう評価出来る。
2) 解雇も同じだが，それは，債務不履行責任が否定される限り，それとの関わりでは法的には生じえないものである。なお，解雇も懲戒処分も，法的に可能であっても，不当

労働行為と判断される限り無効だが，そうした次元は度外視する。また，著者による従来の「懲戒処分論」の再検討が拙稿「懲戒権論の現代的展開㈠〜㈢」（『島大法学』50巻1・2号，3・4号，51巻1号）により行われているが，ここでは従来の「懲戒処分論」を前提として叙述する。
3）　最高裁流の「企業秩序」論に立つか否かで，懲戒処分肯定・否定の範囲の広狭が生じるが，指摘に止める。

第10章

労働協約理論の新地平

第1節　問題の所在と課題

　著者は，ここまで，「団結権」[1]を徹底して労働者個人の権利と構成することによる，「戦後労働法学」の「団結権」論の根本的な理論転換を図って来た。その理論転換が完結するのが，労働協約理論の局面である。労働協約は，労働組合という団体を当事者として締結され，組合員としての労働者個人を法的に拘束する。そのことと労働者個人の「団結権」とは，どのような関連を有するのか，労働者個人の「団結権」は，協約締結までのプロセスにのみ関わり，結果としての協約そしてその規律あるいは効力問題とは無関係なのか，それとも労働者個人の「団結権」の延長線上にまたそれと整合的に，労働者個人が協約主体であり締結権限を有するという構成が成り立つのか，その場合団結との関わりはどうなるのか，労働者個人の「団結権」を徹底させるということは，後者の立場に立つということであるが，それが可能か，可能として現行法制（憲法第28条とその下での労働組合法の協約に関する諸規定を中心とする協約法制）とソゴを来さず矛盾なく説明出来るのか，それが，本章の第一の課題である。

　もう一つの問題は，労働協約の——主として——集団的労働条件の変更に果たす機能である。労働組合の組織率が20％未満であり，協約を結んでいない組合もあることから，協約により労働条件を規律される労働者は，少数である。また，労働者の労働条件の主要で広範な部分は，協約より就業規則で定められ，協約の労働条件規制機能は，この面でも低い。とは言え，大企業を中心に組合が組織されるとともに，労使・企業協調的組合が従業員の過半数を占める場合には，その締結した協約——労働基準法上の労使協定の協約化を含め——が，労働条件を規律することが多い。労使協定の協約化は，協約の不利益変更の意

味を担うが、それだけではなく、過半数組合が締結する不利益変更協約が、労働組合法第17条の一般的拘束力制度の要件を充足する限り、少数組合の組合員また非組合員に拡張適用される、あるいは——より主要な局面かも知れないが——不利益変更協約の先行の上で、それに合わせる形で就業規則の不利益変更がなされ、それと同じ否それ以上の結果が実現されうる。使用者にとっては、協約と無関係に就業規則の不利益変更を行うより、そうした変更の方が、過半数組合も納得し同意したということで、その不利益変更の合理性、正当性また説得性を得る可能性が高くなるし、多発する筈の個別的紛争の処理も、容易となる。そしてそうしたことを、合理性基準を採用し、その存否の判断における一要素を労働者・組合との協議・合意という手続の存否とするところの、就業規則の不利益変更に関する判例法理が、支えるのである。それは、協約の労働条件規制機能の使用者による悪用ではあるが、そうした悪用を容認・黙認する組合の問題であるとともに、従来の協約理論が悪用を許す問題性や欠陥を内包していないかの点検、見直しを要請する課題でもある。

　ところが、それに止まらない問題が生じている。バブル経済崩壊後の長期不況、景気後退からの出口が見通せない中、大企業を中心にリストラとそれに伴う大幅な人員削減とが推進・強行され、「雇用か労働条件低下か」がメインスローガンにされつつ、残った労働者の労働条件の不利益変更が、普遍化して来ている。そして労働法学界では、そうした動向に規定されつつ、また長期的な労働契約・雇用関係における労働条件の変更——不利益に限定されないが、主たる問題局面はそれである——に関する従来の法理の不十分さの反省を踏まえて、労働条件変更法理が論議・提案され、労働法学の一つの焦点を形成している。時代状況的にも法理論的にも、「労働条件の不利益変更」が検討されざるをえないとすれば、労働協約がそこにおいて、如何なる地位を占めどのような役割を果たすのかが、問われることになる[3]。それは、協約による労働条件の改善としての変更のみを肯定し、不利益変更を否定する傾向が強かった戦後労働法学とりわけ「戦後労働法学」の通用力の喪失であるとともに、そこにおける協約観の破産でもある。いずれにおいても、従来の労働協約理論の再検討を促す事情が、強く見直しそして理論の転換を求めているように思われる。

そうだとすれば，新しい方向は，協約理論にも否協約理論にこそ貫かれている「団結の優位」を，「労働者個人の優位」に転換させることでなければならない。それは，協約の労働条件規制機能の悪用に歯止めをかけるのみでなく，自己にとって有利であれ不利であれ労働条件の変更への「同意・不同意の自由」を，さしあたり協約にも貫くことでもある。果たしてそうした協約理論は，可能であろうか。

1) これは，ここでも広義の団結権の表記の仕方であるが，そうでないこともあり，文脈で判断して頂くことにする。
2) さしあたり，浜田冨士郎「就業規則法の理論的課題」（日本労働法学会編『講座21世紀の労働法』第3巻所収，有斐閣，2000年）参照。なお現在では，そのまま立法化されている（労働契約法第9，10条）。
3) なお，それ以降のとりわけグローバリゼーション，多国籍企業型帝国主義化，企業社会・日本型労使関係の再編・解体，そしてその中から突き付けられている労働条件規制の一層の緩和，ホワイトカラー・エグゼンプションといった，より現代的な問題があるが，省略する。未だ帰趨が，はっきりしないからでもある。
4) これ自体は，大内伸哉『労働条件変更法理の再構成』（有斐閣，1999年）から借用したものだが，本章は，それを徹底させることを通じて，同書への批判ともしている。
5) 「さしあたり」としたのは，この視点を労働契約論，就業規則論においても貫かれるべきもの，と——初出においては——考えていたからである。その後，拙稿「現代労働契約論の検討」（『島大法学』47巻3号），同「現代就業規則論の課題」（『同』48巻4号）を発表しているので，削除しても良いが，著者としては，労働権保障法（労働者保護法）における「戦後労働法学」の理論転換を果たした段階がそれにふさわしいと考え，現在においては残すことにする。
6) 以下，協約理論の基本点に絞って検討するとともに，協約の規範的部分を論議の焦点とする。また，労働者個人を労働組合の組合員に限定し，論述の対象をしぼることにする。
7) これまでの「労働協約論」の総括については，西谷敏「労働協約論」（籾井常喜編『戦後労働法学説史』所収，労働旬報社，1996年），中窪裕也「文献研究12　労働協約の規範的効力」（『季刊労働法』172号）参照。本章は，その更なる批判的総括を行おうとするものである。

第2節　労働協約観の転換

　「団結優位の労働協約理論」から「労働者個人優位の労働協約理論」への転換を果たすためには，労働協約観の転換が出発点となる。とは言え，従来の協

約観の全てが問題であるということではなく、「労働組合が、争議行為を背景としまたその力によって、団体交渉で勝ち獲った戦利品」という協約観が、ここでの問題である。

　それに関する問題は、三重である。一つは、労働組合を、当然かつ唯一の締結主体とする捉え方である。1)「労働者個人優位の労働協約理論」が提示されていない中でのもの故に、それ次第では結論なりが変わりうるが、さしあたり著者の「団交権理論」および「争議権理論」2)の延長線上で考えれば、次のようになろう。従来においては、組合は、形式上も実質的にも協約締結主体（＝当事者）であって、他に──個々の組合員を含めて──当事者はありえない。そしてその組合というのは、内実は協約締結段階における組合内多数派である。何故なら、協約の一定の部分においては組合員全員一致の合意に基づくものがありうるとしても、協約全てがそうであることはありえず、結局、《多数決による組合意思・団交意思の決定・確定 → それに基づく団交 → 妥結の多数決による受諾・承認 → 協約締結・成立》というプロセスを辿るからである。そこに生じうる「少数派の抑圧」に対して、協約の規制権限の枠付けや協約自治の限界から歯止めをかけるとしても、こうした構造は厳然として存在する。3)しかし歯止めは、歯止めたりうるであろうか。論者の考え方により広狭はありうるとしても、「多数決による組合意思・団交意思の決定・確定」ということは、「少数派の抑圧」を不可避とする。不可避である限り、「少数派の抑圧」を労働者個々人が納得している必要があるが、それには、「組合加入意思＝協約規制服従義務」という論理では不十分である。少なくとも、労働者個人が、協約締結主体という地位を獲得していなければならない。協約締結主体を組合に限定する限り、「少数派の抑圧」は、他律としての止むをえない受容そして正に抑圧になりかねないのであって、自律・自治としての「抑圧」に転換されねばならない。4)5)

　それ以上に問題となるのは、形式上はともかく実質的には、締結主体は組合ではないのではないかということである。それは、組合が労働者により結成・運営される人的団体でしかないこと、協約意思を決定するのが組合内多数派による多数意思であること、という当たり前の事柄からではなく、協約の実効性

という側面との関わりである。協約による労働条件規制機能は，確かに協約の規範的効力により，個別の労働契約との関わりで，実効性が担保されてはいる。また，協約の平和的機能への期待が使用者にある限り，使用者による協約遵守も，労働者側の努力抜きで確保されるであろう。とは言え，協約違反が，絶対生じないという訳ではない。一方では，協約は，「労使の妥協の産物」と表現されるように，労使いずれかの要求・主張が100％実現されることは稀であって，殆どが，労使双方とも自らの要求・主張の一部を相手方に譲歩する――具体的には放棄である――ことで，成立するのである。したがって，とりわけ使用者側の協約違反の契機が，予めはらまれていると考えざるをえない。他方では，「少数派の抑圧」は，協約違反という形での組合民主主義の堀崩しや使用者側の介入のスキにつながる可能性を抱えるとともに，使用者側の協約遵守に向けた組合の努力における労働者個人レベルでの協力・参加に関する内的契機の乏しさが，問題となる。さらには，使用者側の協約違反に対する法的対応の不備が，絡む。使用者側の協約違反に対する協約遵守を求める組合活動・争議行為が正当であることでは，問題がないとしても，それ以外の法的対応には，協約の実効性という側面から見て，いろいろ限界がある。協約違反が，例えば個別契約締結という形であれば，その労働契約は無効ではある。しかし，使用者側がそれに固執する限り，裁判による無効の確認の途しかなく時間がかかるから，決着には協約の有効期間――その定めをしていればだが――を越える可能性がある。事実行為を含め不当労働行為であれば，労働委員会の救済手続となるが，これも現状では，同じような問題性を抱えている。では協約の解約という方法を選択出来るかとなれば，違反の程度，違反協約部分の協約全体に占める位置，重要性との関わりで，これも難しいし，違反協約部分のみを解約する方法は，もっと容易ではない。そうとすれば，残された途は損害賠償の請求だが，それは，少なくとも実効性確保という課題にとっては，無意味としか考えられない。以上の事柄を考慮すれば，協約法制がそれなりに整備されている現代においても，協約の実効性は，組合の実力（＝自力救済）によって，最も良く確保されると言える。しかしそこで翻って考えると，その実力による実効性の確保という途を担保する条件は，何であろうか。それが，組合による協

約遵守を求める活動への組合員の協力・参加の確保であることは，言うまでもない。そしてそれを，――組合民主主義論や組合活動論のレベルではなく――協約理論のレベルで実現しようとすれば，組合員の協約締結過程への参加とその民主的あり方を一歩進めて，組合員個人を協約締結主体にすることではないかと思われる。何故なら，「締結過程への参加とその民主的あり方」だけでは，協約に結実した多数意思の担い手である組合内多数派に対してはともかく，少数派については，その活動への協力・参加までは規範的要請とはしがたいのであるが，組合員自身が協約主体として認められれば，それ故に協約自体とその遵守に責任を負うべきであるという論理が，組合員全体に妥当するからである。[9]
協約主体としての責任を負うということは，組合意思＝協約に消極的に賛成しているだけの組合員にとっても，過重な負担であろうが，ましてやそれに賛成していない・反対の少数派にとっては，過酷な要求ではあろう。そしてその過酷さは，組合が協約を通じて労働条件を規制しようとする限り，解消することはありえない。確かに，協約を締結しないという選択肢は，ありうる。協約を締結するか否かは，組合の自由な任意の意思に任されているのであって，決して義務ではないからである。したがって，協約を締結しないという意思が多数意思として形成されれば，済むことではある。[10]とは言え，一般的にも，無協約状態を是とする多数意思が形成されることは可能性に乏しく，当該組合においてその可能性があっても，結果は保証されてはいない。何故なら，多数派―少数派という対抗は，後者における協約不締結意思を含んでのものであるから，そうした選択肢の抽象的可能性だけでは，少数派にとっての過酷さを回避出来ない。その上に，協約不締結という選択は，協約を通じた労働条件の規制をしないということであるから，労働組合としての任務・役割の放棄という側面がある――少なくとも，多くの労働者にはそう受け止められる――ことも，考慮されるべきである。過酷さ解消の決定打は，組合からの脱退でありそれは許されるが，脱退者のみの逃避でしかなく，問題の解決にはならない。しかも，少数派であるための過酷さであることを踏まえ，自ら多数派になれる新たな組合の結成のための脱退という選択が考えられるが，実はそれも問題の解決にならないのである。何故なら，一方では，その選択肢は，多数派となるという結果を保

証しないし，保証し続ける訳ではない。したがって，言わば永遠にそうした選択をするという悪循環に陥らざるをえない。他方では，多数派になった労働者は過酷さから逃れたとしても，今度はその組合における少数派を，そこに追い込むのである。追い込まれた少数派は，多数派のかつての選択と同じ選択をするであろう。そうなると残された途は，その組合に踏み止まってその過酷さに耐え，いつか多数派になって過酷さを緩和・解消させることである[11]。以上の事柄を踏まえ，かつ労働者個人の協約締結主体性を承認するとすれば，組合加入意思・組合結成意思の読替えが，必要とされる[12]。即ち，組合加入・結成意思を，労働協約に関してはそれへの服従義務の承認に限定するのでは不十分であって，それを含みつつ「協約遵守義務」[13]にまで拡大する必要がある。組合加入・結成とは，組合意思＝協約意思をめぐり少数派である・になるとしても，締結された協約に消極的に従うのみでなく，「遵守義務」という負担を負うことの自覚を踏まえた決断でなければならない。こうした意味での組合加入・結成意思こそが，労働者個人を協約主体に据える上での，必要十分条件であると思われる[14]。

　第二の問題は，労働組合の統制機能・権限（＝統制力）との関わりである[15]。ここで問題にするのは，その統制力の存在が，組合の協約主体性を決定づける条件とされて来たこと，即ち組合が，組合意思そして協約に違反する行為を組合員にさせない，違反した場合何らかの制裁を通じて矯正し，それが不可能なら組合から追放するという統制力を有しており，そのことを通じて協約が守られる保証があることが，必要不可欠かということである。組合の統制力は，確かに，組合側における協約遵守の事実上の力でありその保証ではある。そして使用者側からすれば，その保証があるからこそ，協約締結自体と組合を協約の相手方とすることが，動機づけられもするのである。しかし，協約遵守が保証されることがここでのポイントだとすれば，それを組合の統制力にのみ求める必然性は，必ずしもない。また協約は，現行協約法制上，規範的効力といった法的効力を認められているが，原型的には，労使間の相互信頼に基づく協定（＝いわゆる紳士協定）である。それらのことを考慮すれば，そして労働条件の集団的規制といった必要性[16]が協約という法的形式を要請するとすれば，統制力

を欠く集団をも協約主体とすることに支障はないと思われる。勿論，そうした協約が成立するためには，なお幾つかの条件がクリアーされねばならない。第一に，団交を進める上で必要な統一意思のみでなく，合意内容を協約化する点での統一意思が，その集団において形成され存在しなければならない。第二に，協約遵守に関してのその集団への信頼性が，不可欠である。この信頼性が，統制力に代わる保証になるのである。そうだとすれば，これでは不十分あるいは信頼性に欠けるとなれば，使用者側は，協約締結を拒否出来ることになる。したがってここでは，統制力のある組合との関わりでは認められる協約締結義務を，使用者側は，負わないことになる。そこで第三に，合意内容の実現・実施についての使用者側の責任を，法的にどう担保するのかという問題が生ずる。言い換えれば，使用者側への信頼性である。それを考える上では，協約であれば，とりわけ労働条件規制の協約違反への衝動性が高いのが使用者側であること，ましてや協約化されていない合意内容については，益々その面が強まるであろうこと，そして——先の——「信頼性だけでは不十分」という側面は，協約の法的効力でカバーされるであろうことが，考慮されるべきである。そうだとすれば，「使用者側への信頼性」の確保のためには，合意内容の協約化それ故協約締結義務の賦課しか，方策はない。統制力のないあるいは不十分な労働者集団も，協約締結を意図する限り協約締結主体たりうるのである。

　第三の問題は，「勝ち獲った戦利品」的協約観である。勿論現在においても，そうした側面が全くなくなっている訳ではない。しかし，そうした協約観を支えていた戦闘的労働組合主義が，労働組合運動の覇権を失って久しく，「戦利品」性の条件なり証しとも言うべき争議行為は，——本書第9章第1節で述べたように——極めて低調である。他方で，——これも既述の如く——「戦利品」性に逆行するところの協約を通じた集団的労働条件の不利益変更という事態も，生じて来ている。併せて本書第8章において団体交渉権に関し，「団交の闘争的，対立的性格の希薄化」，団交における「対話，コミュニケーションの充実」の必要性を踏まえて論じていることが，これに関わる。団交が，主として対話でありコミュニケーションになっている・なるべきであるとすれば，

その延長線上の協約は,「戦利品」ではなく, 理性の産物であるべきこととなる。いずれにしても, 現代における労働協約が,「戦利品」的性格が希薄化した反面, 使用者側の意思の貫徹の手段という側面を抱えつつ,「対話・コミュニケーション」を通じた理性的制度と化しているように思われる。以上の事柄をまとめると, 現代における労働協約は, ——さしあたり——[17] 労働者個人と労働者集団——組合を含む——を締結主体としたところの, 少数派の自律的・自治的「抑圧」を不可避としつつ, 対話・コミュニケーションを通じて締結される集団的協定であるということになろう。

1) これは, 他の団結体——例えば争議団のような一時的団結——の協約締結主体性を完全に排除するものではないが, 例外として位置づけて来たということである。
2) 本書第8, 9章参照。
3) 「少数派の抑圧」という表現は, 多数派の統制機能・権限——以下,「統制力」と表現することがある——を活用(悪用)した文字通りの抑圧——それも含みうるが——ではなく, 協約との関わりでの多数意思の少数派への押しつけ, 逆に少数意思の不実現という価値中立的・客観的事態を, 指したものである。
4) 労働条件の他人決定から自己決定・共同決定への転換という主張は, 協約においては, ここまで徹底されて初めて生きて来るのである。
5) 念のため言えば,「少数派の抑圧」の回避の途を《脱退→別組合結成》に求めることは, 思慮の浅いものでしかないが, その点については後述する。
6) これは, ——次の——統制力とも関わるが, ここではそれを度外視しても言えることを, 問題にする。
7) ここでは, 組合民主主義による協約権限・効力の限定・限界付けという次元は, カッコに入れている。
8) これは, 本来は後述する「自力的救済」のレベルであるが, 正当性の幅の縮小さらに否定となれば, 法的不備の一環となるという脈絡で, 扱っている。
9) ここでも, 組合民主主義論から言えることは, カッコに入れている。なお念のため言えば, ここでの議論は, 協約観レベルであって, 具体的な法的主張ではない。
10) この点でも, 労働条件改善にのみ傾斜した協約観は, 採りえない。
11) 但し, 当然のこととして, その場合少数派になった労働者についても, 同様の問題が生ずるのであるから, ただ多数派になればそれで済む訳ではない。したがって, 常にそうした問題構造を抱えていることに自覚的でなければならないし, 過酷さの緩和・解消のための努力を怠るべきではない。しかしそれらは, ここでは省略した組合民主主義論といった問題レベルではある。
12) 勿論これは, あくまで協約に関わってのみの読替えであって, 組合加入・結成意思の全体ではない。
13) ここまでの論述をまとめた表現ではあるが, 適切なものを想いつかなかったので, こ

うした表現を使用する。
14) この条件が充足されなくても，協約主体性を肯定出来ることは，既に述べたが，その場合には協約主体とならない途・方法が，用意されねばならない。その点は後述する。
15) 統制力を法的に肯定する限り，その法的根拠を労働者個人の組合への権限の付与・譲渡（＝授権）と考えうる立場にある著者にとっては，組合加入・結成意思に「協約遵守義務」が含まれるとすると，その限りで授権問題は既にクリアーされているとも考えられる。しかしここで問題にするのは，そうした次元ではない。
16) 後述するように，「労働条件の集団的規制」を協約の本質的性格とするような協約理論を，本章は採っていない。しかしここでは，従来的な協約理論に立って叙述している。
17) 「さしあたり」としたのは，ここでは未だ，後述の「一人協約」問題を論じていないからである。

第3節　「労働協約の法的性質」論の放棄

　労働協約の法的性質の探求は，協約法制が確立・整備されるより前の段階においては，市民法上の契約と異なるものとして，事実として存在する協約を法的存在たらしめるために，解決されるべき課題であった。また，それと密接に関わる協約の規範的効力の根拠を問う作業も，そうした側面とともに，難しい法的問題に解答を与えるべき道筋ないしは立ち戻るべき原点であった。協約法制が整備されている現在においても，原理的には問題状況は，変わらないと言えない訳ではない。

　しかし著者は，次の理由から，「労働協約の法的性質」を論ずる意義が失われているどころか，それを論ずることは反ってマイナスであり，放棄すべきと考えている。第一の理由は，労働組合法第16条により，規範的効力が明確に承認されているからである。[1] その意味は，二重である。一つは，実益の問題である。規範的効力の根拠をいくら探求しまたどのような根拠論を唱えようと，それにより，規範的効力を承認する規定が，変化する訳ではない。16条の意義・内容とりわけその法的効果のメカニズムの理解の仕方や，有利性原則を認めるか否かについては，いろいろな議論がありうるとしても，少なくとも法的効力即ち強行的・（片面的）直律的効力そして補充的効力が，「根拠論」によって左右される訳ではない。16条の解釈論としては，根拠論は，無駄な「議論のため

の議論」でしかない。他方では、立法論の不在の問題がある。著者には、16条改正論が、現在において成り立つ余地がないように思われるが、もしあるとして、その前提なり改正の理由づけとして根拠論が問われることは、ありうる議論ではある。しかし、根拠論の———一定の収斂をしつつ———多彩な展開の中で、16条改正に結びつくものは、存在しない。根拠論は、立法論レベルでは全く意味を有していない。したがって、いずれの面から見ても、実益は認められないのであって、それでもなお「根拠」を論ずるとすれば、——学問的意味のない——趣味の領域の問題とならざるをえない。もう一つは、規範的効力が承認された協約をめぐる、これまでの協約理論の伝統的傾向性の問題である。協約をめぐる法的課題は、例えば協約権限の範囲、協約自治の限界、有利性原則、不利益変更といったいずれの法的課題でも、16条により、規範的効力が承認されている協約が前提になるとともに、有効な協約とされる限り規範的効力を認められるのである。ところが、そうした課題をめぐる——さしあたり——学説の展開、対立・論争も同様であるにも拘わらず、伝統的にそして現在も、そうなっていないのである。即ち、学説の展開・対立・論争は、「根拠論」を背景にするに止まらず、「根拠論」がストレートに組み込まれたものとなっている。言い換えれば、とりわけ対立・論争においては、各論者の「根拠論」が、不可分に組み込まれているものとなっているから、その解決のためには、「根拠論」まで遡らざるをえず、それ故それだけ一致を見ることを極めて困難にしているのである。そこから引き出される教訓は、「根拠論」と一体になった理論構成を放棄するべきこと、少なくとも「根拠論」から論ずるという学問的習慣から脱皮する必要性である。「根拠論」から論じないと解決がつかない法的課題は別として、「根拠論」から切断された理論構成において、法的課題が論じられるべきである。その場合、「規範的効力論」の共通の出発点を——憲法第28条か労組法第16条かは、ともかく——授権説に置く必要がある。それは、「根拠論」からの切断が図られるから不必要のように思われるが、伝統的傾向性の根強さないしは慣性を問題とするからである。「授権説を共通の出発点とする」ということは、一方では、「根拠論」をブラックボックスに入れ、法的課題の検討の前提や構成要素にしないこと、他方では、労組法第16条により既に明確に規範

的効力が認められていることを踏まえ，それ以降の法的課題の検討にしぼり込むための便宜としてである。したがって，同じ事柄が，「授権説を共通の出発点」としなくても達成出来るのであれば，採用の必要はない。しかし，とりわけ学説の対立・論争においては，決着がつかないと再び「根拠論」が持ち出されかねないので，その途を絶とうとすれば，「授権説を共通の出発点とする」という割切り方の方が，良いように思われる。そしてそれによって，――後述するが――「神々の争い」的な「根拠論」という夾雑物を排して，またそれに傾ける余分なエネルギーを節約して，法的課題に真正面からかつ共同して取り組むことが可能となり，それを通じて実りある成果が生み出されるであろうし，少なくともその途が切り拓かれると思われる。

　第二の理由は，協約の「法的性質」論が「神々の争い」的様相にあるからである。協約の「法的性質」論は，就業規則における程には混乱している訳ではなく，法規説―契約説という二大区分では，契約説がやや優位しつつ接近しているようではある。しかし，なお根本的なところで違いがある上に，いずれかの説が支配的になるとか相互の学び合い・摂取の中で一つの説に収斂するという状況には，未だ必ずしもない。しかも，戦後労働法学の成立以降現在まで半世紀以上が経過している上に，「戦後労働法学」の見直し・転換をせざるをえない時代状況の変化があるにも拘わらず，「法的性質」論は，一貫してほぼ同じパターンの対立・論争を続けている。こうした事態は，その対立・論争が，永遠に決着しないであろうことを示唆しており，正に「神々の争い」としか表現しえないものである。そうだとすれば，「法的性質」論は，放棄されるべきである。それは，現行協約法制の解釈論やそれをめぐる法的課題の次元だけではなく，今後将来において現行法制の改革が問題化したとしても，そこにも妥当する。何故なら，「神々の争い」であっては，立法改革をリードすることも影響を及ぼすことも，出来る訳がないからである。[5] ここでも，無駄で無益な論議にエネルギーを費やすより，重要な法的課題に全力を集中すべきである。その上に，「神々の争い」であることのもう一つのマイナス面が，考慮されるべきである。「神々の争い」というここでの表現は，単に，学説の対立・論争に決着がつけられる様相にないこと，決着をつける要因が見出されないことだけ

を，意味する訳ではない。それよりも，「神々」の存在に止まらず「争い」であることにより，共存とりわけ共同への志向性を著しく損なっていることが，問題である。労働法体系論的に言えば，労働協約は，現在大変関心が低く論じられることの少ない団結権保障法分野に位置し，その理論の発展の主体的条件が，低下している。その上に，組織率20％未満の労働組合のしかも全てが締結する訳ではないだけでなく，協約の不利益変更の一般化というかつてない問題がつきつけられるとともに，労働者の権利・利益の──立法以外の──維持・擁護の手だてをどこに見い出すか，橋頭堡を如何にしたら充実させうるかが，協約をめぐり問題化している・問題化させるべき段階なのである。そうした状況において，人々の関心を喚起し組織率・協約締結率を高める，また協約をめぐるかつてない法的問題に取り組むとすれば，共同で対処するしかない。その共同を進めるためには，それにとっての障害を出来るだけ除くのが，一つの条件である。そして，「神々の争い」がその点で重大な障害となっているのだとすれば，それは除かれねばならない。即ち，「法的性質」論は，放棄されるべきなのである。[6]

1) 憲法第28条との関係で，労組法第16条を確認的規定と捉えれば，「労組法第16条」が「憲法第28条」に変わるだけである。勿論，その場合でもまた16条を創設的規定と捉えても，その根拠を問う余地はある。しかし，その側面は次で扱う。
2) ここでは，16条の問題に限定して，論ずる。
3) ただ，現在までのところ，余後効問題以外にそうした課題があるようには，著者には思われない。ちなみに，著者は，本章第7節で「余後効否定論」を展開するのだから，著者にとっては「根拠論」は，その点でも不要である。
4) 念のために言えば，ここで問題としている次元は，「どのような理論構成を採っても，結論は同じ」というレベルではない。
5) 立法改革が国家の側から提案され，かつそれが特定の「法的性質」論に立つものであるという場合でも，事態は同じである。
6) こうした主張は，先人の業績をないがしろにする清算的態度のように，思われるかも知れない。しかし著者は，「法的性質」論については，学説的内容よりもそれを創造する上での苦闘とそこに貫かれた精神にこそ，学ぶべきと考えているし，「「法的性質」論の放棄」とは，実はその表明であると思っている。

第4節　労働協約締結権限の構造

1　三つの前提

「労働協約締結権限の構造」を問題とする上で，三つの前提がある。それは，第一に，労働組合という団体が法的存在となりうる根拠である。組合が，事実としては，労働者個人の総和を越えた独自の存在として団体性を有していることは，否定出来ない。しかし法的には，組合は，労働者個人の団結権に基づく権限の付与・譲渡——ここでも以下，授権と略す——により，存在しかつ団体性を持つのである[1]。その授権があることが，組合の協約締結権限の前提となる。法的に存在しない「組合という団体」に，協約締結権限という法的権限が生じる訳がないからである。

第二は，団体交渉権もまた，労働者個人の権利とすることの承認である。団交権が，——主として——組合という団体の権利だとすると，改めてその「協約締結権限の構造」を問題とする余地に乏しく，それは，戦後労働法学における捉え方を継承すれば，済むことになる。団交の妥結権限と協約締結権限は，理論的には区別されるし，協約化を予定しない妥結もありうるが，少なくとも集団的労働条件や労使間のルールの設定は，協約化されるであろうから，この側面からも，協約締結権限の構造を問う意義はない。したがって，「協約締結権限の構造」を論じうるためには，団交権を労働者個人の団交権とし，団結体の団交権は，団結体を「通じ・媒介とする」形で自らの団交権を行使しようとする労働者個人からの授権によって生ずる，という捉え方が不可欠である[2]。

第三は，——既述の——「労働協約観の転換」であり，とりわけ労働者個人を協約の締結主体とする捉え方である。そこから，労働者個人が協約の締結主体であるということはどういうことなのか，労働者個人が協約締結権限を当然に有していることを意味するのか，またそれと並んで組合が締結主体になるとするとその協約締結権限も同じことになるのか，という問題が生ずる。さらに，協約主体性と協約締結権限との関連はどのようなものか，という「そもそも」論を論じなければならなくなる。そして，協約主体性および協約締結権限

が労働者個人と組合の両方にあるとすると，両者の関係はどう構成されるのかが，問われることになる。正に，「協約締結権限の構造」の解明が，求められることになるのである。

 1） 本書第7章第5節2参照。
 2） 本書第8章特に第3節参照。

2　協約締結権限と協約主体，妥結権限

 こうした前提の下に，「協約締結権限の構造」を検討するのであるが，先決的に解決されるべきなのは，協約主体と協約締結権限との関連である[1]。協約主体とは，広義には協約締結の一方の当事者であり，狭義には——協約の効力成立要件であるところの——書面に「署名し，又は記名押印する」（労組法第14条）者であることを，指す[2]。したがってそれらは，——さしあたり——協約の形式上の主体に，止まる。何故なら，協約は，《（団交意思 → 団交 → 妥結 → 協約締結意思）→ 協約締結》という連関構造において，成立するのだが，以上の協約主体は，その最後の「協約締結」という言わば儀式に関わるだけであるからである[3]。それまでのところで協約の中身は，既に確定しているのだから，そのレベルにおいて協約締結権限が，問題化するのである。言い換えれば，協約締結権限を前提にして協約主体性が成り立つのであって，その逆ではない。そのことは，先に示した全過程に広げても，同じである。何故なら，「意思」形成・確定はその権限があって初めて出来ることであって，「意思」は権限行使の結果であり，協約に関する「意思」は協約締結権限の行使によって生ずるからである。協約締結権限を有する誰かが，誰かに協約主体性を付与するのであって，問題の焦点は，あくまで協約締結権限である[4]。

 次に，改めて問題になるのは，妥結権限と協約締結権限との関連である。団交が妥結したとしても，それが協約化されない場合には，両者は明確に区別されうるが，協約化されるのであれば，二つの権限を区別するのは無意味のようであるが[5]，果たしてそうであろうか。協約化するということは，協約全体の履行・遵守義務，——考え方によるが——相対的平和義務，さらには協約の中身・内容として盛り込まれた義務を，新たに負うということである。それは，団交

の妥結に表現される意思を，越える決断であるように思われる。何故なら，妥結を協約化する法的義務は，少なくとも労働者側にはなく，また法的効力・義務を伴う協約とするかいわゆる「紳士協定」に止めるかは，労働者側の選択に係る問題であるからである。そうだとすれば，妥結意思と協約意思とは別個のものであり，妥結の協約化とは，妥結権限とは異なる協約締結権限の行使としてしか，捉えられない。したがって，妥結に関し，その全てを協約化する，一部のみ協約化する，全てを協約化しないという選択肢の中から，選択するという行為が，協約締結権限を有する者によって行われねばならない。実際上は，妥結の協約化について，別個の手続・手順（＝改めての協約締結意思の形成・確定）が採られることはないであろう。しかしそれは，事実問題であって，法的には，協約締結権限の行使として，妥結権限に（言わば狭義の）協約締結権限が付加されていると構成されるのである。

1） ここでは，その担い手をカッコに入れている。
2） 以下，後者は，当事者ないしは狭義の当事者と記す。
3） 当事者は，特にそうである。
4） 協約主体と労組法第14条との関連については，後に触れる。
5） 妥結の一部の協約化でも同じであるし，一般の団交と区別して，協約の成立また改定の交渉が行われる場合には，とりわけそうであろう。ただここでは，後者は一応視野の外に置いて，論理の鮮明化を行うことにする。

3 協約締結権限の主体

では，協約締結権限を有する者とは，誰のことであろうか。ここではまず，「団結権」と協約締結権限との関連が，問われる。それは，協約締結権限というものが，「団結権」とは関わらない別個の独自の権限なのか，それらの延長線上のもしくはそれらと一体の権限なのかということである。従来の捉え方は後者であり，協約は，労働組合の「団結権」の行使の成果であり，協約締結権限は，当然のこととして「団結権」の主体である組合の権限とされている。著者も後者の見解を採るが，「団結権」を徹底して労働者個人の権利とするところから，組合の協約締結権限を，当然の事柄とはしない。逆に，労働者個人の「団結権」の脈絡から，労働者個人の協約締結権限を導き出す。

第10章　労働協約理論の新地平

　では，協約締結権限を労働者個人のものとすることで，支障は生じないであろうか。その点で第一に問題となるのは，協約の集団的協定性である[1]。《団体交渉→妥結→協約》という経過をたどる典型例にも，著者の立場からすれば，二つのパターンがある。一つは，労働者が自己の団交権を組合に授権した場合であるが，これに関する集団的協定性は，それら労働者が所属する組合という団体に担保されるから，問題はない[2]。もう一つは，組合に授権せずに，自らの団交権を集団的に行使する場合である。この場合でも，そこに成立する協定は，労使の個人的協定ではなく団交を担う集団としての労働者との協定であるから，集団的協定性に欠けるところはない[3]。ところで，集団的協定性は，協約締結段階のみでなく協約の存続期間全体に渡って，必要である。それが，協約の実効性を担保するからであるが，その点で問題はないのであろうか。本章第2節で述べた協約の実効性確保の条件を度外視すれば，協約違反の責任追及の可能性の存否が，理論的には問われる[4]。ここでも，先の二つのパターンの前者については，違反の責任を担う主体である組合が存在するから，問題はない。他方後者では，その直接の主体は存在せず，結局は労働者個々人がその責任主体であり，集団的協定性に抵触しそうである。しかし，組合を「通じ・媒介とする」形態ではない団交を労働者が選択し，使用者がそれに応じた限りは，協約の実効性を団体性なき労働者集団への信頼に求めたのであるから，それは，結局は労働者個々人への信頼であり，その裏返しとして，協約違反の責任追及も労働者個人に対して行うことが，予定されていると考えざるをえない。それは，集団的協定性の責任レベルでの否定の如くであるが，実は責任レベルの個人性を承認した集団的協定でもあるのである。したがって，責任レベルでも集団的協定性を担保する方策が，要請されることはされるが，もしそれを欠いたとしても，集団的協定性が失われることはないのである。

  1) いわゆる「一人協約」問題については後に扱うので，ここではそれを除いた協約につき論述する。また以下では，当然のこととして，妥結の全部もしくは一部が協約化されることを前提として，叙述する。
  2) ここでは，組合員たる労働者が，自己の所属する組合以外の団体に授権するというありうる想定は，視野の外に置く。
  3) 労組法第14条との関係が，ここでも問題となるが，後述に譲る。

321

4）　念のため言えば，ここで問題にするのは，責任主体が誰なのかを理論的に確定することであって，責任追及の現実的可能性ではない。

4　協約締結権限の授権

　協約締結権限が労働者個人のものだとすると，労働組合には，アプリオリなものとしては協約締結権限が，ないことになる。これは，労働者個人の「団結権」の帰結である。組合自体が協約締結権限を持つのは，労働者個人が，自己の協約締結権限を組合に付与・譲渡する——ここでも，以下授権と総称する——限りでである。組合に，団交権限および妥結権限が授権されていても，協約締結権限の授権がなければ，組合を当事者とする形での妥結の協約化は，出来ないのである。では，その授権とは何を意味し，授権のあり方次第で，協約化に様々な偏差を生じさせるものであろうか。授権とは，最低限，協約という法的形式で妥結の内容を確定する権限を組合に認めること，したがって，組合に当事者たる地位を与えることを，意味する。しかしそれのみではなく，妥結を一般的にまたその内容次第で協約化するかどうかを決めることも，労働者の協約締結権限には含まれるから，そうしたレベルまでの授権もありうる。前者を形式的授権，後者を実質的授権と称するとすると，実質的授権がなされた上で，形式的授権も行われるということになろう。そして実質的授権においては，妥結の内容を，全体としてそのまま協約化するという包括的授権と，内容次第で協約化の成否を決めるという限定的授権とが，区別される。後者においては，当然のこととして，限定的に授権された範囲内でしか，形式的授権はされないのである。[1]

　では，組合への授権が労働者ごとに異なる場合，即ちある労働者は包括的授権を行い，他の労働者は限定的授権に止まる場合，——その場合を含めて——限定的授権の中身が労働者ごとに異なる場合，どのように考えるべきであろうか。この問題の前提は，協約締結権限を有する労働者個人がどのような授権の仕方をするのか，自ら自由に決められるということである。そうだとすると，包括的授権と限定的授権，複数の——窮極的には組合員の数だけの——限定的授権は全て並列し，いずれも自らの優位を主張出来ないのである。それ故，それ

第10章　労働協約理論の新地平

ぞれの授権に基づいて，複数の協約が成立することになりそうだが，しかし，妥結の内容は一つであるから，協約の複数性ではなく，協約適用対象レベルでの複数性となると考えられる。即ち，包括的授権をした労働者は，妥結の全体を協約化した協約が適用され，それ全体に拘束される。それに対して，限定的授権に止まる労働者は，自ら授権した範囲内での妥結内容の協約化部分のみが適用され，それにのみ拘束される。こうした捉え方は，協約の一体性に反するようであるが，協約自体は一つのものであり，その全部が適用されるか一部に止まるのかの違いが生ずるだけだから，協約の一体性に欠けるところはない。他方，全ての労働者が限定的授権をするとともに，それらが幾つかの協約部分に分かれる場合，即ち例えば，ある労働者は，労働時間部分にのみ限定した授権を行い，他の労働者は，休憩・休日・休暇部分についてのみ授権したといった場合についても，問題はないのであろうか[2]。形式上は，一つの妥結に基づく一つの協約が成立するが，それは，複数の限定的授権により生ずるモザイク的協約ではある。しかしこの場合，全ての限定的授権は価値的に同一であるとともに，他の限定的授権を排除出来る訳ではない。そして，授権されるのが同じ組合であるし，それぞれ別個の協約とする必要もないから，協約の一体性が損なわれることもない。

　では，労働者個人の団交権の集団的行使の場合は，どうなるであろうか[3]。労働者個人の団交権の集団的行使とは，交渉権限および妥結権限を誰にも授権せず，あくまで自分自身に留めたままで，ただ交渉および妥結を集団的に行うだけである。それ故，労働者個人の団交権の単独行使と同じようであるが，実は根本的に異なる。権限自体は，個人に留保されているが，交渉・妥結が集団的に行われる，即ちその集団が交渉意思と妥結意思を形成し，かつその責任で交渉・妥結が行われるからである。問題は，その妥結の協約化における協約締結権限の所在である。その権限を授権するとすると，団体性を有しない集団への授権であるから，それを認めるためには，かなりやっかいな問題のクリアーが，必要である。何故なら，ここにおける労働者集団は，交渉・妥結を協同して集団的に行う——その前提が，集団的意思の形成である——のであるが，それは，労働者個人の総和でしかなく，それと区別される独自の存在ではないから

323

である。したがって、労働者集団を当事者として協約は成立するのであるが、その集団への協約締結権限の授権ということは、想定しがたい。そうした授権を可能とする途は、労使間の合意であろう。それに関しては、一方では、労働者集団を構成する全ての労働者が、その集団に対して授権することにより生じうるいろいろな問題についても、自己の責任において担う覚悟の上でその選択をし、かつその点での合意が形成されている必要がある。他方では、使用者側が、労働者集団を当事者として協約化する前提として、そうした授権を承認していることが必要である。勿論一般論としては、協約締結権限を誰に授権するかは労働者の自由であり、使用者の介入は許されない。しかしその授権は、協約の当事者性を限定するとともに、協約の形式を左右するものであるから、使用者側のそれへの関心は、法的保護の対象である。したがって、使用者側が、そうした授権を認めずそれ故に協約が成立しなかったとしても、法的に非難されるいわれはない。いずれにしても、こうした労使間の合意を抜きには、労働者集団への授権に基づく協約は、成り立ちえないのである。

　協約締結権限の個人への授権は、授権の対象を誰にするのかが、労働者個人の自由であるとしても、協約の集団的協定性に抵触するから、不可能ではないかという疑問がつきまとう。この問題の真の解決には、後述する「一人協約」問題の法的処理が必要であるが、ここではさしあたりその法的処理がない中で、どこまでのことが言えるのかを、検討する。協約締結権限を個人に授権するということは、単に協約という形式の文書に署名・記名押印する責任に止まらず、その履行・遵守のそしてその反面で違反についても、責任を負うということである。普通に考えれば、そうした責任を個人が負える訳がないので、その責任を遂行するための担保が別に必要である。それは、個人として責任を負えない場合、その個人に授権した労働者が、肩代わりするということである。個人は、自己に対する授権を受けるか否かを自由に決められるとともに、引き受ける限りはその担保を要求出来るし、それを欠くとして拒否することも可能である。問題は、労働者の「肩代わり」の実質的意味である。協約違反に対して具体的に法的責任が追及される場合——例えば損害賠償——、その責任を分担することは最低限の要請である。しかしそれ以上に重要なのは、《協約違反 →

責任追及》という事態を生じさせないことである。そのためには，授権する労働者の協約の履行・遵守の決意とその高さ，そしてそれへの被授権者の信頼および高い信頼度が，必要である。その両方があって初めて，被授権者の責任遂行が可能となるのである。そしてそうした意味も含めて，労働者集団が協約を支えるのであるから，協約の集団的協定性にも，問題は生じない。したがって，個人への授権も可能なのである。ところで，その個人には限定がないのであろうか。一般には，授権を誰にするのかは労働者の自由であるから，個人への授権が可能である限り，誰でも良いとされそうである。しかし，授権された個人は協約の履行・遵守に責任を負うのであるから，その責任を負えることが絶対条件である。そうとすれば，当該労働者集団と無関係な第三者が，その責任を負えるとは考えがたい。個人が負う協約の履行・遵守責任とは，当該労働者集団の構成員に働きかけて履行・遵守をさせる，その構成員や集団の責任を自己の責任として自覚的に負える，といったことが必要である。そうした条件を満たしうるのは，「第三者」であれば，それまで当該労働者集団と密接に関わって例えば協約に関する相談に応じて来た他組合の役員とか弁護士，「第三者」でなければ，その労働者集団の構成員に，限定されよう。そして，後者であれば，当該労働者集団が代表を選んでいればその代表者，選んでいなければ構成員の中の特定の労働者個人ということになり，いずれにしても，同等の地位において授権されるのである。何故なら，代表者は，《交渉→妥結》までの代表者であって，協約締結段階以降では，構成員の一員に戻るからである。代表者が特定の個人に優位するのは，その段階以降も代表者である場合である。[7][8]

　最後に，組合にも「個人」にも授権しなかった場合の問題が，残されている。それは，交渉・妥結は集団的に行いながら，協約締結権限を自らに留保したということであるから，協約の成立とその履行・遵守については，自己の責任においてなそうとする決断に基づくものである。これも，その完結のためには「一人協約」問題の処理を欠かせないが，ただ言えることは，いわゆる協約責任を結果として労働者個人が負うのではなく，それを自覚的に自らの責任としつつ，しかし集団的協定性を否定するものではないことである。その点が，「一人協約」問題との――さしあたりの――違いである。それは，交渉・妥結・

協約化の全てを労働者個人レベルで行うことに開かれた中で，なおそのレベルを採らないということである。その意味は，交渉・妥結レベルでは，集団的な力に依拠ないしは活用するということであるから，言わば権利行使の選択であって，必然的なものではない。しかし，交渉とりわけ妥結権限と協約締結権限とが別物であり，その法的次元を異にするが故に，法的には可能である。《交渉 → 妥結 → 協約化》というのが，事実上は連鎖構造をなしているとしても，それぞれの権限が労働者個人のものであり，それらをどう行使するか即ち他に授権するか否かという点で，分節するか統合一体化するかは，労働者の自由である。そうとすれば，事実上の連鎖構造からのズレは問題とならないし，ここでは協約の集団的協定性にも抵触しないのである。[9]

1) 授権が，妥結より前に行われたか事後に行われるかは，問題とならない。事前の授権の事後における撤回が，一般的には可能だからである。なお念のために言えば，このレベルの授権と例えば特定の労働者に不利益を及ぼす協約の効力を左右するところの当該労働者の「授権」とは，法的次元が異なる。後者は，本章第6節3で扱う。
2) 限定的授権が，全て異なる協約部分に対して行われるということも，理論的にはありうる。しかし煩わしいので，それには言及しない。
3) この場合でも，協約締結権限を組合に，包括的にまた限定的に授権することは許されるが，それについては触れない。既述の論理に吸収されるからである。
4) ここでも，労組法第14条との関係は，後述に譲る。
5) その代わり，協約の効力が存続する期間の途中でその地位を降りることは，その労働者集団の同意抜きには，許されない。なお協約の存続期間中の授権に関する変更には，触れない。また，ここでは労働者集団による個人への授権という問題レベルであるが，それが労働者集団ではなく一個人である場合には，さらなる担保が必要かどうか，それが可能かどうかが検討されねばならない。しかしその問題は，「一人協約」問題と同じレベルの問題故に，そちらに譲ることにする。
6) これは，被授権者たる個人の責任遂行の担保であるから，労働者個人自身への法的責任追及とは，別個のものである。
7) それは，特定の個人への授権がなくかつ代表者にも授権されなかったとしても，代表者への授権を推定するということである。なお，以下両者併せて，「個人」と表記する。なお，その「個人」の複数性については，可能性の指摘に止める。
8) 以上のことからすれば，授権が労働者集団と「個人」に分かれることは，原則としてはありえない。ありうるとしても，同一内容の協約が二つ並立するということであり，協約実務上不効率で煩雑なので，本書では排除しておく。また，ここまでは限定的授権の可否を論じていないが，協約化を展望しての労働者集団への加入でありかつ授権していることからすれば，限定的授権は，否定的に考えるべきであろう。それによって生じ

うる問題は，協約の適用範囲問題（本章第5節3）として，処理可能であろう。
　9）　労組法第14条との関連は，後述する。

5　「一人協約」問題

　以上の展開の中で自覚的に残しつつかつ理論的にも解決が必要な問題は，「一人協約」問題である。この問題は，「労働者個人の団体交渉権の単独行使」を認めることがなければ，また認めたとしても協約締結権限を他に授権する限り，生じえないものである。しかし前者については，著者は既に認めており，後者は，授権の自由即ち授権しない選択の可能性があることから，問題の検討を避ける訳にはいかない。使用者側にとって，「労働者個人の団体交渉権の単独行使」への対応が任意の意思に任されているのだとすれば，あえて「単独行使」に応じた限りは，その協約化は法的義務に連動するから，協約化にとって支障はない。しかし，──対応に一定の幅があるとしても──「単独行使」に対し団交義務が課されるのであるから，妥結の協約化は法的義務としても，それが協約であるための条件整備を求めることが出来るし，それば満たされなければ協約化を拒否しうる，と考えられる。したがって，「一人協約」問題は，さしあたり，この「協約であるための条件整備」問題の解決の如何に，行き着くことになる。それは，──これまでの論述との関わりでは──集団的協定性の確保の問題である。「一人協約」が，それ自体集団的協定でないことは自明のことだから，それが集団的協定性を備えるためには，外的条件が必要である。それには，組合の承認か労働者集団レベルへの広がりしかない。即ち，組合が自己を当事者とする協約と認めるとか，他の労働者がそれを自己自身に適用される協約として扱うことに同意するといったことが，必要とされる。いずれにしても，その条件整備は，保証の限りではない。

　では，「一人協約」はそうした条件整備（＝完結条件）なしに，それ自体として成り立たないであろうか。まず，使用者側が同意すれば，成立する。集団的協定性を持ちえないことを承知の上で，それでもなお協約とすることに同意する限りは，協約として扱うのが，使用者側の法的義務であるからである。使用者側の同意を欠く場合の協約性の承認には，幾つかのクリアーすべき問題があ

る。一つは，協約とは，労働条件の集団的規制（集団的労働条件の規制）という側面において，その存在意義があることとの関わりである。既述の労働協約観でもその転換においても，そのことを当然の前提としている。しかし翻って考えれば，使用者側には，集団的労働条件の規制の手段として就業規則があり，「一人協約」以外の言わば通常の協約が成立しなくても，代替が可能である。また協約は，集団的労働条件の規制を主な役割とするとしても，個別的労働条件の規制を排除する訳ではないから，両者は，同一協約内で併存可能である。そのことは，言わば100％集団的労働条件規制の協約から100％個別的労働条件規制の協約までの幅を許容することを，意味する。他方，「一人協約」においても，集団的労働条件規制が含まれる余地が，ない訳ではない。そうとすれば，「一人協約」も，真の協約として成立しうることになる。

　主体に着目した集団的協定性の側面においては，「一人協約」は，協約内容の如何で他の労働者への広がりを持ちうるとしても，それは，事実的可能性でしかなく，確かに集団的協定性には欠ける。しかし，「一人協約」成立の権利論レベルでの要因は，「団結権」を徹底して労働者個人の権利としたが故である。言い換えれば，協約の集団的協定性を絶対的要件としたのは，実は従来の「団結権」論が「団結優位の団結権」論であったからである。それが，「個人優位の団結権」論それも徹底したものに転換したのであれば，集団的協定性は，絶対的要件たりえない。しかも，「一人協約」は，集団的協定性に転化する途を閉ざしたものではない。したがって，「一人協約」は，使用者の同意があれば勿論のことその同意がなくても，締結を義務づけられるところの協約となるのである。[6]

1）　これまでこういう表記の仕方をしているが，それは，それが未だ協約かどうか明らかではないからである。ただ，ここでの検討で協約であることが肯定されても，他と区別するためにカギカッコで記すことにする。
2）　本書第8章第3節3参照。
3）　この場合，協約への組合の連署だけで良いのか，改めて協約締結権限の授権までが必要かについては，前者と考えておく。協約としては，一応既に成立しているからである。ただいずれにしても，内容の異なる二つの協約の当事者に同一の組合がなる点での，法的問題の検討が必要だが，著者としては，適用対象別の協約――例えば，正規従業員協約と臨時・パート労働者協約――が可能であることの延長線上で，考えている。

4）「自己自身への適用を認める」と言っても，これは，後述の「協約」加入問題とは異なる。ここで問題としているのは，「協約であるための条件整備」であるからである。言い換えれば，協約となるための完結条件の問題であるからである。なおこれには，個々の労働者の同意ではなく，労働者集団を形成した上でその代表者の同意ということも想定されるが，指摘に止める。
5）この点については，本章第5節3で扱うので，ここでは留保付きの結論となる。
6）現在における労働条件・処遇の個別化（＝個別的労働者管理）という動向は，こうした捉え方の現実的支えであり，将来的には，「一人協約」の展望を切り拓く基盤となるかも知れない。しかし本章の展開は，それを視野に容れたものではない。

6 労働協約の当事者の拡張

　労働協約の当事者とは，広い意味では，労働者個人から協約締結権限を授権されたものであり，被授権者が協約に署名・記名押印する限り，形式的当事者とも一致する。包括的であれ限定的であれ，労働者個人が労働組合に授権するのであれば，組合より具体的には組合の代表者が，当事者となる[1]。これは，形の上では，戦後労働法学の捉え方と異ならない。しかし，協約締結権限を有する労働者個人をも協約締結主体とする点において，別個のものである。とは言え，組合に授権する即ち組合を当事者とするという選択を行う限り，労働者個人は，協約締結主体ではあっても当事者ではなく，前者の側面は，実質的ないしは事実的意味しか，持ちえない。他方，労働者個人の団体交渉権の集団的行使における「個人」への授権の場合は，どうであろうか。その「個人」は，広義にも狭義にも当事者であるが，協約責任の肩代わり・分担との関係で，労働者個人の協約主体性が，前面に現れることになる。即ち，授権をした労働者個人も，当事者になるのである。ただ，狭義の当事者性については，否定される。広義の当事者でありながら狭義において当事者でないのは，「個人」への授権ということを通じて，「後者の地位」を放棄した，自己抑制したとみなされるからである[2]。そうだとすれば，「個人」にも授権せず協約締結権限を自己に留保した場合には，その労働者個人が，広義・狭義とも当事者になることになる。したがって，──後述の労組法第14条問題のクリアーが必要だが──その場合の協約文書は，関係する労働者全ての連署となる。ただ，全ての労働者の連署は協約文書としては煩わしいので，使用者としては署名代表者を求めること

が出来るが，それが協約成立上の絶対的要件ではないという見解に立てば，拒否されれば連署を拒みえないことにはなる。他方絶対的要件としても，お互いに自己の主張を相手方に強制しえないとは言え，使用者には協約締結義務があることからすれば，連署を拒否することにより協約を成立させないという選択肢は，使用者側にはないということになり，結局は，いずれの見解によっても，結論は変わらない。そして，「一人協約」においては，その一人の労働者が両面で当事者となり，その点で何ら問題は生じない。

残る問題は，こうした当事者の拡張が，労組法第14条に抵触しないかどうかである。問題解決のポイントは，憲法第28条と労組法第14条との関連であり，後者を前者の確認規定とする捉え方である。憲法第28条が，組合以外の協約当事者を既に認めているとすれば，労組法第14条は，組合・組合代表が当事者となる場合についてだけ，念のために確認的に規定したに過ぎないことになる。したがって，労組法第14条を根拠として，組合以外の協約当事者を排除出来る訳ではないし，「一人協約」も同様である。他方，協約の成立要件までは憲法第28条は規定していないとすると，労組法第14条は創設的規定となるが，それ故に組合以外の協約当事者性を否定出来るであろうか。ここでは既に，組合を当事者としない協約の存在が肯定されていることが，前提としてある。そうとすれば，労組法第14条は，組合・組合代表を当事者とする協約の成立要件を，例示的に掲げただけの規定であって，組合以外の協約当事者を排除するものではないと考えられる。とは言え，協約の成立要件という性格の規定である——その要件を充足しない協約は，無効となる——から，協約文書への署名・記名押印は，組合以外を当事者とする協約にも不可欠である。[3)]

1) このこととの関わりで，——先には触れなかったが——組合代表者への授権も可能であることを，指摘しておく。それは，協約の履行・遵守の責任を代表者が負えるからである。
2) 協約文書への署名・記名押印におけるいわゆる連署が許されるならば，狭義の当事者ともなりうるが，——次の問題とは異なり——授権した労働者個人の意思のみでは決められない事柄であるし，ここでは指摘に止める。
3) ここではそれ自体としての結論を出していないが，著者は，後者の見解で良いと思っている。協約法制における確認規定か創設規定かという議論そしてそれをめぐる見解の対立は，生産的とは思われないからである。

第5節 「労働協約の効力」論の新展開

1 協約の契約的捉え方の徹底[1)]

　労働協約は，労使間の合意に基づく協定であるから，集団的契約とりわけ労働組合を当事者とする団体契約の形式を，備えている。しかし，その有する規範的効力との関連で，市民法上の契約とは異質なものという捉え方が支配し，協約の法的性質として法規説が，——現在に到るまで——強力に主張されて来ている。そのため，契約形式が，協約の効力につながるとは考えられず，せいぜい協約の内容との関連で契約的効力しか認められない部分——即ち債務的部分——につき，その一環である債務的効力が，認められて来たに過ぎない。ところが，ここまでの展開，即ち協約の「法的性質」論を放棄した上でいわゆる授権説[2)]に立つとともに，労働者個人の協約締結権限という考え方を採ることを前提とするならば，協約を契約として捉えてその法的効力を探求することが，可能となる。協約は，その全体としても，その部分——即ち，規範的，債務的，組織的といった——においても，まずは契約であり，契約としての効力を有するのである[3)]。そこから生ずる問題は，一つは，とりわけ規範的効力との関連であり，もう一つは，集団的ないしは団体的協定性故の，個人間契約との異同さらには市民法上の契約との異同である。

　前者については，従来の捉え方の言わば逆転が，必要である。出発点において協約を契約としつつ，協約の規範的部分の効力としては，規範的効力しか認めないという捉え方[4)]は，二重の意味で変更されねばならない。第一に，協約は契約であって契約としての効力を有する．そしてその効力こそが，協約の最も基本的な効力であるという考え方に立つべきである。何故なら，労働者個人の協約締結権限に基づき締結される協約，その授権によってのみ組合という団体が協約当事者になれる協約であってみれば，協約が契約でありそれとしての効力を有することは，理の当然であるからである。とは言え，契約（である・でしかない協約）によっては，規範的効力を創出出来ない，即ち規範的効力は，契約としての効力に含まれないところの別のものである。したがって，協約の

規範的部分には，契約的効力と規範的効力という二つの効力が，認められるのである。そして両者の関連としては，契約的効力が基本であって，規範的効力は，それにプラスされたものと考えるべきである。協約は契約的効力を有するから，その違反に対して契約上の責任追及が可能であるが[5]，違反労働契約を無効にするましてや協約内容を適用するといった効力までは，持ちえない。そうした規範的効力は，協約の法的性質論・規範的効力根拠論の放棄という立場に立つ著者にとっては，契約的効力の限界に対する補完であるように思われる。補完である以上，協約にとって不可欠な補完であるとしても，やはり契約的効力という基本に付加されたものでしかないのである。

　後者については，ここでは課題的疑問を提示しておく。第一は，協約と個人間契約および（市民法上の）団体的契約とは，本質的，基本的に同じではないかという疑問である。協約は確かに，プラスαとして規範的効力という契約的効力ではない効力を，備えている。しかしそれを除けば，個人間契約とは，団体が当事者となる以外——しかも，労働者個人が当事者となることは，排除されていない——は，決定的に異なることはない。団体の契約も同じであって，団体の特色の違いは相対的なもので[6]，如何なるものが締結しようと契約は守られなければならないし，違反があれば契約上の責任追及がなされうることに，変わりはない。果たしてそういう捉え方で良いのかが，検討される必要がある[7]。そうだとすると，第二に，違反に対する契約上の責任追及のあり方も同じではないか，という疑問が生ずる。従来においては，協約が集団的労働条件を一定の期間に渡り規律すること，その間の協約の平和的機能——具体的には，相対的平和義務——を協約の本質の反映とする捉え方が強かったこと，しかし他方で，期間を設けるとしても最長３年であるしまた期間の定めのない協約はいつでも一方的に解約出来ること，協約は損害賠償的処理になじまないこと，といった理由から，「いわゆる契約上の責任追及」の方法は，殆ど否定されて来た[8]。しかし，本当にそれで良いのであろうか。ここで考えるべきことは，契約上の責任追及の本来の意義である。契約上の責任追及とは，勿論，違反責任を問う即ちそれへの法的反作用ないしは制裁ではある。しかしそれは，それだけに止まる訳ではない。契約の履行・遵守の担保でもあり，それこそが，本来の意義と言

って良い。契約を守らせるためにこそ、違反の責任追及があるのだとすれば、それに制約を設ける合理的な相応の理由がない限り、少なくとも責任追及の方法レベルでは、制約されるべきではない。そのことは、協約についても妥当する。そこから、次のように課題が設定される。一つは、従来協約には適さないあるいはなじまないとされて来た責任追及の方法、例えば経済的・物的損害賠償とか有効期間中の協約の解約といったものも、認めるべきことになる。そこで、協約の特有性——その何が——が、これらを否定する上で意味があるかどうかが、——ここまでの論述の立場に立って——改めて検討されねばならない。もう一つは、「契約を守らせること」に焦点を合わせた責任追及の方法の開拓である。それは、主として契約論の課題であるが、協約論としても——協約の特有性による変更・修正の如何・程度だけではなく、協約の守らせ方の観点からのアプローチを含む——展開されるべきである。

 1) 念のため言えば、これは、協約の法的性質の問題ではなく、協約の効力の問題レベルである。
 2) ここでは、就業規則の「法的性質」論における法規説の有力な見解、即ち「保護法授権説」から借用した。何らかの実定法により、協約に法規範的効力が認められるということを、表現したものである。そして、その実定法が憲法第28条か労組法第16条かは、ともかくとしてではあるが、著者は、本章第4節6注3)と同様の理由で、労組法第16条授権説で良いと思っている。
 3) こうした指摘は、例えば西谷敏『労働組合法〔第2版〕』(有斐閣、2006年) 327頁で行われているが、本章は、それをより徹底させることを課題としている。
 4) これを法的性質論として徹底させようとしたのが、いわゆる契約説である。他方、出発点に止めたところに、法規説の問題性がある。
 5) どのような違反に対し如何なる責任追及が可能かという問題については、次の論点において課題的にかつ概括的に扱う。
 6) 本書第6章第3節特に2〜4参照。
 7) いずれにしても、従来的協約観のままで、契約としての性格レベルないしは効力だけ取り出して検討するという作業では、成果を得がたいように思われる。
 8) ここでは未だ、協約の契約的性格や契約的効力の正面からの承認がないから、こう表現する。

2 「規範的効力」論の変容
(1) 労働協約の基準の意味転換

　規範的効力の第一の問題は，労働協約の定める労働条件基準の意味との関わりで，基準を下回る労働契約のその基準までの引上げの効力に限定する（片面的直律的効力）か，基準を上回る労働契約を基準まで引き下げる効力をも認める（両面的直律的効力）のかということである。労組法第16条の「基準に違反する労働契約」という文言は，——労働基準法第93条の「基準に達しない」と異なり——いずれとも読めるので，決め手にならない。そこで，一方では団結・「団結権」論からの帰結として，他方では日本の労働組合の性格・特徴に規定された協約実態——それとの関わりで，当事者の意思の推定が付け加わる場合がある——に依拠して，論じられて来た。前者は，団結を労働者間の競争——各自に有利か不利かを問わず——の抑制と捉え，団結による《団交 → 協約》を個別的交渉の禁止という脈絡で，「団結権」の規範内容を押さえるということである。他方後者は，《企業別組合 → 企業別交渉 → 企業別協約》という実態から，結論を引き出そうとするものである。両面から，日本の協約は，最低基準ではなく標準的基準とされて来ている。しかしこうした論理展開は，改められねばならない。

　それは，第一に，「個人優位の「団結権」論」の徹底からである。「団結権」が，真に労働者個人の権利であるのみでなく，労働者個人の団交権の行使が認められかつ「一人協約」が可能だとすれば，前者の論理は，妥当しなくなるからである。第二に，1で述べた「協約＝契約＝基本」ということに関わる。この前提として，「実態依拠論」は，次のように読み替えられねばならない。実態に依拠して規範的効力の結論を引き出すという手法自体に疑問があるが，それはさて措き，実態は，当事者の如何ともしがたい客観的事情に規定される面があるとしても，「団結権」という権利の行使のあり方とその受容，即ち当事者の主観的選択（＝意思）の帰結である。端的に言えば，協約基準を最低基準化する組織的担保としての企業横断的組合の組織化，そして企業横断的協約の獲得ということに関して，法的障害は，存在しない。法的障害のない中での《企業別組合—企業別交渉—企業別協約》という典型的パターンは，当事者の

第10章　労働協約理論の新地平

選択・意思の産物としか，法的には評価出来ないのである[3]。その上に，「協約が契約であることが基本である」とすると，協約基準を如何なる意味のものとするかは，当事者の意思によることになる。そうだとすると，当事者即ち協約締結権限を授権された組合あるいは──「個人」に授権するか否かを問わず──労働者集団の，意思形成の問題となる[4]。その意思形成の結果である協約意思が，いずれの基準を選んだかによって，最低基準にも標準的基準にもなりうるのである[5]。

　そう考えたとき支障になるのは，次の二つである。一つは，最低基準とする協約意思の現実的可能性である。《企業別組合─企業別交渉─企業別協約》という枠組みとは別の枠組みが選択されて現実化するという見通しが，立ちそうにないことである[6]。そうだとすれば，現実化・実現しない理論的主張として理論倒れに終わりそうだが，果たしてそうであろうか[7]。著者が展開して来た「個人優位の「団結権」論の徹底」に関し，現状においては，それを受け止めて労働者個人が，自らの「団結権」を活発に行使している訳ではない。しかし，それ故にその理論が誤っているかどうかについては，一方では，数十年に渡る検証期間が必要であるし[8]，他方では，著者の捉え方においては，「権利の不行使＝労働者個人の選択」ということが既に理論内在化していることが，考慮されねばならない。協約についても，その立場は原則的に妥当すると思われるが，ただ実益の乏しさが問題となる。即ち，企業別協約においては，最低基準が意味を持たず，標準的基準しか選択されないのではないかということである。勿論，企業別協約においても，複数の事業所を持つ企業において，企業別協約を事業所横断的最低基準とし，その上に事業所別協約が積み上げられるという余地はあろうが，そうした選択をしなければ同じことである。そうした実益面での難点を抱えながら，なおこうした主張をする理由は，次のところにある[9]。一つは，労働者集団が当事者となりうることとの関わりである。その協約も企業別協約ではあるが，その場合においては，その集団に加わらなかった労働者への広がりやとりわけ「一人協約」を通じた協約基準への上乗せといったことを考慮して，最低基準としての効力を選択する可能性がありうるからである。もう一つは，基準のあり方を決めるのが労働者の選択であることを明確にするこ

との，労働者にとっての意義への配慮からである。それは，労働者の関与・決定が，協約意思形成までで終わるのではなく，基準のあり方をも含むこと，即ちこれまでよりもその関与・決定の幅が，広がるということである。そしてそれは，それに止まらず，基準のあり方の選択如何で，協約意思の内容にはね返りうることまでを，意味する。勿論，その如何に左右されない労働条件があり，さらにいずれであっても，同じ水準・内容の協約基準となることも，ありうることではある。しかし，基準のあり方如何で協約基準の水準・内容が変わりうるとすれば，そのことを踏まえて，協約意思が形成されることになるであろう。標準的基準でしかありえず，その点で選択の余地がない中で形成される協約意思と，基準のあり方をも含めて自分達が関与・決定出来る余地があることが解っていて形成される協約意思とが，その水準・内容において違いがあるとすれば，後者の持つ労働者にとっての意義は，大きいように思われる。それによって協約の全て——協約自治の限界という問題が，なお残るが——が，労働者の関与・決定の対象となるからである。[10]

　もう一つの支障は，使用者側の対応の問題である。即ち，使用者側が例えば標準的基準に固執し労働者側の最低基準要求が実現されないという事態を，どう評価するかである。これが，合意の問題レベルでしかないという理解であれば，協約内容レベルと異ならないから，支障にはならない。つまり，交渉の結果として，いずれかの基準の採用という合意が形成されるということになるだけであるから，労働者側の最低基準要求が容れられるか否かは，交渉力といったものに係ることになり，それは，協約内容と同じ次元の問題である。ただしかし，使用者側の協約への期待，例えば標準的基準とすることにより，それを上回る個別的要求への対応といった煩わしさ・手間の回避，あるいは画一的・統一的な集団的労働条件の確保の意図といったものは，法的保護の対象にならないであろうか。もしそれが法的保護の対象だとすると，「基準のあり方＝選択」という主張にとって，重大な支障となる。しかし，例えば「画一的・統一的な集団的労働条件の確保」という点で言えば，それは，協約の本質的構成要素ではなく，そうするかどうかは，やはり労使間の合意の問題である。即ち，協約による労働条件規律を，集団的レベルで行うかどうか，その上さらに画一

的・統一的規律とするか否かも，労使間の交渉を通じて合意されるべき事柄なのである[11]。また「煩わしさ・手間の回避」は，使用者側のエゴイズムであるだけでなく，法的に非難されるべき期待でしかない。何故ならそれは，労働者個人との交渉を，協約によって予め封殺することになる——それが，団交権の行使か否かを問わず，またそれが法的にどう評価されるかを度外視すれば——から，使用者側には許されないことであるからである。使用者側の期待の実現のためには，労働者側の同意が必要である。したがってこのレベルでも，労働者側の選択に係っているのである。そうだとすれば，使用者側の期待も支障とはならず，結局基準のあり方は，労働者側の選択そしてそれに関する合意により決まることになる[12]。

（２）　労働協約と労働契約の関係の変容

　第二の問題は，協約と労働契約の関係，即ち協約は外から労働契約を規律するのか，それとも労働契約の内容になるのかである[13]。この問題は，従来，協約終了後の余後効や協約の不利益変更に絡んで，それまでの協約基準を維持しようとする実践的問題関心から，論じられて来ている。しかし，協約と労働契約の関係は，実はそれ以前において明確にすべき課題であって，問題のポイントは，次のところにある。それは，合意・同意なしに協約が労働者を拘束しうるのは何故か，やはり合意・同意抜きには不可能ではないかということである[14]。協約違反の労働契約を無効とし協約基準まで引き上げる強行的・直律的効力，労働契約に定めがなければ協約基準によるという補充的効力ともに，さしあたりここには，当該労働者の合意・同意は存在しない。また，協約意思に反対し異議を持ち続けている組合員についても，同じことが言える[15]。それにも拘わらず，協約がその労働者を拘束するのは，労組法第16条が協約に規範的効力を認めているからだ，というのが一応の説明になる。「協約意思形成過程への関与」ということも，補充の根拠にはなる。しかし，それで十分であろうか。前者は，形式的な法的根拠でしかなく，もっと実質的根拠が必要ではないかということが，考えられない訳ではない。後者は，その実質的根拠になりそうであるが，それでも当該労働者の合意・同意がないことに，変わりはない[16]。著者の見解からすれば，これだけでは不十分であって，協約が労働者を拘束するのは，

その労働者の合意・同意があるからだと考えられる。それは，協約締結権限が労働者個人にあるからである。即ち，組合や「個人」に対して授権した労働者[17]については，その授権の段階で協約基準に対する合意・同意があると評価出来るし，「一人協約」では，当該労働者の合意・同意なしには，そもそも協約が成立しないからである。協約「加入」[18]についても，「加入」の意思表示が，協約基準への合意・同意に当たる。残るのは，授権論の立場を採らない場合における，協約が適用されるが，その協約基準に反対・異議のある労働者に関してである。こうした従来的見解では，当該労働者の合意・同意の有無は問題とならない。しかしこの場合においても，出来るだけ合意・同意の契機を重視すべきであって，協約基準の下で反対・異議の意思を示さず労務提供していれば，黙示の合意・同意により拘束されるとすべきである。以上のように考えれば，協約基準は，労働契約の内容を構成することになる。したがって，協約の規範的効力それ自体は，外からの労働契約に対する規律であるとしても，それはその限りであって，「協約は契約化する」のである。

　さらにそうした捉え方を補強するのが，「協約の契約的捉え方の徹底」を行う本章の立場である。同じく契約であるとすれば，二つの内容が異なる契約相互間において，一方の契約が他方の契約を当事者の合意・同意なしに変更することが，出来る訳がない。それは，合意・同意があって初めて可能となる。それは，「契約としての協約部分」であれば当然のことであるが，集団的な労働条件規律，即ち協約の規範的部分であっても同じである。「集団的」とは，協約当事者が集団を構成しているというだけに過ぎず，集団故に個人に対し，価値的優位にあるのでもない。そうとすれば，「契約としての協約」が労働者個人を拘束するのは，それに対する当人の合意・同意によるしかないのである。その合意・同意につき，「協約内容の契約への化体」といった説明をするかどうかは，どうでも良いことである。繰り返せば，協約による労働契約の外からの規律は，協約の規範的効力によるが，協約内容は，労働契約の内容になることにより労働者を拘束するのである。

　　1）　この前提には，「基準に違反する労働契約」を無効とする強行的効力があるが，触れない。

第10章 労働協約理論の新地平

2） この二つの基準以外に考えられないかどうかは，一の問題である——後述参照——が，ここではそれらの基準についてのみ，論述する。

3） 唯一の法的障害であった公共企業体等労働関係法（現行「特定独立行政法人等の労働関係に関する法律」）第4条第3項は，既に削除され，地方公務員の職員団体の登録資格との関係で，法的障害となる可能性があるが，少なくとも民間企業部門では，一貫して法的障害はない。

4） 「一人協約」については，後述の検討が未だないこの段階では，最低・標準という二つの基準の存立の余地はないから，外しておく。

5） 基準の選択は，協約締結権限の授権の中に包含することは可能だが，協約基準を最低・標準のいずれの基準とするかは，論理的には，協約内容確定後の問題でもありうるので，ここでは協約意思の問題レベルとしておく（以下の論述でも）。

6） 企業別組合とは異なる例えばコミュニティ・ユニオンの発展という動向を，無視する訳ではないが，今なお組合の主流は前者であり，その地位を失うという展望は当面ない。したがって，以下の論述でもその点は無視する。ただ，企業横断的ユニオンが企業横断的協約を締結するならば，ここでの論述は意味を持つであろう。

7） ここにはまたこれからの論述には，著者の「団結権」論の展開についての，自戒を込めている。

8） 初出では，「少なくとも10年以上」としていた。しかし，「戦後労働法学」が通用しなくなる条件の形成時期からその見直し・転換の試みが一応完結したとされる時期まで，約30年かかっている。しかも，現在は，多国籍企業型帝国主義化，新自由主義的改革，企業社会の再編・解体の直中にあり，その帰趨は必ずしも定かではない。そこで，こうした変更を行っている。

9） 理論的整合性，首尾一貫性は当然の前提であって，ここで論じるのは，別の実益である。

10） ただ実際問題としては，最低基準は標準的基準より劣ることが，予測されることから，ここでの論述の意義が真価を発揮するのは，最低基準としてでも労働条件の一定水準を確保する必要性が高まる——労働条件の不利益変更が多発している現在が，そうした時期と思われるが——とか，様々な基準のあり方が開拓されるといった要因が生じた段階以降であろう。

11） 協約という手段による労働条件の規制であるから，集団的かつ画一的・統一的な規律が選ばれる傾向性が，強いであろうが。

12） 現実には，使用者側の一方の基準への固執に対し，労働者側の協約獲得を優先させた譲歩になるとしても，それは，強制されたものではない。労働者側は，その固執を嫌って協約化を断念するという選択も，可能である。

13） 化体説か内容説かという議論には，著者は関心がない。それは，次の理由による。

14） ここではそしてこの後でも，協約の効力と拘束力の区別という問題は，扱わない。その区別は，ここでの展開および協約の不利益変更問題で明らかになるように，意味がないからである。

15） その合意・同意は，新たな労働契約の締結という形式を採ることまでは，必要とされないであろう。「自己に対する拘束への自己服従」という契機が，見出されれば良いか

339

らである。
16) 協約締結以前の組合員の労働契約については，強行的・直律的効力の問題レベルであるが，自ら関与して形成された協約意思に対する反対・異議は，それに基づき協約違反の労働契約を締結しない限り，それとは異なるようではある。しかし，当該労働者の合意・同意がないことでは同じであり，その効力の根拠が，協約の法的性質論を放棄した限りは，問われるのである。
17) 労働者集団の一員である労働者が，その「個人」にも授権しなかった場合でも，自己の協約締結権限の行使として協約に「連署」する限り，その合意・同意は，そこに明白に表明されている。
18) 成立した協約を，その適用外の労働者が自己に適用させようとする行為を，こう表現する。著者は，その可能性を肯定する立場に立つが，その要件，手続といったことには，触れない。

3 労働協約の「適用範囲」論の手直し

　従来の「労働協約の適用範囲」論は，まず労働組合が締結した協約は，原則としてその所属組合員にのみ適用される，そして——言わば例外として——労働組合法第17，18条の要件を満たせば，組合員以外にも拡張適用される（＝一般的・地域的一般的拘束力制度）という，ごく単純な枠組みであった。しかし，ここまでの展開を前提とする限り，それでは用をなさなくなっている。第一に，組合に協約締結権限が授権され，組合を当事者とする協約が締結されたとしても，その協約は，組合に授権しなかった労働者には適用されないからである。これは，協約当事者間の合意による協約の適用範囲の限定（より正確には，協約不適用者の設定）ではなく，授権をしないという選択——それは，成立する協約には拘束されないという意思表示である——故の不適用である。それは，「適用範囲は組合員に限定される」という枠組みを変えずそれに収まるとは言え，「全組合員に当然に適用される」というその一つの含意を，崩すものである。その上第二に，組合に授権する場合でも，限定的授権が可能だからである。限定的授権の場合においては，その労働者は，授権に関わる協約内容には当然拘束されるが，他の内容の適用は受けないのである。これも，同じくその枠組みを変えるものではないが，もう一つの含意である「協約全体の適用」ではないし，また合意による協約適用除外でもない。さらに第三に，組合への授権が全くなくて成立する協約が，ありうるからである。これに関しては，第一の場合と同じ

第10章　労働協約理論の新地平

である上に，次の事柄が考慮されねばならない。ここまでの展開においては，組合員である労働者個人が，自己の協約締結権限を自分の属する組合に授権するかどうか，他の組合員とともに労働者集団を構成する場合に「個人」に授権するかどうか，それとも誰にも授権しないかにつき，論じている。しかしそれは，論述の便宜のためであって，組合に所属しない労働者が集団を構成し，それが協約当事者となることを容認するのみでなく，他の可能性を排除するものでもない。他の可能性とは，例えば組合員が，他組合の組合員や非組合員と労働者集団を構成し，それが協約当事者となるとか，非組合員である労働者の「一人協約」といったものである[1]。それらが認められるとすれば，協約の適用範囲は，明らかに組合員を越えることになる。いずれにしても，従来の第一の命題は，「労働協約に関わった労働者に，その関わり方の限りで適用される」と読み替えられるべきである。

　では，労働者集団を当事者とする協約とりわけ「一人協約」によって，労働者全体に関わる労働条件の設定が可能か，可能としてそれは「協約の適用」問題として処理されうるのかを，最後に検討しておく。組合を当事者とする協約においては，組合員個人の個別的労働条件といったものが，対象から全く排除される訳ではないとしても，主たる対象は，組合員全体に関わる労働条件（＝集団的労働条件）である。そして協約で設定された労働条件基準が，——就業規則を通じて事実上非組合員にも拡張されうることに自覚的か否か，それに対する構え方の如何を，問わず——さしあたり組合員のみに適用されるのである[2]。ところで，その自覚や構え方と関わるが，組合協約が設定する集団的労働条件は，——その内容次第で，自動的でもありうるが——労働者全体にそのまま適用しうる労働条件（＝全体的労働条件）と，組合員だけを対象とした労働条件（＝部分的労働条件）とに，一応区別出来る。集団的労働条件をいずれの労働条件として設定するかは，組合の選択に任される[3]。協約拡張の展望の下に，自覚的に全体的労働条件の協約化が意図されることもあろうし，フリーライダーの排除といったこととの関わりで，部分的労働条件が選ばれることもあるであろう。いずれにしても，選択された労働条件が，組合員に適用されるのである。以上の理は，組合を当事者としない協約にも，基本的に妥当する。ただ，協約締結権限を授権

341

された組合でさえ組合の範囲を越えられないのに，まして労働者集団・労働者個人では，当事者の範囲を出られる訳がないということでは，理由としては不十分である。何故なら，後者の方が，より労働者個人の協約締結権限に密着した位置にあるからである。それよりも，自己が何ら関与・決定しえなかった協約に，拘束されるいわれはないという従来からも主張されている論理の方が，妥当である。しかしその上に──これが一番大事だが──，当事者以外に拡張することは，当事者以外の労働者の有する協約締結権限を侵害するから，許されないのである[4]。したがって，協約の適用は，当事者の範囲に限定されざるをえない。しかし他方で，組合を当事者としない協約においても，全体的労働条件とするか部分的労働条件に止めるかは，当事者の選択に任される。「一人協約」でさえそれが認められるのは，一方で，──締結労働者が持つかも知れない──全ての労働者に及ぼしたいという志向性の尊重であり，他方では，他の労働者の協約「加入」の可能性からである。全体的労働条件を設定し，全ての労働者に及ぼしたいという志向性は，団結の強化・拡大にも絡むし団結自治の問題故に，法的保護に値する[5]。また，当事者以外の労働者がその適用を望み，当事者が拒否せず使用者も同意するならば，当事者以外の労働者の協約「加入」が可能となるが，その不可欠の前提が，それが全体的労働条件の採用であるからである。

　いずれにしても，協約「加入」問題を除いたとしても──それを含めれば，益々だが──，「労働協約の適用範囲」論は，大きく手直しされねばならない。

1) 前者は，組合に統制力が認められるとすれば，現実化しないであろう。しかし著者は，統制力「実質解体」論──拙著『組合民主主義と法』（窓社，1999年），特に第三章五，六参照──，また──既に触れたが──統制力「授権」論に立つ・立つであろうから，可能である。後者は，使用者に団交義務を課す「労働者個人の団交権の単独行使」ではないから，使用者が交渉に応じ協約化することを認めない限り，現実化はしない。いずれにしても，本章では，検討抜きの可能性の指摘に止める。
2) 組合が，労働者全体の代表として行動するという立場を採るのか，フリーライダーは許さないとして言わば組合エゴに徹するかといったことは，適用問題を左右しない。
3) 使用者側については，本節2の「基準の選択」における第二の支障に関わって述べたことが，妥当する。
4) こう考えれば，──本章では検討しないが──労組法第17, 18条の一般的拘束力制度

とりわけ前者は，立法政策としての拙劣性のみでなく，違憲の疑いさえ生じさせる。この制度を維持するとすれば，少なくとも新たに適用・拘束される労働者が関与・決定する手続・制度の導入が，不可欠である。
5) それは，「一人協約」であれ協約「加入」であれ，「団結権」の行使およびその帰結であるからである。

4 「有利性原則」の全面的承認

　著者の立場からすれば，有利性原則を認めることは，かなり容易である[1]。まず，協約締結権限を誰にも授権せず協約の適用を受けない労働者は，協約基準に縛られないため，それを上回る労働契約を締結することは，自由である。このことは，その労働者が協約締結組合に所属しないことが理由であるとすれば，これまでも明確であるし，それ自体は有利性原則の問題ではない。しかし，同じ組合の組合員であっても，協約締結権限を授権するか否かで協約の適用関係を異にするという事態が生ずることから，これも有利性原則の問題とした方が，事は明確になる。自己の締結した協約基準より有利な労働契約が，協約によって左右されるか否かを，有利性原則の一般論とし，協約を適用される労働者に関する有利性原則を，固有論として把握するのである。それは，「労働者個人の「団結権」に徹する」ことの協約面での帰結である。何故ならそれは，労働者個人と「団結権」との距離関係の自覚を促すものだが，協約と労働者個人との遠近関係につながるからである。第二に，協約基準が最低基準として設定された場合には，その性格上有利性原則が認められるのは，当然である。それは，例えば組合を当事者とする協約において，予め最低基準としての授権とともにその上積み基準の設定に関する授権があり，上積み協約が標準的基準として締結されたとしても，変わらない。二つの協約は別のものであって，それぞれにつき有利性原則が判断されるからである[2]。

　第三に，協約基準が標準的基準として設定された場合こそが，有利性原則が最も争われるところである[3]。しかし著者には，特別に重要な問題とは思われない。何故なら，第一に，有利性原則を認める余地が生じているからである。有利性原則の否定は，協約基準の標準的基準性もさることながら，団結優位型の「団結権」論そして協約論の産物である。それは，強固な統制力を持つ強力な

団結が締結する協約を，労働者個人およびその労働契約に対し価値的に優位すると捉え，そしてそれを上回る労働契約の締結を，——使用者側と結託したか否かを問わず——団結への裏切り少なくとも背信と考え，それに基づいて有利性原則を否定するものであるからである。しかし今やそれは，「労働者個人優位型」に転換しているのであるから，その存在を認めるか否かは協約当事者の選択に任されるのであって，そのことにより，有利性原則を肯定する上で支障はないとともに，選択の問題故に，有利性原則は理論問題ではなくなっている。[4]
第二に，有利性原則否定という選択をしても，その及ぶ範囲が限られるからである。それは，組合を当事者とする協約の場合，——標準的基準となることの授権があることを，前提としてだが——標準的基準として拘束するのは，その締結時点の組合員に限られ，その後に加入した組合員には，直ちにはその拘束力は及ばないのである。そもそも，協約意思の形成に何ら関与しなかった労働者が，その協約の拘束を受けるいわれはない。したがって，その協約の適用を受けるか否かは，新規組合員に任される事柄である。その理は基準のあり方についても妥当するのであって，協約の適用を選んだ新規組合員であっても，自動的に標準的基準としてのその適用それ故有利性原則の否定とは，ならないのである。[5)6]

その上，「既得権の擁護」という問題側面が，関わる。労働条件の維持・改善の努力は，まずは労働者個人に求められるが，その方法として「団結権」の行使によるか否かは，労働者個人の自由意思に委ねられる。「「団結権」の行使」によらない労働契約上の達成であっても，十分尊重に値する。したがって，協約基準を上回る労働契約には，既得権として有利性原則が認められるのである。その理由は，単に「既得権」であるというに止まらず，その「既得権」がその獲得の努力の成果であるからである。そうだとすれば，その理は，協約締結後の新たな労働契約にも，当てはまる筈である。協約締結によって，労働者個人の労働条件の維持・改善の努力が不要になる訳ではないし，その方法も「「団結権」の行使」に限られない。その努力の過程において法的に批判・非難されるべき問題[7]がなければ，その結果としての協約基準上乗せ労働契約は，法的に尊重されるべきである。他方では，そうしたことの組合にとって

の意義にも，注目すべきである[8]。組合にとって協約締結とは，それで終わりということではなく，――有効期間を設定したか否かを問わず――次の改定へのステップに過ぎない。その際，協約基準を上回る労働契約が存在するということは，それが，労働条件の改善にとっての一つの目標となりうることを，意味する。有利性原則の否定とは，その目標の喪失ともなりうる。こうした言わば組合にとってのメリットを，喪失させる程の価値が「有利性原則」の否定にあるとは，考えにくい。

　以上，有利性原則を幾つかの側面から検討したが，いずれの側面においても，有利性原則は肯定されるのである[9]。

1) 「一人協約」についても，理論的には有利性原則は認めて良いが，現実化することはまずありえないので，除外しておく。
2) 後者の協約は，恐らく事業所単位ないしは組合の下部組織単位で締結されるであろうが，どのような単位であっても構わない。いずれにしても，標準的基準の協約については次で扱うが，こうした二重協約には，これ以上には触れない。なおここでは，叙述の便宜上，協約意思ではなく授権のレベルとしている。
3) 従来においては，これが有利性原則固有の問題であったが，著者の立場では，その特殊論という位置を占めることになる。
4) 標準的基準故に有利性原則否定という選択しかなさそうだが，他方有利性原則肯定により，それを協約基準引上げの橋頭堡にするという選択もありうるであろう。なおここには，使用者が介在しうる法的契機は，存在しない。
5) こうした連関は，当然のことであるが，労働者集団を当事者とする協約では生じないが，協約「加入」では問題となりうる。しかし，本章では検討を省く。
6) そうだとすると，一方では，組合加入意思は，加入後に自己が関わる協約の「遵守義務」の承認に，再読替えされねばならない。他方では，それによる組合側のデメリットに関しては，現行協約の「遵守義務」まで求め，認めない限り加入を拒否するという選択肢が，加入差別といった問題がない限り，組合に残されねばならない。
7) 不当労働行為問題以外で考えられるのは，一つは統制力との絡みであり，他の一つは協約の平和的機能（特に相対的平和義務）との関わりである。ここでは検討しないが，著者は，後者――前者については，本節3注1）参照――を，労働者の努力とは無関係なものと考えることが，可能ではないかと思っている。
8) ここで組合にとっての意義のみに触れるのは，労働者集団を当事者とする協約の場合，同一のないしはほぼ同様の労働者集団によるその協約の改定が，問題化する点での保証がないからである。そうした事態があれば，以下の展開はそれにも当てはまるであろう。
9) それは，有利性原則という問題があることを前提とした結論である。ただ，実質的内容においては，その問題の消滅とも考えられない訳ではないことを，最後に指摘しておく。

第6節 「協約自治の限界」論の新次元

　本章の立場からは,「協約自治の限界」という問題も, かなり様相が違って来る。労働者個人の人権や固有の権利の侵害の危険性があるとすると, 労働者個人の協約締結権限を, 例えば組合に授権しないあるいは限定的授権をすることにより, その危険性を持った協約・協約内容の適用を免れる途があるからである。「協約自治の限界」論の従来の構図は, 協約の対象となる可能性がある事柄の全てにおいて, まず協約自治が貫徹した上で, 何らかの根拠・理由に基づきその自治に限界を画するというものである。ところが, 少なくとも組合との関係では, それへの授権があって初めてその構図が成り立つのであって, 問題となりうる協約・協約内容に関わる授権がなければ協約の適用がないから, そもそも「協約自治の限界」という問題は, 生じえないのである。協約集団が労働者集団の場合でも同じであって, 協約の適用を受けるという選択をする限り,「個人」への授権でも——授権を拒否した上での——協約への連署でも, この構図が成立はする。[1] しかし, もし問題のある協約の適用を免れたいならば, その労働者集団の構成員であることを止めるか連署をしなければ, 良いのである。[2]

　以上は, 組合が締結する協約が全ての組合員に適用されるから,「協約自治の限界」が論じられる必要性が浮上する, という従来の構造の変容である。[3] ただそこでは, 二つの問題の検討が, なされていない。一つは, 協約内容の問題性の言わば・事・前・予・知・の・可・能・性である。先の論述は, 協約内容に問題があることが予め解っている場合において, その適用を回避するという選択の途が, 存在することの指摘である。ところが, 協約内容の問題性が予めは解らず, そのためもあって《授権 → 協約適用》という選択をすることが, ありうる。この場合,「協約自治の限界」を論ずる必要性が, 選択の幅の狭さとの関わりで, 高まると思われる。しかしそれだけでなく, もう一つの検討されていない問題が, これに重なる。それは, 協約内容の問題性の事前予知が可能であったとしてもあえて適用を受けるという選択, あるいは協約の部分的問題性より協約全

第10章　労働協約理論の新地平

体がしたがって協約締結自体が大事であるとの判断からの止むをえない適用選択が，ありうることである。とりわけ前者の場合，了解の上での積極的選択としての自己拘束であるとか，個人の人権・権利といったものの自己放棄であるといった理由で，「協約自治の限界」を論ずる余地がなくなるであろうか。後者の言わば消極的選択という側面が，前者の積極的選択の中に含まれることがありうるし，協約の適用という選択の積極性，消極性という区別自体，それ程容易ではないであろう。その上，名実ともに積極的に選択したと評価出来る場合であっても，自己拘束・自己放棄を肯定しえない種類，内容の人権・権利といったものがありうるし，しかし他方その判断は，極めて難しい。ましてや，言わば必要悪としての消極的選択に自己拘束・自己放棄を押しつけることは，法的正義に反することである。そうだとすれば，協約が成立し労働者にそれが適用される限り，「協約自治の限界」という問題が，全面的に成立すると考えるべきである。そしてそれは，「一人協約」をも例外としないのである。

　ところが，成立する「協約自治の限界」という問題において，その中身の大幅な縮小，端的には手続面への限定というのが，もう一つの変容である。従来においては，「協約自治の限界」の内容面として外在的限界，内在的限界という区分で論じられて来た。しかしまず，前者は不要である。何故なら，協約が現代の法秩序に適合すべきことは当然の前提であって，憲法・強行法規・公序良俗に反する協約には，存立の余地がないからである。それは，「協約自治の限界」以前の問題であって，それをその「外在的限界」として論ずるのは，的外れのように思われる。他方，内在的限界も，本章の立場からすれば消滅する。例えば労働者の個人的領域に留保した事項，労働者の労働契約上の地位の得喪，個人的労働条件，時間外・休日労働義務といったものが，内在的限界を構成するとされている。しかしそのいずれであれ，協約により規律しうるか否かは，全て労働者の選択に任される問題である。当該問題の協約による規律につき，肯定出来なければ，協約締結権限を授権しないあるいはその協約内容を除いた限定的授権をするという選択が可能であるし，逆に――それを交渉の取引材料にするといった考慮からかどうかは，ともかく――協約による規律という選択も，自由である。そうだとすれば，結局「協約自治の限界」として残るのは，

手続面だけである。ところで、「協約自治の限界」としての手続面とは、一般には、協約意思の民主的形成とされている。そうだとすれば、一方では、組合民主主義の質や水準との関わり方が、問われることになる。何故なら、組合民主主義については、既にかなり以前から、その侵害のみでなく形骸化が、指摘されて来ているからである。組合民主主義を明確かつ重大に侵害して形成された協約意思の場合であれば、「協約自治の限界」への抵触性については、組合民主主義の捉え方の如何を問わず、同じ結論になるであろう。しかし、その組合民主主義が形式でしかなく実質的には形骸化していると評価されるような場合には、「協約自治の限界」への抵触性はそれ程明確ではなく、組合民主主義の捉え方次第となる可能性がある。著者は、組合民主主義の実質、内実を問うことを重点に置いた「組合民主主義」論を構築しているが、それは、——明言はしていないが——著者の「団結権」論の展開と整合的なものと考えている。そこからすれば、「協約意思の民主的形成」とは、拙著『組合民主主義と法』の特に第三章四～六で展開している組合意思——ここでは協約意思——形成に直接関わる組合民主主義の内容を、指すことになる。そのかなり厳しい実質・内実を有する組合民主主義に適合して形成される協約意思であって初めて、協約自治を主張出来るのであって、その逆に、それに適合しないで形成された協約意思に基づく協約は、「協約自治の限界」に抵触するため、無効となると一応考えられる。ただ、労働者個人には、——その上でなお——協約締結権限を授権するか否かの選択の途が、残されていることとの関わりで、次のように捉えるべきと思われる。原則は先の通りではあるが、本来無効である協約に関して労働者が授権した場合には、その言わば手続的瑕疵が治癒され、その協約は、有効なものに転換するのである。何故なら、この場合の授権とは、単に協約の成立を規定するだけでなく、無効な協約を有効なものとして自らを拘束しようとする、労働者の選択的意思表示であるからである。

　さて、労働協約の不利益変更についても、従来においては、協約自治の限界と関わって論議されて来ている。しかしまず確認すべきことは、不利益変更を一切認めない、逆に全ての不利益変更を許容するということであれば、「協約自治の限界」という問題が生じる余地がないことである。「協約自治の限界」

として論ずるためには，不利益変更が可能であることを前提とした上で，許されるものとそうでないものを如何なる基準で振り分けるか，という問題設定でなければならない。次に，不利益変更だからと言って，特別な「協約自治の限界」論がある訳ではないことである。成程労働者の多くは，労働条件の維持・改善を目指して，「団結権」を行使しまたその行使として団結の結成・加入・活動を展開するのであろうが，協約の不利益変更を認める以上，労働条件の維持・改善ではない方向での「団結権」の行使が，法的に否定されるいわれはない。また不利益変更においては，それに到る経緯，差違えとする取引材料，それ抜きの決断等それを規定する要因は，様々であろうし，それらを比較検討して価値的優劣をつけることも，不可能である。そうだとすれば，不利益変更に適用される「協約自治の限界」論も，前述のものと異なるところはないということになろう。その上で，不利益変更が労働者の一部に対してのみ適用される場合，一般の手続に加え，特別な手続即ち当該不利益を受ける労働者の委任ないし同意が必要かが，検討されねばならない。既に述べた「少数派の抑圧」を考慮すれば，労働者の個別の委任・同意が必要と考えられるが，他方では本章の立場では，授権しない・限定的授権に止めることにより，不利益変更部分の不適用という選択を労働者が出来ることに，目が向けられなければならない。そうだとすれば，特別の手続は不要とされよう。[7][8]

1) 協約「加入」については触れないが，以下の論述が，当てはまると思われる。
2) ここでは，協約成立段階以前における対応を，想定している。成立以降の協約適用を免れる途としての「脱退」については，「協約自治の限界」問題を外れるので，触れない。
3) 「協約自治の限界」問題に強い関心が寄せられ活発な議論が展開された要因が，組合の変質という事態であることは，十分に承知している。しかし，その前提にはそうした従来の構造があり，その「変容」を本章では指摘している。
4) ここでは，「内在的限界」論の一例として，西谷敏『労働組合法〔第2版〕』（有斐閣，2006年）359～364頁の当該部分を，借用している。
5) 拙著『組合民主主義と法』（窓社，1999年）参照。
6) 以下の理は，労働者集団にも当てはまる。
7) これまで不利益変更に関わって，協約の効力と拘束力を区別するという議論が，展開されて来ているが，本章の立場では，その区別は不要である。勿論，法的次元の相違の明確化としての意義は，否定出来ないし，著者も，その区別自体には賛成ではある。

8) なお、――既述の――事前予知の可能性との関わりによっては、この結論を変更する必要がありうるが、指摘に止める。

第7節 「余後効」論の終焉

著者には、「余後効」論は、第二次大戦後の労働組合運動の急激な発展・ヘゲモニーの下での法三章的・権利宣言的協約、解雇協議・同意条項といった企業整備の足枷であるその一方的打ち切りとその法的手段の提供（1949年労働組合法全面改正）を踏まえ、従前の協約規範の擁護、実質的維持という実践的意図に基づくところの、時代的主張であるように思われる。したがって、そうした時代状況が失われた段階以降、放棄されるべきものであった。ところが、《協約の有効期間満了あるいは一方的解約 → 新協約交渉難航 → 新協約不成立＝無協約状態》という事態の広範化・長期化を踏まえ、一般的理論に引き上げられ、現在に到っている。後者との関わりでは、未だ「余後効」論には存続の余地がありそうである。しかし著者は、次のような理由で、「余後効」論は成り立たないと思っている。一つは、協約の契約的捉え方との関わりである。契約が何らかの理由で終了した後に、その効力が残存することはありえず、契約としての協約も、例外ではない。そこで、協約の特殊性に着目した議論が立てられたのであろうが、その擬制性が問題である。「協約自体の余後効」という議論は、協約による労働条件規律の意思の存続という媒介を設定したとしても、消滅した協約の効力が存続するとするのは、いかにも不自然である。労使ともに協約締結義務がないこととも関わって、その「意思の存続」という推定は、新協約締結によってのみ証明されるからである。もう一つは、協約内容が労働契約に入り込んでいるという議論が、法的次元の相違を無視しているからである。――既述の如く――協約内容は、労働契約の内容になるのであり、協約終了後その労働契約が存続する限り効力を有するが、それは、あくまで労働契約としての効力であって、決して協約の余後効ではない。それを「協約の余後効」として論ずるのは、やはりミスリードである。

いずれにしても、労使間における労働条件の規律は、決して協約のみによる

訳ではなく，協約によるとしても，《協約終了 → 協約交渉 → 新協約締結》というのが，正常な労使間のルールである。言い換えれば，協約終了から新協約締結までの間は無協約状態であることが正常であって，そこにしかも議論の分かれる「余後効」を持ち込むことは，無理であるとともに，正当な労使自治への介入とは考えられない──過剰な介入とまでは，言わないとしても──。本章が，「余後効」論の終焉とした所以である。

1) 勿論，協約内容としてその終了後の効力につき合意していれば──例えば協約の自動延長あるいは自動更新は，その合意に基づく協約自体の存続であるから，「余後効」とは区別される──別だが，それは当然協約の「余後効」ではない。
2) 念のため言えば，これは，協約締結一般に関する義務であって，妥結・合意の協約化の義務レベルではない。
3) 実際には協約終了以前に協約交渉が行われるであろう。したがって，これは論理的連関の限りでのものである。

■著者紹介

遠藤　昇三（えんどう　しょうぞう）

1948年	愛知県半田市出生（その後岐阜県岐阜市在住）
1970年	京都大学法学部卒業
1970年	東京都立大学大学院社会科学研究科修士課程入学
1975年	同大学院博士課程退学
1975年	島根大学文理学部助手
現　在	島根大学法文学部法経学科教授
	博士（法学）
著　書	『「人間の尊厳の原理」と社会保障法』（法律文化社，1991年）
	『社会変革と社会保障法』（法律文化社，1993年）
	『社会保障の権利論』（法律文化社，1994年）
	『組合民主主義と法』（窓社，1999年）

2008年10月25日　初版第1刷発行

「戦後労働法学」の理論転換

著　者　遠藤昇三
発行者　秋山　泰

発行所　株式会社　法律文化社
〒603-8053 京都市北区上賀茂岩ヶ垣内町71
電話 075(791)7131　FAX 075(721)8400
URL:http://www.hou-bun.co.jp/

Ⓒ 2008 Shozo Endo Printed in Japan
印刷：共同印刷工業㈱／製本：㈱藤沢製本
装幀　白沢　正
ISBN 978-4-589-03128-0

遠藤昇三著 **「人間の尊厳の原理」と社会保障法** A5判・250頁・2940円	貧困・生活問題の場当り的な対応を批判し，指導理念に基づく長期の体系性をもった政策的・計画的対応を強調する。社会保障法の課題と本書の主題／普遍的理念＝「人間の尊厳の原理」／根拠／目的原理／範囲論／財源論／原則
遠藤昇三著 **社会保障の権利論** A5判・220頁・4200円	社会保障の権利の根拠を体系的・理論的に解明する。序章：問題の所在と課題の限定／第一章：社会保障の権利の根拠／第二章：社会保障の権利の体系／第三章：実体的給付請求権の規範構造／第四章：社会保障の権利確立の課題
光岡正博著 **集団的労働関係法論** 四六判・322頁・2835円	前著『新訂 労働・法・国家・現代労働法論序説』の続編として，ポスト工業時代における集団的労働関係の法理はいかにあるべきかを追究。資本主義段階の労使関係・法・国家を分析し，今後の発展の動向を論述。
西谷 敏著 **規制が支える自己決定** —労働法的規制システムの再構築— 四六判・438頁・5040円	自己決定理念と国家的規制は二項対立するものではなく，双方補うことで有機性をもつと一貫して説いてきた著者の主張の集大成。労働法分野のみならず，経済，政治など他分野にも共有される問題点の解明を試みる。
後藤勝喜著 **現代の雇用と法を考える** 四六判・270頁・3990円	非正規雇用の拡大や個別労働紛争の増加など急激に変化する雇用関係の実態を統計資料に基づいて把握し，雇用関係法の改革の流れをたどる。近年の労働立法や判例動向，学説の展開をふまえ，現状と課題をわかりやすく概説。
大橋範雄著 **派遣労働と人間の尊厳** —使用者責任と均等待遇原則を中心に— A5判・222頁・3675円	規制緩和の進む派遣法に歯止めはかけれらないのか。派遣労働関係における使用者責任と労働者の権利を日本とドイツの派遣法の比較をとおして考察・検証し，日本の法のあるべき方向を探る。ドイツ派遣法の全訳を収載。

――― 法律文化社 ―――